Harville Hendrix, Ph. D.

So viel Liebe wie Du brauchst

Der Wegbegleiter für eine erfüllte Beziehung

Aus dem Amerikanischen übersetzt von
Dr. Simone Wilhelms-Kind

Renate Götz Verlag

First published in New York by Henry Holt and Company, Inc.
Titel des amerikanischen Originals: Getting The Love You Want
Aus dem Amerikanischen übersetzt von Dr. Simone Wilhelms-Kind

Umschlagabbildungen Harville Hendrix und Helen LaKelly Hunt

160 Broadway, East Building, Suite 1001 New York, NY 10038 U. S. A.

Neue deutsche Ausgabe, 2. Auflage, November 2007

A-2731 Dörfles, Römerweg 6
e-mail: info@rgverlag.com
www.rgverlag.com

Layout und Gesamtgestaltung, © Coverbild »Rose« by
outLINE|grafik Eva Denk . A-2340 Mödling . www.outlinegrafik.at

Produktion: ueber:reuter print und digimedia gmbh
A-2100 Korneuburg, www. ueberreuter.com
Printed in Austria

ISBN 978-3-9501011-8-8

So viel Liebe wie Du brauchst

Renate Götz Verlag

Harville Hendrix, Ph.D.,

hat in Zusammenarbeit mit seiner Frau Helen LaKelly Hunt, M.A., M.L.A., die Imago-Therapie entwickelt, diesen wirklich einzigartigen Heilungsprozeß für Ehepaare, zukünftige Paare und Eltern. Harville ist Pastoralpsychologe mit mehr als dreißigjähriger Erfahrung. Er arbeitet mit Paaren in seiner eigenen Praxis, leitet Workshops und bildet Eheberater aus; daneben hält er auch noch Vorträge. Helen ist Psychologin und aktiv in der Frauenbewegung der USA. Sie wurde für ihre Arbeit zum weiblichen Selbstbewußtsein in die Ruhmeshalle für Frauen - »Woman's Hall of Fame« - in den USA gewählt.

Für Helen,
meine Frau und mein bester Freund,
und für unsere Kinder Hunter,
Leah, Kimberly, Kathryn, Mara und Josh

Inhalt

Hinweis: Die Arbeitsblätter zu allen Übungen finden Sie auch im DIN A4-Format als PDF-Download unter der Webadresse :

www.rgverlag.com/AHSL

Anerkennung für Jo Robinson

Nachdem ich mich vor zwei Jahren entschlossen hatte, die in diesem Buch dargelegten Ideen nicht nur Experten sondern auch einem breiteren Publikum vorzulegen, schlug mir mein Verleger professionelle Hilfe beim Verfassen dieses Buches vor. Ich stimmte ihm sofort zu, war es doch mein erstes populäres Buch. Nach etwa fünf möglichen Kandidaten wurde ich mit Jo Robinson bekannt gemacht, die als Schriftstellerin selbst das Buch »Unplug the Christmas Machine« veröffentlicht hat. Sie lebt in Portland, Oregon, und verstand sofort, was mir vorschwebte. Ich war so beeindruckt, daß ich drei Monate wartete, bis sie ihr zweites Buch, »Full House«, beendet hatte.

Als sie mir schließlich zur Verfügung stand, überreichte ich ihr ein längeres Rohmanuskript, viele Zusammenfassungen aus meinen Seminaren, von Vorlesungen und Workshops, die ich abgehalten hatte. Sie besuchte auch selbst meine Seminare, um einen eigenen Eindruck gewinnen zu können, sprach sehr lange und sehr intensiv mit mir und beschäftigte sich mit klinischem Material. Unermüdlich verwandelte sie ein unorganisiertes und undurchsichtiges Manuskript sowie eine Fülle ergänzender Materialien in ein gut strukturiertes und sorgfältig bearbeitetes Endprodukt.

Danksagungen

Während ich dieses Buch geschrieben habe, wurde mir die Richtigkeit der Aussage des Poeten John Donne, »kein Mensch sei eine Insel«, ebenso bewußt wie die Walt Whitmans, der sagte: »Ich enthalte Vielheiten.« Das Zusammenstellen des Materials, wie es hier in diesem Buch vorliegt, hat mein Bewußtsein dafür geschärft, da ich dabei auf die Erfahrungen sehr vieler Menschen und ebenso viele andere Quellen zurückgegriffen habe. Die neue Sichtweise, die hier entwickelt wurde, wurde erst möglich, da ich »auf den Schultern von intellektuellen Giganten« stand und der Unterstützung vieler fähiger Lehrer, anregender Studenten, mir vertrauender Ehepaare, hilfreicher Freunde sowie meiner Familie sicher sein konnte. Ihnen allen möchte ich danken und gleichzeitig um Entschuldigung bitten, falls ich mir zu große Freiheiten herausgenommen habe.

Viele Freunde unterstützten mich in einem besonderen Maße - manche möchte ich hier namentlich erwähnen. Dr. Robert Elliott las die ersten Fassungen des Manuskripts und diskutierte meine Ideen und Vorstellungen mit sehr viel Einfühlungsvermögen, als diese noch der Klarheit und Präzision bedurften. Dr. Pat Love führte mein Konzept in ein Universitätsprogramm ein und gab mir gleichzeitig wertvolles Feedback. Read und Carolyn Whittle lasen die spätere Fassung des Manuskripts und berieten mich während dieses Prozesses. Judy McCall willigte großzügigerweise ein, die Schlußfassung zu lesen, und war mir bei der Fertigstellung behilflich.

Gleichzeitig möchte ich noch vielen Therapeuten in Dallas und New York danken, die sich am Institut für Relationship Therapy ausbilden ließen und mir halfen, indem sie das Konzept in ihren eigenen Ehetherapien testeten.

Ich bin auch den vielen Paaren sehr verpflichtet, die sich mir anvertraut haben und mir gestatteten, ihre Erfahrungen hier in diesem Buch zu verwenden. Das meiste, was ich heute über Paare weiß, lernte ich von ihnen.

Ich möchte auch dem Verlag Henry Holt für seine begeisterte Aufnahme meiner Ideen danken, bevor überhaupt das Manuskript vorlag, und für die Geduld, mit der auf das lange überfällige Manuskript gewartet wurde. Besonders betonen möchte ich noch einmal die sehr gute Zusammenarbeit mit Channa Taub, die mich freundlich, aber konsequent unterstützte, sowie mit meinem Agenten, Julian Bach, der mich durch den Vertragsprozeß führte und mir wertvolle Ratschläge hinsichtlich der Verlagswelt gab. Tamara Allred las mehrere der letzten Fassungen und gab wertvolle Hinweise. Sharon Morris half bei der Fertigstellung des Manuskripts für den Druck. Schließlich möchte ich noch meiner Sekretärin, Yvonne Singleton, danken, die ihre Schreibfertigkeiten mit großer Geduld eingesetzt hat, auch wenn ich einen Teil des Manuskripts am liebsten »gestern« haben wollte.

Doch am wichtigsten ist mir der Dank an meine Frau Helen und an unsere sechs Kinder, die genauso verständnisvoll und unterstützend reagiert haben, selbst wenn der Prozeß des Schreibens manchmal die Zeit, die für die Familie zur Verfügung stehen sollte, aufgebraucht hat. Sie sind ebenso begeistert wie ich, daß das Buch entstanden ist!

Einleitung zur überarbeiteten Ausgabe

Harville Hendrix und Helen LaKelly Hunt

Im 1988 veröffentlichten Buch *So viel Liebe wie Du brauchst* beschrieb ich als Ausgangspunkt für das Buch das Scheitern meiner ersten Ehe.

Durch diese Trennung motiviert, wollte ich wissen, wieso Liebesbeziehungen glücken oder mißglücken. In der jetzt vorliegenden Einleitung, dreizehn Jahre später, ist der Ausgangspunkt ein anderer. Helen LaKelly Hunt und ich sind seit nunmehr neunzehn Jahren verheiratet und haben, auf der Grundlage der in diesem Buch entwickelten Vorstellungen, das erreicht, was ich dort als »leidenschaftliche Freundschaft« bezeichnet habe. Es war für uns sehr schön zu sehen, daß es viel leichter ist eine enge und liebevolle Beziehung zu leben, statt angespannt und distanziert miteinander umzugehen. Unser Leben als Paar ist auch heute noch ausgesprochen entspannt. Gleichzeitig, auch wenn das paradox zu sein scheint, gewinnen wir sehr viel Kraft und Dynamik aus unserer engen Beziehung.

Über unsere leidenschaftliche Freundschaft hinaus arbeiten Helen und ich auch beruflich als gutes Team zusammen. Von Anfang an hat Helen meine Arbeit begleitet. Wir haben uns 1977 kennengelernt, zwei Jahre nach meiner Scheidung. Helen hatte gerade ihren Abschluß als psychologische Beraterin gemacht und ich unterrichtete als Professor an der *Perkins School of Theology*. An unserem ersten gemeinsamen Abend schon erzählte ich ihr davon, daß ich eigentlich vorhätte, etwas Neues zu beginnen, allerdings wüßte ich noch nicht, was. Ich hatte einige Vorstellungen, darunter auch die genauere Beschäftigung mit einer Psychologie der Ehe bzw. der Paarbeziehung.

Ich wollte herausfinden, warum es Paaren heutzutage so schwer fällt zusammen zu bleiben und warum beide Partner so leiden, wenn die Beziehung scheitert. Die vorhandene Fachliteratur schien keine plausible Erklärung zu bieten. Diese Forschungsfrage interessierte Helen mehr als meine anderen Vorschläge und sie bat mich, ihr meine noch nicht ausgearbeiteten Überlegungen zu erklären. Nach ungefähr einer Viertelstunde meinte sie, meine Ausführungen würden sie an Martin Buber erinnern - an dessen Konzept der »Ich-Du-Beziehung«. Dann zitierte sie aus Dostojewsky, - sie hatte es schon als junges Mädchen gelesen und erinnerte sich nun etwa so: Der Mensch, der den lebendigen Gott von Angesicht zu Angesicht sehen möchte, wird ihn nicht im leeren Firmament seiner Vorstellungskraft finden, sondern in der Liebe zu einem anderen Menschen. Doch ich widersprach ihr sofort, weil ich keinerlei Verbindung zwischen meinem Problem und Bubers Philosophie oder Dostojewskys spirituellen Ansichten sehen konnte. »Ich glaube nicht, daß meine Vorstellungen überhaupt etwas mit einem von beiden zu tun haben!«, war mein Kommentar.

Damals, so wie heute, spürte Helen genau, wohin mich mein Weg führen würde.

In den folgenden Jahren engagierte sich Helen für eigene Projekte, interessierte sich jedoch weiterhin für meine Arbeit. In einem gewissen Sinne übernahm sie die Rolle der fürsorglichen Ehefrau - betreute die Familie, verdiente auch Geld hinzu, und vor allem hörte sie mir aufmerksam zu. Doch immer wieder überschritt sie diese traditionellen Grenzen und intervenierte entscheidend, auch in meinem Arbeitsbereich. Während andere meine Vorstellungen gleich akzeptierten, hinterfragte sie sie oder provozierte mich, weiter zu suchen. Am wichtigsten für mich war jedoch ihre Art, mich liebevoll mit ihrer eigenen Sichtweise der Dinge zu konfrontieren. So kann ich heute voller Überzeugung sagen, daß jede Idee in diesem Buch aus unserer gemeinsamen Arbeit entstanden ist. Als man mich daher bat, eine neue Einleitung zu der überarbeiteten Fassung von *So viel Liebe wie Du brauchst* zu schreiben, war es selbstverständlich, daß Helen und ich sie zusammen schrieben. Es war Zeit, sie als Koautorin zu benennen.

Während Helen und ich überlegten, was verändert werden sollte, überrollte uns eine Welle der Nostalgie. Die langen Jahre gemeinsamen Forschens, Nachdenkens und Diskutierens fielen uns wieder ein. Ganz zu Beginn hatten wir überlegt, ob wir ein Buch für Paare selbst oder aber ein Lehrbuch für Therapeuten schreiben sollten. Nachdem wir uns entschieden hatten, für die breitere Öffentlichkeit zu schreiben, überlegten wir, ob wir auch spezielle Übungen darin aufnehmen sollten. Wenn ja, dann welche? Das Schreiben zog sich über mehrere Jahre hin. Voll dankbarer Bewunderung dachten wir an Jo Robinson, die damals unser unorganisiertes und undurchsichtiges Manuskript sowie eine Fülle von ergänzenden Materialien in ein gut strukturiertes und sorgfältig bearbeitetes Endprodukt verwandelt hatte - das zudem noch gut zu lesen war. Nicht zuletzt deswegen war es so erfolgreich.

Wir spürten wieder, wie euphorisch wir damals waren, als das Buch gedruckt vorlag und dann auch noch in der Oprah Winfrey-Show vorgestellt wurde. Dieser starke Zuspruch ließ die Auflagenzahlen für das Buch in die Höhe schnellen. Wir erreichten die Bestsellerliste der *New York Times*, was uns selbst am meisten erstaunte. Die Leserschaft wuchs ständig und heute haben wir mehr als anderthalb Millionen Bücher verkauft. Gleichzeitig wurde das Buch in über dreißig Sprachen übersetzt.

Helen und ich erinnerten uns auch an die Basis unserer damaligen Arbeit: die Imago-Therapie, die Paartherapie, die wir in dem Buch beschrieben haben. Schon Ende der achtziger Jahre interessierten sich immer mehr Therapeuten für diesen Ansatz und wollten sich darin ausbilden lassen. Heute gibt es eine immer noch wachsende Imago-Therapie-Gemeinschaft von mehr als eintausendfünfhundert Therapeuten, die in dreizehn verschiedenen Ländern praktizieren. Mehr als hundertfünfzig Moderatoren leiten jährlich ungefähr vierhundert solcher Workshops. Zwanzig Mitglieder des Instituts für Imago-Beziehungs-Therapie bilden immer weiter neue Therapeuten in Dutzenden von Städten aus. Durch diese gemeinsame Energie und Methode wurde Imago zu einer bedeutenden Kraft sozialer Veränderung.

Während Helen und ich uns diese Entwicklungen noch einmal bewußt machten, wurde offensichtlich, daß wir uns mehr als Beobachter, weniger als Begründer dieser Bewegung fühlten. Zwar haben wir sicherlich diesen ganzen Prozeß angestoßen, doch rechnen wir uns seinen durchschlagenden Erfolg nicht alleine zu. Wir sehen uns eher wie Eltern, die ihrem Kind dabei helfen Fahrrad fahren zu lernen; sie stupsen es an und laufen ein Stück weit daneben her, nur um dann voller Staunen anzusehen, wie das inzwischen erwachsene Kind sein erstes Rennen gewinnt. Wir waren am Anfang da; wir waren es, die den ersten Anstoß gaben. Doch das Kind selbst hat es so weit gebracht, wie es gekommen ist - und das können wir uns nur zu einem Teil zurechnen.

Worauf führen wir dann den Erfolg von *So viel Liebe wie Du brauchst* und den wirklich erstaunlichen Umfang der heutigen Imago-Gemeinschaft zurück?

Schlicht formuliert, haben wir nur einer Dynamik den Weg geebnet, die schon im Entstehen war. In der zweiten Hälfte des zwanzigsten Jahrhunderts funktionierten die alten Ehekonzepte irgendwie nicht mehr. In vorher unvorstellbarer Anzahl hatten sich die Menschen plötzlich entschlossen, sich lieber all dem Kummer und dem Streß einer Ehescheidung auszusetzen, als noch länger in ihren unglücklichen und beengenden Beziehungen zu bleiben. In den sechziger und siebziger Jahren des letzten Jahrhunderts wurde die Ehe selbst als Lebensform immer fragwürdiger. Man experimentierte mit der »offenen Ehe« oder anderen Formen, ständig hoffend, daß irgendwie, irgendwann etwas Neues daraus entstehen würde, dann ohne die Begrenzungen des alten Modells.

Doch auch viele Ehepaare in ganz konventionellen Beziehungen wollten lebendigere und befriedigendere Ehen führen und nicht mehr so leben wie ihre Eltern oder Großeltern. Tausende versuchten durch Paartherapien dieses »Mehr« in ihr Leben zu integrieren. Doch damals arbeitete man zumeist in einer Einzeltherapie, die Eigendynamik jeder Beziehung blieb unbeachtet. Viele der Psychologen glaubten damals, wenn jeder allein an sich arbeitet und sich selbst verwirklicht, wäre das Ergebnis eine stabile und befriedigende Paarbeziehung.

Doch die Erfolgsquote bei diesem Ansatz war gering - wenn man Erfolg so definiert, daß die Scheidungsrate abnimmt und die Paare zusammen bleiben. Ungefähr zwei Drittel der Paare konnten ihre Schwierigkeiten nicht beheben und sie trennten sich. Doch auch denen, die zusammen bleiben wollten, fehlte es weiterhin an Unterstützung und wirklich hilfreichen Methoden. Durch die therapeutische Begleitung hatten sie sich selbst besser kennengelernt und ihre Kommunikationsfähigkeit verbessert, aber ihre Beziehung an sich blieb ihnen weiterhin ein Rätsel. Trotz aller Einsichten, die sie neu erworben hatten, handelten sie weiterhin als Paar oft blind für die jeweiligen Motive ihres Handelns. Doch eigentlich spürten sie ganz tief innen, daß sie durch diese Beziehung geheilt und ganz werden könnten, wie ein erahntes Versprechen, das ihnen aber nie wirklich greifbar wurde.

Genau aus diesem Grund wirkt die in *So viel Liebe wie Du brauchst* vorgestellte Methode: meine eigenen Frustrationen aus meiner früheren Beziehung, die ihr eigenes Entwicklungspotential nicht realisiert hatte, waren immer die Grundlage meiner Arbeit. Während ich meine eigene Theorie erarbeitete und dann in meiner Arbeit als Paartherapeut immer weiter verbesserte, wollte ich endlich eine Antwort auf die Frage finden, wieso meine eigene Beziehung gescheitert war. Eine meiner wichtigsten Erkenntnisse war, daß *zwei* Menschen, die in einer Beziehung leben wollen, sich von der Illusion verabschieden müssen, daß sie selbst der Mittelpunkt der Welt sind - sie sind beide gleichwertige Partner. (Ich denke, das läuft oft so: Wir sind beide gleichberechtigt, nur ich etwas gleichberechtigter!).

Es gibt in der Tat zwei Menschen in einer Beziehung. Wenn beide nun den Platz als Mittelpunkt des Universums aufgeben, dann geschieht etwas Unerwartetes: dann wird die Beziehung selbst zum Mittelpunkt der Welt. Wenn dieser grundlegende Schritt gemacht ist, können beide sich mit den *unbewußten* Zielen ihrer Beziehung auseinandersetzen und müssen nicht mehr dagegen anarbeiten. Sie können endlich auch die Tatsache akzeptieren, daß immer, wenn man sich auf eine wirkliche Beziehung einläßt, viele noch aus der eigenen Kindheit herrührenden Dinge wieder berührt werden. Zusammen kann man besser daran arbeiten. Wir werden in Beziehungen hineingeboren, werden in ihnen oft verletzt und doch können wir in Beziehungen auch wieder geheilt werden. Denn in der Tat ist es unmöglich, *außerhalb* einer Beziehung heil und ganz zu werden. Das ist die grundlegende Idee unseres Konzepts, die so viele Paare letztlich überzeugt und erfolgreich damit arbeiten läßt.

Den Ehetherapeuten entthronen

Beim genaueren Hinsehen haben Helen und ich entdeckt, daß noch ein anderer Grund für den Erfolg unseres Buches *So viel Liebe wie Du brauchst* verantwortlich ist. Eine Grundüberzeugung der Paartherapie wird hier hinterfragt: der Ehetherapeut sei der eigentliche Motor des Heilungsprozesses. In der Imago-Therapie wird aus dem Therapeuten ein Unterstützer des Heilungsprozesses, den das Paar selbst in der Hand hat. Dadurch wird der Therapeut keineswegs überflüssig; eher wird die Rolle eines wirklich qualifizierten Therapeuten noch wichtiger. Es ist in etwa so, als bäte man einen Kinderarzt, auch noch die Rolle der Hebamme zu übernehmen. Der hoch qualifizierte Arzt wird so zu einer Art Geburtshelfer bei einem ansonst ganz natürlichen Vorgang, verliert jedoch seine Rolle als Autoritätsfigur, die auf alle Fragen eine Antwort weiß.

Erstaunlicherweise erkannten wir erst nachdem das Buch *So viel Liebe wie Du brauchst* geschrieben war, wie entscheidend sich diese Strukturveränderung im therapeutischen Setting auswirken sollte. Wieder einmal war es Helen, die als erste erkannte: »Bei deiner Methode wird der Therapeut ja entthront! Jetzt steht die Beziehung des Paares im Mittelpunkt, nicht mehr die Beziehung zwischen dem Therapeuten und dem Klienten.«

Sofort leuchtete mir ihre Beobachtung ein. Nachdem diese Veränderung erst einmal verbalisiert worden war, verstanden wir ihre Bedeutung.

In der herkömmlichen Therapie wird in dem Phänomen der »Übertragung« einer der wichtigsten Schritte gesehen, eigene Verstrickungen zu erkennen. Übertragung bedeutet, daß man Eigenschaften in andere hineinprojiziert - entweder die eigenen, was dann als »projektive« Übertragung bezeichnet wird, oder aber die Charaktermerkmale anderer Menschen: »Du bist wie meine Mutter!« Wenn zwischen Therapeuten und Klienten so eine Übertragung erkannt wird, kann der Therapeut herausarbeiten, welches Thema aus der Vergangenheit des Klienten damit angesprochen ist. Übertragungen gehören zu den Grundlagen der Therapie. Die Therapie ist erfolgreich, wenn der Klient die Übertragung durchgearbeitet hat und anfängt, den Therapeuten wieder als eigenständiges, individuelles Wesen zu sehen.

Wie Sie auch in diesem Buch sehen können, gibt es so etwas wie Übertragung auch bei Paaren. Es ist unvermeidbar. Während der ersten, der romantischen Phase einer Beziehung, projizieren Sie viele Ihrer guten Eigenschaften auf den Partner, zusammen mit den positiven Eigenschaften der Menschen, die Sie in Ihrer frühen Kindheit betreut haben. Später allerdings, wenn die ersten Konflikte entstehen, fangen Sie an, *negative* Eigenschaften auf Ihren Partner zu projizieren. Genau dann scheitern die meisten Ehen. »Du hast dich verändert, du bist nicht mehr der Mensch, den ich geheiratet habe!«, sagen dann beide zueinander. Doch in Wirklichkeit hat sich nicht Ihr Partner verändert, sondern die Informationen, die Sie auf ihn projizieren. Die Imago-Therapie kann Ihnen dabei helfen, durch Analyse dieser Übertragungssituation aus diesem Teufelskreis herauszukommen. Dies ähnelt der Psychodynamik traditioneller Einzeltherapien, nur hier ist der Kontext jeder Übertragung die Beziehung zwischen Ihnen und Ihrem Partner, nicht die zwischen Therapeut und Klient.

Manchen Paaren gelingt es, ihre Übertragungen ohne die Hilfe eines Therapeuten selbst aufzulösen. Doch wie den meisten Menschen würde es Ihnen vielleicht leichter fallen, anhand eines gut strukturierten Übungsplanes - oder auch zusammen mit einem speziell für diese Paartherapie ausgebildeten Therapeuten - zu arbeiten. Sowohl die Übungen wie auch der Therapeut schaffen eine Art Setting, in dessen Schonraum Sie anhand von Schritt-für-Schritt Erklärungen durch den gesamten Prozeß geleitet werden. Wie Millionen Menschen vor Ihnen, die dieses Buch gelesen haben, werden Sie merken, wie weit Sie schon mit dem Buch und den darin enthaltenen Übungen kommen können. Wenn Sie noch zusätzlich therapeutische Hilfe benötigen, freuen wir uns Ihnen sagen zu können, daß inzwischen ausreichend gut ausgebildete Therapeuten für diese Methode zur Verfügung stehen, die Sie dabei unterstützen können.

Verbesserungen in der Neuausgabe

Selbstverständlich bot uns diese Neuausgabe die Chance, den Text zu überarbeiten, wie auch eine neue Einleitung zu schreiben. Deshalb lasen wir alles noch einmal sehr genau durch, um mögliche Fehler zu entdecken oder methodische Ansätze, die sich inzwischen überholt haben. Erstaunt stellten wir fest, daß alles, was wir in den letzten dreizehn Jahren dazu gelernt hatten, im Grunde nur eine Erweiterung, nicht aber eine Revision des vorliegenden Ansatzes bedeutete. Neu ist unsere Einsicht, daß die hier vorgestellte Methode auch bei Paaren wirkt, die nicht in einer heterosexuellen Beziehung leben. Das fasziniert uns und wir werden in einem anderen Buch unsere Erfahrungen ausarbeiten. Doch die hier vorliegende Struktur des Ansatzes ist weiterhin gültig.

Die einzigen Änderungen, die wir meinen machen zu müssen, sind einige Punkte im Kapitel 9. Hier haben wir eine der Übungen - das Spiegeln - verbessert. Wir haben herausgefunden, daß es sehr wichtig ist, sich ausreichend Zeit für den Prozeß zu nehmen, nicht nur auf die Übung allein zu setzen. Die Übung »Spiegeln« heißt nun »Der Partnerdialog«, und zwei weitere Schritte wurden hinzugefügt - Wertschätzung und Empathie -, die uns damals bei der Erstausgabe in ihrer Bedeutung noch nicht so bewußt waren. Wie im neunten Kapitel genauer erklärt wird, ist das Spiegeln oder das Paraphrasieren der Äußerungen Ihres Partners der entscheidende erste Schritt, um sich mit seiner Weltsicht vertraut zu machen. Doch alleine wird es nicht ausreichen, um Ihre Verbindung zu vertiefen. Wenn es Ihnen gelingt, wirklich auf Ihren Partner einzugehen, indem Sie ihn bestätigen (»Das kann ich nachvollziehen. Das leuchtet mir ein.«) und dann auch noch gefühlsmäßig nachempfinden können, was ihn bewegt (»Mir ist jetzt bewußt, warum du so zornig bist!«), erst dann wird das gemeinsame Band zwischen Ihnen wirklich stärker. Oder, wie ich immer zu den Paaren sage, sie sind von einer Ebene des Kontaktes zu einer Verbindung und nun zu einer Art »Communion«, einem wirklichen Zusammenleben, gegangen.

In unserer eigenen Verbindung waren Helen und ich privilegiert diese Stufe zu erreichen. Wir haben es auch sehr häufig bei den Paaren gesehen, die sich einer Imago-Therapie unterzogen haben. Wir möchten diese Einleitung damit schließen, daß wir aus einigen der Briefe zitieren, die uns inzwischen erreicht haben. Ein Mann, der *So viel Liebe wie Du brauchst* gelesen hatte, formulierte sein neues Verständnis von Partnerschaft so: »Ich habe gelernt, daß meine Sicht der Dinge in keiner Weise »wahrer« ist als die meiner Frau. Denn im Grunde ist es doch so, erst wenn wir unsere beiden Standpunkte zusammen betrachten, entsteht etwas, das viel Umfassender ist als vorher. Beide haben wir etwas aufgegeben, nur um etwas viel Besseres zu bekommen. Das war die wichtigste Änderung in unserer Beziehung.«

Ein Paar, das ein Wochenendseminar besucht hatte, schrieb uns: »Themen, an denen wir seit Jahren verzweifelten, können wir heute verstehen und wir verstehen einander auch viel besser. Vielleicht zum ersten Mal seit achtundzwanzig Jahren fühlen wir uns in unserer Ehe sicher und geborgen. Das ist genau das, was wir uns immer erträumt hatten für unsere Beziehung, und auch heute noch können wir kaum glauben, daß wir es geschafft haben.«

Wie ein Echo dieser Aussage schrieb uns ein anderes Paar: »Was wir in Ihren Workshops gelernt haben, war wirklich umwerfend; es hat unsere ganze Beziehung verändert. Wir sind wieder verliebt ineinander und wundern uns, wie das geschehen konnte.«

Wie vielen anderen Paaren wird es auch Ihnen gehen, wenn Sie dieses Buch wirklich ernst nehmen und die vielleicht auf den ersten Blick ungewohnten Übungen durchführen. Dann werden auch Sie eine liebevollere, fürsorglichere und zutiefst befriedigende Partnerschaft erleben. Imago-Therapie ist nicht nur ein Ansatz fürs »Wunschdenken«; es ist eine erprobte und zutreffende Methode, den Zustand der »leidenschaftlichen Freundschaft« zu erreichen, den Sie sich immer gewünscht haben. Wie auch Sie sehen werden, ist die Ehe schon die Therapie - vorausgesetzt, Sie respektieren auch die unbewußten Ziele der Verbindung.

Einleitung

In unserer gegenwärtigen Gesellschaft wird die Ehe zumeist als eine Art Wohnung angesehen. Man wählt sich einen Partner aus. Anschließend begeben sich beide in ihre »Wohnung«. Sie versuchen sich bequem einzurichten und betrachten dann ihren Mitbewohner genauer. Gefällt uns, was wir sehen, bleiben wir in der Wohnung. Gefällt es uns nicht, verlassen wir sie einfach und suchen einen neuen Lebenspartner. Mit anderen Worten, die Ehe wird als selbst nicht veränderbarer Status angesehen. Ob sie funktioniert oder nicht, ist abhängig von der eigenen Fähigkeit, einen guten Partner anzulocken. Die übliche Problemlösung unglücklicher Ehen - für immerhin fast 50% aller Paare - ist die Scheidung mit anschließenden Neuversuchen.

Diese Problemlösung - der einfache »Wohnungswechsel« - bringt allerdings für alle Beteiligten sehr viele schmerzliche Erlebnisse mit sich. Belastende Entscheidungen sind zu treffen, Kinder müssen getrennt, Besitztümer aufgeteilt oder verkauft werden und Träume, die uns einst so wichtig waren, werden zerstört. Gleichzeitig entwickelt sich die Angst vor dem Scheitern neuer Bindungen. Auch die anderen Bewohner dieser »Ehewohnung« werden emotional geschädigt: Kinder fühlen sich oft für das Scheitern der Ehe ihrer Eltern verantwortlich und bezweifeln gleichzeitig, ob sie in ihrem Leben so etwas wie dauerhafte Liebesbeziehungen erleben werden.

Leider sehen viele Menschen als einzige Alternative zu einer Trennung nur die Lösung, in der »Wohnung« zu bleiben, alle Ausgänge fest zu verschließen und in der wenig befriedigenden Beziehung bis zum Ende ihrer Tage zu verbleiben, sie zu ertragen. Die Leere in diesen Ehen versuchen sie mit Essen, Drogen, Aktionismus, Fernsehen und romantischen Phantasien zu füllen. Innerlich resigniert, haben sie für sich selbst jede Hoffnung auf eine erfüllte Liebesbeziehung aufgegeben.

In diesem Buch möchte ich ein hoffnungsvolleres und, wie ich denke, auch realistischeres Bild der Liebesbeziehung zeichnen. Bei einer Ehe handelt es sich nicht um eine statische Relation zwischen zwei Menschen, die sich nicht mehr verändern können. Ehe ist eher eine psychologische und spirituelle Reise, die mit der Ekstase der Anziehung beginnt, durch das steinige Gebiet der Selbsterkenntnis mäandert und in einer intimen, lebendigen und lebenslangen Verbindung gipfelt. Ob Sie selbst in der Lage sein werden, das volle Potential dieser Vision auszuschöpfen, hängt nicht so sehr von Ihrer Fähigkeit ab, den Idealpartner zu finden, sondern von Ihrer Bereitschaft, sich mit den verborgenen Anteilen Ihres eigenen Ichs auseinanderzusetzen.

Meine eigene Geschichte

Zu Beginn meiner Arbeit als Therapeut habe ich sowohl Einzel- wie auch Ehetherapien durchgeführt. Lieber arbeitete ich allerdings mit einzelnen Personen. Aufgrund meiner Ausbildung lag es mir näher, mich nur mit einem Menschen zu beschäftigen. Irgendwie fühlte ich mich bei Einzeltherapien sicherer und kompetenter. Betrat ein Ehepaar meine Praxis, änderten sich meine Gefühle sofort. Eine Ehebeziehung stellt ein so vielschichtiges und komplexes Gewebe verschiedener Variablen dar, auf dessen Bearbeitung ich nicht vorbereitet war. Schließlich verlegte ich mich - wie es die meisten Therapeuten versuchen - auf die problemorientierte, auf »Verhandeln« ausgerichtete Eheberatung. Als dieser Ansatz nicht die gewünschten Erfolge brachte, trennte ich die Paare und sandte sie in verschiedene Gruppen oder beriet sie individuell.

1967 fühlte ich mich noch hilfloser in der Beratungssituation, als meine eigene Ehe plötzlich sehr gefährdet erschien. Da meine Frau und ich an unsere Beziehung glaubten und wir auch zwei kleine Kinder hatten, versuchten wir über einen Zeitraum von acht Jahren unsere Ehe zu retten. Doch auch die verschiedenen Therapeuten konnten uns nicht helfen, und so entschlossen wir uns 1975 zur Scheidung.

Während ich auf der Wartebank des Gerichts saß, bis mein Fall aufgerufen werden sollte, empfand ich mich als doppelter Versager - einmal als Ehemann und dann auch als Therapeut. Am Nachmittag des gleichen Tages sollte ich einen Kurs für Ehe- und Familienberatung durchführen, und am nächsten Tag hatte ich mehrere Termine mit Paaren, die meinen Rat suchten. Trotz meiner professionellen Beschäftigung mit diesem Thema fühlte ich mich ebenso desorientiert und niedergeschlagen wie die anderen Männer und Frauen, die neben mir auf der Bank saßen, bis ihre Namen aufgerufen wurden.

Im Jahr nach meiner Scheidung erwachte ich jeden Morgen mit einem tiefen Verlustgefühl. Nachts starrte ich in meinem Bett die Zimmerdecke an und versuchte immer wieder, die Gründe für das Scheitern unserer Ehe zu finden. Sicherlich meinten wir beide, gute Gründe für diese Scheidung angeben zu können, so wie jeder andere auch. Ich mochte viele ihrer Angewohnheiten nicht, sie lehnte viele meiner Eigenheiten ab. Wir hatten unterschiedliche Interessen und unterschiedliche Lebensziele. Doch neben dieser Litanei an Beschwerden spürte ich eine tiefe Enttäuschung, einen unterschwelligen Grund für unser lange andauerndes Unglück, der acht Jahre lang nicht zu erkennen war.

Die Zeit verging, und meine Verzweiflung verwandelte sich in den dringenden Wunsch, mein durchlittenes Schicksal verstehen zu können. Ich wollte die Trümmer meiner Ehe nicht einfach so liegenlassen, ohne den Prozeß verstanden zu haben, der zur Scheidung geführt hatte. Sehr gezielt und konzentriert setzte ich mich mit den vorhandenen Ansätzen für Beziehungstherapien auseinander. Während meiner

Recherchen in einschlägigen Büchern und Publikationen war ich überrascht, feststellen zu müssen, wie wenig wirklich hilfreiche Problemstudien von Ehen überhaupt vorhanden waren. Alles Material, das ich vorfand, war sehr viel stärker auf Einzeltherapien ausgerichtet. Eine konsistente Theorie über die Mann-Frau-Beziehung war nicht einmal in Ansätzen vorhanden. Ebensowenig gab es zufriedenstellende Erklärungen der mächtigen Emotionen, die eine Beziehung zerstören können. Ich fand keinerlei Hinweise auf das, was ich in meiner eigenen Ehe so schmerzlich vermißt hatte.

Um diese Lücke zu füllen, begann ich mit Hunderten von Paaren in meiner Praxis und Tausenden in Workshops und Seminaren zu arbeiten. Aus meinen Untersuchungen und meiner klinischen Praxis entwickelte ich nach und nach einen Ehetherapieansatz, den ich »Imago-Beziehungs-Therapie« nannte. Mein Ansatz war eklektisch. Ich setzte ihn aus Tiefenpsychologie, verhaltenstherapeutischen Ansätzen und der spirituellen Tradition des Abendlandes zusammen und fügte einige Elemente der Transaktions-Analyse, der Gestaltpsychologie, der Systemtheorie und der Kognitiven Therapie hinzu. Meiner Ansicht nach kann jeder einzelne dieser Ansätze sehr gute Einsichten zum Verständnis der Psychologie des Individuums geben. Doch nur zusammen gesehen, in eine neue Synthese verarbeitet, können sie Licht in die Dynamik von Liebesbeziehungen bringen.

Während ich nach und nach meine Vorstellungen in die Praxis umsetzte, wurde meine Beratungsarbeit mit Paaren sehr viel erfolgreicher. Die Scheidungsrate in meiner Praxis sank dramatisch, und die Ehepaare, die zusammenblieben, berichteten mir von sehr viel befriedigenderen Beziehungen als zuvor. Als die Erfolge meiner Bemühungen sichtbar wurden, begann ich Vorträge für Paare und auch Singles zu halten. Schließlich entwickelte ich einen Einführungs-Workshop für Paare, den ich »Zusammenbleiben« nannte. 1981 begann ich mit der Trainerausbildung. Heute kann ich sagen, daß mehr als 30 000 Menschen mit meinen Ideen konfrontiert wurden - sei es durch die Beratung, die Workshops oder die Seminare.

Über dieses Buch

Mit diesem Buch verfolge ich zwei Absichten: Zum einen möchte ich Ihnen vermitteln, was ich über die Psychologie der Liebesbeziehung herausgefunden habe, zum anderen möchte ich Ihnen helfen, Ihre eigene Beziehung in eine Ressource der Liebe und Freundschaft zu verwandeln. Kurz, dieses Buch möchte aufzeigen, wie man - in Theorie und in der Praxis - in der Ehe zu »leidenschaftlichen« Freunden werden kann.

Das Buch untergliedert sich in drei Teile: Im ersten Teil schildere ich das Schicksal der meisten Ehen - den Prozeß der Anziehung, des Verliebtseins und den anschließenden Machtkampf. Während ich Ihnen hier die bekannten Einzelheiten des Ehelebens darstelle, möchte ich Sie bitten, diese Fakten eher im Sinne eines sich entwickelnden, psychologischen Dramas zu verstehen. Ich bezeichne dieses Drama als die »unbewußte Ehe«, charakterisiert durch versteckte Wünsche und Spontanreaktionen, die uns als Relikte aus der Kindheit verblieben sind und unweigerlich die Ehepaare in Konflikte bringen.

Im zweiten Teil entwickle ich eine davon ganz verschiedene Form der Ehe, die »bewußte Ehe«, ein Ehekonzept, das hilfreich ist, sollen die in der Kindheit selbst nicht befriedigten Bedürfnisse später wirkungsvoll verarbeitet werden. Zuerst stelle ich eine erprobte Technik vor, um sich »Wiederverlieben« zu können. Durch diesen Prozeß werden Ehepaare wieder ausreichend motiviert, kooperativ miteinander umzugehen und auch die tiefer liegenden Probleme zu bearbeiten. Danach möchte ich Ihnen demonstrieren, wie Sie Konfrontation und Kritik, die in der Kindheit erlernten Taktiken, ersetzen durch die sehr viel heilsameren und wirkungsvolleren Instrumente gegenseitigen Förderns und wechselseitiger Unterstützung. Schließlich möchte ich Ihnen Wege aufzeigen, wie Sie Ihre sich aufbauenden Frustrationen in Einfühlung und Verstehen verwandeln können.

Im dritten Teil wird auf der Basis dieser Konzeptionen ein zehnwöchiges Lernprogramm für eine Beziehungstherapie entwickelt. Anhand einer Reihe erprobter Schritt-für-Schritt-Übungen, die Sie in Ihrer häuslichen Atmosphäre durchführen können, werden Sie nicht nur wichtige Einsichten in potentielle und reale Eheprobleme gewinnen, sondern diese gleichzeitig lösen können - vielleicht ersparen Sie sich sogar die Ausgaben für einen Therapeuten!

Mit der Hilfe dieses Buches können Sie Ihre eigene Beziehung bereichern und wieder Liebe und Unterstützung finden. In einer so wiederbelebten Ehe werden auch Sie zufriedener und glücklicher leben können.

Teil I

Die unbewußte Ehe

Kapitel 1
Das Geheimnis gegenseitiger Anziehung

»Der Charakter des menschlichen Wesens,
zu dem wir uns hingezogen fühlen,
zeigt unseren eigenen Charakter.«
Ortega y Gasset

Kommen Paare zu mir in die Beratung, frage ich sie immer, wie sie sich kennengelernt haben. Maggie und Victor, ein Ehepaar Mitte der Fünfzig, die sich mit Scheidungsgedanken trugen, erzählten mir folgende Geschichte:

»Wir trafen uns an der Universität«, erinnerte sich Maggie. »Wir wohnten in einem großen Haus zur Miete, teilten uns eine Küche. Als ich eines Tages mein Frühstück zubereitete, erblickte ich diesen Mann - Victor -, der gerade in die Küche kam. Plötzlich überfielen mich die merkwürdigsten Empfindungen. Meine Füße wollten mich zu ihm bringen, doch gleichzeitig befahl mir mein Kopf, auf Distanz zu bleiben. Ich spürte diese Gefühle so stark, daß ich dachte, ich würde ohnmächtig, und ich setzte mich schnell auf einen Stuhl.«

Nachdem sich Maggie von diesem Schock erholt hatte, machte sie sich mit Victor bekannt, und beide verbrachten den halben Morgen im intensiven Gespräch. »Damit begann unsere Geschichte«, sagte mir Victor, »in den nächsten zwei Monaten verbrachten wir jede freie Minute zusammen, um schließlich gemeinsam durchzubrennen.«

»Wäre es damals eine sexuell freiere Zeit gewesen«, fügte Maggie hinzu, »wären wir wohl gleich ein Liebespaar geworden. Noch nie zuvor habe ich mich so stark von einem anderen Menschen angezogen gefühlt.«

Nicht jede erste Begegnung bringt derartig seismische Schwingungen hervor. Rayna und Mark, beide zehn Jahre jünger, erlebten eher eine länger andauernde und viel gemäßigtere Phase des Kennenlernens. Sie trafen sich bei einer gemeinsamen Freundin. Rayna hatte ihre Freundin gefragt, ob diese nicht interessante unverheiratete Männer kenne. Die Freundin erwähnte Mark, einen attraktiven, gerade geschiedenen Mann. Doch sie zögerte, beide bekanntzumachen, weil sie glaubte, sie würden nicht zueinander passen. »Er ist sehr groß und du bist eher klein«, fügte sie zur Erklärung hinzu, »er ist Protestant und du bist Jüdin.« Doch Rayna erklärte alle angeführten Gründe für bedeutungslos und meinte: »Für ein Treffen ist es doch nicht so wichtig, wie verschieden wir sind!«

Trotz ihrer Bedenken lud diese Freundin beide 1972 zu einer Wahlparty ein. »Mark gefiel mir auf Anhieb gut«, sagte Rayna. »Auf seine ruhige Art wirkte er sehr interessant. Den ganzen Abend haben wir uns in der Küche unterhalten.« Rayna lachte auf, als sie sich erinnerte: »Ich denke, ich werde wohl den Hauptteil der

Unterhaltung bestritten haben!«

Rayna war sich sicher, daß Mark sie auch attraktiv fand, und erwartete seinen Anruf für den nächsten Tag. Doch nach drei Wochen hatte sie immer noch nichts von ihm gehört. Schließlich bat sie ihre Freundin, doch einmal nachzuforschen, ob Mark auch an ihr interessiert sei. Auf Drängen der Freundin lud Mark sie zu einem Kinobesuch ein. Damit begann ihre Beziehung, die sich jedoch nie zu einer leidenschaftlichen Romanze entwickelte. »Wir trafen uns eine Zeitlang, dann sahen wir uns wieder mehrere Wochen nicht. Anschließend trafen wir uns wieder, um dann 1975 zu heiraten.«

»Nur als Nebenbemerkung«, fügte Rayna hinzu, »Mark und ich sind noch verheiratet, die Freundin jedoch schon lange nicht mehr.«

Diese unterschiedlichen Geschichten werfen wichtige Fragen auf. Warum verlieben sich einige Menschen mit so großer Intensität, fast auf den ersten Blick? Warum gleiten andere eher leicht von einer Freundschaft in die Ehe hinein? Warum haben so viele Paare, wie im Fall von Rayna und Mark, fast gegensätzliche Eigenschaften? Können wir diese Fragen beantworten, stehen uns auch die ersten, wichtigen Erkenntnisse zur Verfügung, die jeder Ehe zugrundeliegenden, unbewußten Wünsche erkennen zu können.

Das Geheimnis des Sich-Verliebens

In den letzten Jahren haben die Ergebnisse verschiedener Wissenschaften dazu beigetragen, unser Verständnis des Sich-Verliebens zu vertiefen, und wichtige Erkenntnisse sind aus den verschiedenen Untersuchungsgebieten zusammengetragen worden. Biologen gehen davon aus, daß eine spezifische »Bio-Logik« vorhanden ist, die den Prozeß gegenseitiger Anziehung steuert. Nach dieser eher weitgefaßten, evolutionären Sichtweise suchen wir fast instinktiv die Partner aus, die die Überlebensfähigkeit der Art optimal sichern. Männer fühlen sich zu klassisch schönen Frauen hingezogen - klarer Teint, große Augen, schimmerndes Haar, gutes Knochengerüst, rote Lippen und rosige Wangen -, nicht als Marotte oder aus modischen Gründen allein, sondern weil diese Anzeichen gleichbedeutend sind mit guter Gesundheit und Jugend, also den Merkmalen dafür, daß sich eine Frau auf der Höhe ihrer Gebärfähigkeit befindet.

Frauen suchen Männer aus anderen biologischen Gründen aus. Da Jugendlichkeit und Gesundheit für die männliche Fruchtbarkeit nicht in gleichem Maße von Bedeutung ist, sehen Frauen eher auf die sogenannten »alpha«-Eigenschaften, d. h. die Fähigkeit, andere Männer zu dominieren, um mehr als den ihnen eigentlich zustehenden Anteil der Beute nach Hause zu bringen. Der zugrundeliegende Gedanke ist, daß dieses Dominanzverhalten das Überleben der Familie eher sicherstellt als Jugend oder Schönheit. Aus diesem Grund wirkt auch ein fünfzigjähriges

Aufsichtsratsmitglied - das menschliche Pendant zu dem männlichen Gorilla mit silberner Mähne - auf Frauen genauso attraktiv wie der junge, nette, attraktive, doch nicht besonders erfolgreiche Mann.

Gelingt es uns, für einen Augenblick unser Befremden angesichts dieser Reduktion unserer Anziehung zum anderen Geschlecht auf reine Fortpflanzung und das Essen-/Geldversorgungspotential zu vergessen, erklärt diese Theorie doch manche Aspekte des menschlichen Verhaltens. Ob es uns gefällt oder nicht, die Jugendlichkeit und physische Attraktivität einer Frau spielt bei der Partnerwahl eine ebenso große Rolle wie der Einfluß und soziale Status eines Mannes, wie auch ein nur flüchtiger Blick in die Heiratsannoncen einer beliebigen Zeitung deutlich macht. »Erfolgreicher, 45jähriger, dynamischer Mann mit eigenem Flugzeug sucht attraktive, schlanke und sehr weibliche Zwanzigjährige« usw. Doch wenn auch biologische Faktoren eine gewisse Rolle spielen, gehört zum Entstehen einer Liebe noch mehr.

Nehmen wir ein anderes Gebiet, das der Sozialpsychologie, und wenden uns der sogenannten »Austauschtheorie« der Partnerwahl zu. Die Grundannahme dieser Theorie besagt, daß wir mehr oder weniger die Partner aussuchen, die uns ähneln. Befinden wir uns auf einer dieser Partnersuchmissionen, nehmen wir kühl Maß und analysieren fast geschäftsmäßig, wie Kaufleute bei einer beabsichtigten Fusion, die physischen Merkmale, den finanziellen und sozialen Status, Charaktereigenschaften wie Freundlichkeit, Kreativität oder Sinn für Humor. Mit der Geschwindigkeit von Computern überprüfen wir diese Angaben. Stimmt die Rechnung, klingeln die Glocken, und das Ersteigern beginnt.

Die Austauschtheorie erklärt menschliches Verhalten in einer angemesseneren Form als die rein biologische Auffassung. Nicht nur Jugend, Schönheit oder die soziale Stellung interessieren uns, so die Psychologen, sondern die ganze Person wird überprüft. So kann zum Beispiel die Tatsache, daß eine Frau die Blüte ihrer Jahre schon überschritten hat oder ein Mann einen wenig prestigeträchtigen Job besitzt, wettgemacht werden dadurch, daß beide besonders charmante, intelligente und einfühlsame Menschen sind.

Eine dritte Vorstellung, die »Persona«-Theorie, geht davon aus, daß das entscheidende Auswahlkriterium die perzipierte Wahrnehmung ist, in welchem Maße der andere unseren Selbstwert steigern kann. Die wichtige Frage hierbei lautet: »Welchen Einfluß hat es auf mein Selbstwertgefühl, wenn ich mit dieser Person zusammen auftrete?« Diese Theorie scheint valide zu sein. Wir alle kennen das Gefühl des Stolzes oder vielleicht auch der Beschämung, denken wir daran, wie andere unsere Partner wahrnehmen könnten. Es betrifft uns in der Tat, wie andere von ihnen denken.

Wenngleich alle drei Theorien manche Aspekte des Sichverliebens erklären können, bleiben doch noch Teilaspekte unserer ursprünglichen Fragestellung offen. Wie entstehen etwa - im Fall von Maggie und Victor - diese intensiven Gefühle, die so überwältigend wirken können? Warum weisen so viele Paare - wie in der Geschichte von Rayna und Mark - so gegensätzliche Eigenschaften auf, die sogar fast komplementär sein können?

In der Tat, je intensiver wir uns mit dem Phänomen des Sichverliebens beschäftigen, desto unvollständiger erscheinen uns diese Theorien. Wie erklärt sich zum Beispiel die emotionale Erschütterung, die nach dem Scheitern einer Beziehung zurückbleibt, erklären sich die lähmenden Gefühle, die uns in Angst und Selbstmitleid befangen lassen? Einer meiner Klienten sagte mir: »Meine Freundin hat mich verlassen. Ich kann weder essen noch schlafen. In meiner Brust herrscht ein Druck, als müsse sie platzen. Ich weine fast immer und weiß nicht mehr, was ich tun soll.« Nach der Logik der vorher angesprochenen Theorien müßte er sich nach einer fehlgeschlagenen Beziehung einfach ungerührt auf eine neue Suchrunde nach einem geeigneteren Partner begeben können.

Es gibt nicht nur den einen ausschlaggebenden Faktor, der den Prozeß des Sichverliebens erklären kann: Wir scheinen differenziertere, vielschichtigere Auswahlkriterien zu benutzen, als uns diese Theorien nahelegen wollen. Vielleicht denken Sie einmal über Ihre eigenen Bekanntschaften nach. Wahrscheinlich haben Sie im Laufe Ihres Lebens Tausende von Menschen getroffen, vorsichtig geschätzt. Lassen Sie uns einmal annehmen, daß einige hundert davon auch physisch auf Sie anziehend wirkten, zumindest ausreichend, um Ihre Aufmerksamkeit zu erregen. Verengen wir dieses Feld, indem wir die Austausch-Theorie zu Rate ziehen, bleiben vielleicht noch fünfzig oder hundert Menschen dieser ausgewählten Gruppe übrig, die mit Ihrem »Punkt-Wert« auf gleichem Niveau stünden. Aus diesem Grunde hätten Sie mit einer Fülle von Menschen eine engere Liebesbeziehung anfangen müssen. Doch eigentlich fühlen wir uns eher selten von einem anderen Menschen wirklich angezogen. Im Gegenteil, aus meinen Beratungsgesprächen mit Singles kenne ich die sich ständig wiederholende Klage: »Es gibt einfach nicht genug Männer (oder Frauen)!« Dabei ist die Welt regelrecht zugemüllt mit denen, die sie abgelehnt und ausgesondert haben.

Darüber hinaus scheinen sich die wenigen Menschen, die uns besonders sympathisch sind, auffällig zu ähneln. Überlegen Sie bitte einen Augenblick lang, welche Charaktereigenschaften die Menschen gemeinsam hatten, die Sie als Partner in die engere Wahl gezogen hatten. Wenn Sie eine Aufstellung über deren besonders auffällige Charaktermerkmale anfertigen sollten, würden Sie erstaunlich viele Ähnlichkeiten feststellen können, die negativen Eigenschaften eingeschlossen.

Von meinem etwas distanzierten Bezugspunkt als Therapeut kann ich immer wieder ganz deutliche Muster bei der Partnerwahl meiner Klienten entdecken. Während einer Gruppensitzung hörte ich dem Bericht eines Mannes zu, der gerade drei Monate zum zweiten Mal verheiratet war. Als seine erste Ehe zerbrach, hatte er der Gruppe geschworen, er würde nie wieder eine Frau wie seine erste heiraten. An diesem Abend nun gab er zu, daß er die Stimme seiner ersten Frau »gehört« hatte - nur aus dem Mund seiner neuen Frau. Voller Panik spürte er, daß beide Frauen fast identische Persönlichkeitsmerkmale zeigten. Scheinbar sucht jeder von uns einen Partner, der ein ganz spezielles Muster von positiven und negativen Persönlichkeitsmerkmalen aufweist.

Die Tiefen des Unbewußten

Um diesen hohen Grad an Selektivität verstehen zu können, der bei der Partnerwahl eine so bestimmende Rolle zu spielen scheint, müssen wir die Rolle berücksichtigen, die das Unbewußte spielt. In unserer heutigen Zeit, der postfreudianischen Ära, sind wir daran gewöhnt, allerlei alltägliche Ereignisse mit unbewußten Faktoren erklären zu wollen. Wir sprechen voller Kenntnis von »Freudschen Fehlleistungen«, analysieren unsere Träume und versuchen zu verstehen, wie unser Unbewußtes unser tägliches Leben prägt. Dennoch unterschätzen die meisten von uns die Kraft unserer unbewußten Anteile. Es gibt eine Analogie, die den großen Einfluß unbewußter Kräfte gut verdeutlichen kann. Tagsüber können wir die Sterne nicht sehen. Wir reden, als würden sie abends »aufgehen«, wenngleich sie doch die ganze Zeit über eigentlich vorhanden sind. Auch unterschätzen wir in der Regel die Anzahl der Sterne. Wir blicken zum Himmel hinauf, sehen das matte Schimmern einiger Sterne und nehmen an, wir hätten alle gesehen. Reisen wir einmal in eine Gegend, die nicht durch Straßenbeleuchtung erhellt ist, außerhalb unserer Städte, sehen wir plötzlich einen Himmel, der mit Sternen geradezu übersät ist, und erstaunen über diese überwältigende Fülle. Doch nur wenn wir uns ernsthaft mit der Astronomie beschäftigen, werden wir die ganze Wahrheit herausfinden können: Die hunderttausend Sterne, die wir vielleicht in einer klaren, mondlosen Nacht sehen können, stellen nur einen Bruchteil der Sterne des Universums dar, und viele der Lichtpunkte, die wir für Sterne halten, sind eigentlich ganze Galaxien. Ebenso verhält es sich mit dem Unbewußten: Die gut geordneten, logischen Gedanken unseres bewußten Verstandes sind nur ein dünner Schleier über dem Unbewußten, das ständig aktiv an unserem Leben teilnimmt.

Lassen Sie uns einen kurzen Blick auf die Struktur des Gehirns werfen, dieses geheimnisvolle und komplexe Organ mit seinen vielen Unterteilungen. Um die Dinge zu vereinfachen, greife ich auf das Modell von Paul McLean zurück und unterteile das Gehirn in drei konzentrische Schichten.

Das Stammhirn, der ganz innen gelegene, primitivste Teil des Gehirns, ist verantwortlich für die Reproduktion, den Selbsterhalt und die vitalen Funktionen wie den Blutkreislauf, Atmen, Schlafen und die Muskelkontraktionen als Reflex auf äußere Reize. Ganz am unteren Rand des Gehirns plaziert, wird dieser Gehirnanteil manchmal auch das »Reptiliengehirn« genannt, da alle Wirbeltiere von den Reptilien bis zu den Säugetieren diesen Teil der Anatomie aufweisen. Für unser hier anliegendes Problem lassen Sie uns einmal dieses Stammhirn als Quelle physischer Aktion ansehen.

Wie ein Gabelbein um das Stammhirn herumgezogen, liegt das limbische System, dessen Funktion in erster Linie darin zu bestehen scheint, lebhafte Emotionen zu erzeugen. Wissenschaftlern gelang es, diesen Hirnanteil bei Versuchstieren künstlich zu stimulieren und so spontane Angst- und Aggressionsausbrüche zu provozieren. In diesem Buch benutze ich den Begriff »Altes Gehirn«, um diese beiden Teile, Stammhirn und limbisches System, zu umschreiben. Stellen Sie sich unter dem Alten Gehirn eine eng verschaltete Einheit vor, die die meisten unserer automatischen Reaktionen steuert.

Der letzte Teil des Gehirns ist der Neocortex, eine große Ausdehnung an Gehirnmasse, der die beiden inneren Sektionen umhüllt und selbst in vier Bereiche oder Ausbuchtungen aufgeteilt ist. Dieser besonders beim Homo sapiens sehr hochentwickelte Gehirnteil beherbergt die meisten unserer bewußten Emotionen und Empfindungen. Diesen Neocortex möchte ich als das »Neue Gehirn« bezeichnen, da es in der Evolutionsgeschichte den jüngsten Anteil darstellt. Das Neue Gehirn ist der Teil von uns, der bewußt und offen ist und im Kontakt mit der täglichen Umgebung steht. Dieser Teil denkt, trifft Entscheidungen, beobachtet, plant, sieht voraus, antwortet, organisiert Informationen und ist kreativ. Das Neue Gehirn ist in erster Linie logisch orientiert und sucht immer wieder die Ursache für beobachtbare Wirkungen. Bis zu einem gewissen Grade können einige instinktmäßig ablaufende Reaktionen des Alten Gehirns durch seinen Einfluß moderiert werden. Im großen und ganzen könnte man sagen, daß dieser analytische, ausprobierende, fragende Teil unseres Gehirns von uns als unsere Persönlichkeit empfunden wird.

Die Logik des Alten Gehirns

Im deutlichen Gegensatz zu dem Neuen Gehirn spielt sich der weitaus größte Teil der Aktivitäten des Alten Gehirns unbewußt ab. Der Versuch, diesen Anteil verstehen zu wollen, ist eine Aufgabe, die uns fast verrückt machen kann, da wir unser bewußtes Wahrnehmen herumdrehen müssen, um seine Unterseite entdecken zu können. Wissenschaftler, die sich sehr genau mit der Funktionsweise dieses Alten Gehirns beschäftigt haben, kamen zu dem Ergebnis, daß die Hauptfunktion des Alten Gehirns die Selbsterhaltung sei. Ein besonders interessantes Ergebnis dieser Studien ist, daß sich dieser alte Gehirnteil, im Gegensatz zum neuen, offenbar nur verschwommen der Außenwelt bewußt ist. Im Gegensatz zum Neuen Gehirn, das ständig die Umwelteinflüsse analysiert, greift das Alte Gehirn nur auf die Bilder, Symbole und Gedanken zurück, die vom Neuen Gehirn zur Verfügung gestellt werden. Damit werden diese Daten in eher breite, relativ undifferenzierte Schemata gepreßt. Zum Beispiel differenziert unser Neues Gehirn leicht zwischen John und

Suzy und Margaret, während unser Altes Gehirn diese drei Menschen unter sechs einfachen Gesichtspunkten untersucht. Das Alte Gehirn interessiert sich nur dafür, ob ein Mensch 1. umsorgt werden muß, 2. selber fürsorglich ist, 3. jemand ist, mit dem man sexuell verkehren kann, 4. vor dem man fliehen muß, 5. dem man sich unterwerfen sollte, 6. den man angreifen muß. Feinheiten, wie das ist »mein Nachbar«, »mein Cousin«, »meine Mutter« oder »meine Frau«, bleiben unberücksichtigt. Obwohl beide Gehirnteile so verschieden voneinander sind, tauschen sie doch ständig Informationen aus. Dieser Prozeß funktioniert folgendermaßen: Lassen Sie uns einmal annehmen, Sie seien allein im Haus und plötzlich spaziert Person A durch die Tür. Ihr Neues Gehirn ruft augenblicklich das Bild dieser Person hervor und vergleicht es mit anderen gespeicherten Informationen, schickt dieses Bild dem Alten Gehirn zur Sicherheitsüberprüfung und vergleicht es mit allen vorher gespeicherten Daten. Sofort kommt es zu einer ersten Feststellung: »Dieser Mensch ist kein Fremder.« Vorherige Treffen mit diesem Menschen sind gespeichert. Eine tausendstel Sekunde später kommen weitere Informationen: »Mit diesem Menschen sind keine gefährlichen Situationen gespeichert.« Bei allen gespeicherten Interaktionen, die mit diesem Besucher stattgefunden haben, verlief keine lebensgefährdend. Anschließend kommt noch eine dritte Beobachtung: »Mit diesem Bild sind viele vergnügliche Situationen verbunden.« Im Endergebnis scheint A als eher liebenswerte Person bewertet worden zu sein. Mit dieser Schlußfolgerung sendet das Alte Gehirn ein Entwarnungssignal, und Sie können sich selbst beobachten, wie Sie diesen Besucher mit offenen Armen empfangen. Aus Ihrem Neuen Gehirn heraus rufen Sie aus: »Liebe Tante Mary, wie schön, dich wiederzusehen!«

Dieser gesamte Prozeß lief außerhalb des Bewußtseins ab, im Bruchteil einer Sekunde. Dem bewußten Verstand wurde nur deutlich, daß gerade Tante Mary zur Tür hereinkam. Während des Besuchs der Tante setzt sich der Datensammelprozeß fort. Auch dieses neue Treffen läßt Gedanken, Emotionen und Bilder entstehen, die ins limbische System zur Speicherung übertragen werden, unter dem Stichwort »Tante Mary«. Diese neuen Daten werden so zu einem Teil des Gesamtbildes »Tante Mary«, das beim nächsten Besuch vom Alten Gehirn wieder abgerufen wird.

Sehen wir uns einmal eine etwas veränderte Situation an. Vielleicht ist die Person, die gerade zur Tür herein kam, nicht Tante Mary, sondern ihre Schwester, Tante Carol. Statt sie mit offenen Armen zu empfangen, beobachten Sie bei sich selbst, daß Sie über diese Unterbrechung eher ärgerlich sind. Warum gibt es so unterschiedliche Reaktionen auf die Besuche der beiden Schwestern? Nehmen wir einmal an, als Sie achtzehn Monate alt waren, verbrachten Sie eine Woche bei Tante Carol, während Ihre Mutter im Krankenhaus das neue Baby bekam. Ihre Eltern, die diesen Besuch vorbereiten wollten, erklärten Ihnen, daß »Mami jetzt auf Wiedersehen sagen wird, ins Krankenhaus gehen und von dort einen kleinen Bruder oder eine kleine Schwester mitbringen wird«. Die Worte »Krankenhaus«, »Bruder« oder »Schwester« blieben für Sie ohne Bedeutung. Aber »Mami«, »Auf

Wiedersehensagen« bedeuteten sicher etwas. Immer, wenn diese beiden Worte zusammen ausgesprochen wurden, fühlten Sie sich ängstlich und steckten Ihren Daumen in den Mund. Wochen später, als die Wehen bei Ihrer Mutter einsetzten, nahm man Sie vielleicht aus Ihrem Kinderbettchen, während Sie fest schliefen, und brachte Sie zu Tante Carols Haus. Plötzlich erwachten Sie alleine in einem fremden Raum, und die Person, die zu Ihnen kam, als Sie zu weinen begannen, war nicht Ihre Mutter oder Ihr Vater, sondern Tante Carol.

Während der nächsten Tage waren Sie ängstlich und unruhig. Auch wenn Tante Carol liebevoll und freundlich zu Ihnen war, fühlten Sie sich doch verlassen. Diese Urangst wurde mit der Tante verbunden, und noch Jahre später ließ Sie ihr Anblick oder der Duft ihres Parfüms aus dem Zimmer laufen. In den späteren Jahren erlebten Sie auch viele schöne oder eher neutrale Erlebnisse mit dieser Tante. Dennoch, dreißig Jahre später, betritt sie den Raum, und Sie empfinden das Bedürfnis, wegzulaufen. Nur unter großer Selbstbeherrschung gelingt es Ihnen, ihr freundlich entgegenzugehen.

Es gibt keine Zeit wie die Gegenwart

Die folgende Geschichte macht eine wichtige Tatsache über die Funktionsweise des Alten Gehirns deutlich: Es kennt keine Linearität. Das Heute, das Gestern und das Morgen existieren faktisch nicht. Alles, was je gewesen ist, dauert fort. Verstehen wir diesen grundlegenden Zusammenhang über die Wirkungsweise des Alten Gehirns, können wir vielleicht auch besser einordnen, warum wir manchmal in unserer Ehe so überreagieren, bei im Grunde oft unbedeutenden Anlässen. Stellen Sie sich bitte einmal vor, Sie seien eine Rechtsanwältin in einer bekannten Anwaltskanzlei, vielleicht 35 Jahre alt. Eines Tages sitzen Sie in Ihrem Büro und denken ganz warm und liebevoll an Ihren Ehemann. Sie entschließen sich spontan, ihn anzurufen. Sie wählen seine Nummer, und seine Sekretärin informiert Sie, daß er das Büro verlassen hat und nicht zu erreichen ist. Plötzlich verschwinden Ihre liebevollen Gedanken, und Sie spüren eine Welle der Angst aufsteigen: Wo mag er sein? Ihr bewußter Verstand weiß, daß er wahrscheinlich gerade einen Klienten besucht oder ein spätes Mittagessen einnimmt, doch ein anderer Teil Ihres Bewußtseins fühlt sich - wenn Sie ehrlich mit sich sind - einfach verlassen. Da stehen Sie nun, eine gebildete, fähige Frau, und nur weil Ihr Ehemann gerade einmal nicht erreichbar ist, fühlen Sie sich ähnlich verletzt wie zu der Zeit, als Ihre Mutter Sie einen ganzen Tag über einem Ihnen unbekannten Babysitter anvertraut hat. Ihr Altes Gehirn hält an dieser archaischen Sichtweise eisern fest.

Oder lassen Sie uns einmal annehmen, Sie seien ein Mann in den mittleren Jahren, ein leitender Angestellter in einer großen Firma. Nach einem besonders hektischen Arbeitstag, an dem es Ihnen gelungen ist, wertvolle Kunden zu gewinnen und ein

Budget über mehrere Millionen Dollar abzuschließen, fahren Sie voller Schwung nach Hause, um Ihrer Frau von diesem erfreulichen Erfolg zu berichten. Doch kaum im Haus, finden Sie eine Nachricht Ihrer Frau vor, sie käme heute später aus dem Büro zurück. Sie stehen wie gelähmt mitten im Raum. Sie hatten sich darauf verlassen, daß sie Sie erwarten würde! Erholen Sie sich nun von Ihrer Enttäuschung und beginnen, die freie Zeit für sich selbst zu nutzen? Ja, aber zuerst gehen Sie auf direktem Wege zum Eisschrank und genehmigen sich zwei große Schüsseln cremiges, süßes Vanilleeis als nächstliegenden Ersatz für Muttermilch, den Sie nur finden können. Die Vergangenheit und Gegenwart leben in Ihrem Gehirn Seite an Seite.

Nachdem wir uns nun einige Zeit mit der Wirkungsweise des Unbewußten befaßt haben, lassen Sie uns unsere eigentliche Diskussion der Partnerwahl wieder aufgreifen. Was bedeuten diese Erkenntnisse über die Funktionsweise des Alten Gehirns, wollen wir verstehen, warum wir uns verlieben? Die interessante Tatsache, die ich schon weiter oben erwähnte, ist doch, daß wir in unserem Partnerauswahlverhalten besonders selektiv sind. In der Tat scheinen wir nur den oder die »Einzige/n« auszuwählen, die auf jeden Fall ein ganz besonderes Muster positiver wie negativer Eigenschaften aufweisen.

In langen Jahren theoretischer Beschäftigung mit diesem Thema und aus meinen zahlreichen klinischen Beobachtungen bin ich zu dem Schluß gekommen, daß sich die vorherrschenden Charaktereigenschaften unserer frühen Bezugspersonen bei der Person, die wir uns auswählen, in besonderem Maße zeigen. Unser Altes Gehirn, gefangen in den frühen Erfahrungen und mit nur wenig Kontakt zur uns heute umgebenden Welt, möchte unsere frühe Umgebung, unsere Kindheitssituation, wiederherstellen. Der Grund dafür liegt nicht sosehr in der mangelnden Anpassungsfähigkeit unseres Alten Gehirns, sondern in dem tiefer liegenden Bedürfnis, die Wunden aus der Kindheit heilen zu wollen.

Der eigentliche Grund, warum Sie sich in Ihren Partner verliebt haben, ist weder Jugend noch Schönheit, ein bedeutender Beruf, noch sein »Punkt-Wert«, der dem Ihren gleicht, noch andere Eigenschaften. Sie haben sich verliebt, weil Ihr Altes Gehirn Ihren Partner mit Ihren Eltern verwechselt hat! Ihr Altes Gehirn glaubte, nun endlich den idealen Kandidaten gefunden zu haben, der die Ihnen in Ihrer Kindheit zugefügten Verletzungen wiedergutmachen kann.

Kapitel 2

Kindheitswunden

»Das Alter ist nicht besser, noch nicht einmal genausogut zum Lehrer geeignet wie die Jugend, denn es hat mehr verloren, als es gewonnen hat.«
Henry David Thoreau

Hören Sie die Worte »psychologische und emotionale Schäden der Kindheit«, werden Sie wahrscheinlich sofort an schwerwiegende Kindheitstraumata denken, wie Kindesmißhandlung, sexuellen Mißbrauch, Scheidung oder Alkoholismus der Eltern. Für viele Menschen ist dies auch die tragische Wirklichkeit ihrer Kindheit. Dennoch, selbst wenn Sie in einer relativ sicheren, Sie gut versorgenden Umgebung aufgewachsen sind, werden auch Sie unsichtbare Verletzungen aus Ihrer Kindheit mit sich herumtragen, da Sie vom Augenblick Ihrer Geburt an ein komplexes, abhängiges Wesen waren, mit nicht enden wollenden Bedürfnissen. Freud bezeichnete uns zu Recht als »unersättliche Wesen«. Es gibt keine Eltern, gleichgültig wie zugewandt sie ihrem Kind sein mögen, die perfekt alle diese wechselnden Bedürfnisse befriedigen können.

Bevor wir diese subtileren Möglichkeiten näher untersuchen, wie vielleicht auch Sie verletzt worden sind, und dies heute auf Ihre Ehe einwirkt, lassen Sie uns zuerst einmal genau ansehen, wie die Situation war, als Sie zur Welt kamen, weil dieser Zustand »ursprünglicher Ganzheit« den wichtigsten Schlüssel zu den versteckten Erwartungen enthält, die auch Sie in Ihre Ehe mitgebracht haben.

Ursprüngliche Ganzheit

Es existieren keine Wunderbabys, die sich an das geheimnisvolle Leben vor der Geburt erinnern können, doch wissen wir heute schon eine ganze Menge über das physische Leben eines Fötus. Wir wissen, daß seine biologischen Bedürfnisse sofort und perfekt befriedigt werden - durch den Austausch entsprechender Flüssigkeiten und der Nahrung mit seiner Mutter. Wir wissen, daß ein Fötus weder atmen noch essen muß, sich nicht vor Gefahren zu schützen braucht, und daß er ständig durch das gleichmäßige, rhythmische Pochen des mütterlichen Herzens beruhigt wird. Durch diese biologischen Fakten und durch Beobachtungen an Neugeborenen kann man sagen, daß ein Fötus ein ruhiges, angenehm dahinfließendes Leben führt, ohne sich anstrengen zu müssen. Er muß kein Bewußtsein über Grenzen entwikkeln, weiß nicht, daß er in der Gebärmutter eingeschlossen ist. Weit verbreitet ist die Auffassung, daß das Kind, eingebettet in den mütterlichen Bauch, ein Ganzheitsgefühl erfährt, das paradiesisch ist, da frei von Wünschen. Martin Buber, der jüdische Theologe, formulierte diesen Zustand folgendermaßen: Als Föten waren wir in Gemeinschaft mit dem Universum.

Diese idyllische Existenz findet ihr abruptes Ende, wenn die Wehen bei der Mutter einsetzen, die das Baby ausstoßen sollen. Doch in den ersten Monaten, der »autistischen« Entwicklungsstufe, unterscheidet das kleine Kind, immer noch nicht zwischen sich selbst und anderen. Kürzlich wurde ich wieder Vater, und ich erinnere mich sehr gut, wie meine Tochter Leah sich in dieser Phase befand. Waren alle ihre physischen Bedürfnisse befriedigt, kuschelte sie sich in unsere Arme und sah mit der Zufriedenheit eines kleinen Buddhas um sich. Wie alle Babys hatte sie noch kein Bewußtsein über sich selbst als eigenständiges Wesen und konnte noch nicht Gefühle, Gedanken und Handlungen auseinanderhalten. In meinen Augen erfuhr sie zu dieser Zeit eine primitive Spiritualität, ein Universum ohne Grenzen. War sie auch unreif und äußerst abhängig von ihrer Mutter und von mir, so war sie dennoch ein vitales, vollständiges menschliches Wesen - in mancher Hinsicht vollständiger, als sie es in ihrem späteren Leben je wieder sein würde.

Als Erwachsene scheinen wir noch flüchtige Erinnerungen an diesen Zustand ursprünglicher Ganzheit zu besitzen, eine Erfahrung, die ebensoschwer zu fassen ist wie ein Traum. Wir meinen, uns an eine Zeit erinnern zu können, in der wir ganzheitlich empfanden und viel stärker mit der uns umgebenden Welt verbunden waren. Dieses Gefühl wurde in den Mythen aller Kulturen wieder und wieder beschrieben, als könnten Worte ihm mehr Realität verleihen. Es ist die Geschichte des Garten Edens, die uns immer wieder mit großer Macht berührt.

Was hat dies alles mit der Ehe zu tun? Wir lassen uns auf eine Ehe ein in der Erwartung, daß unser Partner von nun an auf wunderbare Art und Weise uns dieses Ganzheitsgefühl wieder vermitteln kann und wird. Scheinbar hält er den Schlüssel zu einem lange verloren geglaubten Königreich in der Hand, und wir müssen ihn nur überreden, für uns aufzuschließen. Gelingt es ihm nicht, werden wir sehr traurig und fühlen uns unglücklich und unverstanden.

Du und Ich - Wir sind eins

Das ursprüngliche Gefühl der Einheit, das jedes Kind im Mutterleib und in seinen ersten Lebensmonaten erfährt, verschwindet allmählich, um dem Bedürfnis, ein eigenständiger Mensch zu werden, Platz zu machen. Der wesentliche Zustand der Einheit bleibt zwar, doch es gibt schon einen ersten Eindruck einer Welt außerhalb des eigenen und des mütterlichen Körpers. In diesem Entwicklungsstadium entdeckt das Kind, daß seine Mutter, dieser freundliche Riese, der es hält und füttert und so beruhigende Laute von sich gibt, nicht immer zur Verfügung steht. Das Kind fühlt sich noch mit der Mutter verbunden, entwickelt jedoch graduell ein primitives Selbstbewußtsein.

In dieser symbiotischen Phase, so die Erklärung der Entwicklungspsychologen, empfinden die kleinen Kinder ein starkes Bedürfnis, immer in der Nähe ihrer Bezugspersonen zu sein. Dieses Bedürfnis wird als Wunsch nach Bindung bezeichnet. Die Lebensenergie des Kindes ist nach außen auf die Mutter gerichtet, um mit großer Anstrengung den ursprünglichen Zustand physischer und spiritueller Einheit wiederherzustellen. Man hat dieses Bedürfnis auch als »Eros« bezeichnet, das griechische Wort für romantische oder sexuelle Liebe, doch ursprünglich bedeutet dieser Begriff in einem umfassenderen Sinne »Lebensenergie«.

Der erfolgreiche Versuch jedes Kindes, sich zugleich als unterschieden und dennoch mit der Mutter verbunden fühlen zu können, hat einen wesentlichen Einfluß auf seine späteren Beziehungen. Bei einem geglückten Modell kann das Kind sich leicht von anderen Menschen abgrenzen, fühlt sich ihnen aber dennoch verbunden. Seine Grenzen sind eher fließend, d. h., es kann sie nach Bedarf oder Wunsch öffnen und schließen. Ein Kind, das in dieser frühen Phase eher schmerzliche Erlebnisse macht, wird sich entweder von der Umgebung isoliert fühlen oder wird immer wieder versuchen, mit ihr zu verschmelzen, ohne ein Bewußtsein über die eigenen Grenzen und die der anderen entwickeln zu können. Gerade in einer Ehe wird dieses fehlende Gefühl für feste Grenzen leicht zu einem schwierigen Problem.

Wird das Kind älter, richtet sich der Eros nicht mehr nur auf die Mutter allein, sondern auch auf den Vater, die Geschwister, die Welt schlechthin. Ich erinnere mich, wie meine dreijährige Tochter Leah begann, ihre Umgebung zu erforschen. Sie steckte so voller Vitalität, daß sie den ganzen Tag herumlief, ohne zu ermüden. »Lauf mit mir, Vati! Purzelbaum!« Sie drehte sich so schnell im Kreis, daß ihr schwindlig wurde und sie fast fiel, wobei sie lachte und lachte. Sie jagte Leuchtkäfer, unterhielt sich mit Blättern, schaukelte vor Vergnügen und streichelte jeden Hund, der in ihre Nähe kam.

Wie Adam bereitete es ihr große Freude, die Dinge mit Namen zu bezeichnen, und sie entwickelte ein feines Gespür für Worte. Betrachtete ich Leah, sah ich Eros, die ungeteilte Lebensfreude. Ich beneidete sie und trauerte, weil ich diesen Zustand längst verloren hatte.

Helen und ich bemühten uns, Eros in unserer Tochter lebendig zu halten, ihre leuchtenden Augen und ihr perlendes Lachen. Doch trotz unserer besten Absichten wird es auch uns nicht gelingen, alle ihre Bedürfnisse zu erfüllen. Manchmal scheint das Leben selbst sie zu veranlassen, sich mehr nach innen zu kehren. Einmal fürchtete sie sich vor einem großen, schwarzen Hund und wurde von diesem Tag an Tieren gegenüber vorsichtiger. Ein anderes Mal fiel sie in das Schwimmbecken und entwickelte augenblicklich Angst vor dem Wasser. Manchmal liegt die Ursache auch viel direkter bei Helen und mir. Wir haben neben Leah noch fünf andere Kinder, und es gibt Momente, wo sie sich ausgeschlossen fühlt. Manchmal kommen wir von einem arbeitsreichen Tag nach Hause, viel zu müde, ihr genau zuhören zu können. Noch tragischer wirkt sich aus, daß auch wir unsere eigenen Kindheitsverletzungen an sie weitergeben, das emotionale Erbe von Generationen. Entweder neigen wir zu Überkompensationen, wollen alles anders machen als unsere Eltern, oder aber wir wiederholen, fast ohne es zu bemerken, unsere eigene Familiensituation.

Gleichgültig aus welchem Grund auch immer, wird einer ihrer Wünsche nicht erfüllt, zieht ein fragender Blick über ihr Gesichtchen, und sie beginnt ängstlich zu weinen. Sie spricht nicht mehr mit den Blättern, kümmert sich nicht mehr um die Leuchtkäfer, die in den Büschen herumkriechen. Eros ist ausgelöscht und wendet sich nach innen.

Die gefährliche Reise

Leahs Geschichte ist ebenso meine wie auch Ihre. Wir alle begannen unser Leben ganzheitlich und voller Vitalität, eifrig, die Abenteuer dieses Lebens erfahren zu können, doch unsere Reise durch die Kindheit war keineswegs ohne Gefahren. Die ersten Wunden wurden uns schon im Laufe der ersten Monate zugefügt. Denken Sie einen Augenblick an die fast grenzenlosen, kindlichen Bedürfnisse. Erwacht ein Kind am Morgen, schreit es, weil es hungrig ist und gefüttert werden möchte. Sind seine Windeln naß, schreit es, weil es trockengelegt werden möchte. Dann will es auf den Arm, ein physisches Bedürfnis, fast ebenso mächtig wie Hunger oder Durst. Gleich danach ist das Baby wieder hungrig und schreit nach der Milch. In seinem kleinen Magen bildet sich eine Ansammlung von Gasen, das Baby schreit vor Schmerz. Es signalisiert sein Unbehagen auf die einzig ihm mögliche Art und Weise - ein lauter, undifferenzierter Schrei -, und sind die Personen, die es umsorgen, einfühlsam genug, wird das Kind gefüttert, werden seine Windeln gewechselt, man nimmt es auf den Arm und wiegt es, worauf es für einen Moment zufrieden ist. Doch wissen seine Bezugspersonen nicht, was ihm fehlt, oder sind nicht aufmerksam genug, aus Angst, das Kind zu verwöhnen, wird es einen Zustand primitiver Angst erleben: Diese Welt ist kein sicherer Aufenthaltsort. Da es in keiner Weise für sich selbst sorgen kann und auch noch kein Gefühl für aufgeschobene Bedürfnisbefriedigung entwickeln konnte, empfindet es Todesangst, reagiert die Umwelt nicht seinen Bedürfnissen entsprechend.

Wenn auch weder Sie noch ich genaue Erinnerungen an diese ersten Monate unseres Lebens haben, sind unsere Alten Gehirne noch fest in diese infantile Sicht der Dinge verstrickt. Selbst als Erwachsene, die sehr gut in der Lage sind, für sich selbst zu sorgen, sich warm zu halten, zu essen und sich vor Nässe zu schützen, gibt es doch einen in uns versteckten Anteil, der nach wie vor glaubt, eigentlich müsse die Außenwelt für uns sorgen. Erleben wir unsere Partner ablehnend und wenig hilfsbereit, meldet sich tief in unserem Gehirn ein leiser Alarmton, der uns an unsere frühen Todesängste erinnert. Wie Sie sehen werden, spielt dieses quasi-automatische Alarmsystem eine Schlüsselrolle in fast jeder Ehe.

Entwächst das Kind nun dem Babyalter, entstehen neue Bedürfnisse, und jedes neue Bedürfnis ist potentiell geeignet, neue Verletzungen hervorzurufen. Ist ein Baby ungefähr achtzehn Monate alt, weiß es in der Regel genau, wo seine Grenzen aufhören und die der anderen beginnen. Diese Entwicklungsphase wird die der »Autonomie und Unabhängigkeit« genannt. Jetzt empfindet das Kind ein großes Interesse, die es umgebende Welt zu entdecken, auch ohne daß seine Bezugspersonen immer in seiner Nähe sein müssen. Könnte so ein kleines Wesen sich in der Art der Erwachsenen ausdrücken, würde es wahrscheinlich sagen: »Eigentlich könnte ich jetzt auch manchmal etwas ohne dich unternehmen. Ich bin bereit, in die Welt zu wandern. Weil ich noch nicht so ganz sicher bin, werde ich vielleicht in einigen Minuten wieder bei dir sein, um zu sehen, ob du noch da bist.« Da das Kind jedoch nur ein unzureichendes Vokabular besitzt, klettert es vom Schoß der Mutter, dreht ihr den Rücken zu und wackelt mit unsicheren Schritten aus dem Raum.

Im Idealfall lächelt seine Mutter und antwortet: »Auf Wiedersehen, mein Kleines. Vergnüge dich schön. Ich werde hier sein, wenn du mich wieder brauchst.« Kommt das kleine Kind einige Minuten später wieder zurück, in der plötzlichen Erkenntnis, wie abhängig es eigentlich doch ist, wird seine Mutter sagen: »Hallo! Hast du dich gut amüsiert? Komm, setz dich für einige Minuten auf meinen Schoß.« So läßt sie das Kind wissen, daß sie damit einverstanden ist, daß es sich für einige Minuten von ihr entfernt und eigene Abenteuer erleben will. Dennoch bleibt sie jederzeit verfügbar, wenn das Kind sie wieder braucht. Der kleine Junge wird so erfahren können, daß die Welt ein sicherer Aufenthaltsort ist, ein aufregender Platz für Entdeckungsreisen.

Klammerer oder Flüchter

Viele Kinder werden in dieser entscheidenden Entwicklungsphase frustriert, da ihnen zuwenig Bewegungsfreiheit zugestanden wird. Nicht das Kind, sondern Mutter oder Vater fühlen sich unsicher, haben sie ihr Kind nicht ständig im Blick. Aus Gründen, die in der Lebensgeschichte der Eltern liegen, haben sie das Bedürfnis, ihr Kind von sich abhängig zu halten. Spaziert nun so ein kleines Mädchen munter aus dem Zimmer heraus, ruft ihre unsichere Mutter schon: »Gehe aber bitte nicht in das andere Zimmer! Vielleicht verletzt du dich!« Pflichtschuldig kommt das Mädchen zurück und kriecht wieder auf den Schoß der Mutter. Doch im Schutze dieser Sicherheit wird es sich eher ängstlich fühlen. Ihr innerer Drang nach Autonomie wurde nicht anerkannt. Es fürchtet, daß ihre Mutter es immer wieder zurückholen und es so tendenziell »vereinnahmen« wird. Es besteht daher die Gefahr, daß es für immer in dieser symbiotischen Umklammerung verbleiben wird.

Ohne daß sich das Kind dessen bewußt ist, wird diese Angst vor Vereinnahmung zum zentralen Charaktermerkmal, und es wird in späteren Jahren das werden, was ich mit »Flüchter« bezeichne, eine Person, die unbewußt andere auf Distanz hält. Sie hält Abstand, weil sie einen großen Freiraum braucht, um das zu tun, was ihr Spaß macht. Sie möchte nicht »angebunden« sein, eingeengt in einer Beziehung. Doch unter der kühlen Oberfläche, dem distanzierten Auftreten, steckt immer noch das kleine Kind, dem sein natürliches Unabhängigkeitsbedürfnis verwehrt wurde. Heiratet sie, wird ihr Bedürfnis, ein gut abgegrenztes »Selbst« zu haben, an oberster Stelle ihrer unbewußten Prioritäten stehen.

Andere Kinder wachsen nun mit Eltern auf, die entgegengesetzt reagieren. Kommen diese, um sich trösten zu lassen, werden sie fortgestoßen: »Komm, geh spielen! Du siehst doch, daß ich beschäftigt bin!« - »Hör auf, ständig an mir zu hängen!« Diese Bezugspersonen können nur ihre eigenen Bedürfnisse wahrnehmen, und ihre Kinder wachsen eher emotional vernachlässigt auf. Schließlich werden sie zu »Klammerern«, d. h. Menschen, die ein fast unstillbares Verlangen nach Nähe haben. Klammerer möchten immer »alles zusammen unternehmen«, ohne Ausnahme. Verspätet sich jemand bei einer Verabredung, fühlen sie sich gleich verlassen. Allein der Gedanke an eine Scheidung erfüllt sie mit Angst und Schrecken. Sie sehnen sich nach körperlicher Nähe und Bestätigung, und oft müssen sie auch in ständigem verbalen Kontakt bleiben. Hinter diesem anklammernden Verhalten steckt auch hier wieder das kleine Kind, das viel mehr Zeit auf dem Schoß seiner Eltern gebraucht hätte.

Es ist nicht ohne Ironie - die Gründe dafür werde ich später näher ausführen -, daß nun diese Flüchter und die Klammerer, älter geworden, einander sehr oft heiraten, nur um ein unaufhörliches Hinundherspiel einzuleiten, das beide letztlich unbefriedigt läßt.

Während Sie Ihre eigene Kindheit erlebten, durchliefen Sie eine Entwicklungsstufe nach der anderen, und die Art und Weise, wie Ihre Bezugspersonen auf Ihre wechselnden Bedürfnisse reagierten, bestimmte Ihre gesunde, geistige Entwicklung. Wahrscheinlich bewältigten auch Ihre Betreuungspersonen einige dieser Phasen besser als andere. Vielleicht haben sie Sie optimal versorgt, als Sie noch sehr klein waren, doch standen völlig verstört vor Ihrem ersten Wutanfall. Vielleicht waren sie auch entzückt über die vielen neugierigen Fragen, die Sie als Kleinkind stellten, doch reagierten äußerst unsicher, als Sie im Alter von ungefähr sechs Jahren besonders enge Beziehungen zu Ihrem gegengeschlechtlichen Elternteil aufnahmen. Vielleicht wuchsen Sie auch mit Bezugspersonen auf, die die meisten Ihrer Bedürfnisse erfüllten, oder fast alle, doch wie alle anderen Kinder auch, wird man auch Ihnen einige Wünsche abgeschlagen haben. Sie werden wütend reagiert haben, und gerade diese unerfüllten Bedürfnisse verfolgen Sie bis in Ihre Ehe hinein.

Das Verlorene Ich

Wir haben jetzt eine wichtige Besonderheit der weiten, verborgenen Welt, die ich mit dem Begriff der »unbewußten Ehe« umschreiben möchte, untersucht, quasi das Lager unserer nicht befriedigten Kindheitsbedürfnisse, unseres unerfüllten Verlangens, umsorgt und beschützt zu werden und ungehindert auf dem Weg zur Reife fortschreiten zu dürfen. Nun wollen wir uns noch den subtileren Formen, wie uns in unserer Kindheit Wunden zugefügt werden können, zuwenden, den psychischen Verletzungen unter dem Oberbegriff »Sozialisation«, der alle Mitteilungen, Anleitungen und Vorschriften erfaßt, die wir von unseren Bezugspersonen und der Gesellschaft im allgemeinen erhalten, die uns mitteilen, wer wir sind und wie wir uns zu verhalten haben. Auch diese Einflüsse spielen später in unserem Leben eine zwar versteckte, doch keineswegs unbedeutende Rolle.

Zuerst mag es befremdlich erscheinen, wenn hier emotionale Verletzung mit dem Prozeß der Sozialisation gleichgesetzt wird. Um Ihnen den Vorgang, den ich dabei im Auge habe, besser verdeutlichen zu können, möchte ich Ihnen hier die Geschichte eines meiner Klienten schildern. (Wie bei allen anderen Beispielen in diesem Buch auch, habe ich die Identität so verändert, daß die Anonymität gewahrt bleibt.)

Sarah ist eine sehr attraktive, sympathische Person, Mitte Dreißig. Ihre Hauptsorge in diesem Leben besteht darin, daß sie von sich glaubt, sie könne einfach nicht logisch und ausreichend klar denken. »Ich kann einfach nicht denken«, wiederholt sie wieder und wieder. »Ich kann einfach nicht klar denken.« Sie nimmt eine verantwortungsvolle Aufgabe bei einer Computer-Firma wahr, wo sie seit fünfzehn Jahren mit großem Engagement tätig ist. Wahrscheinlich wäre auch sie auf der Karriereleiter schon weiter aufgestiegen, hätte sie sich häufiger als gute Problemlöserin gezeigt. Doch immer, wenn ihr eine eher komplexe Situation vorgelegt wurde, geriet sie in Panik und suchte schnell Hilfe bei ihrem Vorgesetzten. Der gab ihr einen guten Rat, doch gleichzeitig fühlte sich Sarah in ihrer Überzeugung bestätigt, selbst unfähig zu sein, schwierige Entscheidungen treffen zu können.

Es bedurfte keiner größeren Anstrengung, um den Grund für Sarahs ängstliches Verhalten zu finden. Von einem sehr frühen Alter an erhielt sie von ihrer Mutter immer wieder die deutliche Rückmeldung, sie sei nicht besonders intelligent. »Du bist einfach nicht so klug wie dein älterer Bruder!« sagte ihr die Mutter wieder und wieder. »Du heiratest am besten einen klugen Mann, weil du immer viel Hilfe im Leben benötigen wirst. Doch ich bezweifle, daß ein kluger Mann dich überhaupt nehmen wird!« So kraß diese Bemerkungen ihrer Mutter auch waren, können sie doch nicht vollständig Sarahs Unfähigkeit, eigene Problemlösungen zu finden, erklären. Die Sichtweise ihrer Mutter war in den fünfziger Jahren keineswegs unüblich, da kleine Mädchen in erster Linie niedlich, süß, verständig, doch eigentlich nicht besonders intelligent sein mußten. Die Mädchen in ihrer damaligen Schule träumten von einem späteren Leben als Ehefrauen, Krankenschwestern oder Lehrerinnen und keineswegs als Managerin, Astronautin oder Ärztin. Sarahs geringe Selbsteinschätzung wurde noch durch die Tatsache verstärkt, daß auch ihre Mutter selbst von sich glaubte, nur geringe intellektuelle Fähigkeiten zu besitzen. Sie führte den Haushalt und versorgte ihre Kinder, doch alle größeren Entscheidungen wurden an den Ehemann und Vater delegiert. Dieses passive, abhängige Vorbild von »Weiblichkeit« definierte Sarahs Rollenauffassung später. Als Sarah fünfzehn Jahre alt war, erkannte einer ihrer Lehrer ihre wirklichen Fähigkeiten und ermutigte sie, mehr Engagement in der Schule zu zeigen. Zum ersten Mal in ihrem Leben kam sie mit einem Zeugnis nach Hause, das nur Einsen aufwies. Nie wird sie die Reaktion ihrer Mutter vergessen: »Wie um alles in der Welt konnte das geschehen? Wahrscheinlich war es nur ein Ausrutscher, und es bleibt bei diesem einen Mal!« Tatsächlich ließ sich Sarah entmutigen und gab den Kampf auf, vergaß den Teil ihres Gehirns, der für ruhige und rationale Problemlösungen zuständig ist.

Tragisch an dieser Entwicklung war nicht nur, daß Sarah ihre Fähigkeiten zu rationalem Denken erheblich eingeschränkt erlebte, sondern daß sie gleichzeitig Denken an sich schon für gefährlich hielt. Wie konnte sich diese Einstellung bei ihr bilden? Da ihre Mutter ihr unmißverständlich deutlich gemacht hatte, wie gering sie intellektuelle Fähigkeiten bewertete, befürchtete Sarah nun sich zu sehr von ihrer Mutter abzugrenzen, würde sie anfangen, »klar zu denken«. Sie müßte der Definition ihrer Mutter über ihre Persönlichkeit widersprechen. Doch sie wollte sich nicht von ihrer Mutter entfremden, da sie für ihr Überleben von ihr abhängig war. Aus diesem Grunde erschien es Sarah gefährlich, zu selbständig zu erscheinen. Dennoch gelang es ihr nicht, ihre Intelligenz vollständig zu verleugnen. Sie beneidete die Menschen, die »denken« konnten, und heiratete einen Mann, der überaus intelligent war, ein unbewußtes Vorgehen, um die Kindheitswunden zu heilen.

Wie Sarah, so haben wir alle Anteile, die unserem wachen Bewußtsein entzogen sind. Diese fehlenden Elemente möchte ich als das »Verlorene Ich« bezeichnen. Immer, wenn wir uns beklagen, wir könnten »nicht denken« oder »wir fühlen nichts«, oder wir »können nicht tanzen« oder »haben keine Orgasmen«, oder »sind nicht sehr kreativ«, benennen wir natürliche Fähigkeiten, Gedanken oder Gefühle, die wir mit fast chirurgischer Präzision in unserem frühen Erleben aus unserem Bewußtsein entfernt haben. Diese Anteile sind aber keineswegs vollständig verschwunden. Wir könnten noch über sie verfügen, wären sie unserem Bewußtsein zugänglich. Doch so scheinen sie nicht mehr zu existieren.

Wie in Sarahs Fall bildete sich unser »Verlorenes Ich« sehr früh in unserer Kindheit heraus - als Ergebnis der gutgemeinten Bemühungen unserer Bezugspersonen, uns über den Umgang mit anderen Menschen zu belehren. Jede Gesellschaft besitzt einen ganz bestimmten Schatz von Erfahrungen, Verhaltensmaßregeln, Werthaltungen und Glaubenssätzen, die die Kinder aufnehmen müssen, und die Eltern sind in aller Regel diejenigen, die ihnen diese Kenntnisse vermitteln. Dieser Prozeß der

Indoktrination findet in jeder Familie, in jeder Gesellschaftsform statt. Es scheint eine Art universelles Wissen zu sein, daß, werden dem Individuum keine Grenzen gesetzt, es zur Gefahr für die Gruppe werden kann. Mit Freud mag der Wunsch nach einem mächtigen und uneingeschränkten Ego für uns verständlich sein, dennoch ist es in einem ganz tiefen Sinn ein Antagonismus zu jeder Form der Zivilisation.

Doch auch wenn unsere Eltern nur von den besten Absichten uns gegenüber erfüllt waren, klangen diese Mitteilungen oft wenig verlockend. Es gab eine Reihe von Gedanken und Gefühlen, die wir nicht haben sollten, einige Angewohnheiten, die wir abstellen, und manche Talente und Fähigkeiten, die wir verleugnen mußten. Auf sehr vielfältige Art und Weise, subtil oder offen, teilten unsere Eltern uns mit, daß sie nur einen ganz bestimmten Teil von uns akzeptieren konnten. Im Endergebnis lernten wir, daß wir in dieser Gesellschaft nicht als vollständige Wesen existieren konnten.

Tabuzone: Körper

Ein Gebiet, auf dem wir Einschränkungen am stärksten erfahren haben, ist unser Körper. Schon als wir ganz jung waren, brachte man uns bei, unseren Körper auf geschlechtsspezifische Art zu bedecken und über unsere Genitalien weder zu sprechen noch sie zu berühren. Diese Verbote sind so weit verbreitet, daß wir sie nur noch wahrzunehmen scheinen, wenn sie verletzt werden. Einer meiner Freunde erzählte mir eine Geschichte, die deutlich macht, wie erstaunt wir sind, treffen wir auf Eltern, die diese Tabus nicht an ihre Kinder weitergeben wollen. Eine Freundin, Chris, war zusammen mit ihrem elf Monate alten Sohn zu Besuch gekommen. Die Sonne schien, und man setzte sich auf die Terrasse. Da es schon sehr warm war, zog Chris ihrem Baby die Kleider aus, damit er sonnenbaden konnte. Die beiden Frauen unterhielten sich, während der kleine Junge auf dem Boden herumkroch und seine Finger voller Begeisterung in die warme Erde steckte. Nach einer halben Stunde wurde das Baby hungrig, und Chris gab ihm die Brust. Meine Freundin beobachtete, daß er, während er trank, eine kleine Erektion bekam. Offensichtlich gefiel ihm das Stillen so gut, daß eine Welle körperlichen Vergnügens seinen kleinen Körper erfaßte. Instinktiv versuchte er, seine Genitalien anzufassen. Im Gegensatz zu vielen anderen Müttern zog Chris seine Hand nicht fort. Ihr Baby konnte den warmen Sonnenschein auf seiner nackten Haut genießen, während seine Mutter ihn stillte, gleichzeitig eine Erektion haben und, um sein Vergnügen voll zu machen, auch noch seinen Penis anfassen.

Für kleine Kinder ist es ganz normal, daß sie diese guten Gefühle erleben wollen, doch wir erlauben es nur selten. Denken Sie nur an die vielen Regeln, die seine Mutter hier brach. Zuerst einmal gibt es das gesellschaftliche Gebot, daß eine

Mutter ihr Kind diskret zu stillen hat, so daß kein Schimmer ihrer nackten Brust sichtbar wird. Zweitens sollen kleine Kinder immer angezogen sein - zumindest mit einer Windel - selbst wenn sie im Freien sind und der Tag mild und sonnig ist. Drittens sollten kleine Jungen und Mädchen keine Form genitaler Erregung erleben, und sollte es doch einmal geschehen, dürfen sie sie zumindest nicht offensichtlich genießen. Indem Chris ihrem Baby erlaubte, alle seine Sinne zu erleben, verletzte sie mächtige Tabus.

Es ist hier nicht meine Aufgabe, die gesellschaftlichen Restriktionen hinsichtlich körperlichen Vergnügens anzugreifen, noch sie zu verteidigen. Damit wäre das Thema eines anderen Buches angesprochen. (Noch möchte ich darauf eingehen, was der Körper und körperliche Freuden in der westlichen Welt bedeuten.) Doch um die versteckten Wünsche verstehen zu können, die immer wieder auftauchen - auch in Ihrer Ehe -, müssen wir uns einfach die Tatsache vor Augen führen: Als Sie jung waren, gab es viele, viele Begebenheiten, in denen Ihre Sexualität eingeschränkt wurde. Wie die meisten Kinder, die in unserem Kulturkreis aufwachsen, haben auch Sie sich wahrscheinlich nach einiger Zeit verlegen, schuldig oder beschämt gefühlt, daß Sie einen Körper hatten, der diese besonderen Empfindungen hervorbringen konnte. Um zu einem »guten« Jungen oder Mädchen zu werden, mußten Sie diese Gefühle ausgrenzen und damit einen Teil Ihrer selbst aufgeben.

Verbotene Gefühle

Ihre Gefühle waren ein anderes Erziehungsobjekt im Sinne des gewünschten Sozialisationseffektes. Manche Gefühle wurden nicht nur zugelassen, sondern ständig ermutigt. Wie haben sich doch die Eltern bemüht, uns zum Lächeln zu bewegen, als wir noch kleine Kinder waren! Wochen später, lachte das kleine Kind dann plötzlich auf, war jedermann entzückt. Wut allerdings war ein anderes Thema. Wutanfälle sind erstens laut und zweitens unerfreulich, so daß die meisten Eltern sie am liebsten unterdrücken möchten. Sie bemühen sich auf verschiedenen Wegen, dem Kind die Wut auszutreiben. Manche Eltern ziehen ihre Kinder auf: »Du siehst so niedlich aus, wenn du wütend bist. Jetzt sehe ich schon das Lächeln. Lächele doch wieder!« Andere disziplinieren ihre Kinder direkt: »Du hörst sofort damit auf! Geh in dein Zimmer. Ich dulde keine Widerworte!« Unsichere Eltern geben ihren Kindern eher nach: »Gut! Tu, was du willst. Doch nächstes Mal benimmst du dich besser!«

Nur selten wird der Zorn des Kindes ernst genommen. Stellen Sie sich einmal die Erleichterung eines kleinen Mädchens vor, dessen Eltern zu ihm sagen: »Ich sehe, daß du jetzt sehr wütend bist. Du möchtest nicht das tun, um was ich dich gebeten habe. Doch ich bin die Mutter, und du bist das Kind, und du mußt tun, was ich dir sage.« Da die Wut als erlaubtes Gefühl zumindest anerkannt wurde, blieb dem Kind auch das Gefühl für sich selbst. Jetzt konnte es zu sich sagen: »Ich existiere. Meine Eltern nehmen meine Gefühle wahr. Vielleicht kann ich nicht immer meinen Kopf durchsetzen, doch sie hören mir zu und respektieren mich.« Man gestattet ihr, in Kontakt mit ihrem Zorn zu bleiben, um so einen entscheidenden Teil ihres Selbst bewußt zu erhalten.

Doch die meisten Kinder erleben ein anderes Schicksal. Kürzlich war ich in einem Kaufhaus und beobachtete, wie abrupt kindlicher Zorn oft unterdrückt wird - besonders, wenn er sich gegen die Eltern richtet. Eine Frau interessierte sich für die ausgestellten Kleider, und ihr kleiner Sohn, vielleicht vier Jahre alt, trottete hinter ihr her. Sie war sehr beschäftigt, und der kleine Junge redete ständig vor sich hin, in der stillen Hoffnung, vielleicht doch ihre Aufmerksamkeit auf sich lenken zu können. »Ich kann diese Buchstaben lesen!« sagte er und zeigte dabei auf ein Schild mit der Aufschrift »M-A-D-E«. Keine Reaktion der Mutter. »Probierst du noch mehr Kleider an?« fragte er sie. Keine Antwort. Die ganze Zeit, während ich zusah, beachtete sie ihn kaum, und wenn sie mit ihm sprach, dann ärgerlich und unwillig. Schließlich hörte ich den kleinen Jungen laut und deutlich zu einem Verkäufer sagen: »Meine Mutter wurde bei einem Verkehrsunfall verletzt. Sie wurde sogar getötet!« Dieser Satz ließ seine Mutter herumfahren. Sie schüttelte ihr Kind, schlug es und setzte es mit Gewalt auf einen Stuhl. »Was sagst du da? Ich bin nicht bei einem Verkehrsunfall getötet worden! Sei still und höre mit diesem Unsinn auf! Ich möchte nichts mehr hören!« Der kleine Junge, sehr blaß geworden, rührte sich nicht mehr von der Stelle, bis seine Mutter mit ihren Einkäufen fertig war.

In seinem kleinen Kopf hatte sich die Wut auf seine Mutter in eine Art Rachephantasie verwandelt, wobei er sie einfach zu Tode kommen ließ. Erst vier Jahre alt, hatte man ihm schon beigebracht, seine ärgerlichen Gedanken und Gefühle zu verleugnen. So hatte er für sich lieber die Vorstellung entwickelt, sie sei bei einem Verkehrsunfall ums Leben gekommen durch die Schuld anderer Menschen!

Als wir jung waren, gab es wahrscheinlich auch viele Situationen, in denen wir auf unsere Eltern wütend waren. Es ist mehr als wahrscheinlich, daß diese Gefühle nicht unterstützt worden sind. Unsere Wutgefühle, unsere sexuellen Gefühle und noch manche »unsozialen« Gedanken und Empfindungen wurden schließlich tief in uns versteckt, um niemals mehr ans Tageslicht zu gelangen.

Manche Eltern treiben diesen Entwertungsprozeß bis ins Extrem. Sie leugnen nicht nur die Gefühle des Kindes, die ihnen unangenehm sind, sondern gleich das Kind selbst. »Du existierst nicht! Du spielst in dieser Familie keine Rolle. Deine Wünsche, deine Bedürfnisse, deine Gefühle haben für uns keine Bedeutung!« Ich arbeitete einmal mit einer jungen Frau, die ich Clara nennen möchte, deren Eltern ihre Existenz so weit ableugneten, daß sie sie fast unsichtbar werden ließen. Ihre Mutter war eine perfekte Hausfrau, und sie wies ihre Tochter an, »hinter sich selbst so aufzuräumen, daß niemand weiß, daß du hier wohnst!« Plastikfolien schützten die Teppiche und zeigten die Wege an, die das Kind nur betreten durfte. Der professionell gestaltete Garten ließ keinen Raum für Fahrräder, Schaukeln oder Sandkästen. Clara kann sich gut an den Tag erinnern - sie war etwa zehn Jahre alt -, als sie in der Küche saß und sich so deprimiert fühlte, daß sie lieber sterben wollte. Ihr Vater und ihre Mutter gingen in der Küche umher, ohne sie überhaupt wahrzunehmen. Sie hatte plötzlich das Gefühl, daß ihr Körper nicht wirklich vorhanden war. Es überrascht nicht, daß sie mit dreizehn den Wunsch der Eltern erfüllte, indem sie magersüchtig wurde, d. h. sich im wörtlichen Sinne aus ihrer eigenen Existenz herauszuhungern versuchte.

Verdrängungsmethoden

Eltern verwenden unterschiedliche Techniken, um die von ihnen abgelehnten Gedanken, Gefühle und unerwünschten Verhaltensweisen ihrer Kinder zu unterdrücken. Manchmal gehen sie sehr direktiv vor: »Du glaubst doch nicht wirklich daran!« - »Große Jungen weinen nicht!« - »Ich möchte niemals mehr so etwas von dir hören!« - »Wir mögen diesen Ton nicht in unserer Familie!« Oder, wie die Mutter in dem Kaufhaus, sie beginnen ihre Kinder körperlich zu strafen, beschimpfen oder zu bedrohen. Doch zumeist wird zu subtileren Methoden gegriffen - Liebesentzug oder Aussetzen von Belohnungen.

Legen zum Beispiel Eltern nur wenig Wert auf die intellektuellen Entwicklungsmöglichkeiten ihres Kindes, werden sie es eher mit Spielsachen oder Sportgeräten versorgen als mit Büchern oder naturwissenschaftlichen Hobbykästen. Glauben Eltern, Mädchen sollten sich in erster Linie ruhig und feminin verhalten, Jungen dagegen stark und selbstbewußt, werden sie ihre Kinder auch entsprechend geschlechtsspezifisch belohnen. Kommt zum Beispiel der kleine Junge in das Zimmer und zieht ein großes Spielzeug hinter sich her, werden sie sagen: »Was bist du doch für ein starker, kleiner Junge!« Trägt ihre Tochter das gleiche Spielzeug, rufen sie besorgt aus: »Sei vorsichtig! Dein schönes Kleid!«

Am nachhaltigsten beeinflussen Eltern ihre Kinder jedoch durch ihr eigenes Beispiel. Kinder beobachten fast instinktiv die Entscheidungen, die ihre Eltern treffen, Freiheiten und Vergnügungen, die diese sich gönnen, Fähigkeiten, die sie beobachten, und Regeln, an die ihre Eltern sich halten. Die Gesamtheit all dieser Beobachtungen hinterläßt einen mächtigen Eindruck auf der Psyche der Kinder: »So muß man also leben! So kommt man durchs Leben!« Gleichgültig, ob die Kinder nun das Rollenvorbild ihrer Eltern bewußt akzeptieren oder nicht, spielt doch dieser frühe Sozialisationsprozeß eine entscheidende Rolle für ihre spätere Partnerwahl, und hier liegen oft, wie wir gleich sehen werden, die Gründe für Spannungen und Konflikte in der Ehe.

Die Reaktion der Kinder auf die Ge- und Verbote der Gesellschaft durchläuft fast vorhersagbare Stufen. In der Regel versuchen die Kinder zuerst, verbotene

Handlungen vor ihren Eltern zu verbergen. Vielleicht erlebt das Kind noch wütende Gefühle, spricht sie allerdings nicht mehr aus. Es untersucht seinen Körper nur noch in der Heimlichkeit seines eigenen Zimmers. Doch vielleicht kommt das Kind im Laufe der Zeit auch zu der Überzeugung, daß einige seiner Gedanken unannehmbar sind, daß sie lieber unterdrückt werden sollten. Damit wird eine imaginäre Elterninstanz konstruiert und eingesetzt, die die Psychologen als »Über-Ich« bezeichnen. Immer, wenn das Kind nun die »verbotenen« Gedanken oder Gefühle erlebt, zensiert es sich selbst und empfindet gleichzeitig Angst, ohne überhaupt von außen noch bedroht werden zu müssen. Dieser Prozeß wird als so unangenehm empfunden, daß das Kind schließlich die verbotenen Anteile seiner selbst mehr und mehr aufgibt - in der Freudschen Terminologie »verdrängt«. Der Preis, der zu zahlen ist, besteht im Verlust eines ganzheitlichen Lebensgefühls.

Das Falsche Ich

Damit dieses Vakuum gefüllt wird, bildet das Kind ein »Falsches Ich« aus, eine Charakterstruktur, die einen doppelten Zweck verfolgt: Einerseits werden die verdrängten Anteile verdeckt gehalten, andererseits möchte es sich vor weiteren Verletzungen schützen. Ein Kind, das von einer sexuell gehemmten, distanzierten Mutter großgezogen wird, entwickelt sich so zu einem »harten Burschen«. Es sagt später zu sich selbst: »Es ist mir doch egal, ob meine Mutter freundlich zu mir ist oder nicht. Ich habe dieses alberne Getue ohnehin nicht nötig. Ich kann doch selbst für mich sorgen. Sex ist einfach schmutzig!« Im Laufe der Zeit überträgt es dieses Einstellungsmuster auf viele Situationen. Nähert sich ihm ein anderer Mensch, errichtet es schnell eine Abwehrmauer. Sollte es ihm gelingen, einmal seine Abneigung gegenüber einer engeren Bindung aufzugeben, wird es sehr wahrscheinlich seinen Partner kritisieren, wünscht dieser mehr Nähe und Intimität, während es gleichzeitig dessen intakte Sexualität herabsetzen wird: »Warum willst du dauernd mit mir zusammen sein? Wieso möchtest du immerzu Sex haben? Das ist doch nicht normal!«

Ein anderes Kind reagiert vielleicht auf ähnliche Familienverhältnisse mit einer anderen, entgegengesetzten Überlebensstrategie. Es beginnt, seine Probleme zu übertreiben, hebt sie laut hervor, um Hilfe zu erhalten. »Ach, ich armes Kind! Wie hat man mich verletzt! Wie bin ich tief verwundet worden! Ich brauche jemanden, der sich um mich kümmert!« Ein anderes Kind wiederum fängt an, Dinge zu sammeln und zu horten, aus dem Bedürfnis heraus, jedes kleine Fetzchen Liebe oder Essen oder was immer ihm Gutes widerfährt festzuhalten, aus dem sicheren Wissen heraus, nie genug bekommen zu haben. Gleichgültig, welche Ausformung dieses Falsche Ich nun annehmen wird, sein Zweck ist immer identisch: Der Schmerz über den Verlust des ursprünglichen, von Gott gegebenen Zustandes der Ganzheitlichkeit soll vermindert werden.

Das Verleugnete Ich

Zu einem späteren Zeitpunkt in der Entwicklung des Kindes jedoch werden diese erfindungsreichen Formen des Selbstschutzes selbst zu neuen Angriffsflächen, da man es jetzt für eben diese »negativen« Eigenschaften kritisiert. Man wirft ihm vor, zu abwartend zu sein oder zu bedürftig, zu selbstbezogen oder zu dick, zu geizig oder zu verschwenderisch. Diejenigen, die es angreifen, sehen die Wunde nicht mehr, die durch diese Strategie geschützt werden sollte, noch erkennen sie die kluge Erfindung seines Selbstschutzes an: Sie sehen nur noch die neurotische Seite seiner Persönlichkeit. Das Kind wird wiederum abgewertet, es erlebt sich nicht mehr als ganzheitliche Persönlichkeit.

Jetzt ist das Kind in die Falle gegangen. Einerseits müssen die Charakterzüge aufrechterhalten werden, die doch sein Überleben in seiner spezifischen Kindheitssituation erst möglich machten, andererseits möchte es sich nicht abgelehnt oder zurückgewiesen fühlen müssen. Was stehen ihm für Möglichkeiten zur Verfügung? Entweder muß es sich von neuem verleugnen oder seine Angreifer attakkieren. »Ich bin nicht kalt und distanziert«, könnte es vielleicht zu seiner Selbstverteidigung vorbringen, »in Wirklichkeit bin ich stark und unabhängig.« Oder: »Ich bin nicht schwach und bedürftig, nur einfühlsam und sensibel.« Oder aber: »Ich bin nicht gierig und egoistisch, sondern schlau und klug!« Mit anderen Worten: »Das bin nicht ich, über den ihr gerade sprecht. Ihr seht mich nur in einem schlechten Licht!«

In einem gewissen Sinne hat das Kind recht. Die kritisierten, negativen Verhaltensweisen gehören nicht eigentlich zu seiner ursprünglichen Natur. Sie sind Ergebnis und Resultat vorher erlittenen Schmerzes, entstanden als Teil einer angenommenen Identität, ein Als-ob, das ihm hilft, sich in der komplexen und manchmal auch feindlichen Umwelt zurechtzufinden. Damit ist nicht gesagt, daß es diese als negativ empfundenen Verhaltensweisen nicht aufweist. Sehr viele Zeugen werden bestätigen, daß es eben diese Eigenschaften zeigt. Doch um weiterhin ein positives Selbstbild aufrechterhalten zu können, muß es sie verleugnen. Diese negativen Charakterzüge sinken ab, da es für ein Kind nicht zu bewältigen wäre, sich mit ihnen auseinanderzusetzen.

Lassen Sie uns diese Ausführungen hier abbrechen und versuchen, diese ausufernden »Ichs« zu sortieren! Bis jetzt haben wir unsere ursprüngliche Ganzheit aufgeteilt, unsere einheitliche Natur, mit der wir geboren wurden, und wir haben drei unterscheidbare Einheiten erhalten:

1. Unser »Verlorenes Ich«, den Anteil, den wir unterdrücken, um den gesellschaftlichen Anforderungen nachzukommen.

2. Unser »Falsches Ich«, die Fassade, die wir errichten mußten, um die Leere zu füllen, die diese Verdrängung und die mangelnde Zuwendung der Eltern verursacht haben.
3. Unser »Verleugnetes Ich«, der negative Teil unseres Falschen Ichs, der unerwünscht ist und deshalb verneint wird.

Von diesem komplexen Geschehen sind wir uns nur der Teile unserer ursprünglichen Persönlichkeit bewußt, die intakt geblieben sind, und vielleicht noch einiger Aspekte unseres Falschen Ichs. Zusammen formen diese Elemente unsere »Persönlichkeit«, so wie wir uns anderen gegenüber darstellen und selbst charakterisieren würden. Das Verlorene Ich bleibt gänzlich außerhalb unserer bewußten Wahrnehmung. Fast alle Verbindungskanäle zu diesem unterdrückten Anteil unserer Psyche bleiben abgeschnitten. Unser Verleugnetes Ich, die negativen Anteile des Falschen Ichs, dümpeln gerade noch eben unter der Oberfläche unseres Bewußtseins, immer in Gefahr, nach oben zu dringen. Sollen sie wirksam verborgen gehalten werden, müssen sie entweder verdrängt oder aktiv auf andere projiziert werden: »Ich bin nicht egoistisch«, sagen wir vielleicht mit großem Nachdruck, »Du bist egoistisch!« oder »Was sagst du? Ich bin nicht faul! Du bist faul!«

Die Allegorie Platons

Im Symposion des Platon wird ein mythisches Modell für diesen Zustand einer gespaltenen Existenz entwickelt. Im Urzustand, so heißt es in der Geschichte, waren die Menschen sowohl männlich wie weiblich. Jedes dieser Wesen besaß einen Kopf mit zwei Gesichtern, vier Hände und vier Füße, sowohl weibliche wie auch männliche Geschlechtsmerkmale. Sie waren vereinigt und »ganzheitlich«, konnten unglaubliche Kräfte entfalten und wagten es sogar, die Götter anzugreifen. Selbstverständlich wollten die Götter diesen Übermut nicht dulden, doch wußten sie nicht genau, wie sie diese menschlichen Wesen am besten strafen sollten. »Töten wir sie«, so einer der versammelten Götter, »haben wir niemanden mehr, der uns verehrt und Opfer darbringt!« Zeus schließlich konnte diese schwierige Situation lösen und erläuterte seine Vorstellung: »Die Menschen sollen weiterhin existieren«, entschied er, »doch sie sollen in zwei Teile aufgespalten werden. So wird ihre Stärke verringert, und wir haben vor ihnen nichts mehr zu befürchten.« Zeus begann sofort mit der Aufgabe, alle diese Wesen zu halbieren unter Mithilfe Apollons, der die klaffenden Wunden unsichtbar machen sollte. Anschließend schickten sie die Hälften in jeweils unterschiedliche Richtungen. Den Rest ihres Lebens sollten sie damit zubringen, verzweifelt nach ihrem anderen Teil zu suchen, da nur diese Vereinigung ihre ursprüngliche Ganzheit wiederherstellen könnte.

So wie diese mythischen Geschöpfe aus der Geschichte Platons scheinen auch wir durch unser Leben zu gehen, verstümmelt, halbiert. Wir versuchen, unsere klaffenden Wunden mit heilender Salbe zu bedecken und legen uns einen »Wundverband« an, im Bemühen uns selbst zu heilen. Aber trotz dieser Anstrengungen entsteht immer wieder ein Gefühl der Leere in uns. Wir versuchen, dieses Vakuum mit Essen, Drogen, Alkohol oder Aktivitäten zu füllen, doch eigentlich sehnen wir uns nach unserer ursprünglichen Ganzheitlichkeit, unserem gesamten emotionalen Spektrum, dem offenen und neugierigen Verstand, der unser Geburtsrecht war, und der buddha-ähnlichen Freude, die wir als ganz kleine Kinder empfanden. Dieses Sehnen verwandelt sich in die spirituelle Suche nach Vollständigkeit, und wie im platonischen Mythos meinen wir, daß nur die richtige, andere Person, der oder die richtige Partnerin/Partner, uns zu vollständigen Wesen machen wird und uns »ganzheitlich« leben lassen wird. Diese besondere Person kann nicht irgend jemand sein. Nicht der erste Mann oder die erste Frau, die mit einem einnehmenden Lächeln auf uns zukommt oder uns auf andere Art für sich zu gewinnen versucht. Es muß jemand sein, der tief in uns ein Gefühl des Wiedererkennens hervorruft: »Jetzt habe ich den oder die gefunden, die zu mir gehört! Er oder sie wird die Wunden meiner Vergangenheit heilen!« Und aus Gründen, die im nächsten Kapitel erläutert werden, weist diese Person nun ausnahmslos die positiven, aber auch negativen Eigenschaften unserer Eltern auf!

Kapitel 3

Imago - unser inneres Partnerbild

»In der Literatur wie in der Liebe
sind wir oft sehr erstaunt,
was andere auswählen!«
André Maurois

Sehr vielen Menschen macht es große Schwierigkeiten einzusehen, wie sehr sie sich bei ihrer Partnerwahl von ihrem elterlichen Muster haben leiten lassen. Denn bewußt haben sie nur die positiven Eigenschaften berücksichtigt - Menschen, die vor allem freundlich, liebevoll, attraktiv, intelligent und kreativ waren. Sie sagten zu sich selbst: »Niemals werde ich eine so tyrannische Person wie meine Mutter heiraten!« Gerade wenn sie nun eine eher unglückliche Kindheit erlebten, nehmen sie sich häufig sehr bewußt vor, keinen Ehepartner zu wählen, der auch nur entfernte Ähnlichkeiten mit Vater oder Mutter aufweist! Sie sagen zu sich selbst: »Nie werde ich einen Alkoholiker heiraten, wie meinen Vater!« Doch gleichgültig, welche bewußte Absicht sie bei ihrer Partnerwahl verfolgten, die meisten Menschen werden einfach von dem Partner angezogen, der eben die wesentlichen, positiven und negativen Merkmale zeigt, die auch den eigenen Eltern eigen sind, wobei in der Regel den negativen Charaktermerkmalen sogar noch größere Bedeutung zukommt.

Mir wurde diese ernüchternde Erkenntnis bewußt, nachdem ich Hunderten von Paaren zugehört hatte, die über ihre Partner sprachen. An irgendeinem Punkt in der Therapie wandte sich einer an den anderen mit der Bemerkung: »Du behandelst mich fast wie meine Mutter!« Oder: »Du läßt mich so hilflos und ohnmächtig empfinden wie mein Stiefvater damals!« Wurde diese Erkenntnis bestätigt, bat ich die Paare, doch einmal die wichtigsten Persönlichkeitsmerkmale ihrer Ehepartner mit den Eigenschaften ihrer ursprünglichen Bezugspersonen zu vergleichen. In der Mehrzahl der Fälle läßt sich eine eindeutige Korrelation zwischen den Eltern und dem Partner aufweisen. Mit nur wenigen Ausnahmen waren die Merkmale, die am ähnlichsten waren, auch die negativsten! (Auch Sie können diese Übung durchführen, wenn Sie Teil III dieses Buches lesen, der alle hier erwähnten Übungen enthält. Ich möchte Ihnen jedoch vorschlagen, zuerst die in diesem Buch entwickelten Ausführungen zu lesen, bevor Sie mit den Übungen beginnen.)

Warum haben diese negativen Charakterzüge nun so eine Anziehungskraft auf uns? Würden die Partner auf rein logischer Basis ausgewählt, würden doch eher die ausgesucht, die die Unzulänglichkeiten der Eltern kompensieren, statt sie verdoppeln! Verletzt Ihr Partner Sie ständig durch seine Unzuverlässigkeit, wäre es doch wirklich sinnvoller, einen Lebenspartner zu wählen, der äußerst zuverlässig strukturiert ist und Ihnen helfen kann, Ihr immer wieder aufflackerndes Verlassenheitsgefühl zu überwinden. Waren Ihre Eltern überbeschützend, was läge näher, als einen Partner zu wählen, der sehr viel psychischen Freiraum bietet, damit die Angst, vereinnahmt zu werden, graduell abgebaut werden kann? Doch der Teil unseres Gehirns, der diese Partnersuche eigentlich leitet, ist nicht der logische, rationale, ordentliche Teil. Nein, es ist der fest mit der Vergangenheit verschaltete, äußerst selektiv wahrnehmende, alte Teil. Er hat nur ein Ziel: Für uns wieder die Lebensbedingungen herzustellen, wie wir sie in unserer eigenen Kindheit erlebt haben, um sie überarbeiten und korrigieren zu können. Zwar wurden wir ausreichend genug umsorgt, physisch wie psychisch, um nicht zu sterben, doch keineswegs so, um uns wirklich zufrieden zu fühlen. Durch unsere spezifische Partnerwahl bietet sich jetzt noch einmal die Möglichkeit, unsere unerledigten »Geschäfte« abschließen zu können, zum Schauplatz unserer ursprünglichen Verletzungen und Frustrationen zurückzukehren.

Die Suche nach dem Verlorenen Ich

Was wurde aus unserem anderen unbewußten Bestreben, unserem Bedürfnis, unser Verlorenes Ich wiederzufinden, diese Gedanken, Gefühle und Verhaltensweisen, die wir unterdrücken mußten, um nicht das Mißfallen unserer Eltern oder der Gesellschaft zu erregen? Welche Person könnte uns helfen, dieses Gefühl der Ganzheitlichkeit wiederzuerlangen? Würde es jemand sein, der uns aktiv unterstützt, unsere verlorenen Anteile wieder bewußt werden zu lassen? Würde es jemand sein, der unsere Schwächen teilt und aus diesem Grund weniger Minderwertigkeitsgefühle bei uns entstehen läßt? Denken Sie eine Minute lang an eine Ihrer Eigenschaften, die Ihnen mißfällt, dann werden Sie diese Frage beantworten können. Vielleicht bedauern Sie, kein künstlerisches Talent zu besitzen oder keiner starken Emotionen fähig zu sein, oder, wie bei Sarah, vermissen bei sich die Fähigkeit, klar und rational denken zu können. Vor Jahren wurden Ihnen diese Schwächen wahrscheinlich besonders bewußt, hielten Sie sich in der Gesellschaft von Menschen auf, die in einem besonderen Maße über diese Fähigkeiten verfügten.

Doch gelang es Ihnen irgendwie, mit einem dieser »begabten Menschen« eine intimere Beziehung einzugehen, erlebten Sie plötzlich eine ganz andere Wirklichkeit. Statt sich befangen oder unbeholfen zu fühlen, erlebten Sie sich selbst als sehr viel vollständiger. Die emotionale Bindung zu diesem Menschen - das ist »mein« Freund oder das ist »meine« Freundin - ließen ihre oder seine Fähigkeiten plötzlich in einem neuen Licht erscheinen. Fast waren Sie mit dieser anderen Person verschmolzen, und Sie konnten sich so ganzheitlich erleben.

Sehen Sie sich doch einmal um, und Sie werden beobachten können, daß die Menschen in der Regel komplementäre Partner auswählen. Dan ist gewandt und gesprächig, seine Frau, Gretchen, ist nachdenklich und introvertiert. Janice reagiert eher intuitiv, ihr Ehemann Patrick dagegen argumentiert streng logisch. Rena ist Tänzerin, während der Körper ihres Freundes Mathew steif und starr wirkt. In diesen Yin-Yang-Beziehungen scheinen die Menschen ihre verlorene andere Hälfte wiedergewinnen zu wollen mit Hilfe eines »Stellvertreters«.

Die Imago

Als Richtlinie in dieser Suche nach dem idealen Partner, der sowohl unseren Bezugspersonen ähnelt wie auch zugleich den unterdrückten Anteilen unseres Ichs gerecht werden muß, greifen wir in der Regel auf ein unbewußtes Bild des anderen Geschlechts zurück, das sich kontinuierlich seit unserer Geburt entwickelt hat. Dieses innere Bild möchte ich als »Imago«, lateinisch für »Bild«, bezeichnen. Im wesentlichen ist unsere Imago ein zusammengesetztes Bild der Menschen, die uns in unseren frühen Jahren am meisten beeinflußt haben. Vielleicht war es unsere Mutter, vielleicht auch eine Kinderfrau oder nahe Verwandte. Gleichgültig, wer es nun wirklich war, hat unser Gehirn jede Einzelheit über diesen Menschen gespeichert, den Klang seiner Stimme, die Zeit, die diese Person benötigte, unsere Schreie zu hören und uns zu Hilfe zu kommen, die Farbe ihrer Haut, wenn sie wütend wurde, wie sie lächelte, war sie einmal glücklich, die Form ihrer Schultern, die Art, wie sie ihren Körper bewegte, ihre charakteristischen Stimmungen, ihre Talente und Interessen. Unser Gehirn hat sämtliche Einzelheiten registriert und alle Interaktionen zwischen uns und diesen Menschen gespeichert. Unser Gehirn hat diese Daten nicht interpretiert, sondern nur in eine Schablone gepreßt.

Es mag uns merkwürdig und fast unglaublich erscheinen, daß irgendwo in unserem Kopf ein so detaillierter Bericht über unsere Bezugspersonen vorhanden sein soll, während wir doch bewußt nur vage Erinnerungen an diese ersten Jahre besitzen. Eigentlich haben die meisten Menschen große Schwierigkeiten, sich an die Dinge zu erinnern, die sie erlebten, bevor sie fünf oder sechs Jahre alt waren - darunter selbst dramatische Ereignisse, die einen tiefen Eindruck hinterlassen haben sollten. Doch Wissenschaftler haben bestätigt, daß wir ungeheure Mengen verborgener Informationen in unseren Gehirnen gespeichert haben. Neurochirurgen entdeckten diese Tatsache, während sie an örtlich betäubten Patienten Gehirnoperationen durchführten. Sie stimulierten Teile des Gehirns dieser Patienten mit schwachem elektrischen Strom, und plötzlich waren diese Menschen wieder in der Lage, sich an Hunderte von Episoden aus ihrer frühen Kindheit zu erinnern, erstaunlich detailliert. Unser Verstand ist im Grunde eine unvorstellbar große Lagerstatt für Informationen. Es wird tatsächlich angenommen, daß alles, was wir irgendwie erlebt haben, seine Spuren in unserem Gehirn hinterlassen hat, in den verschlungenen Windungen und Nischen abrufbereit vorhanden ist.

Doch werden nicht alle Eindrücke mit gleicher Intensität eingeprägt. Die lebhaftesten Bilder werden in den ersten Jahren gespeichert. Die Daten, die am stärksten eingraviert wurden, sind in der Regel Situationen, in denen wir besonders verletzt wurden, da in diesen Begegnungen unsere Existenz gefährdet schien. Doch graduell, im Laufe der Zeit, flössen viele hunderttausend Einzelinformationen über unsere Bezugspersonen zusammen und formten ein kohärentes Bild. Das Alte Gehirn, in seiner Unfähigkeit, Feinheiten differenziert wahrnehmen zu können, ordnete diese Informationen unter dem Oberbegriff zusammen: Die Menschen, die für unser Überleben wichtig sind. Vielleicht können Sie sich diese Imago eher als eine Silhouette vorstellen, die zwar nur wenige, undeutlich erkennbare Einzelmerkmale aufweist, dennoch die gesammelten Charakterzüge aller Ihrer ursprünglichen Bezugspersonen enthält.

Im großen und ganzen, ob wir uns von einem anderen Menschen nun angezogen fühlen oder nicht, ihn als Liebesobjekt in Betracht ziehen oder nicht, das hängt in erster Linie davon ab, ob er mit unserer gespeicherten Imago übereinstimmt - oder eben nicht. Ein uns verborgener Teil unseres Gehirns tickt und summt, während er gleichzeitig die Charakterzüge dieser anderen Person kühl analysiert, um sie dann mit seiner üppig ausgestatteten Datenbank zu vergleichen. Besteht nur geringe Korrelation, schwindet unser Interesse. Diese Person wird eine unter tausend bleiben, die uns begegnet, ohne großen Eindruck auf unser Leben zu hinterlassen. Besteht jedoch ein hohes Maß an Korrelation, finden wir diesen Menschen plötzlich ausgesprochen attraktiv.

Unser Prozeß des Imago-Suchens ähnelt der Methode, mit der Soldaten im Zweiten Weltkrieg ausgebildet wurden, feindliche Flugzeuge identifizieren zu können. Man gab ihnen Bücher, in denen die Silhouetten befreundeter oder feindlicher Flugzeuge abgebildet waren. Sahen sie ein nicht identifiziertes Flugzeug, verglichen sie schnell dessen Form mit diesen Illustrationen. War es ein Flugzeug einer befreundeten Macht, entspannten sie sich und gingen auf ihre Posten zurück. War es ein Flugzeug des Feindes, wurden sie aktiv. Ebenso vergleichen auch wir unbewußt unablässig jede Frau und jeden Mann, dem wir begegnen, mit unserer gespeicherten Imago: Passen deren Charakteristika zu unserem inneren Bild, entwickeln wir sofort Interesse an diesem Menschen.

Wie bei allen anderen unbewußten Prozessen auch, haben wir in unserem Bewußtsein keine Kenntnis von diesen elaborierten Auswahlmechanismen. Nur in Träumen gelingt es uns manchmal, einen Blick auf unsere Imago zu werfen. Reflektieren wir unsere Träume, wird schnell deutlich, daß unser Altes Gehirn Menschen auf recht eigenwillige Art und Weise »zusammenfügt«. Ein Traum beginnt vielleicht mit der Handlung einer Person, und plötzlich übernimmt ein anderer Mensch dessen Rolle. Das Unbewußte kennt keine körperlichen Grenzen. Vielleicht erinnern auch Sie sich an Träume, in denen Ihr Ehepartner plötzlich zu Ihrer Mutter oder Ihrem Vater wurde, oder beide Sie auf so identische Art und Weise behandelten, daß die Unterschiede verschwanden. Näher werden wir unserer Imago nie kommen können. Doch in den Übungen im Teil III dieses Buches, wenn der Vergleich zwischen den dominanten Charaktereigenschaften des derzeitigen Ehepartners mit denen der ursprünglichen Bezugspersonen aufgelistet wird, wird unmißverständlich deutlich werden, welche Parallelen unser Unbewußtes zwischen unserem Ehepartner und unseren Eltern entdeckt hat.

Die Imago und das Sichverlieben

Nehmen wir nun diese Informationen über unsere Imago und überlegen, wie sie mit den vorher erörterten Theorien des Sichverliebens in Verbindung gebracht werden können. Zur Illustration möchte ich Ihnen hier die Geschichte von Lynn und ihrer Suche nach der großen Liebe erzählen. Lynn ist vierzig Jahre alt und hat drei Kinder im schulpflichtigen Alter. Sie lebt in einer mittelgroßen Stadt in Neu-England, wo sie für die Stadtverwaltung arbeitet. Ihr Mann, Peter, ist Grafiker.

Schon in unserem ersten Beratungsgespräch, zu dem Lynn gemeinsam mit ihrem Ehemann gekommen war, erfuhr ich von dem überaus großen Einfluß, den Lynns Vater auf seine Tochter gehabt hat. Offensichtlich war er ein fürsorglicher Vater und scheute für die Ausbildung seiner Tochter weder Mühe noch Kosten. Gleichzeitig konnte er jedoch auch äußerst unsensibel reagieren. In diesen Situationen fühlte sich Lynn gleichzeitig bedroht wie auch wütend. Sie erzählte mir, daß er sie oft so lange und intensiv kitzelte, bis sie es fast nicht mehr ertragen konnte, obwohl er wußte, wie sehr sie dieses Spiel verabscheute. Brach sie dann regelmäßig in Tränen aus, lachte er und nannte sie ein Baby. Ein Erlebnis sollte sie nie vergessen, als er sie einfach in den Fluß warf, um ihr das Schwimmen »beizubringen«. Noch als sie mir diese Geschichte erzählte, war ihre Stimme belegt und ihre Hände klammerten sich an die Stuhllehnen. »Wie konnte er das nur tun?« fragte sie sich. »Ich war erst vier Jahre alt! Ich erinnere mich, wie ich meine eigene Tochter ansah, als diese vier Jahre alt war und mich immer noch wunderte, wie er mich damals ins Wasser werfen konnte. In diesem Alter sind Kinder so vertrauensvoll, doch gleichzeitig auch so verletzlich.«

Wenngleich sich Lynn dessen nicht bewußt war, hatte sie doch sehr viele frühe Bilder ihres Vaters in sich gespeichert, die sie noch viel mehr berührten. Lassen Sie uns zum Beispiel einmal hypothetisch annehmen, daß ihr Vater sich nicht darum kümmerte, ob ihr Fläschchen ausreichend gewärmt war, und fortan assoziierte sie das Liegen in seinem Arm mit dem Schock, kalte Milch trinken zu müssen. Oder vielleicht hat er sie, als sie nur wenige Monate alt war, wieder und wieder hoch in die Luft geworfen, und ihre Angstschreie als Begeisterungsrufe fehlinterpretiert. Bewußt wird sie sich nicht mehr an derartige Begebenheiten erinnern können, doch irgendwo in ihrem Gehirn sind derartige Erlebnisse gespeichert.

Auch Lynns Mutter hat mächtige Eindrücke bei ihrer kleinen Tochter hinterlassen. Ihr positiver Beitrag war, daß sie sich viel Zeit für ihre Tochter genommen hat und ihr viel Aufmerksamkeit widmete, während sie gleichzeitig konsequent in ihrer Erziehung war. Anders als Lynns Vater, war sie ausreichend einfühlsam für die Bedürfnisse eines kleinen Kindes. Deckte sie Lynn abends warm zu, fragte sie sie nach ihren täglichen Erlebnissen und hörte voller Verständnis zu, berichtete ihr Lynn von Problemen mit ihren Freundinnen oder Lehrern. Doch leider war sie überkritisch. Lynn konnte machen, was sie wollte, nie fand sie die volle Zustimmung ihrer Mutter. Immer korrigierte die Mutter ihre Grammatik, kämmte wieder und wieder ihre Haare und überprüfte ihre Hausaufgaben. Lynn erlebte in der Nähe ihrer Mutter wieder und wieder das Gefühl, auf einer Bühne stehen zu müssen, während sie ihren Text vergessen hatte.

Auf der anderen Seite hatte Lynns Mutter selber Schwierigkeiten mit ihrer Sexualität. Lynn erinnert sich an ihre Mutter, die immer nur langärmelige Blusen trug, darüber unförmige Pullover, die ihre Figur versteckten. Niemals duldete sie ein anderes Familienmitglied im Badezimmer, obwohl nur eines für die gesamte Familie zur Verfügung stand. Auch als Lynn ein Teenager geworden war, klärte ihre Mutter sie nicht auf, sprach nie über Menstruation, Jungen oder Sex. Es überrascht nicht, daß eines der Probleme von Lynn heute ist, sexuell gehemmt zu sein.

Auch andere Menschen übten einen starken Einfluß auf Lynn aus, darunter ihre ältere Schwester Judith. Judith war nur vierzehn Monate älter, doch stellte sie für Lynn die Idealperson dar. Sie war groß, talentiert und schien bei allen ihren Unternehmungen erfolgreich zu sein. Lynn bewunderte ihre Schwester sehr und wollte so viel Zeit wie möglich mit ihr verbringen, doch gleichzeitig fühlte sie sich in ihrer Nähe immer etwas minderwertig.

Im Laufe der Zeit mischten sich die Persönlichkeitszüge - von Lynns Mutter, ihrem Vater und ihrer älteren Schwester - und wurden von ihrem Unbewußten zu einem Bild verschmolzen, ihrer Imago: Jetzt waren die Hauptmerkmale dieser Imago eine Person, die liebevoll, ergeben, kritisch, unsensibel, überlegen und großzügig war. Die Charaktermerkmale, die sich in diesem Muster besonders deutlich abzeichneten, sind die negativen - die Tendenz, überaus kritisch zu bewerten, unsensibel zu sein und Überlegenheit zu demonstrieren -, weil dies die Merkmale sind, die sie in ihrer Kindheit verletzten. In diesem Bereich findet sich der Anteil, den Lynn noch bearbeiten muß.

Ihren Mann, Peter, traf sie im Haus einer Freundin. Ihre wichtigste Erinnerung an diese erste Begegnung war, daß sie ihm in die Augen sah und plötzlich das starke Empfinden hatte, ihn schon zu kennen, eine überraschende Entdeckung. Im Laufe der nächsten Woche erfand sie einige Ausreden, um wieder zu dieser Freundin gehen zu können. Tatsächlich fand sie Peter dort vor. Er zog sie immer stärker an, und ihr wurde bewußt, daß sie sich eigentlich nur noch in seiner Nähe glücklich fühlte. Während dieser Begegnungen verglich sie ihn keineswegs bewußt mit einer wirklichen Person, die sie aus ihrer Vergangenheit kannte, ganz sicher nicht mit ihren Eltern oder ihrer Schwester. Sie fand ihn nur unwahrscheinlich attraktiv und konnte sich wunderbar mit ihm unterhalten.

Im Laufe ihrer Therapie konnte ich erkennen, wie gut Lynns Imago zu Peters Persönlichkeit paßte. Er trat eher extrovertiert auf, sehr selbstsicher, Charakterzüge, die er mit Lynns Vater und ihrer Schwester teilte. Doch gleichzeitig war er auch sehr kritisch, eher wie Lynns Mutter. Er ermahnte Lynn ständig, sie solle doch endlich abnehmen, lockerer werden und vor allem selbstsicherer in ihrem Beruf. Die Eltern-Eigenschaft, die bei ihm jedoch am deutlichsten ausgeprägt war, war seine vollkommen uneinfühlsame Art gegenüber Lynns Gefühlen. Sie wurde oft von Depressionen überfallen, und Peters Rat war immer derselbe: »Rede weniger und arbeite mehr. Ich habe keine Lust mehr, mir deine Probleme anzuhören!« Damit hatte er seine Methode offengelegt, wie er mit unglücklichen Stimmungen umzugehen pflegte. Er versuchte, derartig traurige Phasen durch hektischen Aktionismus zuzudecken.

Ein anderer Grund, warum Lynn sich so zu Peter hingezogen fühlte, war, daß er überhaupt keine Schwierigkeiten mit seiner Körperlichkeit zu haben schien. Betrachtete ich die beiden, erinnerte ich mich oft an die Worte meines Professors: »Will man wissen, mit welcher Sorte Mensch sich ein Klient verheiratet hat, stelle man sich seinen Gegentypus vor.« Lynn saß vor mir, Beine und Arme sorgsam über Kreuz gelegt, während Peter sich lässig in seinem Stuhl ausbreitete. Manchmal streifte er einfach seine Schuhe ab und setzte sich mit untergezogenen Beinen hin. Ein anderes Mal schwang er ein Bein einfach über die Stuhllehne. Lynn trug ein streng geschnittenes, gut geschneidertes Kostüm, die Blusenknöpfe immer bis zum Hals geschlossen, oder Hosenanzüge, zusammen mit einem seidenen Tuch, das fest geknotet worden war. Peter dagegen kleidete sich fast ausschließlich in bequeme Kordhosen, seine Hemden standen am Hals offen, und häufig trug er seine Schuhe ohne Strümpfe.

Jetzt haben wir einige Hinweise, warum sich Lynn von Peter angezogen fühlte. Was fand nun Peter an Lynn so attraktiv? Einer der Gründe lag in ihrer starken Emotionalität. Zwar konnten Peters Eltern seine Körperlichkeit offensichtlich gut akzeptieren, doch hatten sie Schwierigkeiten, mit seinen Gefühlen umzugehen. Erst im Zusammensein mit Lynn fühlte er sich seinen verdrängten Gefühlen stärker verbunden. Sie half ihm dabei, wieder mit seinem Verlorenen Ich Verbindung aufzunehmen. Gleichzeitig wies auch sie viele Charakterzüge auf, die er von seinen Eltern her kannte. Sie war humorvoll wie seine Mutter, und ihre eher abhängige, sich selbst zurückstellende Art erinnerte ihn an seinen Vater. Da Lynns Imago zu Peters Persönlichkeit paßte und Peters Imago viele Charaktereigenschaften seiner Eltern in Lynn wiedererkannte, beide also sich ergänzende Persönlichkeitsmerkmale aufwiesen, hatten sie »sich verliebt«.

Häufig wird mir die Frage gestellt, spreche ich über die unbewußten Faktoren bei der Partnerwahl, wie Menschen in so kurzer Zeit so viel über einen anderen Menschen erahnen können? Zwar sind einige dieser Merkmale eher offensichtlich, andere dagegen sicher nicht.

Der Grund, warum es uns oft so leicht gelingt, einen anderen Menschen einzuordnen und zu beurteilen, liegt in unserer Fähigkeit, die Freud als unsere »unbewußte Wahrnehmung« bezeichnete. Mit unserem Unbewußten nehmen wir sehr viel mehr von einem anderen Menschen wahr als wir denken. Treffen wir auf Fremde, registrieren wir sofort die Art, wie sie sich bewegen, ob sie Augenkontakt suchen oder eher vermeiden, die Kleidung, die sie tragen, ihre typischen Ausdrucksformen, die Art, wie sie ihre Haare frisieren, die Leichtigkeit, mit der sie lachen oder lächeln, ihre Fähigkeit zuzuhören, die Geschwindigkeit, mit der sie sprechen, die Menge der Zeit, die sie brauchen, eine Frage zu beantworten - alle diese Einzeldaten werden gespeichert, zusammen mit hundert anderen, in nur wenigen Minuten.

Auch durch das bloße Ansehen eines anderen Menschen gewinnen wir sehr viele verschiedene Informationen. Jeden Morgen auf meinem Weg ins Büro schätze ich schon fast automatisch die Menschen ab, die mir entgegenkommen. Mein Urteil ist fast immer spontan und wird sehr schnell gefällt: Diese Person würde ich gerne kennenlernen, dieser Mensch ist mir völlig gleichgültig. Ich beobachte an mir selbst, wie ich doch durch derartig oberflächliche Wahrnehmungen von einigen Menschen angezogen werde, während andere mir gleichgültig bleiben. Gehe ich zu einer Party, genügt oft ein einziger Blick, um zu wissen, wen ich von den versammelten Menschen näher kennenlernen möchte. Andere Menschen berichten von ähnlichen Erfahrungen. Ein Lastwagenfahrer erzählte mir, er könne sofort sehen, ob er einen Anhalter mitnehmen wolle oder nicht, selbst bei einer Geschwindigkeit von 100km/h. »Und ich habe mich nur selten getäuscht!« meinte er.

Unsere Beobachtungsgenauigkeit ist natürlich besonders hoch, befinden wir uns auf der Suche nach einem passenden Partner, da wir jemanden suchen, der in exemplarischer Weise unsere grundlegendsten Bedürfnisse befriedigen soll. Jeden überprüfen wir sehr genau: Wird er mich umsorgen? Wird er mir helfen, mein Verlorenes Ich wiederzufinden? Treffen wir dann auf so eine Person, signalisiert unser Altes Gehirn sofortiges Interesse. In allen folgenden Begegnungen mit diesem Menschen ist das Alte Gehirn sehr wach, weiterhin auf der Suche nach bestätigenden Informationen, ob wir einen passenden Partner gefunden haben. Ergibt die Detailüberprüfung, daß wir einen zu unserer gespeicherten Imago passenden Partner getroffen haben, steigert sich unser Interesse nur noch mehr. Zeigen auf der anderen Seite neue Informationen, daß doch nur eine oberflächliche Ähnlichkeit vorliegt, verlieren wir unsere Aufmerksamkeit und suchen nach einem Ausweg, die Wichtigkeit dieser Beziehung wieder herunterzuspielen.

Ohne es zu wissen, waren Lynn und Peter mit genau diesem Prozeß beschäftigt, als sie sich damals im Haus der gemeinsamen Freundin trafen. Da Peter so gut zu Lynns Imago paßte, überwand sie sich und suchte aktiv Kontakt zu ihm. Da Lynn andererseits ebenso zu Peters Imago zu passen schien, erwiderte er ihr Interesse, statt sich von ihr abzuwenden. Nach einigen Wochen hatten beide genügend Informationen gesammelt um festzustellen, sie »liebten« sich.

Nun wird es nicht jedem Menschen gelingen, immer die Person zu finden, die genau zu seiner Imago paßt. Manchmal sind nur einige der Schlüsselmerkmale deckungsgleich, die Anziehung bleibt daher auch eher schwach. Solche Beziehungen sind in der Regel nicht sehr leidenschaftlich, aber auch weniger belastet als die, die durch ein sehr ähnliches Imago-Partnerbild geprägt werden. Die ersteren verlaufen einfach deswegen weniger leidenschaftlich, weil das Alte Gehirn weiter auf der Suche nach dem »Idealpartner« ist. Sie verlaufen weniger problematisch, weil nicht so viele Kindheitstraumata wiederbelebt werden. Werden solche schwachen Imago-Beziehungen beendet, so liegt das oft daran, daß das Interesse an der anderen Person einfach verschwunden ist und nicht an einem »Leidensdruck«. »Es spielte sich nicht mehr viel ab«, sagen sie dann. Oder: »Ich bin einfach unruhig. Ich weiß, es gibt noch jemanden dort draußen, der besser zu mir paßt.«

An diesem Punkt unserer Diskussion verstehen wir nun schon wesentlich mehr von dem Geheimnis des Sichverliebens. Zu der biologischen, der sozialpsychologischen Austauschtheorie und der Persona-Theorie, die wir im ersten Kapitel besprochen haben, fügen wir jetzt die Vorstellung eines unbewußten Prozesses hinzu, der für uns die Person ausfindig machen soll, die unserer Imago ähnelt. Unser grundlegendes Bedürfnis nach eben dieser Entsprechung wird durch den Wunsch stimuliert, unsere Kindheitsverletzungen nachträglich heilen zu können.

Gleichzeitig verstehen wir jetzt auch viele der Konflikte, die in einer Ehe auftreten können, sehr viel besser: Suchen wir in erster Linie Ehepartner, die unseren Eltern in einem besonderen Maße ähneln, werden wir fast unweigerlich wieder mit unseren alten Wunden konfrontiert werden. Doch bevor wir in den Morast der Schmerzen und Verwirrungen eintauchen, der gemeinhin als »Machtkampf« bezeichnet wird, möchte ich mich noch mit der ersten Phase einer Liebesbeziehung beschäftigen, der Zeit der Hochgefühle, in der wir an jede nur mögliche Erfüllung glauben.

Kapitel 4
Verliebtheit

»Wir zwei bilden eine Vielheit.«
Ovid

Ich weiß aus meiner eigenen Erfahrung und auch vom Zuhören bei anderen Menschen, daß alle Liebenden glauben, ihre Beziehung sei etwas Besonderes, nicht zu vergleichen mit den Erfahrungen, die andere Menschen vor ihnen gemacht haben. Zu dieser Zeit kehren sie in ihren Erinnerungen wieder und wieder zurück. Bitte ich Paare, mir doch die erste Zeit ihrer Beziehung einmal genau zu schildern, beschreiben sie mir in der Regel eine verwandelte Welt. Die Menschen reagierten insgesamt freundlicher, die Farben leuchteten bunter, das Essen schmeckte viel besser - alles um sie herum schimmerte in neuem Glanz, ebenso wie zu der Zeit, als sie selbst noch jung waren.

Doch der Hauptunterschied lag darin, wie sie sich fühlten. Plötzlich steckten sie voller Energien, ja, sie fühlten sich besonders gesund. Sie empfanden sich selbst als geistreicher, spielerischer und sehr viel optimistischer. Sahen sie in einen Spiegel, konnten sie das Gesicht, das sie ansah, mit sehr viel mehr Freundlichkeit betrachten als zu anderen Zeiten - vielleicht hatten sie ja wirklich die Liebe dieses Partners verdient! Sie brauchten keine Süßigkeiten, keine Drogen, keinen Alkohol, noch mußten sie sich mittels Fernseher »ruhigstellen«, oder aber ihr Leben durch Entspannungssex aufpeppen. Überstunden verloren ihren Reiz, und die rastlose Suche, noch mehr Geld zu verdienen oder noch mehr Macht anzuhäufen, wurde eher uninteressant. Ihr Leben schien plötzlich Sinn und Mittelpunkt zu haben und kontrollierbar zu sein.

Auf der Höhe ihrer Liebesbeziehung strahlten alle diese guten Gefühle auch nach außen aus. Sie waren anderen gegenüber viel nachsichtiger und liebevoller. Manche erlebten sogar eine innere Ganzheit, wie seit ihrer Kindheit nicht mehr. Für kurze Zeit sahen sie die Welt nicht durch die einseitige Brille ihrer gespaltenen Existenz, sondern durch die weiche, gut reflektierende Brille ihrer ursprünglichen Vollständigkeit.

Lynn und Peter, das Ehepaar, das ich Ihnen am Ende des vorangegangenen Kapitels vorgestellt habe, erzählten mir, daß sie zu der Zeit, als sie sehr verliebt waren, einmal einen ganzen Tag in New York zubrachten. Nach dem Essen fuhren sie mit dem Fahrstuhl auf das Empire State Building, wo sie den Sonnenuntergang erleben wollten. Sie hielten sich bei den Händen und sahen auf die vielen Menschen hinunter, voller Mitgefühl, daß diese nicht ihr ekstatisches Gefühl teilen konnten.

Dieses zeitlose Gefühl wird sehr schön ausgedrückt in einem Brief von Sophia Peabody an Nathaniel Hawthorne vom 31. Dezember 1839:

> Mein Liebster,
> ... Was für ein Jahr liegt hinter uns! Meine Definition von Schönheit ist, daß sie Liebe ist und deshalb sowohl Wahrheit wie das Gute erfaßt. Doch nur diejenigen, die sich so lieben, wie wir beide, können ihre Bedeutung und Kraft empfinden. Meine Gedanken wollen sich meinen ungelenken Federstrichen nicht anpassen. Gott sei mit Dir. Mir geht es sehr gut, und heute bin ich in Danvers sehr weit gewandert, obwohl es kalt war. Der Glanz dieses Tages erfüllt mich vollständig. Gott segne Dich in dieser letzten Nacht des alten Jahres. Es war das Jahr unserer Geburt. Verschwand nicht die alte Erde für uns beide? Erleben wir nicht alle Dinge wie neu?
>
> Deine Sophie

Die Chemie der Liebe

Wie entsteht nun dieses Hochgefühl, das wir Verliebtheit nennen? Psychopharmakologen haben herausgefunden, daß Liebende fast immer »high« sind, allerdings auf der Basis natürlicher Hormone und Chemikalien, die ihren Körper durchströmen und das Gefühl des Wohlseins bedingen. Während dieser Anziehungsphase schüttet das Gehirn Dopamin und Norepinephrin, zwei der vielen Neurotransmitter, aus. Beide verursachen ein rosarot eingefärbtes Weltbild, der Puls schlägt schneller, unsere Energie wächst, und wir haben das Gefühl, die Dinge um uns herum schärfer wahrnehmen zu können. Während dieser Phase, in der die Liebenden fast jede Minute zusammen verbringen wollen, verstärkt das Gehirn noch die Produktion von Endorphinen und Enkephalinen, natürlichen Drogen, die das Gefühl der Sicherheit und des Getragenseins eines Menschen noch verstärken. Dr. Michael R. Liebowitz, Professor für klinische Psychiatrie an der Columbia-Universität, entwickelt diese Idee noch weiter, indem er davon ausgeht, daß diese Vorstellung einer fast mystischen Einheit, die Liebende empfinden, durch den Anstieg des Neurotransmitters Serotonin bewirkt wird.

Doch wie bestechend einfach aus pharmakologischer Sicht diese Erklärung auch erscheinen mag, bleibt nach wie vor unklar, wie diese Chemikalien freigesetzt bzw. wann und warum sie wieder reduziert werden. In erster Linie wird so die Tatsache dokumentiert, daß Verliebtheit eine intensive, physische Erfahrung mit meßbaren biologischen Komponenten ist. Doch um diesen Prozeß genauer verstehen zu können, müssen wir uns wieder der Psychologie zuwenden und der Ansicht, daß Verliebtheit aus dem Unbewußten entsteht.

Die universelle Sprache der Liebe

In dem vorangegangenen Kapitel habe ich versucht, Verliebtheit zu erklären. Am Anfang dieser Beziehungen sind wir so euphorisch gestimmt, weil ein Teil unseres Gehirns der Überzeugung ist, endlich die Chance zu haben, ausreichend geliebt zu werden und unsere ursprüngliche Ganzheit wiedererlangen zu können. Sehen wir genauer nach, werden wir auch ausreichend Beweise für diese Behauptung finden. Zuerst einmal die universelle Sprache der Liebenden! Hören wir nur die populären Lieder an, lesen Liebesgedichte, Theaterstücke und Romane, gleichzeitig mit den Hunderten von Beschreibungen, mit denen Ehepaare ihre Beziehung in Worte zu fassen versuchen. Ich bin zu der Überzeugung gekommen, daß alle Worte, die seit Beginn unserer Zeit zwischen Liebenden ausgetauscht werden, sich auf vier Grundsätze reduzieren lassen - der Rest ist bloßes Beiwerk. Gerade diese vier Sätze eröffnen uns einen Blick auf das unbewußte Reich der Verliebtheit. Der erste dieser Sätze fällt relativ früh in der Beziehung, vielleicht während des ersten oder zweiten Treffens, und er lautet etwa so: »Ich weiß, daß wir uns gerade erst getroffen haben, doch irgendwie habe ich das Gefühl, dich schon seit Jahren zu kennen.« Dieser Ausspruch kann nicht nur als einfaches Ritual verstanden werden. Aus ihnen selbst uneinsehbaren Gründen fühlen sich die Liebenden sehr entspannt, wenn sie zusammen sind. Sie haben das Gefühl, bestätigt zu werden, fast, als würden sie sich schon seit Jahren kennen. *Ich möchte diesen Prozeß als das »Phänomen der Wiedererkennung« bezeichnen.*

Etwas später tauschen die Liebenden dann den zweiten, bedeutenden Satz aus: »So merkwürdig es klingen mag«, sagen sie dann wahrscheinlich, »aber ich kann mir nicht mehr vorstellen, daß es eine Zeit gab, in der ich dich nicht kannte.« Obwohl sie sich vielleicht erst seit einigen Wochen oder Monaten kennen, haben sie das Gefühl, sehr vertraut miteinander zu sein, so, als hätte diese Beziehung keinen festen Platz in Raum und Zeit. *Dieses Phänomen möchte ich als das der »Zeitlosigkeit« bezeichnen.*

Während nun die Beziehung weiter reift, sehen sich die Liebenden gegenseitig in die Augen, um den dritten, wichtigen Satz auszusprechen: »Bin ich mit dir zusammen, fühle ich mich nicht länger allein. Ich fühle mich irgendwie vollständig und als ganzer Mensch.« Einer meiner Klienten, Patrick, drückte diesen Zusammenhang mit folgenden Worten aus: »Bevor ich Diane traf, hatte ich das Gefühl, ich sei mein ganzes Leben lang durch ein großes Haus mit leeren Zimmern gewandert. Als ich sie traf, war mir, als würde ich eine Tür öffnen und endlich jemanden zu Hause finden.« Das Zusammensein beendete seine verzweifelte Suche nach Vollständigkeit. Er fühlte sich erfüllt, ausgefüllt. *Ich bezeichne dieses Phänomen als das der »Wiedervereinigung«.*

Schließlich, an irgendeinem weiteren Punkt ihrer Beziehung, sagen die Liebenden den letzten, entscheidenden Satz: »Ich liebe dich so sehr, daß ich nicht mehr ohne dich leben kann.« Sie haben sich so miteinander eingelassen, daß sich keiner von beiden eine unabhängige Existenz vorstellen kann. *Ich bezeichne dieses Phänomen als das der »Notwendigkeit«.* Ob die Liebenden diese Worte nun wirklich aussprechen oder aber nur die Gefühle erleben, die hinter ihnen stehen, diese Phänomene bestätigen meine Ausführungen über Verliebtheit und die Natur des Unbewußten.

Der erste Satz - durch den die Liebenden ein vages Gefühl des Wiedererkennens formulieren - verliert etwas von seinem geheimnisvollen Charakter, erinnern wir uns daran, daß ja gerade der Partner ausgewählt wird, der den eigenen, ursprünglichen Bezugspersonen am meisten ähnelt. Daher kann dieses Déjà-vu-Erlebnis nicht so sehr überraschen, dieses Gefühl fast familiären Vertrautseins. Unbewußt fühlen sie sich wieder in Kontakt mit ihren Bezugspersonen, nur glauben sie dieses Mal ihre tiefsten, grundlegendsten und infantilsten Verlangen befriedigt zu bekommen. Hier ist ein Mensch, der sich um sie kümmern wird, und sie werden nie mehr alleine sein müssen.

Die zweite Aussage: »Ich kann mich an keine Zeit zurückerinnern, wo ich dich noch nicht kannte«, belegt, daß sich Verliebtheit aus der Funktionsweise des Alten Gehirns erklärt. Verlieben sich Menschen, vermischt ihr Altes Gehirn das Bild ihres Partners mit dem ihrer frühen Bezugspersonen, und damit betreten sie das vermeintliche »Paradies« schon jetzt. Für das Unbewußte enthält die intensive Liebesbeziehung die Vorstellung, wieder in den Armen der Mutter zu liegen. Damit ist die gleiche Illusion von Sicherheit und Geborgenheit angesprochen, ebenso wie der Wunsch nach symbiotischer Nähe.

So können wir tatsächlich an Liebenden beobachten, befinden sie sich gerade in dieser kritischen Phase ihres Werbens, daß beide einen ähnlichen Bindungsprozeß durchlaufen wie Mütter mit ihren neugeborenen Kindern. Sie gurren miteinander, nennen sich mit Kosenamen und tauschen selbsterfundene Laute oder Wörter aus, die ihnen in der Öffentlichkeit höchst peinlich wären. Sie streicheln, tätscheln und erfreuen sich an jedem Quadratzentimeter Haut des anderen - »Was für ein niedlicher Bauchnabel!« - »So weiche Haut!« - geradeso, wie eine Mutter ihr kleines Baby bewundert. Gleichzeitig bestätigen sie auch noch, daß sie gegenseitig die Elternrolle übernehmen wollen: »Ich werde dich so lieben, wie vorher noch nie ein Mensch!« Das Unbewußte interpretiert diese Aussage sofort im Sinne von: »Mehr als Vater und Mutter!« Unnötig zu sagen, daß das Alte Gehirn sich bei diesen regressiven Verhaltensäußerungen äußerst wohl fühlt. Die Liebenden glauben, »geheilt« zu sein - nicht etwa durch harte Arbeit in Form von Selbsterkenntnis, sondern durch den schlichten Verschmelzungsakt mit jemandem, den ihr Altes Gehirn als ihren frühen Bezugspersonen ähnlich identifiziert und akzeptiert hat.

Wie steht es nun mit dem dritten Satz - dem Gefühl der Ganzheit und des Einsseins, das Liebende entwickeln? Bestätigen sie einander: »Bin ich mit dir zusammen, fühle ich mich so ganz, so vollständig!«, geben sie unbewußt zu, daß sie diesen Menschen ausgesucht haben, weil er für die Anteile ihrer Persönlichkeit steht, die ihnen in ihrer Kindheit verlorengegangen sind. Sie haben ihr Verlorenes Ich wiedergefunden. Ein Mensch, der lernen mußte, seine Gefühle weitgehend zu unterdrücken, wird sich jemanden suchen, der extrovertiert ist. Ist jemand sich seiner Sexualität unsicher, wird er einen Partner wählen, der sinnlich und frei ist. Verlieben sich nun diese Menschen mit ihren entgegengesetzten Charaktereigenschaften, haben sie plötzlich das Gefühl, die Zeiten der Repression und der Verdrängung hinter sich gelassen zu haben. Wie die androgynen, halbierten, mythischen Wesen in Platons Geschichte war jeder vorher nur ein halber Mensch. Jetzt erst erlebt er sich als vollständiges menschliches Wesen.

Was steht hinter dem letzten Satz - Liebende haben Angst zu sterben, müssen sie sich voneinander trennen? Was erfahren wir daraus über die Natur der Verliebtheit? Zuerst einmal wird deutlich, daß Liebende unbewußt die Verantwortung für ihr Wohlergehen und sogar ihr Überleben von ihren Eltern auf ihre Partner übertragen. Dieses wunderbare Wesen, das in ihnen Eros geweckt hat, muß sie nun immerfort vor Thanatos, der Todesfurcht bewahren. Kümmern sich die Partner nun auch noch um die früher nicht befriedigten, kindlichen Bedürfnisse, werden sie zu wichtigen Verbündeten im Überlebenskampf. Auf einer tieferen Bewußtseinsebene macht dieser Satz deutlich, daß Liebende von der Angst beherrscht werden, bei einer möglichen Trennung ihr wiederentdecktes Gefühl der Ganzheit erneut zu verlieren. Wiederum wären sie zerteilt, nur halbe Wesen, abgeschnitten von der Möglichkeit einer vollen, menschlichen Existenz. Sofort würden sie Angst und Einsamkeitsgefühle entwickeln und sich nicht länger mit der sie umgebenden Welt verbunden fühlen. Eigentlich wäre der Verlust des Liebespartners auch gleichzeitig der Verlust des gerade neu erworbenen Selbstgefühls.

Ein kurzes Zwischenspiel

Für eine gewisse Zeit jedoch wird diese Furcht erfolgreich unterdrückt, und die Liebenden glauben, daß sie in der Gemeinsamkeit heil und ganz werden. Alleine schon das Zusammensein wirkt lindernd und wohltuend auf sie. Da sie so viel Zeit wie nur möglich zusammen verbringen, fühlen sie sich auch nicht mehr einsam oder isoliert. Während ihr gegenseitiges Vertrauen wächst, vertiefen sie ihre Intimität. Vielleicht erzählen sie auch von ihren frühen Verletzungen aus ihrer Kindheit, worauf sie der Partner durch sein Mitgefühl belohnt. »Es macht mich so traurig, daß du das erleben mußtest!« - »Wie schrecklich, daß du so viel zu erleiden hattest!« Sie glauben, noch nie zuvor habe sich ein anderes menschliches Wesen so für ihr Innenleben interessiert, nicht einmal ihre eigenen Eltern. Während sie nun diese intimen Gedanken mitteilen, erleben sie Momente empathischen Verständnisses und nehmen bewußt an der Welt des anderen teil. In diesen seltenen Momenten bewerten sie sich nicht gegenseitig, noch interpretieren sie die Mitteilungen des

Geliebten oder vergleichen sie mit ihren eigenen Kindheitserlebnissen. Sie erleben vielmehr: Für eine kurze Zeitspanne hören sie auf, sich nur für sich selbst zu interessieren, und nehmen an der Wirklichkeit eines anderen Menschen teil.

Doch die Verliebtheit hilft uns noch auf andere Art und Weise, als nur durch Worte und einfühlsame Gesten. Mit einer Art sechstem Sinn ausgestattet, erspüren Liebende ganz genau, was ihren Partnern fehlt, eine Fähigkeit, die oft in der weiterentwickelten Beziehung wieder verlorengeht. Möchte der Partner liebevoller umsorgt werden, spielen sie gerne Mutter oder Vater für ihn. Wünscht er sich mehr Freiraum, geben sie ihm Unabhängigkeit. Sucht er nach Unterstützung, beschützen und bestätigen sie ihn. Sie überschütten sich gegenseitig mit liebevollen Aufmerksamkeiten, die ihre ersten, frühen Kindheitsentbehrungen aufzuheben scheinen. Sich zu lieben, ähnelt plötzlich der Situation, das bevorzugte Kind in einer Idealfamilie zu sein.

Illusionen

Lange Zeit glauben die Liebenden unbedingt an ihre große Liebe. Doch ist dabei eine Art unbewußtes Rollenspiel involviert. Der Versuch etwa, sich dem anderen gegenüber als psychisch viel gesünder auszugeben, als man in Wirklichkeit ist, gehört auf jeden Fall dazu. Denn erscheinen wir selbst weniger bedürftig, können jedoch unseren Partner gut umsorgen, werden wir für ihn besonders attraktiv. Louise beschrieb mir, wie sehr sie sich angestrengt hatte, um ihrem Mann Steve gegenüber als die perfekte Partnerin zu erscheinen. Nach einigen Treffen lud sie Steve zu sich ein, zu einem Abendessen zu zweit. »Ich wollte ihm mein Talent als Hausfrau zeigen«, sagte sie. »Er sah in mir immer nur die Karrierefrau, und ich wollte ihm beweisen, daß ich auch kochen kann.« Da ihr eigenes Leben so unproblematisch wie nur möglich aussehen sollte, schickte sie ihren elf Jahre alten Sohn aus einer früheren Ehe zu einer Freundin - es erschien ihr nicht opportun, ihrem neuen Liebhaber schon gleich alle Schwierigkeiten des häuslichen Lebens vorzuführen! Dann putzte sie das Haus und stellte ein Menü zusammen, das die zwei Dinge enthielt, die sie wirklich gut kochen konnte - Quiche und Roquefort-Salat. Alle Räume hatte sie mit frischen Blumen dekoriert. Als Steve das Haus betrat, war das Essen fertig, ihr Make-up frisch, im Hintergrund spielte leise klassische Musik. Steve selbst war besonders charmant, hilfsbereit und bestand nach dem Essen darauf, mit ihr abzuwaschen und sogar noch eine Lampe zu reparieren. Im Laufe dieses Abends erklärten sie sich ihre Liebe, und auch in den folgenden Monaten gelang es ihnen, ihr Leben so aufeinander abzustimmen, daß beide wenig eigene Bedürfnisse zeigten.

Diese Art »Verstellung« ist weit verbreitet. Die meisten von uns machen ihren Partner zu Beginn ihrer Beziehung glauben, sie seien der Ideal-Partner schlechthin.

Bei manchen Paaren allerdings nehmen diese illusionären Vorgaben schon extreme Formen an.

Eine meiner Klientinnen, die ich hier Jessica nennen möchte, ging immer wieder Beziehungen zu Männern ein, die besonders unzuverlässig waren. Sie hatte schon zwei gescheiterte Ehen hinter sich und eine ganze Reihe sehr schmerzlicher Trennungen. Die Verbindung, die sie endgültig überzeugte, daß sie therapeutischer Hilfe bedürfe, war die zu einem Mann namens Brad, der ihr zuerst vollkommen ergeben zu sein schien. Nachdem er ihr Vertrauen gewonnen hatte, erzählte sie ihm von ihren früheren Enttäuschungen. Brad hörte ihr voll Mitgefühl zu und versicherte, er würde sie nie verlassen. »Geht hier jemand, dann wirst du es sein!« Er erschien wie der berühmte Fels in der Brandung, stabil und vertrauenswürdig.

Während der nächsten sechs Monate verbrachten sie fast ihre ganze freie Zeit zusammen. Jessica entspannte sich sichtlich in dieser Beziehung, die ihr so viel Sicherheit vermittelte. Doch eines Tages kam sie nach der Arbeit nach Hause und fand eine kurze Notiz an die Haustür geheftet. Brad teilte ihr mit, man hätte ihm einen besser bezahlten Job in einer anderen Stadt angeboten, den er einfach nicht ausschlagen könne. Er hätte ihr zwar lieber mündlich davon berichtet, doch fürchtete er ihren Kummer. Er hoffte, daß sie ihn verstehen könnte.

Nachdem Jessica sich von ihrem ersten Schock erholt hatte, rief sie Brads besten Freund an, ob er ihr nicht weitere Einzelheiten mitteilen könne. Während sie ihm zuhörte, entstand plötzlich vor ihrem geistigen Auge eine ganz andere Persönlichkeit. Brad hatte es noch niemals lange an einem Ort ausgehalten. In den vorhergehenden fünfzehn Jahren war er bereits sechsmal umgezogen und hatte sich drei Mal verheiratet. Jessica hörte diese Tatsachen zum ersten Mal. Dennoch hatte er ihr so großes Bedürfnis nach Sicherheit gespürt und am Anfang große Anstrengungen unternommen, verläßlich zu sein. Dieser psychologische Prozeß wird als »projektive Identifikation« bezeichnet. Unbewußt hatte er sich mit Jessicas Ideal-Partner identifiziert. Mein Verdacht ist, daß er ursprünglich sogar wirklich in guter Absicht gewillt war, diese Rolle zu übernehmen. Er wollte sie eigentlich nicht täuschen oder verlassen. Doch seine Kräfte reichten nicht aus, diesen Part wirklich auszufüllen und zu Ende zu spielen.

Nachdem Brad sie verlassen hatte, hätte Jessica eigentlich genug Grund gehabt, zornig und sogar wütend zu reagieren. Doch sie entwickelte nun ihrerseits die Illusion, er würde anrufen, sobald er etwas Geld angespart hätte. Sie wartete stundenlang neben dem Telefon und hoffte auf einen Brief von ihm. Doch sie hörte niemals wieder etwas von Brad. »Eigentlich bin ich froh, daß es so gekommen ist«, sagte sie mir, »denn damals hätte ich ihn zurück genommen, gleichgültig, was er auch getan hatte. So sehr benötigte ich ihn!« Jessica demonstriert hier den klassischen Fall des »Leugnens«. Sie wollte einfach nicht glauben, daß Brad in Wirklichkeit ein unreifer, nur wenig verläßlicher Mann war. Ihre Erinnerung an die Rolle, die er ihr vorgespielt hatte, war für sie wirklicher als sein reales Verhalten.

Verleugnen

In einem gewissen Maße greifen wir alle hin und wieder auf das Instrument des »Verleugnens« zurück, um mit unserem Leben fertig zu werden. Immer, wenn wir vor schwierigen Aufgaben oder schmerzlichen Entscheidungen stehen, sind wir versucht, die Wirklichkeit zu ignorieren. Wir schaffen uns lieber eine angenehmere Phantasie. Doch zu keiner Zeit ist unsere Tendenz, Unangenehmes zu leugnen, stärker entwickelt als in den ersten Phasen unserer Liebesbeziehungen.

John, ein Mann von dreißig Jahren, der zu mir in die Praxis kam, hatte eine besondere Vorliebe für dieses Ableugnen entwickelt. Er hatte als Programmierer ein so erfolgreiches Software-Programm entwickelt, daß er bald seine eigene Firma gründen konnte. Die ersten zehn bis fünfzehn Minuten jeder Sitzung sprach er über seine Firma und wie gut die Geschäfte gingen. Dann stockte die Unterhaltung, und, während er seinen Blick von mir abwandte, sprach er über das eigentliche Thema unseres Treffens, Cheryl, die Frau, die er liebte. Er war regelrecht besessen von ihr und hätte sie auf der Stelle geheiratet, gäbe sie ihm nur den kleinsten Fingerzeig. Doch Cheryl weigerte sich konstant, seine Hoffnungen auf eine engere Beziehung zu bestätigen.

Als John Cheryl zuerst getroffen hatte, schien sie für ihn das zu repräsentieren, was er sich von einer Frau immer gewünscht hatte. Sie war attraktiv, intelligent und äußerst sinnlich. Doch nach einigen Monaten sah er auch negative Seiten an ihr. Gingen sie gemeinsam in ein Restaurant, konnte er sehr oft miterleben, wie sie an allem herummäkelte, gleichgültig, wie gut das Essen in Wirklichkeit war. Gleichzeitig bemerkte er, daß sie sich fast endlos über ihren Beruf beklagte, ohne jedoch irgendwelche Anstrengungen zu unternehmen, diese Probleme lösen zu wollen.

Damit er diese negativen Charaktereigenschaften nicht so deutlich wahrnehmen mußte, bediente sich John einer wahren Gehirnakrobatik. Ging er mit ihr in ein Restaurant, interpretierte er ihre Nörgelei als Zeichen für ihren so besonders verfeinerten Geschmack. Klagte und stöhnte sie über ihre Arbeitsbedingungen, sagte er zu sich, was sie doch für eine kämpferische Frau sei, die derartige Verhältnisse ertragen könnte. »Andere hätten diese Tätigkeit längst aufgegeben«, berichtete er mir nicht ohne Stolz.

Schließlich blieb nur noch eine einzige Eigenschaft übrig, die ihn an Cheryl störte: Immer schien sie ihn auf Distanz zu halten. Die Situation verschlimmerte sich, nachdem Cheryl ihn gebeten hatte, sie nicht mehr während der Woche einzuladen, sie brauchte »mehr Freiraum«. Sie kannten sich gerade sechs Monate. Widerstrebend ging John auf ihre Bedingung ein, wenngleich er wußte, daß sie sich in der Zwischenzeit immer wieder mit anderen Männern traf. Sie machte ihm klar, er hätte ohnehin keine andere Wahl, als ihr diese Freiheiten zuzugestehen.

Quasi im Ausgleich begann John sich mit einer anderen Frau, Patricia, zu treffen, die Cheryl überhaupt nicht ähnelte. Sie war ihm ergeben, verständnisvoll und geduldig, kurz, sie liebte ihn. »Sie würde mich sofort heiraten«, erzählte mir John eines Tages, »genauso, wie ich Cheryl jederzeit heiraten würde. Doch ich liebe Patricia einfach nicht genug. Zwar ist das Zusammensein mit ihr viel angenehmer. Aber wenn ich nicht mit ihr zusammen bin, denke ich fast nie an sie. Es kommt mir so vor, als würde sie nicht mehr existieren. Vielleicht nütze ich sie aus, doch ich habe keine Lust, alleine zu sein, wenn Cheryl keine Zeit für mich hat. Sie ist einfach ein Lückenbüßer.« Gleichzeitig dachte er jedoch ständig über Cheryl nach. »Immer, wenn ich nicht mit meiner Arbeit beschäftigt bin«, so sagte er mir, »muß ich an Cheryl denken!«

Warum war John nun Patricias Charme gegenüber so immun und so übereifrig, galt es, Cheryls Fehler zu leugnen? Es überrascht uns nicht, daß Johns Mutter, eine sehr kritische, distanzierte Frau war, fast wie Cheryl. Oft trat ein besorgter Ausdruck in das Gesicht seiner Mutter und sie schien ihn nicht mehr wahrzunehmen. John wußte einfach nie, was in ihr vorging. Wie alle Kinder, so interessierte auch er sich nur wenig dafür, wie seine Mutter dachte oder fühlte. Er registrierte nur, daß sie für ihn nicht jederzeit greifbar war, was ihn ängstlich werden ließ. Erkannte er diesen abwesenden Gesichtsausdruck bei ihr, wurde er zornig und schlug sie sogar manchmal. Doch sie stieß ihn einfach zurück und schickte ihn auf sein Zimmer. Wurde er besonders wütend, schlug sie ihn und sprach über mehrere Stunden kein Wort mehr mit ihm.

Schließlich lernte John, stumm zu leiden. Er kann sich noch sehr gut an den Tag erinnern, als er diese neue Verhaltensweise ausprobierte. Seine Mutter hatte ihn gerade angeschrien und mit einer Haarbürste geschlagen. Er erinnert sich nicht mehr genau, was sie so wütend werden ließ. Allerdings blieb ihm bewußt, daß er ungerecht behandelt worden war. Schluchzend zog er sich in sein Zimmer zurück, wo er sich in seinen Schrank stellte. Er zog die Schranktür zu, auf deren Innenseite ein Spiegel angebracht war. Er knipste das Licht an und betrachtete sein tränenüberströmtes Gesicht. »Niemand kümmert sich darum, wenn ich hier oben weine«, sagte er zu sich selbst, »was hilft es mir also?« Nach einer Weile versiegten seine Tränen, und er trocknete sein Gesicht. An diesem Tag hatte er gelernt, seine Wut und seine Traurigkeit hinter einer undurchdringlichen, ständig gleichbleibenden Maske zu verbergen.

Sind uns diese Kindheitserinnerungen bekannt, wird auch seine merkwürdige Abhängigkeit von Cheryl verständlich. Stieß sie ihn zurück, um sich mit anderen Männern zu treffen, oder bat ihn, sie in den nächsten Tagen nicht anzurufen, empfand er wieder das gleiche, primitive Verlangen nach Nähe, das er seiner Mutter gegenüber erfahren hatte. Tatsächlich ähnelten sich die beiden Frauen auf einer unbewußten Ebene derartig, daß er nicht zwischen ihnen unterscheiden konnte. Cheryls Kälte aktivierte in ihm die gleiche, intensive Sehnsucht, wie er sie seiner Mutter gegenüber kannte. Für sein Altes Gehirn war Cheryl seine Mutter, und seine

Anstrengungen, sie zu gewinnen, sind die Erwachsenen-Reaktionen des früheren Schreiens und Tobens, die er in seiner Kindheit eingesetzt hatte, um die Aufmerksamkeit seiner Mutter auf sich zu lenken. Der psychologische Ausdruck für diese Art von Fehlwahrnehmung einer Identität lautet »Transferenz«, d. h., die Eigenschaften einer bestimmten Person werden einer anderen übergestülpt. Sehr leicht verstricken sich Menschen in diesem Prozeß, wenn sie die Charaktermerkmale ihrer Eltern in ihre Partner hineindenken, da sie unbewußt Partner ausgewählt haben, die diesen Eltern ähnlich sind. Jetzt müssen nur noch diese Gemeinsamkeiten besonders herausgestrichen werden, die Differenzen dagegen möglichst eingeebnet.

John wurde jedoch noch aus anderen Gründen so stark von Cheryl angezogen. Besonders gut gefielen ihm ihre künstlerischen Ambitionen. Während er sich für einen eher langweiligen Geschäftsmann hielt - so seine eigene Formulierung -, eröffnete ihr gutes ästhetisches Gespür eine ganz neue Welt für ihn. »Wir fahren zum Beispiel gemeinsam im Auto, und mein Kopf ist voller geschäftlicher Dinge, doch plötzlich gelingt es Cheryl, meine Aufmerksamkeit auf ein interessantes Gebäude oder einen wunderschönen Baum zu lenken, der plötzlich auch für mich sichtbar wird. Alleine wäre ich daran vorbeigefahren, hätte sie mich nicht darauf aufmerksam gemacht. Bin ich alleine, erscheint mir meine Welt grau und eintönig.«

Noch andere Dinge zogen ihn zu Cheryl hin - obwohl er es selbst heftig ableugnen würde. Ihre giftigen, überkritischen Bemerkungen fand er irgendwie attraktiv. Diese eher dunkle Seite ihrer Persönlichkeit sprach ihn aus zwei Gründen an. Einmal, wie wir weiter oben gesehen haben, erinnerte ihn diese Eigenschaft an seine Mutter. Zum zweiten, noch viel wichtiger, konnte er durch die Wut, die Cheryl immer recht freimütig äußerte, in Kontakt mit seinen eigenen, negativen Gefühlen kommen. Denn innerlich fühlte er sich mindestens ebenso wütend wie Cheryl, nur hatte er es gelernt, seine Feindseligkeit hinter einer verständnisvollen, sozial akzeptierten Maske stetiger Freundlichkeit zu verstecken. Während seiner Kindheit hatte sich diese Einrichtung als überlebensnotwendiger Schutz erwiesen, da er so den Launen seiner Mutter nicht direkt ausgesetzt war. Doch als Erwachsener blieb er durch diese Verdrängungen von der anderen Hälfte seines Wesens abgeschnitten. Da er seine starken Gefühle nicht mehr spürte und er sie noch weniger ausdrücken konnte, fühlte er sich innerlich eigentlich immer leer. Nur im Zusammensein mit Cheryl empfand er die so sehr entbehrte, emotionale Katharsis. Dazu brauchte er nicht einmal selbst wütend zu werden - was sein Über-Ich ja bisher erfolgreich verhindert hatte, die Instanz, die die Verbote seiner Mutter weiterhin verteidigte. Im Zusammensein mit Cheryl konnte er die Illusion leben, wieder eine ganze Person geworden zu sein.

Heimkino

»Projektion« bezeichnet den Vorgang, mit dem John ihm selbst unbewußte Anteile - hier seine Wut - auf seine Geliebte überträgt. Er »projiziert« offensichtlich seinen unterdrückten Zorn auf Cheryl. Wie John, so projizieren auch wir ständig Teile unseres verdrängten oder Verlorenen Ichs und senden sie wie ein Bild auf eine andere Person. Wir projizieren ständig, nicht nur in unseren engsten Liebesbeziehungen. Ich erinnere mich an eine Zeit, wo ich ein Büro mit einem anderen Psychiater teilte. Wir hatten noch einen Büroraum übrig, für den wir einen Mieter suchten. James' Freund, der gerade sein Examen bestanden hatte, interessierte sich dafür. Ich sollte ihn kennenlernen, um mir ein Bild machen zu können. Ich erklärte mich einverstanden, und James bemühte sich um ein gemeinsames Treffen.

Einige Tage später öffnete ich meine Bürotür und sah einen Mann die Halle betreten. Er hatte mir zwar nur den Rücken zugewandt, doch irgendwie fand ich ihn sofort merkwürdig. Er schwang seine Hüften auf eine so unangenehme Art, als würde ihm die ganze Welt gehören. Gleichzeitig schlenderte er mehr, als daß er ging. »Das ist wohl der arroganteste Mensch der Welt«, sagte ich zu mir, »wahrscheinlich einer von James' Klienten.«

Ich ging in mein Zimmer zurück und vergaß den Zwischenfall. Etwas später klopfte es an meine Tür. James trat zusammen mit eben diesem Mann in mein Büro. »Harville«, meinte er, »das ist Robert Jenkins, mein Studienfreund, der sich für unser Büro interessiert. Ich dachte, ihr beide würdet heute vielleicht gerne zusammen essen gehen.«

Ich betrachtete Robert und sah ein lächelndes, angenehmes Gesicht vor mir. Sein Bart war wohlgepflegt, und durch die Hornbrille blickten große, braune Augen. »Hallo, Harville, ich habe schon so viel von Ihnen gehört. Ich weiß, daß Sie sich mit interessanten Dingen beschäftigen! Ich würde mich gerne einmal mit Ihnen unterhalten!«

»So eine nette, bescheidene Art«, dachte ich bei mir. »Ist es möglich, daß dies derselbe Mann ist, den ich für so arrogant gehalten habe?« Robert und ich gingen zusammen zum Essen und unterhielten uns sehr angeregt. Später sagte ich zu James, ich hielte ihn für einen sehr geeigneten Partner für unsere Bürogemeinschaft. Schließlich wurde Robert sogar ein guter Freund und geschätzter Kollege. Wenn er auch Momente hatte, in denen er etwas auf dem hohen Roß saß - wie es mir und allen, die ich kenne, auch hin und wieder unterläuft -, war doch der negative Eindruck, den ich bei unserem ersten Zusammentreffen hatte, wohl eher ein eigener Persönlichkeitsanteil. Ich hatte den Anteil von mir wahrgenommen, der »arrogant« ist - der natürlich überhaupt nicht in mein Selbstbild vom sensiblen, fürsorglichen Therapeuten paßt, und diesen einfach auf Robert projiziert.

Verliebte Menschen neigen dazu, Projektionen fast in einem Übermaß zu verwenden. Manche Menschen scheinen ihre gesamte Ehe als eine Art Heimkino zu verleben, da sie wie Fremde in einem verdunkelten Filmtheater sitzen, während sie einander mit flimmernden Bildern bewerfen. Sie nehmen sich nicht einmal genug Zeit, ihre Projektoren so lange auszustellen, bis sie wirklich erkannt haben, wer ihnen eigentlich als Leinwand für ihr häusliches Filmtheater dient. So projizierte John seinen unterdrückten Ärger auf Cheryl. Zwar war sie wirklich ein eher zorniger Mensch, doch er sah in ihr eher einen Teil seiner selbst, und zwar gerade den Anteil, der »ego-inkompatibel« war, d. h. nicht vereinbar mit seinem Selbstbild.

Verliebtheit - Ein Definitionsversuch

Wollen wir den Versuch unternehmen, Johns Liebe zu Cheryl in trockene, psychologische Terminologie zu übertragen, könnte sie als Mischung von Verleugnung, Transferenz und Projektion beschrieben werden. John war in Cheryl verliebt, weil:

1. Er hatte die Gefühle, die er seiner Mutter gegenüber hatte, auf sie übertragen.
2. Er hatte seine versteckte Wut in ihre offensichtliche projiziert.
3. Er konnte die Schmerzen, die er durch sie erleiden mußte, verleugnen.

Er glaubte, Cheryl zu lieben, während er eigentlich das Bild liebte, das er selbst zuvor auf sie projiziert hatte. Cheryl war kein wirklicher, realer Mensch in seiner Wahrnehmung, mit eigenen Wünschen und Bedürfnissen. Sie sollte für ihn die Quelle zur Befriedigung ungestillter Kindheitsbedürfnisse werden. Eigentlich liebte er nur die Vorstellung, daß sie alle seine Wünsche erfüllen würde, und - wie Narziß - er liebte vor allem an ihr einen Teil seiner selbst.

Psyche und Eros

Die illusionäre Natur von Verliebtheit wird wunderschön beschrieben im Mythos von Psyche und Eros, der zuerst im zweiten Jahrhundert nach Christi aufgeschrieben wurde. Die Göttin Aphrodite war eifersüchtig auf eine junge Sterbliche mit Namen Psyche. Sie war neidisch, weil ihre Mitmenschen Psyche bewunderten und verehrten. In einem heftigen Eifersuchtsanfall bestimmte Aphrodite, man möge Psyche auf den Gipfel eines Berges bringen, wo sie die Braut eines furchtbaren Monsters werden sollte (in einigen Versionen dieses Mythos wird dieses Monster »Tod« genannt). Psyches Eltern und die Dorfbewohner begleiteten sie traurig auf den Berg, um sie dort ihrem Schicksal zu überlassen. Doch bevor das Ungeheuer sie ergreifen konnte, erbarmte sich der Westwind, nahm sie sanft mit sich, um sie zu Aphrodites Sohn, Eros, zu bringen, dem Gott der Liebe.

Sofort verliebten sich Psyche und Eros ineinander, doch Eros wollte nicht, daß Psyche wüßte, daß er ein Gott sei. Er besuchte sie deshalb nur bei Dunkelheit. Am Anfang stimmte Psyche dieser befremdlichen Bedingung bei, froh, in dieser angenehmen Umgebung leben zu können, in einem wunderschönen Palast, umgeben von prächtigen Gärten. Doch eines Tages bekam sie Besuch von ihrer Schwester, die ihr neugierige Fragen über Eros stellte. Als Psyche diese Fragen nicht beantworten konnte, schürte sie in ihr den Verdacht, Eros sei in Wirklichkeit eine widerliche Schlange, die sie früher oder später verschlingen würde.

In dieser Nacht, als Eros wieder zu ihr kam, hatte Psyche eine Lampe und ein scharfes Messer unter ihrem Bett versteckt. Sollte ihr Liebhaber wirklich so ein abscheuliches Ungeheuer sein, wollte sie ihm den Kopf abschlagen. Sie wartete, bis er eingeschlafen war, um dann leise die Lampe anzuzünden. Doch als sie sich über ihn beugte, um ihn genauer betrachten zu können, verschüttete sie einen Tropfen Öl, direkt auf seine Schulter. Eros erwachte und floh schnell aus dem Fenster und, nachdem er die Lampe und das Messer erblickt hatte, verfluchte er Psyche und wollte sie für immer verlassen. Psyche lief hinter ihm her, rief laut seinen Namen, doch sie konnte nicht mit ihm Schritt halten, stolperte und fiel auf den Boden. Plötzlich verschwanden der wunderbare Palast, die herrlichen Gärten, und sie fand sich wieder an den Felsen gekettet, in einer einsamen, unwirtlichen Landschaft.

Wie bei allen Märchen steckt auch in diesem ein wahrer Kern. Verliebtheit lebt in der Tat von Ignoranz und Phantasien, denn so lange, wie die Liebenden sich idealisieren, leben sie im Garten Eden. Doch der Mythos enthält ebenso ein Stück Fiktion. Als Psyche die Lampe angezündet hatte und Eros zum ersten Mal ansah, entdeckte sie, daß er ein beeindruckender Gott war, mit großen, goldenen Schwingen. Zünden Sie und ich unsere Lampen an, um einen ersten, kritischen Blick auf unsere Liebhaber zu werfen, entdecken wir im Gegenteil, daß sie überhaupt keine Götter sind, sondern - wie wir selbst auch - Menschen mit ihren Fehlern und Schwächen, voller Mängel und Defizite, kurz, gerade mit den negativen Eigenschaften behaftet, die wir uns so beständig zu sehen weigerten.

Kapitel 5
Der Machtkampf

Ich kann weder mit dir
noch ohne dich leben.
Ovid

Wo endet die Liebe und wann beginnt der Machtkampf? Wie bei allen anderen Versuchen, menschliches Verhalten beschreiben zu wollen, ist auch hier keine eindeutige Abgrenzung möglich. Doch für die meisten Menschen ändert sich die Qualität ihrer Beziehung von dem Moment an, wenn sie sich eindeutig auf diese Bindung einlassen. Sobald sie sich sagen: »Wir sollten heiraten!« Oder: »Warum verloben wir uns nicht?« Oder: »Haben wir auch noch andere Beziehungen, so ist diese doch die wichtigste!« Die angenehme Phase, in der man sich gegenseitig den Hof macht, ist damit beendet. Jetzt begnügen sich die Liebenden nicht nur mehr damit, daß ihre Wünsche angehört werden - dies nährte ja die Illusionen der Anfangseuphorie -, sie sollen vielmehr realisiert werden. Ihr Partner muß nun nicht nur liebevoll, klug, attraktiv oder humorvoll sein, sondern alle Erwartungen, die in ihn gesetzt werden, erfüllen. Manche dieser Erwartungen sind bewußt, die meisten bleiben jedoch unbewußt.

Wie sehen diese Erwartungen nun aus? Sobald sie miteinander leben, erwarten Menschen von ihren Partnern, daß diese ein sehr spezielles, doch leider nur selten präzise beschriebenes Verhalten an den Tag legen. Vielleicht erwartet etwa der Ehemann, daß seine Frau die Hausarbeit übernehmen wird, das Essen kocht, einkauft, die Wäsche wäscht, Einladungen arrangiert und die Familienkrankenschwester spielt und daß sie kleinere Anschaffungen selbständig erledigt. Zu diesen traditionellen Aufgaben fügt er in seiner Vorstellung noch eine lange Liste ganz spezifischer Dinge hinzu, wie er sie aus seiner eigenen Familie kennt. Sonntags möchte er zum Beispiel, daß seine Frau ein besonderes Frühstück zubereitet, während er die Sonntagszeitung liest, um dann mit ihr gemeinsam einen Spaziergang im Stadtpark zu unternehmen. So verbrachten seine Eltern die Sonntage, und der Tag würde irgendwie »nicht stimmen«, würde diese Routine verändert.

Doch ebenso wie ihr Mann hat auch die Ehefrau für sich eine lange, vielleicht sogar entgegengesetzte Liste mit ihren Erwartungen zusammengestellt. Zuerst einmal geht sie davon aus, daß ihr Mann für alle »männlichen« Aufgaben zuständig ist wie die Pflege des Autos, das Bezahlen der Rechnungen, die Steuererklärung, Rasenmähen und die kleineren und größeren Reparaturen im Haus. Vielleicht wünscht sie sich darüber hinaus, daß auch er Einkäufe erledigt, kocht und wäscht. Gleichzeitig hat auch sie noch Erwartungen, die sie aus ihrem Elternhaus mitgebracht hat.

Ihr Wunschsonntag zum Beispiel sieht so aus, daß man zuerst gemeinsam in die Kirche geht, anschließend einen Brunch in einem Restaurant einnimmt, um am Nachmittag Verwandte zu besuchen. Da beide vor der Eheschließung nicht über ihre Erwartungen gesprochen haben, können sich später sehr leicht Spannungen aus diesen unterschiedlichen Erwartungshaltungen entwickeln.

Doch noch viel problematischer als die bewußten oder halbbewußten Erwartungen wirken sich die unbewußten aus, die sie mit in ihre Ehe bringen. Die Grunderwartung besteht in der Regel darin, daß ihr Partner, den sie aus so vielen möglichen Kandidaten herausgesucht haben, sie so liebt, wie ihre Eltern es nie taten. Ihr Partner wird nun alle ihre Wünsche erfüllen - nicht eingelöste Kindheitswünsche wird er endlich befriedigen und gleichzeitig Ersatz für ihr Verlorenes Ich sein, er wird sie beständig und liebevoll umsorgen, vor allem jedoch immer verfügbar sein, sollten sie ihn benötigen. Diese Erwartungen bestanden auch schon in der Phase der Verliebtheit, doch der Wunsch, etwas für den anderen zu tun, tritt immer mehr in den Hintergrund. Menschen verheiraten sich nicht, um für einen anderen Menschen zu sorgen, sondern sie verheiraten sich, weil sie selbst wachsen und sich emotional weiterentwickeln möchten. Erscheint eine Beziehung zuerst einmal sicher, wird eine Art Schalter im Gehirn umgelegt, der plötzlich alle latenten Kindheitswünsche aktiviert. Es sieht so aus, als ob plötzlich ein tief verletztes Kind die Steuerung übernimmt. Es könnte zu sich etwa folgenden Satz sagen: »Jetzt war ich so lange brav, so daß diese Person jetzt noch eine ganze Weile bei mir bleiben wird. Mal sehen, welche Belohnung ich dafür bekomme.« Ehemänner und -frauen treten einen großen Schritt zurück und warten auf die Dividenden des Zusammenlebens, die jetzt aber bitte ausgezahlt werden sollten.

Der Wechsel geschieht manchmal graduell, manchmal auch abrupt, doch plötzlich erwachen beide Partner, nur um festzustellen, daß sie in eine kältere und unwirtlichere Klimazone eingezogen sind. Die liebevollen Umarmungen werden spärlicher, die Mitteilungen kürzer und nüchterner, es gibt weniger Sex. Die Partner suchen nicht mehr nach Ausreden, um immer mit dem anderen zusammen sein zu können, sondern verbringen mehr und mehr Zeit mit Lesen, vor dem Fernseher, bei Freunden oder einfach mit Tagträumen.

Warum hast du dich verändert?

Diese plötzliche Rationierung in der Liebe ist zum Teil das Ergebnis einer irritierenden und ärgerlichen Entdeckung, die die Paare jetzt machen. An einem bestimmten Punkt wird plötzlich deutlich, daß gerade die Charaktereigenschaft, die zuerst so attraktiv erschien, so besonders unangenehm auffällt. Ein Mann etwa beginnt sich an der eher konservativen Natur seiner Frau - ursprünglich für ihn besonders attraktiv - zu stören. Seine Frau erscheint ihm plötzlich zu gesetzt und vor allem zu prüde. Eine Frau entdeckt, daß die Tendenz ihres Mannes, eher ruhig und besonnen zu reagieren - gerade der Charakterzug, den sie ursprünglich als Indiz für seine vergeistigte Natur angesehen hatte -, den Effekt auf sie hat, daß sie sich zunehmend einsam und isoliert in ihrer Ehe fühlt. Ein Ehemann ärgert sich mehr und mehr über die impulsive, extrovertierte Art seiner Ehefrau - ursprünglich so »erfrischend« -, die ihn jedoch im Dauerbetrieb regelrecht überfordert.

Woher kommen nun diese erstaunlichen Entdeckungen? Wie Sie sich erinnern werden, suchen wir in unserem Bemühen, spirituell wieder zu vollständigen Wesen zu werden, Ehepartner, die für die Anteile stehen, von denen wir seit unserer Kindheit abgeschnitten sind. Wir suchen jemanden, der unseren Mangel an Kreativität oder unsere vermeintliche Unfähigkeit zu denken oder zu fühlen kompensiert. Durch die Vereinigung mit unserem Partner kommen wir jedoch plötzlich wieder in Kontakt mit unseren verdrängten Ich-Anteilen. Zuerst schien dieses Arrangement auch zu funktionieren. Doch im Verlauf der Zeit berührten gerade die Charakterzüge unserer Partner, die zu unseren verdrängten Anteilen komplementär waren, unsere Gefühle und Eigenschaften, die wir uns selbst verboten hatten.

Um diesen Zusammenhang einmal an einem Beispiel zu erläutern, wollen wir hier mit der Geschichte von John und Cheryl fortfahren. John war der tüchtige Geschäftsmann, der sich zwar immer wieder mit Patricia verabredete, doch eigentlich unbedingt mit Cheryl zusammenleben wollte. Eines Tages kam er in einer sehr gelösten Stimmung in die Therapiestunde. Dieses Mal erzählte er nicht zuerst fünfzehn Minuten von seinen geschäftlichen Erfolgen, sondern berichtete mir sogleich seine guten Neuigkeiten. Cheryl hatte in einem seltenen Moment von Verständnisbereitschaft eingewilligt, für eine Probezeit von sechs Monaten mit ihm zusammenzuziehen. Er fühlte sich sehr glücklich, ja, am Ende seiner Wünsche.

Johns Euphorie hielt einige Monate an, während derer er beschloß, die Therapie abzubrechen. (Wie bei den meisten meiner Klienten verlor er das Interesse an der therapeutischen Auseinandersetzung mit sich selbst, solange er sich glücklich fühlte.) Doch eines Tages rief er mich an und bat um einen Termin. Er berichtete mir in der Sitzung, daß er Schwierigkeiten mit Cheryl hatte. Langsam aber sicher ging ihm Cheryls emotionale Natur auf die Nerven. Zwar gelang es ihm noch, ihre »emotionalen Exzesse« zu tolerieren (so seine Worte), doch nur, wenn sie sich gegen andere Personen richteten - wenn sie zum Beispiel mit dem Verkäufer in einem Geschäft herumzankte oder sich lebhaft mit einer Freundin unterhielt. Doch waren diese hochelektrischen Emotionen auf ihn direkt gerichtet, überfielen ihn Flucht- und Panikgedanken. »Ich habe das Gefühl, mein Gehirn erleidet eine Art Kurzschluß«, beschrieb er mir diesen emotionalen Zustand.

Der eigentliche Grund, warum John in Cheryls Gegenwart so ängstlich reagierte, lag jedoch darin, daß so seine lange unterdrückten Gefühle wiederbelebt wurden, in erster Linie seine verdrängte Wut. Zuerst hatte das Zusammensein mit ihr ihm die angenehme Illusion verschafft, er sei wieder in Kontakt mit diesen Gefühlen gekommen. Doch nach einer gewissen Zeit stimulierte ihre frei zutage liegende Emotionalität seine eigenen Gefühle in einem solchen Ausmaß, daß sie an die Oberfläche zu gelangen drohten. Sein Über-Ich, der Teil seiner Psyche, der die Instruktionen seiner Mutter gegenüber Wut gespeichert hatte, sandte ihm Warnsignale, um diese Verdrängung aufrechtzuerhalten. John versuchte nun, seine eigene Furcht zu unterdrücken, indem er Cheryls Persönlichkeit zu dämpfen versuchte. »Um Gottes willen, Cheryl! Sei bitte nicht so emotional! Du benimmst dich unmöglich!« Oder: »Beruhige dich doch, dann kannst du mit mir sprechen! Ich verstehe kein Wort von dem, was du mir erzählst!« Gerade die Charaktereigenschaft, die er ursprünglich so besonders hinreißend an ihr fand, wird nun von seinem Alten Gehirn als Gefahr ausgemacht.

Vielleicht haben auch Sie ähnliche Erfahrungen in Ihrer Ehe gemacht. Vielleicht wünschen sie manches Mal, Ihr Partner wäre weniger sexy oder nicht ganz so humorvoll, nicht so erfindungsreich - irgendwie weniger ganz -, da genau diese Eigenschaften bei Ihnen unterdrückte Gefühle wiederbelebten und Ihr verstecktes Ich unplanmäßig auftauchen wollte.

Versuchte es dies, traf es sofort auf die innere Polizei, die diese Teile von Anfang an unter Kontrolle hielt, und Sie erlebten ein Gefühl der Angst. Diese Empfindung erlebten Sie als derartig unangenehm, daß Sie möglicherweise versucht waren, Ihren Partner auf die gleiche Art zu unterdrücken, wie Ihre Eltern Sie unterdrückt haben. Um Ihre eigene Existenz zu schützen, versuchten Sie, die Wirklichkeit Ihres Partners zu beschränken. Ihr wachsendes Mißvergnügen mit den komplementären Charaktereigenschaften Ihres ausgewählten Partners zeigt nur einen kleinen Ausschnitt aus dem insgesamt aufziehenden Sturm. Die negativen Eigenschaften Ihres Partners, die Sie während der ersten Phase Ihrer Liebesbeziehung so vehement verleugneten, traten plötzlich voll in den Fokus Ihrer Aufmerksamkeit. Seine eher chronische Depressivität oder sein Alkoholproblem, sein Geiz oder mangelndes Verantwortungsgefühl standen plötzlich überdeutlich vor Ihnen. Sie erlebten das unangenehme Gefühl, daß nicht nur Ihre Wünsche und Bedürfnisse nicht erfüllt würden, sondern daß Ihr Partner Sie auf die gleiche Art und Weise verletzen würde, wie es schon Ihre Eltern taten.

Schmerzliche Erkenntnisse

Mir selbst wurde diese schmerzliche Erkenntnis sehr früh in meiner ersten Ehe - eigentlich schon am zweiten Tag unserer Flitterwochen - bewußt. Meine Frau und ich verbrachten eine Woche auf einer Insel in Süd-Georgia. Ich stocherte im Treibholz herum, und meine Frau lief dicht an der Flutkante entlang, etwa hundert Meter vor mir. Sie hielt ihren Kopf gesenkt, völlig von ihrer Muschelsuche absorbiert. Ich blickte gerade auf und sah ihre Silhouette gegen die aufgehende Sonne. Bis auf den heutigen Tag kann ich mich genau daran erinnern, wie sie damals ausgesehen hat. Sie trug schwarze Shorts und ein rotes Oberteil. Ihr schulterlanges blondes Haar flatterte im Wind. Während ich sie anstarrte, bemerkte ich plötzlich, wie sehr ihre Schultern herunterhingen. Plötzlich überflutete mich ein Gefühl starker Bedrohung. Gleichzeitig wußte ich, ich hatte den falschen Menschen geheiratet. Es war ein sehr starkes Gefühl - ich mußte mich sehr zusammennehmen, um nicht zum Wagen zu laufen und abzureisen. Während ich dort am Strand wie gelähmt stand, drehte sich meine Frau plötzlich um, lächelte mich an und kam auf mich zu. Ich meinte aus einem Alptraum zu erwachen. Schnell winkte ich zurück und lief auf sie zu.

Es war, als wäre für einen kurzen Augenblick ein Schleier gelüftet worden, nur um gleich wieder hinabzusinken. Ich brauchte Jahre, um zu verstehen, was eigentlich geschehen war. Schließlich gelang es mir eines Tages während einer Therapiesitzung, die richtige Verbindung herzustellen. Mein Therapeut führte mich durch eine Regressionsübung, die mich zu meiner Kindheit zurückführen sollte. Mit seiner Hilfe konnte ich mich als kleines Kind auf dem Boden unserer Küche sehen, vielleicht ein oder zwei Jahre alt. Ich konnte meine Mutter sehen, die geschäftig am Herd hantierte, ihren Rücken mir zugewandt. Wahrscheinlich eine eher typische Szene, denn ich war ihr neuntes Kind und sie verbrachte sicher jeden Tag mehr als vier oder fünf Stunden mit Kochen oder Putzen in der Küche. Ich sah ihren Rücken sehr deutlich. Sie stand am Herd, trug ein bedrucktes Kleid und hatte sich ihre Schürzenträger um die Taille geknotet. Sie wirkte müde und deprimiert, und ihre Schultern hingen herab. Als Erwachsener, der zurückblickt, wurde mir bewußt, daß sie für mich einfach keine Energien mehr übrig hatte - weder physische noch psychische. Mein Vater war einige Monate vor dieser Szene an einer Kopfverletzung gestorben, und sie war mit ihrer Trauer allein, besaß nur wenig Geld für ein ganzes Haus voller Kinder, die sie versorgen mußte. Ich fühlte mich wie ein ungeliebtes Kind. Nicht weil meine Mutter mich nicht liebte - sie war eigentlich eine warme, liebevolle Frau -, sondern weil sie körperlich und seelisch so ausgelaugt war. Sie war so in ihre eigenen Sorgen eingesponnen, daß sie mich nur noch mechanisch versorgen konnte.

Diese Entdeckung war neu für mich. Bis zu diesem Punkt in meiner Therapie hatte ich meine Ängste der Tatsache zugeschrieben, daß meine beiden Eltern gestorben waren, als ich sechs Jahre alt war. Doch hier, während dieser Erinnerungsübung, erfuhr ich, daß meine Ängste schon sehr viel früher begonnen hatten. In meiner Regressionserinnerung rief ich meine Mutter, doch sie antwortete nicht. Ich saß im Büro des Psychoanalytikers und weinte in tiefem Schmerz. Plötzlich wurde mir noch ein weiterer Zusammenhang bewußt. Ich verstand, was mit mir in meinen Flitterwochen, dort am Strand, geschehen war. Als ich meine Frau, so weit von mir entfernt, so versunken in ihre eigenen Gedanken gesehen hatte, mit den gleichen hängenden Schultern, erlebte ich plötzlich meine Ehe als ein neues Zusammenleben mit meiner depressiven Mutter. Damals war diese Erkenntnis viel zuviel für mich, so hatte ich den Vorhang schnell wieder herabgezogen.

An irgendeinem Punkt in ihrer Ehe entdecken die meisten Menschen, daß etwas an ihren Partnern starke Erinnerungen an die Schmerzen ihrer Kindheit wiederbelebt. Eine Frau, deren Eltern sie zum Beispiel mißhandelten, entdeckt vielleicht plötzlich gewalttätige Züge an ihrem Ehemann. Ein Mann, dessen Eltern Alkoholprobleme hatten, findet sich plötzlich mit einer latenten Alkoholikerin oder Drogensüchtigen verheiratet. Eine Frau, die in einer ödipalen Beziehung zu ihren Eltern aufwuchs, entdeckt, daß ihr Ehemann eine heimliche Affäre hat.

Doch eigentlich sind diese Ähnlichkeiten zwischen Eltern und den Partnern subtiler. Bernard und Kathryn waren achtundzwanzig Jahre verheiratet, als sie zu mir in die Beratung kamen. Bernard war Geschäftsführer in einem öffentlichen Unternehmen, Kathryn zurück an die Universität gegangen, um eine Ausbildung als Sozialarbeiterin abzuschließen. Sie hatten drei gemeinsame Kinder und ein Enkelkind.

Eines Abends, bei ihrer wöchentlichen Therapiestunde, sahen sie sehr deprimiert und irgendwie besonders niedergedrückt aus. Ich erriet sofort, daß sie sich wieder gestritten hatten, eine ihrer »Schlüsselszenen«, die sie seit etwa zwanzig Jahren wieder und wieder durchlebten, in unzähligen subtilen Variationen. Die meisten Paare erleben diese Schlüsselszenen, einen Streit, den sie so routiniert ausfechten, daß sie ihre jeweiligen Rollen schon auswendig können.

Sie berichteten mir, dieses Mal hätten sie sich gestritten, während sie das Haus für eine Weihnachtsfeier schmückten. Bernard war auf seine charakteristische Art sehr ruhig geblieben, versunken in seine eigenen Gedanken, und Kathryn hatte Befehle ausgegeben. Ihre drei Kinder, zusammen mit deren Familien, sollten die Weihnachtsfeiertage bei ihnen verbringen, und sie wollte alles so perfekt wie nur möglich vorbereiten. Bernard erfüllte pflichtschuldig jede Aufgabe, die sie ihm zugedacht hatte, und er hing dabei weiter still seinen Gedanken nach. Nach etwa einer Stunde konnte Kathryn sein Schweigen nicht mehr ertragen und versuchte, ihn in ein Gespräch über die Kinder zu verwickeln. Er steuerte nur wenige Sätze zu der Unterhaltung bei. Sie wurde immer ärgerlicher auf ihn. Schließlich zischte sie ihn an, er möge doch die Weihnachtsbeleuchtung anders am Baum befestigen. »Warum paßt du nicht auf, was du machst? Ich könnte genausogut alles alleine erledigen!« Bernard ließ ihre Tirade über sich ergehen, drehte sich schließlich ruhig um und verließ das Haus durch die Hintertür.

Kathryn lief zum Küchenfenster. Während sie beobachtete, wie sich die Garagentür hinter Bernard schloß, empfand sie zwei ursprüngliche Gefühle: Furcht und Wut. Die Wut war stärker. Dieses Mal würde sie es nicht zulassen, daß er sich ihr entziehen konnte. Sie lief hinter ihm her und riß die Garagentür auf. »Um Gottes willen, warum hilfst du mir nicht? Immer verschließt du dich in deiner Garage! Niemals hilfst du mir, wenn ich dich brauche! Was ist nur mit dir los?«

Für einen Therapeuten zeigen die Worte »immer« und »niemals«, die Kathryn hier gebraucht, deutlich an, daß sie sich in einem Stadium der Regression befindet. Kleine Kinder haben oft diese Schwierigkeit, zwischen der Vergangenheit und der Gegenwart unterscheiden zu können. Was jetzt geschieht, war immer schon so und wird auch immer so bleiben.

Doch Bernard war kein Therapeut. Er war ihr belagerter Ehemann, der gerade einem wilden Sturm der Kritik entflohen war, in der Hoffnung, endlich Ruhe und Frieden zu finden. Er antwortete auf ihre Attacke, gesteuert von seinem Alten Gehirn - ihr Angriff war ja in Wirklichkeit ohnehin nicht mehr als die erwachsene Version des kindlichen Schreiens -, und eröffnete den Gegenangriff. »Vielleicht würde ich dir mehr helfen, wenn du nicht so zickig wärest!« gab er ihr zurück. »Immer bedrängst du mich! Kann ich nicht auch einmal fünf Minuten für mich alleine sein?« Er kochte inzwischen vor Wut, und nun brach Kathryn in Tränen aus.

Als Außenseiter fiel es mir leicht, die Schritt-für-Schritt Eskalation ihres Verhaltens zu verstehen. Der Auslöser für ihren regelmäßigen Streit war immer, daß Bernard so introvertiert war. Um überhaupt eine Reaktion von ihm zu bekommen, begann Kathryn an ihm herumzumäkeln, bis er schließlich zurückschlug. Er ging zuerst regelmäßig in ein anderes Zimmer, um dort Ruhe und Frieden zu finden. Doch das brachte Kathryn erst recht in Rage, sie explodierte regelrecht vor Wut, worauf Bernard ihr ebenso wütend antwortete. Schließlich brach sie immer in Tränen aus.

Als sie diese letzte Episode erzählt hatten, fragte ich Kathryn nach ihren genauen Gefühlen, während sie diese Situation durchlebte. Sie saß einen Augenblick lang still, um sich an ihre Empfindungen zu erinnern. Dann sah sie mich mit einem verwirrten Blick in ihren Augen an und sagte: »Ich fürchte mich. Es ängstigt mich, daß er nicht mit mir sprechen will.« Zum ersten Mal wurde ihr bewußt, daß sie eigentlich Angst vor seiner Schweigsamkeit hatte.

»Wovor haben Sie sich geängstigt?« fragte ich sie.

Sie antwortete schnell. »Ich hatte Angst, er würde mich verletzen.«

Bernard betrachtete sie mit aufgerissenen Augen. Ich sagte: »Nun wollen wir sehen, was Sie empfanden. Wollten Sie Kathryn wirklich verletzen, Bernard?«

»Sie verletzen? Ich habe sie nie in meinem Leben angerührt. Ich hing nur meinen eigenen Gedanken nach, überlegte, daß wir vielleicht ein neues Dach für unser Haus brauchten, da es im Frühjahr wahrscheinlich wieder durchregnen wird. Vielleicht dachte ich auch noch über meine Arbeit nach.«

»Wirklich?« fragte ihn Kathryn. »Du warst nicht wütend auf mich?«

»Nein! Natürlich habe ich mich geärgert, als du ständig an mir herumkritisiert hast, doch ich wollte nur den Raum verlassen. Ich stellte mir vor, wie angenehm es wäre, in Ruhe in der Garage zu arbeiten, ohne ständig mit Vorwürfen überschüttet zu werden.«

»Ich habe den Eindruck, daß du immer noch wütend auf mich bist und nur darauf wartest, mich zu beschimpfen.«

»Natürlich werde ich wütend, aber erst, wenn du schon zwei oder drei Stunden an mir herumkritisiert hast. Jeder würde wütend werden bei dieser Behandlung. Ursprünglich war ich überhaupt nicht ärgerlich auf dich.«

Ich hatte den gleichen Eindruck gewonnen. Bernard schien mir überhaupt nicht zur Gewalttätigkeit zu neigen.

»Kathryn«, sagte ich zu ihr, »ich möchte, daß Sie für einen Augenblick die Augen schließen und darüber nachdenken, was Sie so ängstigt, wenn Bernard Ihnen nicht immer antwortet.« Nach einer halben Minute antwortet sie: »Ich weiß es nicht. Ich glaube, es ist einfach die Stille.« Es fiel ihr sehr schwer, ihr eigenes Verhalten verstehen zu können.

»Überlegen Sie doch einmal genau. Was bedeutete Stille für Sie in Ihrer Kindheit? Schließen Sie bitte Ihre Augen wieder!«

Der Raum war sehr still. Plötzlich atmete Kathryn hörbar ein und öffnete ihre Augen. »Es ist mein Vater! Nie zuvor habe ich darüber nachgedacht. Er versank regelrecht in tiefe Depressionen und sprach wochenlang nicht mit uns. Immer, wenn er in dieser Stimmung war, wußte ich, daß ich ihn nicht stören durfte, denn beging ich auch nur den kleinsten Fehler, schlug er mich sofort. Beobachtete ich die ersten Anzeichen einer neuen Depression bei ihm, wurde ich sehr ängstlich. Ich wußte sofort, die nächste Zeit würde schrecklich werden.«

Kathryns Vater und ihr Ehemann weisen beide den gleichen Charakterzug auf - sie versinken in lange Perioden der Schweigsamkeit -, und ohne Zweifel hatte gerade diese Eigenschaft Kathryn ursprünglich so zu Bernard hingezogen. Sie hatte sich einen Partner ausgewählt, der ihrem Vater ähnelte, so daß sie ihr Kindheitstrauma, mißhandelt zu werden, heilen konnte. Sie hatte nicht einen Menschen geheiratet, der gesprächig, extrovertiert war, sondern sie wählte jemanden, der gerade die *negativen Eigenschaften* ihres Vaters aufwies, so daß sie ihren kindlichen Kampf nach ausreichend Aufmerksamkeit und Zuwendung fortsetzen konnte. Er war still, weil er einfach ein eher introvertierter Mensch war, jedoch weder depressiv noch leicht reizbar. Erst Kathryns ständige Nörgelei konnte ihn provozieren.

Bei vielen meiner Klienten ist mir dieses Phänomen aufgefallen. Sie reagieren auf ihre Partner, als wären diese Abziehbilder ihrer Eltern, selbst wenn gar nicht alle Persönlichkeitsmerkmale übereinstimmen. In ihrem fast zwanghaften Bemühen, ihre unerledigten Geschäfte abzuschließen, projizieren sie einfach die noch fehlenden, elterlichen Charaktermerkmale auf ihre gegenwärtigen Partner. Indem sie diesen so behandeln, als hätte er wirklich die ihm angesonnenen Eigenschaften, bringen sie erst die Reaktion hervor, die sie so fürchten. Einer meiner Kollegen formulierte diesen Zusammenhang so, daß die Menschen entweder Imago-Beziehungen auswählen, diese projizieren oder ganz einfach provozieren.

Heimkino, Teil II

Bis jetzt haben wir in diesem Kapitel über zwei Faktoren gesprochen, die den Machtkampf anheizen:

1. Unsere Partner ängstigen uns, da sie nicht zugelassene Anteile unseres Ichs berühren.
2. Unsere Partner haben, oder scheinen zu haben, die gleichen negativen Eigenschaften wie unsere Eltern, rühren daher an alte Wunden und beleben unsere alte Todesfurcht.

Es gibt aber noch einen dritten, abschließenden Aspekt des Machtkampfes, der unserer Aufmerksamkeit bedarf. Im vorhergehenden Kapitel sprach ich darüber, wie viele unserer angenehmsten Gefühle in der Liebesbeziehung daher rühren, daß wir einfach die positiven Anteile unserer Imagos auf unsere jeweiligen Partner projizieren. Mit anderen Worten stellt sich dieser Zusammenhang uns so dar: Wir sehen unsere Partner an, und gleichzeitig sehen wir in ihnen die guten Seiten unserer Mutter und unseres Vaters ebenso wie die gesamten guten, aber unterdrückten Anteile von uns selbst. Während des Machtkampfes lassen wir die Projektoren angeschaltet, nur ändern wir die Filmrolle und projizieren jetzt ausschließlich alle negativen Eigenschaften!

Im zweiten Kapitel habe ich diese negativen Eigenschaften als das Verleugnete Ich bezeichnet. Wie Sie sich vielleicht erinnern, sprach ich darüber, daß alle Menschen eine dunkle Seite ihres Wesens haben, die sie nicht wahrhaben möchten. In aller Regel handelt es sich dabei um ursprüngliche kreative Problemlösungsversuche mit dem Ziel, vor neuen Verletzungen zu schützen. Gleichzeitig übernehmen die Menschen auch viele negative Eigenschaften von ihren Eltern. Selbst wenn sie gerade diese Persönlichkeitsmerkmale ablehnen, so »introjizieren« sie diese doch in einem sogenannten »Identifikationsprozeß«. Der ständig kritisch bewertende Charakter eines Vaters oder die Tendenz der Mutter, sich klein zu machen, sind zum Beispiel solche Eigenschaften, die auf die Kinder übergehen. Doch je mehr Selbsterkenntnis die Kinder entwickeln, desto eher wird ihnen bewußt, daß sie gerade diese Eigenschaften ablehnen. Sie werden dann einfach abgeleugnet.

An dieser Stelle des Prozesses wird die Sache sehr interessant. Nicht nur, daß die Kinder diese Eigenschaften selbst aufweisen - wenngleich verleugnet und nur noch unbewußt -, sie suchen als Erwachsene in ihren potentiellen Partnern gerade diese Persönlichkeitsmerkmale, da sie zum wesentlichen Bestandteil ihrer Imago geworden sind. *Die Imago ist nicht nur das innere Bild des entgegengesetzten Geschlechts, sie ist gleichzeitig eine Beschreibung der eigenen, Verleugneten Ich-Anteile.*

Vielleicht kann Ihnen folgende Fallgeschichte das Verständnis dieses merkwürdigen und komplexen psychologischen Problems verdeutlichen. Ich arbeitete über viele Jahre hinweg mit einer jungen Frau namens Lillian zusammen. Lillians Eltern ließen sich scheiden, als sie neun Jahre alt war, und ihre Mutter erhielt das Sorgerecht für Lillian und ihre zwölf Jahre alte Schwester June. Ein Jahr nach der Scheidung heiratete die Mutter einen Mann, der sich mit June überhaupt nicht verstand. Der Stiefvater beschimpfte sie ständig, bestrafte auch die geringste Regelverletzung. Mehrere Male in der Woche brach seine Wut hervor, und er nahm June mit in sein Zimmer, um sie dort mit einem Gürtel zu schlagen. Lillian stand bei diesen Gelegenheiten vor der Tür, hörte den Schlägen zu und wurde vor Angst und Wut gleichermaßen geschüttelt. Sie verabscheute in diesen Momenten ihren Stiefvater aus ganzem Herzen. Doch kaum war sie alleine mit ihrer Schwester, behandelte sie sie mit der gleichen Verachtung. Sie benutzte sogar die gleichen verletzenden Beschimpfungen, die sie von ihrem Stiefvater gehört hatte.

Die Tatsache, daß sie selbst auch in der Lage war, ihre Schwester so zu verletzen, war dermaßen schmerzlich für Lillian, daß sie diese Vorfälle verdrängte. Erst nach einem Jahr in der Therapie konnte sie sich daran erinnern, und es dauerte noch länger, bis sie mir so vertraute, daß sie darüber sprechen konnte. Als sie mir davon erzählte, konnte ich ihr den Zusammenhang verständlich machen, der dazu führt, daß wir als Kinder die positiven und die negativen Eigenschaften unserer Eltern übernehmen. Ihr Stiefvater dominierte im Haushalt, und ihr Unbewußtes registrierte den Zusammenhang, daß derjenige, der am wütendsten war, gleichzeitig der Mächtigste war. Wut und Hohn mußten demnach wertvolle Überlebenstechniken sein. Nach und nach drängten sich diese Persönlichkeitsmerkmale in Lillians ursprünglich freundliches Wesen hinein.

Als sie nun größer wurde und heiratete, war es fast unvermeidlich, daß sie sich in einen Mann verlieben würde, der einige Eigenschaften ihres Stiefvaters aufwies, vor allem seine leicht erregbare Wut, da gerade dieser Anteil sie so bedroht hatte. Sie kam in die Therapie, weil ihr Ehemann sie mißhandelt hatte.

Nach zwei Jahren therapeutischer Arbeit konnte sie sehen, daß die Wut, die sie bei ihrem Stiefvater so verabscheuenswürdig gefunden hatte, einer der unbewußten Faktoren gewesen war, die sie so zu ihrem Mann hingezogen hatte und gleichzeitig - noch bedrohlicher - auch ein von ihr selbst bei sich nicht wahrgenommener Charakterzug. Diese spezielle Eigenschaft war also nicht nur eine Beschreibung ihres verleugneten Eigenanteils.

Eine ähnliche Tendenz sehe ich in fast jeder Liebesbeziehung. Die Menschen versuchen, sich ihrer negativen Eigenschaften zu entledigen, indem sie sie auf ihre Partner projizieren. Oder, anders ausgedrückt, sie sehen ihre Partner an und kritisieren an ihnen alle die Verhaltensweisen, die sie an sich selbst nicht wahrnehmen wollen. Die Methode, die eigenen, negativen Eigenschaften einfach dem Partner zuzuschreiben, ist scheinbar ein recht effizientes Verfahren, einen bei sich selbst nicht so erwünschten Anteil zu verschleiern.

Jetzt haben wir die drei Hauptursachen für den Konfliktstoff, der jeden Machtkampf bestimmt, gefunden. Während die Illusion der Verliebtheit langsam abnimmt, fangen Ehemann und -frau an:

1. beim jeweils anderen die unterdrückten Gefühle zu berühren.
2. sich gegenseitig wieder die alten Kindheitswunden zu öffnen.
3. die eigenen, negativen Eigenschaften auf den anderen zu projizieren.

Diese Interaktionen bleiben vollkommen unbewußt. Die Beteiligten wissen nur, daß sie sich irritiert, zornig, ängstlich, deprimiert und ungeliebt fühlen. Es erscheint nur natürlich, für dieses unangenehme Erleben den Partner verantwortlich zu machen. Sie haben sich ja schließlich nicht verändert - sie sind immer noch so, wie sie vorher waren! Ihre Partner haben sich plötzlich gewandelt.

Die Waffen der Liebe

In ihrer Verzweiflung setzen nun die in einen Machtkampf Involvierten bevorzugt negative Strategien und Taktiken ein, in der Absicht, ihre Partner zu einem liebevolleren Verhalten zu zwingen. Sie beginnen, ihre Liebe zu rationieren und gehen emotional auf Distanz. Sie werden leicht reizbar und überkritisch. Sie greifen an und überschütten den Partner mit Vorwürfen. »Warum hast du nicht ..?« - »Warum machst du immer ..?« - »Warum tust du nie ..?« Sie werfen diese verbalen Felsbrocken um sich in dem verzweifelten Bemühen, ihren Partner so zu bewegen, ihnen gegenüber liebe- und verständnisvoller zu reagieren - eben die positiven Züge zu zeigen, die sie in ihrer jeweiligen Imago gespeichert haben. Sie glauben, treffen sie ihren Partner nur gehörig, wird er wieder so liebevoll zu ihnen sein wie zuvor.

Was bringt Menschen nun dazu, zu glauben, ein anderer Mensch könnte gerade durch Verletzungen zu einem freundlichen Benehmen bewegt werden? Warum sprechen sie ihr Anliegen nicht klar und deutlich aus, fassen ihren Wunsch nach mehr Aufmerksamkeit oder Zuwendung einfach in Worte? Eines Tages stellte ich diese Frage einmal laut während eines Ehepaar-Workshops. Es sollte nicht eigentlich eine rhetorische Frage sein, ich wußte nur einfach die Antwort damals selbst nicht. Doch gerade vorher hatte ich über kleine Kinder gesprochen, die instinktiv auf unangenehme Erlebnisse mit lautem Schreien antworten. Plötzlich lag die Antwort vor mir. Wieder einmal war unser Altes Gehirn schuld. Als Babys haben wir keineswegs unsere Mütter süß angelächelt, um ihre Aufmerksamkeit auf uns zu lenken, noch suchten wir für unseren Zorn gewählte Ausdrücke. Im Gegenteil, wir öffneten unseren Mund und schrien, und zwar so laut wie nur eben möglich. Wir brauchten auch nicht lange, um herauszufinden, daß eine Reaktion um so schneller erfolgte, je lauter wir brüllten. Der Erfolg dieser Taktik »prägte« sich in unserem Gedächtnis als sichere Methode ein, die Umwelt auf unsere Bedürfnisse aufmerksam zu machen, etwa nach dem Motto: »Bist du frustriert, provoziere einfach die Menschen um dich herum. Benimm dich so unangenehm wie nur möglich, gleich wird jemand kommen und dir helfen.«

Diese primitive Methode, unser Unbehagen zu signalisieren, ist charakteristisch für die meisten Paare, die einen Machtkampf eröffnet haben. Ein Beispiel ist mir allerdings besonders deutlich in Erinnerung geblieben. Vor einigen Jahren kam ein Ehepaar zu mir, das schon fünfundzwanzig Jahre verheiratet war. Der Ehemann war der Überzeugung, seine Frau sei nicht nur selbst-, sondern sogar rachsüchtig. »Niemals denkt sie an mich«, beklagte er sich und zählte viele Begebenheiten auf, an denen seine Frau ihn nicht beachtet hatte. Während seiner Erzählung saß seine Frau stumm auf ihrem Stuhl, seine Aussage in stillem Mißbehagen bezweifelnd. Sobald er mit seinen Ausführungen fertig war, lehnte sie sich auf ihrem Stuhl weit zu mir vor und sagte: »Bitte glauben Sie mir, ich mache alles, was ich kann, um ihn zufriedenzustellen. Ich verbringe mehr Zeit mit ihm, ich verbringe weniger Zeit mit ihm. Ich habe sogar Ski fahren gelernt, weil ich dachte, es würde ihn vielleicht glüklich machen - dabei hasse ich die Kälte! Doch es zahlt sich einfach nicht aus.«

Um den toten Punkt in dieser Beziehung zu überwinden, bat ich den Ehemann, seine Frau um eine bestimmte Sache zu bitten, die sie ausführen könnte, damit er sich besser fühlen würde - eine praktikable, leicht meßbare Aktivität, die ihm das Gefühl geben würde, geliebt zu werden. Er druckste herum, um schließlich brummig hervorzustoßen: »Wenn sie nach fünfundzwanzig Jahren Ehe immer noch nicht weiß, was ich mir wünsche, dann hat sie eben nie aufgepaßt! Sie kümmert sich einfach nicht genug um mich.«

Dieser Mann hatte für sich eine sehr primitive Weltsicht entwickelt, wie es den meisten von uns geht. Als sehr kleines Kind, das in seiner Wiege lag, nahm er seine Mutter als ein riesengroßes Wesen wahr, das sich über ihn beugte und sich bemühte, seine Bedürfnisse zu erfüllen. Er wurde gefüttert, angezogen, gebadet und umsorgt, obwohl er keines dieser Bedürfnisse aussprechen konnte. In dieser nonverbalen Phase hat er eine entscheidende Lektion gelernt: Andere Menschen müssen sich um ihn kümmern, d. h. sie mußten herausfinden, was er wollte und brauchte und sollten es ihm geben, ohne daß er mehr unternehmen mußte, als einfach loszuschreien. Dieses Arrangement funktionierte zwar recht gut - als er noch klein war - , doch für Erwachsene ist das Leben etwas komplizierter. Seine Frau war nicht seine hingebungsvolle Mutter, die über seiner Wiege wachte. Sie war ihm gleichgestellt, mit - zu seiner großen Überraschung - eigenen Wünschen, Bedürfnissen und Erwartungen. Sie war zwar wirklich entschlossen, ihn glücklich zu machen, doch wußte sie einfach nicht wie. Ohne diese Information spielte sie die Erwachsenenversion eines Ratespiels mit ihm: »Ist es das, was du möchtest? Oder jenes?«

Teilen sich Paare nicht gegenseitig mit, was sie wünschen, und kritisieren einander ununterbrochen, weil der andere wieder einmal danebengegriffen hat, wundert es kaum, daß der Geist der Liebe und der Kooperation allmählich verschwindet.

Statt dessen erfüllt die grimmige Entschlossenheit des Machtkampfes die so entstandene Leere, da jeder versucht, den anderen zu zwingen, seine Bedürfnisse zu erfüllen. Obgleich die Partner nun noch feindseliger reagieren, dauert der Kampf an. Warum? Unbewußt fürchten sie, sterben zu müssen, werden eigene Wünsche nicht erfüllt. Damit ist das klassische Beispiel bezeichnet, das Freud als »Wiederholungszwang« bezeichnet hat, die Tendenz der Menschen, auch schlecht angepaßtes Verhalten wieder und wieder anzuwenden.

Manche Ehepaare verbleiben für immer in dieser zornigen, feindlichen Phase. Sie verfeinern ständig ihre Fähigkeiten, die Schutz- und Abwehrmauern des Partners zu durchlöchern und schließlich seine Psyche zu zerstören. Mit alarmierender Häufigkeit entlädt sich dieser Zorn in gewaltätigem Verhalten. Aus kürzlich durchgeführten Studien geht hervor, daß zwischen sechsundzwanzig und dreißig Millionen Ehefrauen jedes Jahr geschlagen werden. Fast fünfzig Prozent aller amerikanischen, verheirateten Frauen wurden schon von ihren Ehemännern mißhandelt.

Die Machtkampf-Phasen

Verstrickt in einen derartigen Machtkampf, erscheint das Leben chaotisch zu sein. Es gibt fast keine wirklichen Bezugspunkte mehr. Die Beteiligten wissen eigentlich nicht mehr, wann alles anfing und wie es enden wird. Erst aus größerer Distanz kann man sehen, daß dieser Machtkampf ein bestimmtes Muster aufweist, ähnlich den bekannten Phasen der Trauer über eine sterbende oder schon gestorbene Person. Doch hier wird nicht der Tod eines nahestehenden Menschen betrauert, sondern der Tod der Illusion, verliebt zu sein.

Zuerst erlebt man einen Schock, den furchtbaren Moment der Wahrheit, wenn sich ein Fenster öffnet und der unangenehme Gedanke in unser Bewußtsein dringt: »Das ist ja gar nicht der Mensch, den ich eigentlich heiraten wollte!« Plötzlich entsteht die Befürchtung, daß diese Heirat nur die Verlängerung der Einsamkeit und der Verletzungen der Kindheit werden wird; die so lange aufrechterhaltene Wunschvorstellung, geheilt zu werden, erscheint dagegen plötzlich zweifelhaft.

Nach dem Schock kommt die Phase der Verleugnung. Die Enttäuschung ist so groß, daß Sie sich selbst nicht erlauben, der Wahrheit ins Auge zu sehen. Sie versuchen Ihr Bestes, um die negativen Eigenschaften Ihres Partners im positiven Licht zu sehen. Doch im Laufe der Zeit kann diese Verleugnung nicht länger bestehen bleiben, man fühlt sich getäuscht. Entweder hat sich der Partner dramatisch geändert seit Beginn der Liebesbeziehung, oder er hat einen anderen Charakter, als es zu Anfang schien. Der empfundene Schmerz bemißt sich danach, wie groß die Diskrepanz zwischen der ursprünglichen Partnerphantasie und der jetzt durchlebten, langsam sich deutlicher abzeichnenden Realität ist.

Wenn man im Machtkampf über diese zornige Phase hinauskommt, verliert die

Auseinandersetzung an Schärfe, und man erreicht die vierte Phase: Das Verhandeln. »Wenn du aufhörst zu trinken, werde ich mehr Interesse an Sex entwickeln.« Oder: »Wenn du mich mehrere Tage zum Segeln fahren läßt, werde ich mehr Zeit mit den Kindern verbringen.« Ehetherapeuten können unbeabsichtigt diese Phase des Machtkampfes noch verlängern, raten sie den Ehepartnern zu »Verträgen«, ohne an die wirklichen Ursachen der Schwierigkeiten heranzugehen.

Die letzte Phase dieses Machtkampfes ist die der Verzweiflung. Wenn Paare dieses abschließende Stadium erreichen, besteht kaum noch Hoffnung für sie, in dieser Beziehung die Liebe zu finden, die sie sich erträumt hatten. Der Schmerz hat einfach zu lange gedauert. Jetzt ziehen die Paare in der Mehrzahl der Fälle die Konsequenzen und reichen die Scheidung ein. Diejenigen, die verheiratet bleiben, schaffen sich eine »Parallel-Ehe«, d. h. sie versuchen, ihr Glück außerhalb der Beziehung zu finden. Nur sehr wenige, vielleicht fünf Prozent aller Paare, können diesen Machtkampf auflösen und entwickeln für sich eine wirklich befriedigende Beziehung.

Um der Klarheit willen möchte ich die Diskussion in diesen ersten fünf Kapiteln auf die einfachste Form reduzieren. Zuerst einmal wählen wir unsere Partner aus zwei grundlegenden Motiven aus:

1. Sie zeigen sowohl die negativen wie die positiven Charakterzüge der Personen auf, die in früher Kindheit für uns gesorgt haben und
2. Sie kompensieren die positiven Eigenschaften, die uns in früher Kindheit abhandengekommen sind.

Wir beginnen die Beziehung in der unbewußten Annahme, daß unser Partner eine Art Ersatzelternteil sein wird und uns für alle Entbehrungen unserer Kindheit entschädigen wird. Es muß uns nur gelingen, eine enge, dauerhafte Bindung herzustellen.

Nach einer gewissen Zeit jedoch wird uns bewußt, daß unsere praktizierte Strategie nicht funktioniert. Zwar waren wir »verliebt«, fühlen uns jedoch nun keineswegs »ganz«. Wir beschließen bei uns, daß der Grund einfach beim Partner liegt, der nicht bereit ist, unsere Bedürfnisse zu befriedigen. Er muß doch inzwischen genau wissen, was wir wollen und wie wir es wollen, doch aus unerfindlichen Gründen verweigert er sich uns. Wir werden zornig und beginnen, die negativen Seiten an unserem Partner zu entdecken. Wir verlagern das Problem, indem wir unsere eigenen, verdrängten Eigenschaften auf unsere Partner projizieren. Während sich die Situation immer mehr verschlechtert, glauben wir nun, die beste Methode, unseren Partner endlich zu bewegen, unsere Bedürfnisse zu erfüllen, sei, wie damals in der Wiege, laut und unfreundlich loszubrüllen. Halten wir nur lange genug durch, werden unsere Partner letztendlich doch zu unserer Rettung kommen.

Der Grund schließlich für die Heftigkeit des Machtkampfes ist der unbewußte

Glauben, wir müßten der größten aller Ängste - der Todesangst - ins Auge sehen, gelingt es uns nicht, unsere Partner zu verlocken, zu zwingen oder zu verführen, sich um uns im gewünschten Ausmaß zu kümmern. Was vielleicht bei dieser kurzen Zusammenfassung nicht deutlich sichtbar geworden ist, ist folgender Zusammenhang: Es gibt kaum einen Unterschied zwischen der Verliebtheit und dem Machtkampf. Oberflächlich gesehen, scheinen beide Formen des ehelichen Zusammenlebens zwei ganz verschiedene Welten zu repräsentieren. Ein Ehepaar, das sich gerade noch so wohl miteinander fühlte, wendet sich plötzlich voller Haß gegeneinander, jedes Wohlwollen degeneriert zu Kampfhandlungen. Doch es ist wichtig zu erkennen, daß die tiefer liegenden Themen gleich geblieben sind. Beide möchten ihre Ganzheit wiederherstellen und halten doch an ihrem Glauben fest, der Partner hielte das geeignete Heilmittel in Händen.

Der Hauptunterschied besteht dann, daß dem Partner unterstellt wird, er würde uns das Gewünschte absichtlich vorenthalten. Dazu muß die Taktik verändert werden. Die Ehegatten beginnen sich zu verletzen, oder sie verweigern sich dem anderen in der Hoffnung, so seine Aufmerksamkeit und Liebe erzwingen zu können.

Wie entrinnen wir nun diesem verwirrenden Labyrinth? Was kommt nach dem Machtkampf? Im nächsten Kapitel »Bewußtwerdung« werden wir über eine neue Art der Beziehung sprechen, die »bewußte Ehe«, und zeigen, wie sich Ehepartner wirklich ihre grundlegenden Kindheitsbedürfnisse erfüllen können.

Teil II

Die bewußte Ehe

Kapitel 6
Bewußtwerdung

»Fast keine Ehe entwickelt sich reibungslos und ohne Krise. Es gibt kein Bewußtsein ohne Schmerzen.«
C. G. Jung

Blicken wir noch einmal auf die ersten fünf Kapitel zurück, könnte der Eindruck entstehen, daß unser Altes Gehirn für die meisten unserer Eheprobleme verantwortlich ist. Das Alte Gehirn verleitet uns, gerade die Partner auszusuchen, die unseren Eltern so sehr ähneln. Das Alte Gehirn verursacht unsere Abwehrhaltungen - die Projektionen, Transferenzen und Introjektionen -, die unsere eigene Wirklichkeit und die unserer Partner verzerren. Und das Alte Gehirn ist für unsere infantilen Reaktionen auf Frustrationen verantwortlich, die immer nur noch größere Entfremdungen hervorbringen.

Das Alte Gehirn spielt jedoch auch eine positive Rolle in jeder Ehe. Sind auch manche seiner Strategien selbstzerstörerisch, möchte es doch in erster Linie unsere Sicherheit gewährleisten. Unser unbewußtes Bestreben, die Verletzungen unserer Kindheit heilen zu wollen, setzt unser spirituelles Potential als menschliche Wesen frei, ermöglicht uns, zu ganzheitlichen und liebesfähigen Persönlichkeiten zu werden. Machen auch unsere Projektionen und Transferenzen zeitweilig blind gegenüber der Wirklichkeit unseres Partners, binden sie uns doch gleichzeitig an ihn, eine wichtige Vorbedingung für unsere weitere Persönlichkeitsentwicklung.

Die Problematik der Steuerung durch unser Altes Gehirn liegt darin begründet, daß viel zu ungezielt gearbeitet wird. Es ähnelt einem alten, blinden Tier, das versucht, den Weg zu einem Wasserloch zu finden. Um die ursprüngliche Zielsetzung des Alten Gehirns auch tatsächlich realisieren zu können, brauchen wir die Hilfe und die Unterstützung unseres Neuen Gehirns. Der Anteil, der Entscheidungen trifft, der für unsere Willenskraft zuständig ist, der weiß, daß unsere Partner nicht unsere Eltern sein können und das Heute nicht mit Immer gleichzusetzen ist, ebensowenig wie das Gestern dem Heute gleicht. Wir müssen die rationalen Fähigkeiten, die wir in den anderen Bereichen unseres Lebens so wirkungsvoll einsetzen können, auch für unsere Liebesbeziehungen nützen. Haben wir es geschafft, eine Allianz zwischen dem mächtigen, instinktgesteuerten Alten Gehirn und dem mit intellektuellen Fähigkeiten versehenen Neuen Gehirn herzustellen, werden wir unsere unbewußten Absichten erkennen. Durch die Verbindung der Alten-Gehirn-Instinkte mit dem Neuen-Gehirn-Verstand werden wir Schritt für Schritt die Frustration des destruktiven Machtkampfes vermeiden lernen.

Die Verbindung zwischen Altem und Neuem Gehirn

Wie könnte das Eheleben aussehen, läge die Steuerung eher bei unserem Neuen Gehirn? Hier möchte ich anhand einer typischen Interaktion zwischen einem Ehemann und seiner Frau aufzeigen, wie sie in einer bewußten Ehe und wie in einer unbewußten miteinander umgehen, d. h. einmal wird die Beziehung von Alte-Gehirn-Aktivitäten beherrscht, im anderen Fall werden diese Strategien durch Vernunftsgründe gemäßigt.

Stellen Sie sich einmal vor, Sie essen gerade in aller Behaglichkeit Ihr Frühstück, und plötzlich greift Ihr Ehemann Sie an, Sie ließen immer die Waffeln anbrennen. Ihr Altes Gehirn, der perfekte Schutzmann Ihrer Sicherheit, sendet sofort die entsprechenden Signale, entweder zu kämpfen oder aber zu fliehen. Ihm ist es gleichgültig, ob die Person, die Sie kritisiert, Ihr Ehemann oder aber jemand Fremdes ist. Das Alte Gehirn hat nur wahrgenommen, daß man Sie angreift. Gelingt es Ihnen nun nicht, diese quasi-automatische Reaktion zu unterbrechen, werden Sie sofort ohne großes Nachdenken auf der gleichen Ebene antworten: »Na gut, mir sind die Waffeln angebrannt, aber du hast den Sirup verschüttet!« Oder vielleicht entscheiden Sie sich, Ihrem Fluchtimpuls nachzugeben. Sie verlassen den Raum oder aber vergraben sich hinter der Tageszeitung. Abhängig vom Ansatz, der zur Problembewältigung ausgewählt wird, fühlt Ihr Partner sich entweder angegriffen oder aber verlassen, und sehr wahrscheinlich wird er zu einem Gegenschlag ausholen. Damit ist ein Perpetuum mobile in Gang gesetzt worden, und die Zwecksetzung des gemeinsamen Frühstücks, eine entspannte Atmosphäre zu genießen, in jedem Fall vereitelt worden.

In dieser Situation könnte das Neue Gehirn sehr hilfreich intervenieren, und uns eine weniger provozierende Antwort finden lassen. Eine Möglichkeit (wir werden sie in einem späteren Kapitel detaillierter diskutieren) wäre, die Feststellung Ihres Partners noch einmal zu umschreiben, seinen Zorn auf diese Weise anzuerkennen, ohne gleich selbst in Verteidigungsstellung zu gehen. Sie könnten ihm zum Beispiel antworten: »Du bist wirklich ärgerlich, daß ich die Waffeln schon wieder habe anbrennen lassen!« Vielleicht wird Ihr Partner Ihnen dann antworten: »Ja, ich bin es leid, wie in diesem Haushalt ständig Nahrungsmittel verschwendet werden. Du könntest das nächste Mal wirklich sorgfältiger damit umgehen!« Immer noch in Kontakt mit Ihrem moderaten Neuen Gehirn könnten Sie wiederum in einer nicht gleich abwehrenden Haltung antworten: »Du hast recht. Hier wird Essen verschwendet. Ich werde gleich morgen eine Verlängerungsschnur besorgen und das Waffeleisen hier ins Eßzimmer bringen, wo wir es besser im Auge behalten können.« Ihr Partner wird durch Ihre rationale Argumentation entwaffnet sein, sich beruhigen und wieder verständnisvoller reagieren. »Eine gute Idee! Danke, daß du nicht ärgerlich geworden bist. Ich fühle mich heute etwas angespannt, weil ich bestimmte Dinge im Büro noch nicht erledigen konnte und auch nicht weiß, wie ich diese Arbeiten rechtzeitig fertigstellen kann.« Da Sie es gewagt haben, Ärger auf kreative Art zu beantworten, sind Sie plötzlich zu einem vertrauenswürdigen Partner, nicht zu einem Gegner geworden.

Haben Sie erst einmal die nötigen Fertigkeiten in dieser Art der nicht abwehrenden Verständigung erlangt, werden Sie eine wichtige Entdeckung für sich nutzbar machen können: *In den meisten Interaktionen mit Ihrem Ehepartner leben Sie sicherer, wenn Sie Ihre Abwehr verringern, da Ihr Partner so zum Verbündeten, nicht zu Ihrem Gegner wird.* Wenden Sie sich bewußt an Ihr Neues Gehirn, das sehr wohl unterscheiden kann zwischen einem verbalen Angriff, z. B. die Waffeln verbrannt zu haben, und einem Angriff mit dem Brotmesser, werden Sie mit der Zeit lernen, Ihr instinktgebundenes Kampf-/Fluchtmuster zu modifizieren. So paradox es klingen mag, sind Sie doch damit Ihrer ursprünglichen Zielsetzung, sicher und unverletzt leben zu können, sehr viel näher gekommen als mit der alten Methode.

Damit ist nur ein Beispiel für die sehr viel größere Verläßlichkeit und Flexibilität des bewußten Gehirns angesprochen, mit dessen Hilfe Sie Ihre unbewußten Zielsetzungen sehr viel effizienter verwirklichen werden. Lassen Sie uns nun einen größeren Bezugsrahmen wählen, um präzise verstehen zu können, was das Konzept der bewußten Ehe beinhaltet. Zuerst die Definition: Eine bewußte Ehe ist die Form der Ehe, in der größtmögliche psychologische und spirituelle Entwicklungsmöglichkeiten gegeben sind. Diese Ehe wird dadurch Realität, da bewußter gelebt und sehr viel besser mit den mächtigen, unbewußten Kräften umgegangen werden kann, die da wünschen - sicher zu leben, geheilt und zu einer ganzheitlichen Persönlichkeit zu werden.

Was macht nun den eigentlichen Unterschied aus, lebt man »bewußt«? Die folgende Auflistung zeigt die wichtigsten und grundlegendsten Unterschiede in Einstellung und Verhalten:

Zehn Charakteristika der bewußten Ehe

1. *Sie wissen, daß Ihre Liebesbeziehung auch einen verborgenen Sinn erfüllen soll - die Heilung Ihrer Kindheitstraumata.*
   Statt sich nun vollständig auf eher oberflächliche Bedürfnisbefriedigung auszurichten, machen Sie sich mit den tiefer liegenden Kindheitsverletzungen vertraut. Betrachten Sie Ihre Ehe mit diesem Röntgenblick, werden Sie Ihre alltäglichen Reaktionen besser verstehen können. Bisher eher irritierend wirkende Aspekte Ihrer Beziehung werden plötzlich einsehbar. Gleichzeitig erleben Sie das Gefühl, die Dinge besser steuern zu können.

2. *Ihr Bild Ihres Partners wird sehr viel realistischer werden.*
Seit Beginn Ihrer Beziehung haben Sie das Bild Ihres Partners mit dem Ihrer Eltern verschmelzen lassen. Später projizierten Sie noch Ihre eigenen, negativen Eigenschaften auf Ihren Partner, nur um so seine Realität noch diffuser werden zu lassen. In einer bewußten Ehe geben Sie diese Illusion graduell auf und betrachten die Wirklichkeit, wie sie ist. Sie sehen Ihren Partner nicht mehr als Ihren Retter aus aller Bedrängnis, sondern als ein ebenfalls verwundetes, menschliches Wesen, das wie Sie um seine Heilung kämpft.

3. *Sie übernehmen selbst die Verantwortung, Ihre Wünsche und Bedürfnisse mitzuteilen.*
In einer unbewußten Ehe klammern Sie sich an Ihren kindlichen Glauben, Ihr Partner könne Ihre Bedürfnisse automatisch intuitiv erfassen. In einer bewußten Ehe lernen Sie, die Tatsache zu akzeptieren, daß man klar und deutlich kommunizieren muß, will man sich gegenseitig verstehen.

4. *Ihre Handlungen werden überlegter.*
In der unbewußten Ehe wird in der Regel ohne große Überlegung gehandelt. Sie lassen so zu, daß Ihr Altes Gehirn die Steuerung übernimmt. In der bewußten Ehe dagegen haben Sie gelernt, konstruktiver mit Ihrem eigenen Verhalten umzugehen.

5. *Sie achten die Wünsche und Bedürfnisse Ihres Partners ebenso wie Ihre eigenen.*
In einer unbewußten Ehe gehen Sie von der unausgesprochenen Annahme aus, Ihr Partner müsse auf fast magische Art und Weise Ihre Bedürfnisse erraten können. In einer bewußten Ehe geben Sie diese narzißtische Sichtweise auf und bringen mehr und mehr Ihrer eigenen Energie in diese Beziehung hinein, um die Bedürfnisse Ihres Partners zu befriedigen.

6. *Es gelingt Ihnen, auch die Schattenseite Ihrer Persönlichkeit anzunehmen.*
In einer bewußten Ehe können Sie, wie jeder andere auch, zugeben, daß auch Ihre Persönlichkeit negative Aspekte zeigt. Übernehmen Sie nun die Verantwortung für diese Charaktereigenschaften, vermindern Sie gleichzeitig Ihre Tendenz, diese abgespaltenen Anteile Ihres Ichs auf Ihren Partner projizieren zu wollen, was die Atmosphäre sofort entspannen wird.

7. *Sie erwerben auch für sich selbst die Fähigkeit, Ihre grundlegenden Bedürfnisse und Wünsche zu befriedigen.*
Während der Machtkampf andauert, schimpfen Sie, beleidigen und nötigen Ihren Partner fast, nur um ihn dazu zu bewegen, sich auf Sie einzustellen. Gelingt es Ihnen, dieses Stadium zu überwinden, werden Sie feststellen, daß Ihr Partner tatsächlich Unterstützung bieten kann - doch erst, wenn Sie auf

destruktive Taktiken verzichtet haben.

8. *Sie beginnen, in sich selbst die Stärken und Fähigkeiten zu suchen, die Ihnen bisher fehlten.* Ein Grund, warum Sie ausgerechnet von diesem Partner angezogen worden waren, war doch, daß er Stärken aufwies, die Ihnen abzugehen scheinen. So lebten Sie in der illusionären Vorstellung, nur im Zusammensein mit diesem Partner könnten Sie Ihr Ganzheitsgefühl leben. In einer bewußten Ehe lernen Sie, daß Sie nur dann wirklich ganzheitlich leben können, entdecken Sie diese fehlenden Eigenschaften in sich und entwickeln Sie sie für sich selbst.

9. *Sie werden sich Ihres Bedürfnisses bewußter, Liebe geben zu wollen, ein vollständiger Mensch zu werden und gleichzeitig mit dem ganzen Universum verbunden zu sein.* Als ein Teil Ihrer von Gott gegebenen Natur erhielten Sie die Fähigkeit, ohne Bedingungen lieben zu können und eine Einheit mit der Sie umgebenden Welt spirituell erfahren zu können. Im Laufe des Sozialisationsprozesses und durch Ihre Erfahrungen mit Ihren nicht-perfekten Eltern haben Sie sehr häufig den Zugriff auf diese fundamentalen Eigenschaften verloren. In einer bewußten Ehe werden Sie diese Fähigkeiten wiederentdecken.

10. *Sie gehen davon aus, daß es ein schwieriges Unterfangen ist, eine gute Ehe führen zu wollen.* In einer unbewußten Ehe besteht der Irrglaube, es müsse nur der richtige Partner ausgewählt werden und der Rest geht von selbst. In einer bewußten Ehe wissen Sie, daß Sie selbst der richtige Partner sein müssen. Während Sie zwar den Charakter von Liebesbeziehungen vielleicht nüchterner sehen lernen, erkennen Sie, daß eine gute Ehe Einsatz, Disziplin und den Mut zu wachsen und sich zu verändern, erfordert. »Ehe« gleicht eher einer harten Arbeit an der Beziehung.

Wir wollen nun besonders den zehnten Punkt noch einmal genauer betrachten, d. h. die Schwierigkeiten, die überwunden werden müssen, wollen wir eine gute Ehe führen. Denn keiner der anderen aufgelisteten Punkte wird zum Tragen kommen, gelingt es uns nicht, unsere Bereitschaft weiterzuentwickeln, uns zu ändern und unsere Beziehung wirklich zu pflegen.

Ein Liebender werden

Wir alle wollen verständlicherweise am liebsten wie die Kinder leben. Wir möchten nicht zuerst die Kuh großziehen müssen, um sie dann melken zu können. Wir möchten uns einfach an einen gedeckten Tisch setzen und dort jemanden vorfinden, der uns ein kühles Glas Milch reicht. Wir möchten nicht zuerst Setzlinge pflanzen, um dann die Weintrauben ernten zu können. Dieses Wunschdenken steigert sich gerade in der Ehe fast ins Unendliche. Wir möchten keine Verantwortung dafür übernehmen müssen, daß unsere Bedürfnisse erfüllt werden. Wir möchten uns in einen übermenschlichen Partner verlieben, um dann glücklich bis ans Ende unserer Tage leben zu können. Der psychologische Fachausdruck für diesen Wunsch, sowohl die Quelle unserer Frustrationen als auch deren Problemlösung außerhalb unserer selbst anzusiedeln, heißt »Externalisation«, die Ursache sehr vielen Unglücks in dieser Welt.

Ich erinnere mich an einen Tag, als ein Klient, den ich Walter nennen möchte, zu seiner Verabredung mit mir kam, mit hängenden Schultern und einem sehr traurigen Gesichtsausdruck.

»Was ist los, Walter?« fragte ich ihn. »Sie sehen heute so unglücklich aus.«

»Harville«, sagte er zu mir, während er sich in einen Stuhl warf, »ich bin sehr unglücklich, weil ich gar keine Freunde habe.«

Ich reagierte verständnisvoll. »Das muß Sie sehr traurig stimmen. Die Welt ist wirklich einsam ohne Freunde.«

»Ja, ich denke, daß ich ... ich weiß nicht ... es gibt einfach keine Freunde in meinem Leben. Ich suche und suche und finde keine.«

Er fuhr fort in einer verdrießlichen, klagenden Stimme, und plötzlich empfand ich in mir Ärger aufsteigen über sein regressives, kindliches Verhalten. Er hatte sich in einer Weltsicht verfangen, die etwa so aussah: Es müsse um ihn herum Menschen geben, auf deren Stirn einfach aufgestempelt wäre - »Walters Freunde« -, und seine Aufgabe bestünde nun einfach darin, sie zu suchen.

»Walter«, meinte ich seufzend. »Verstehen Sie, warum Sie wohl keine Freunde haben?«

Er richtete sich abrupt auf. »Nein! Sagen Sie es mir doch bitte.«

»Der Grund, warum Sie keine Freunde haben ist, daß keine Freunde dort draußen herumlaufen.«

Wiederum sackten seine Schultern zusammen.

Ich blieb unerbittlich. »Es stimmt. Es gibt keine Freunde dort draußen. Was Sie sich wünschen, existiert einfach nicht.« Ich ließ ihn noch einige Sekunden in seiner traurigen Stimmung sitzen. Dann lehnte ich mich in meinem Stuhl nach vorne und sagte zu ihm: »Walter, hören Sie mir bitte gut zu! Alle Menschen in dieser Welt sind Fremde. Wollen Sie einen Freund finden, müssen Sie sich einen schaffen.«

Walter lehnte jedoch die Vorstellung entschieden ab, daß die Pflege einer dauerhaften Freundschaft Zeit und Energie erfordere. Obwohl er in seinem Beruf verantwortungsvoll und voller Engagement war, hielt er doch an seiner kindlichen Vorstellung fest, er müsse nur die richtigen Personen treffen, schon wäre eine Freundschaft entstanden. Da er sich nie bewußt gemacht hatte, daß jede Freundschaft sehr langsam, im Laufe der Zeit entsteht, und Nachdenken über den anderen Menschen, Einfühlungsvermögen und sehr viel Geduld erfordert, war er auf sein einsames Leben beschränkt.

Diese passive Haltung, die Walter Freundschaften gegenüber entwickelt hatte, war in seinem Liebesleben noch viel stärker ausgeprägt: Er konnte einfach nicht die richtige Frau finden. Nachdem er sich von einer sehr schmerzhaften Scheidung (in einem erbitterten Rechtsstreit hatte seine Frau das Sorgerecht für ihren Sohn erhalten) erholt hatte, suchte er nun verzweifelt nach einer neuen Geliebten.

Seine Ehe war dadurch belastet worden, daß er von Konzepten und Modellvorstellungen ausging, nie von seinen Gefühlen. Er versteckte seine große Verletzlichkeit hinter einer Fassade hoher Intellektualität, die jedoch jede wirkliche Nähe verhinderte. Sechs Monate lang war er zu einer Gruppentherapie gekommen und in jeder Sitzung hörte er von der Gruppe das, was er schon von seiner Frau kannte: Er behielt seine Gefühle für sich und wirke emotional distanziert. Eines Abends schließlich fiel eine der Gruppenteilnehmerinnen über ihn her. »Wenn du über deinen Schmerz sprichst, kann ich überhaupt kein Leiden sehen«, sagte sie zu ihm. »Umarmst du mich, kann ich einfach keine Umarmung fühlen.« Walter merkte plötzlich, daß seine Frau mit ihren Beschwerden vielleicht doch nicht ganz falsch gelegen hatte. »Ich dachte immer, sie wolle mich nur ärgern und wäre einfach überkritisch«, gab er zu. »Niemals habe ich daran gedacht, daß auch ich noch umlernen müsse und etwas Wichtiges über mich erfahren hätte, wenn ich nur einmal richtig zugehört hätte.«

Nachdem Walter diese Erkenntnis verarbeitet hatte, begann er auch den therapeutischen Prozeß mit viel mehr Engagement und Interesse zu betrachten. Er setzte sich mit seiner chronischen Abwehrhaltung auseinander. Als er emotional schon sehr viel lebendiger geworden war, konnte er eine befriedigende Beziehung mit einer neuen Freundin eingehen. Während seiner letzten Stunde bei mir teilte er mir sein Fazit über die Therapie mit: »Wissen Sie, ich brauchte zwei Jahre, um eine einfache Tatsache verstehen zu können. Will man eine gute Beziehung erreichen, muß man bereit sein, sich weiterzuentwickeln und zu verändern. Hätte ich diese Erkenntnis vor zehn Jahren schon gehabt, würde ich wahrscheinlich heute noch mit meiner Frau und meinem Sohn zusammenleben.«

Es ist nicht allein Walters Schuld, daß er glaubte, eine Ehe solle vor allem »einfach und natürlich« sein. Es liegt in der menschlichen Natur, ein Leben ohne Anstrengungen zu bevorzugen. Als wir kleine Kinder waren, reagierten wir äußerst unwillig, gab man uns nicht sofort, was wir wollten. Erfüllte man unsere Wünsche, waren wir zufrieden. Aus Tausenden dieser frühen Interaktionen heraus modellierten wir unsere Weltvorstellung, an der wir festhalten, selbst wenn sie uns unsere Ehe kostet. Wir lernen nur sehr langsam, daß wir, um geliebt zu werden, zuerst selbst lieben müssen. Damit meine ich nicht die sentimentale Seite der Angelegenheit - Blumen schenken, Liebesbriefe schreiben oder neue Liebestechniken erlernen -, wenngleich viele dieser Dinge dazugehören. Um wirklich ein »Liebender« zu werden, müssen wir die selbstzerstörerischen Taktiken und Einstellungen aufgeben, die ich in den ersten fünf Kapiteln angesprochen habe, und sie durch konstruktivere Methoden ersetzen. Wir müssen unsere Vorstellungen über unsere Ehen revidieren, über unsere Eltern und letztlich auch über uns selbst.

Die Angst vor Veränderungen

Das Haupthindernis, eine befriedigende Beziehung zu erreichen, liegt oft in unserer tiefen Angst vor jeder Veränderung. Diese Furcht ist anthropologisch tief verankert und charakteristisch für die menschliche Natur. Wir reagieren sogar ängstlich bei positiven Veränderungen, etwa bei einer Beförderung, einem Umzug in ein neues Haus oder bei einer Ferienreise. Alles, was unsere bequemen oder unbequemen Routinen stört, alarmiert unser Altes Gehirn. Es möchte uns darauf aufmerksam machen, daß wir dabei sind, Gelände zu betreten, das weder gesichert noch ausreichend überprüft worden ist, wo hinter jeder Ecke Gefahren lauern können.

Selbst bei ganz kleinen Kindern kann ich schon den Wunsch erkennen, an einmal eingespielten Mustern festhalten zu wollen. Leah war zweieinhalb und auch ihr jüngerer Bruder, Hunter, war inzwischen der Wiege entwachsen. Helen und ich beschlossen, es sei nun an der Zeit, sie in ein Kinderbett zu legen, damit das Baby das Gitterbettchen haben könne. Das Kinderbett hatte auch noch eine Art Geländer, damit sie nicht hinausfallen konnte, doch am Fußende war keine Begrenzung mehr angebracht. Früh am Morgen erwachte Leah in ihrem neuen Bett und rief ihren vertrauten Aufwach-Ruf: »Papi, Papi!« Ich ging zu ihr ins Zimmer und fand sie auf Knien, die Hand um die kleine Geländerstange geklammert. Sie rief: »Papi, Papi, ich kann nicht heraus!« So hatte sie immer in ihrem alten Gitterbett gerufen. Ich war sehr erstaunt über ihre Hilflosigkeit. Sehr leicht hätte sie einfach über die Stange klettern können oder am Fußende des Bettes heraussteigen können. »Leah«, sagte ich mit Nachdruck, »du kannst aus deinem neuen Bett ganz allein herauskommen!«

»Ich kann nicht!« sagte sie und schob ihre Unterlippe vor. »Ich sitze fest!«

»Leah, sieh her, hier ist doch gar kein Geländer!« Sie blieb wie angewurzelt auf ihrem Platz sitzen. Schließlich mußte ich in ihr Bett hineinkriechen, um ihr zu demonstrieren, wie man aussteigen konnte. Durch mein Beispiel ermutigt, gelang es auch ihr, ihren Widerstand gegen die Veränderung zu überwinden und aus dem Bett auszusteigen.

Eine noch dramatischere Demonstration gelähmten Verhaltens angesichts einer neuen Situation sah ich im Fernsehen. Es wurde ein kleiner Junge gezeigt, der 1982 ohne ausreichende Immunabwehr geboren wurde und vom Augenblick seiner Geburt an in einem Plastikzelt leben mußte, abgeschirmt von den gefährlichen Keimen. Seine hingebungsvolle Mutter und sein Vater besuchten ihn jeden Tag, blieben jedoch immer durch die Plastikhaut von ihm getrennt. Sie konnten ihn nur berühren, indem sie lange, in die Zeltwand eingelassene Handschuhe anzogen.

Kurz nach seinem fünften Geburtstag erhielt er eine Knochenmarkstransplantation, die erfolgreich verlief, und seine Ärzte entschieden nach zahlreichen Tests, daß er nun auch außerhalb seines Zeltes überleben könne. Am vorherbestimmten Tag wurde das Zelt geöffnet, und man forderte ihn auf, herauszukriechen. Seine überglücklichen Eltern hielten ihre Arme für ihn auf. Zum ersten Mal in seinem Leben würden sie ihn streicheln und küssen können. Doch zur allgemeinen Überraschung zog er es vor, in seinem Plastikgehäuse sitzenzubleiben. Seine Eltern riefen ihn, doch er rührte sich nicht von der Stelle. Schließlich kroch sein Vater in das Zelt hinein und trug ihn ins Zimmer. Als sich der kleine Junge in dem Raum umsah, begann er zu weinen. Sein ganzes bisheriges Leben hatte er in dem kleinen Zelt verbracht, so daß ihm das Zimmer nun riesengroß erscheinen mußte. Seine Eltern streichelten ihn, um ihn zu trösten, doch er war diesen körperlichen Kontakt so wenig gewöhnt, daß er sich abwandte.

Nach einigen Tagen wurde noch einmal eine Szene aufgenommen, die deutlich zeigte, daß sich der Junge inzwischen an ein Leben außerhalb seines Zeltes gewöhnt hatte. Doch am ersten Tag seiner Befreiung war offensichtlich geworden, daß seine Angst vor dem Neuen stärker war als sein Wunsch, diese Welt zu entdecken.

Der kleine Junge hatte fünf Jahre in seinem Zelt gelebt. Die Ehepaare, die zu mir kommen, leben oft seit zwei, zehn, zwanzig, manche sogar seit vierzig Jahren in einer restriktiven, ihre persönliche Weiterentwicklung hemmenden Beziehung. Nachdem sie so viele Jahre in ihre Verhaltensmuster investiert haben, erscheint es nur natürlich, daß sie gegenüber Veränderungen zuerst abwehrend reagieren. Trotzdem bitte ich sie, nicht nur ihre Angst zu überwinden und neue Beziehungsmuster auszuprobieren, sondern sich auch noch der Furcht und dem Schmerz zu stellen, die sie für Jahrzehnte in sich eingeschlossen hatten - die eigentliche Ursache für ihre dysfunktionalen Verhaltensweisen.

Das gelobte Land

Für ein besseres Verständnis der Schwierigkeiten, eine bewußte Ehe zu gestalten, möchte ich meine stark gekürzte Version der Geschichte von Moses und dem Gelobten Land erzählen, die ich als Parabel für die menschliche Psyche ansehe.

Vor vielen Jahrhunderten lebte der große Stamm der Israeliten in der Nähe des Mittelmeeres. Plötzlich kam eine Dürreperiode über das Land, und um überleben zu können, wanderten sie nach Ägypten aus, damals berühmt für seinen Nahrungsreichtum. Doch um zu essen, mußten sie sich versklaven lassen, wurden sehr schlecht behandelt und mußten sehr hart arbeiten. Nachdem sie vierhundert Jahre in dieser kümmerlichen Existenz zugebracht hatten, erschien Moses und sprach zu ihnen: »Ihr laßt euch hier schlecht behandeln, führt ein beklagenswertes Leben und seid mit Tätigkeiten befaßt, die euch nicht weiterbringen werden. Ihr habt vergessen, wer ihr seid. Ihr seid nicht eigentlich ägyptische Sklaven, sondern ihr seid Gottes Kinder. Der Gott aller Götter ist euer Schöpfer und ihr sein auserwähltes Volk!«

Die Israeliten erinnerten sich an ihre Vergangenheit und wurden sich plötzlich ihrer Gefangenschaft in Ägypten bewußt. Sie wurden unruhig und unglücklich - fast so wie Ehepaare, die zu mir in die Beratung kommen.

Geleitet von der Vision des Gelobten Landes folgten die Israeliten Moses. Doch sie waren auf die Härten der Reise nicht vorbereitet und besaßen auch nur wenig Vertrauen in den Schutz Gottes. Als sie das erste Hindernis erreichten, das Rote Meer, beklagten sie sich bitterlich bei Moses: »Du hast uns aus unseren bequemen Hütten geholt und uns ein besseres Leben versprochen. Jetzt stehen wir vor diesem gewaltigen Hindernis - ein riesengroßes Meer! Hast du uns in die Wüste geführt, nur um zu sterben? Was sollen wir jetzt tun?«

Moses wußte selbst nicht genau, was er machen sollte, doch er war überzeugt, daß sein Glauben ihm den Weg weisen würde. Während er noch grübelte, erschien plötzlich eine große Staubwolke am Horizont. Sehr zum Schrecken der Israeliten wurden sie von Tausenden ägyptischen Soldaten verfolgt, die in beängstigendem Tempo näherkamen, um sie zurückzuholen.

In diesem Augenblick hob Moses seine Hand, und ein starker Ostwind teilte plötzlich auf wunderbare Weise das Rote Meer. Gebannt verfolgten die Israeliten dieses Wunder, faßten wieder Mut, warfen noch einen letzten Blick zurück auf die Ägypter und folgten Moses auf dem Weg, der sich zwischen den Fluten zeigte. Nachdem sie das Meer sicher passiert hatten, hob Moses noch einmal seine Hand, die Wellen schlugen wieder zusammen und ertränkten die ägyptischen Soldaten bis auf den letzten Mann. Den Israeliten blieb nicht viel Zeit, sich ihrer sicheren Überquerung des Roten Meeres zu freuen, denn jetzt sahen sie, daß sich vor ihnen eine weite Wüste ausbreitete. Wiederum empörten sie sich und riefen Moses zu: »Du hast unser sicheres Leben zerstört! Du hast uns überredet, diese beschwerliche Reise auf uns zu nehmen. Fast hätten uns die Ägypter wieder gefangen, fast wären wir im Roten Meer ertrunken! Nun sind wir in Gefahr zu verdursten!« Doch es blieb ihnen gar nichts anderes übrig, als ihre Reise fortzusetzen. Sie zogen mehrere Monate durch das fremde Land, am Tage von einer Wolkensäule geleitet, nachts von einer Säule aus Feuer. Sie mußten viele Strapazen auf sich nehmen, doch Gott erleichterte ihre Reise, indem er Wunder vollbrachte. Endlich hatten sie die Wüste überquert. Gleich hinter dem nächsten Höhenzug sollte das Gelobte Land liegen, sagte ihnen Moses. Doch als ihre Kundschafter zurückkehrten, brachten sie schlechte Neuigkeiten mit. »Es fließen wirklich Milch und Honig im Gelobten Land, doch es ist schon besetzt! Die Kanaaniter wohnen dort, riesige Menschen, unglaublich groß!« Wiederum schrie die versammelte Menge auf, und sie beklagten ihr Los, das sie aus ihrer Sicherheit und Bequemlichkeit in Ägypten fortgeholt hatte.

Plötzlich sprach Gott zu ihnen: »Da ihr keinen Glauben habt und euch immer wieder an Ägypten erinnert, müßt ihr vierzig Jahre lang in der Wüste herumwandern, bis eine neue Generation herangewachsen ist, die sich nicht mehr an das Leben in Ägypten erinnert. Dann erst dürft ihr ins Gelobte Land!« Weitere vierzig Jahre nun mußten die Israeliten in der Wüste bleiben. Kinder wurden geboren und alte Menschen starben. Schließlich fand sich ein neuer Anführer, der seinen Stamm zum Kampf gegen die Kanaaniter führte.

Was sagt uns diese Geschichte heute noch, betrachten wir die Situation in vielen Ehen? Tatsache ist, daß die meisten von uns wie Schlafwandler durch ihr Eheleben gehen, sich mit routinierten Handlungen zufriedengeben, die nur wenig Vergnügen bereiten. Wie die Israeliten in Ägypten haben auch wir vergessen, wer wir sind. Mit den Worten Brownings: »Wir kamen auf diese Welt als Wegbereiter Gottes«, doch schnell ist das Feuer erloschen, und wir verlieren die Tatsache aus dem Auge, daß wir ganzheitliche, spirituelle Wesen sind. Wir führen ein verarmtes, ewig gleichbleibendes, unbefriedigtes Leben und machen dafür einzig und allein unsere Partner verantwortlich.

Außerdem können wir aus dieser Geschichte lernen, daß auch wir häufig Gefangene unserer Furcht vor Veränderungen sind. Fordere ich Ehepaare auf, ihr Verhalten zu ändern, reagieren sie sehr oft ärgerlich. Sie würden es vorziehen, sich scheiden zu lassen, ihre Familien zu zerstören und alle ihre Besitztümer aufzuteilen, als daß sie es wagten, sich einmal auf eine andere Art miteinander einzulassen. Sie ähneln den Israeliten vor dem Roten Meer, die zittern, obwohl der Weg doch offen vor ihnen liegt. In schwierigen Phasen dieses Prozesses erscheinen ihnen ihre emotionalen Schwierigkeiten wie die ägyptischen Soldatenhorden und die riesengroßen Monster im Gelobten Land. Nur sitzt bei ihnen der Feind innen - es sind die verdrängten und verleugneten Anteile ihrer eigenen Persönlichkeit, die an die Oberfläche drängen.

Die Quintessenz der Geschichte von Moses ist für uns, daß wir immer noch glauben, die Belohnungen des Lebens müßten uns ohne eigene Anstrengungen oder jedes Opfer zuteil werden. So wie die Israeliten wünschen, daß das Gelobte Land dem Paradies gleichen möge, Gottes Geschenk an Adam und Eva, so denken wir, die Heirat erlöse uns für immer von allen Problemen und Nöten. Wir möchten wie im Märchen leben, wo die schöne Prinzessin und der hübsche Prinz glücklich bis ans Ende ihrer Tage sind. Doch die Israeliten durften das Gelobte Land erst betreten, als sie es als Chance begriffen, ein neues Leben zu führen. Ebenso können wir unsere unbewußten Wünsche nur befriedigen, wenn wir die Ehe als Möglichkeit für Veränderungen und persönliche Weiterentwicklung ansehen.

Was vor uns liegt

Mit diesem Kapitel ist der Wendepunkt des Buches erreicht. Bis hierher habe ich die unbewußte Ehe beschrieben, eine Ehe, die von der Tätigkeit des Alten Gehirns bestimmt ist. Im weiteren Verlauf dieses Buches werde ich Ihnen aufzuzeigen versuchen, wie auch Sie Ihre Ehe in eine bewußtere Form des Zusammenlebens verwandeln können, eine Beziehung, die uns leben läßt, in der wir wachsen können. Hier ein kurzer Überblick, was noch vor uns liegt. Das siebte Kapitel beschäftigt sich mit der altmodischen Vorstellung der Verpflichtung und erläutert, warum dieses Engagement die notwendige Vorbedingung jedes emotionalen Wachstums darstellt. Im achten Kapitel werden Sie sehen, wie Sie Ihre Ehe in eine Art »Sicherheitszone« verwandeln können - eine sichere und geschützte Umgebung, die die Intimität der Verliebtheit neu entfacht. Das neunte Kapitel wird Ihnen einige Möglichkeiten aufzeigen, wie Sie neue Informationen über sich selbst und über Ihren Partner erhalten können. Im zehnten Kapitel wird die nur scheinbar paradoxe Idee erklärt, daß die einzige Möglichkeit, die eigenen Kindheitsbedürfnisse erfüllt zu bekommen, darin besteht, sich zu bemühen, die Bedürfnisse des Partners zu erfüllen. Im elften Kapitel werden Sie neue Wege und Möglichkeiten kennenlernen, wie Sie mit Ärger umgehen können, ohne Ihre Beziehung zu belasten. Kapitel zwölf gibt die Ergebnisse eines Interviews mit zwei Ehepaaren wieder, die beide auf dem Wege sind, eine bewußte Ehe zu führen. Im Teil III dieses Buches finden Sie dann die Übungen, die Ihnen helfen sollen, diese Erkenntnisse in konkretes Verhalten umzusetzen. (Es ist allerdings wichtig, daß Sie die Teile I und II vorher beenden. Sie werden diese Übungen mit sehr viel mehr Nutzen für sich selbst anwenden können, haben Sie den gesamten Text gelesen und sich einen theoretischen Hintergrund erarbeitet.)

Kapitel 7
Unsere Fluchtwege verschließen

Ein Leben, verbunden mit meinem,
lebenslang, das ist das »Wunder der Ehe.«
Denis de Rougemont

Kommt ein Ehepaar zu seiner ersten Beratungsstunde zu mir, weiß ich kaum etwas über sie. Ich weiß nur, daß sie irgendwo in einem Machtkampf stehen. Sie befinden sich an irgendeinem Punkt auf diesem quälenden Weg. Vielleicht sind sie erst seit kurzem verheiratet und haben gerade den ersten Schock erlebt, daß sie möglicherweise die falsche Person geheiratet haben. Vielleicht sind sie auch ein Ehepaar mittleren Alters, das sich mit zwei Karrieren herumschlägt, Kindern im Teenageralter und einer Beziehung, die eher einer Dauerschlacht gleicht. Vielleicht ist es aber auch ein älteres Ehepaar, das nichts mehr füreinander empfindet und eine »freundliche« Scheidung anstrebt. Gleichgültig, aus welchen Gründen die Ehepaare kommen, weiß ich doch sofort, daß sie das verliebte Stadium der Ehe hinter sich gelassen haben und nun in eine Konfliktbeziehung verwickelt sind.

Vor Jahren noch bestand mein Ansatz darin, wie bei meinen Kollegen auch, sofort in die Details dieses Machtkampfes einzusteigen. In den ersten Sitzungen hätte ich festgelegt, was die Hauptproblembereiche dieser Ehe sind, entweder Kommunikation, Sex, Geld, Elternschaft, Rollenerwartungen, Alkohol- oder Drogenabhängigkeit, usw. Nach einigen Monaten hätte ich ihnen dann geholfen, ihre Schwierigkeiten deutlicher erkennen zu können. Ein wichtiger Bestandteil bei diesem therapeutischen Vorgehen wäre gewesen, sie aufzufordern, ihre Gefühle direkter und deutlicher auszusprechen. »Wie fühlten Sie sich, als Mary dies und das sagte?« Oder: »Wie fühlten Sie sich, als George so und so handelte?« Ich hätte ihnen geholfen, einen Vertrag zu entwerfen, der weitere Schritte spezifizieren würde. George würde sich zum Beispiel verpflichten, Mary jeden Tag ein Kompliment zu machen, und Mary würde sich bemühen, ihren Zorn direkt zu äußern, statt sich in Schweigen zu hüllen. Im Grunde war diese ganze Prozedur standardisiert und nannte sich »problemorientiertes Verhandlungs-Eheberatungsmodell«.

Die meisten Paare lernten sehr viel über ihre Partner und wurden geschickter in der Kommunikation. Doch gleichzeitig, sehr zu meiner Enttäuschung, schafften sie es in der Regel nicht, den Machtkampf aufzugeben. Anstatt über die Probleme zu sprechen, die sie in die Therapie gebracht hatten, stritten sie nun darum, wer zuerst den Vertrag verletzt habe. Manchmal schien mir meine Funktion als Therapeut lediglich darin zu bestehen, ihre Konflikte zu quantifizieren und formal darzustellen.

Damals wurde meine Arbeit noch von einem Supervisor betreut, und ich berichtete ihm von meiner Frustration. Was machte ich falsch? Warum konnte ich bei den von mir betreuten Paaren so wenig Fortschritte sehen? Ich hatte mehr und mehr den Eindruck gewonnen, ich versorgte sie nur mit immer besserem Kampfmaterial. Mein Supervisor lächelte milde und vermutete, ich hätte ein Eigeninteresse entwickelt, daß die Paare sich ändern müßten. Wenn sie sich ändern wollten, würden sie es auch tun. Vielleicht hätte ich meine Vorstellung mit ihren Problemen vermengt. Meine Aufgabe, so erinnerte er mich, sei, ihnen zu helfen, ihre eigenen Probleme deutlicher wahrzunehmen und ihnen Beziehungstechniken zu vermitteln, sie sonst jedoch im Prinzip ihrer Wege gehen zu lassen.

Es dauerte noch einige Jahre, bis mir bewußt wurde, daß sich eine Ehetherapie, will sie effektiv sein, nicht nur mit Oberflächenproblemen wie Geld, Rollenerwartungen oder sexuellen Schwierigkeiten befassen kann. Denn darunter liegen die ungelösten Kindheitsprobleme, und diese Kommunikationstrainings oder die Verhaltenskontrakte erreichen diese Schichten erst gar nicht. Um wirklich brauchbare Resultate zu bekommen, muß eine Ehetherapie die grundlegenden Probleme ansprechen. Bewaffnet mit diesem Wissen, begann ich intensiver mit Paaren zu arbeiten, und ich bemühte mich, unter der Oberfläche nach den tatsächlichen Gründen für die Schwierigkeiten zu suchen.

Die Notwendigkeit der Selbstverpflichtung

Da jede Ehe im Grunde einzigartig ist, besteht mein Ansatz darin, eine Mischung zwischen Standard- und Erfindungsverfahren anzuwenden. Manchmal folgt eine Therapie einem vorher bestimmten Weg, doch meistens passe ich die Methoden den individuellen Bedürfnissen des jeweiligen Paares an. Kommt ein Paar in einer Krisensituation - vielleicht eine Affäre, die gerade entdeckt wurde -, gehe ich darauf ein und versuche, mit ihrem Schmerz und Schock umzugehen. Kommt ein Ehepaar zu mir, das völlig taub für seine eigenen, schmerzlichen Gefühle ist, versuche ich erst einmal einen Konflikt zwischen ihnen möglich zu machen. Denn sie werden ihre Probleme nicht lösen können, bevor sie sich ihrer bewußt sind.

Während der ersten Sitzungen spreche ich jedoch immer deutlich aus, daß es einige Grundregeln der Therapie gibt, die nicht zur Diskussion stehen. Mit nur unwesentlichen Änderungen sind es die gleichen Regeln, die für die Übungen im Teil III dieses Buches gelten. Zuerst einmal müssen sich die Paare für zwölf Sitzungen verpflichten. Abgesehen von wirklichen Notfällen, bitte ich sie, ihr Leben so einzurichten, daß sie beide zu jeder Stunde kommen können. Aufgrund meiner langjährigen Erfahrung wie auch aus statistischen Erhebungen weiß ich, daß die Mehrheit der Paare zwischen der dritten und der fünften Stunde die Therapie abbrechen möchte, da in diesem Zeitraum in der Regel die unbewußten Themen auftauchen und die Menschen anfangen, ängstlich zu reagieren.

Wie wir alle wissen, ist Vermeidung eine erprobte und häufig angewandte Methode, Ängste zu reduzieren. Manche glauben nun, die Therapie verschlimmere ihren Zustand eher. Da diese Ausweichmanöver so weit verbreitet sind, bestehe ich darauf, daß sie sich für zwölf Stunden verpflichten. Fast immer erscheint es viel produktiver zu sein, bleiben die Paare noch über die drei Monate hinaus in einer Therapie, doch zumindest wird so der Anfangswiderstand überwunden.

Vielleicht werden auch Sie bei sich die gleiche Unlust spüren, beschäftigen Sie sich mit dem Übungsteil dieses Buches. Manche der angegebenen Übungen werden Ihnen leicht fallen und vielleicht sogar Freude bereiten. Doch andere werden Ihnen neue Einsichten über sich selbst vermitteln und Sie direkt provozieren, sich zu verändern und weiterzuentwickeln. Dringen Sie bis zu diesen schwierigeren Aufgaben vor, werden auch Sie vielleicht plötzlich den Impuls verspüren, das Buch einfach auf Seite zu legen. Genau dann sollten Sie sich selbst in die Pflicht nehmen, um den ganzen Prozeß durchzuhalten. Sie werden sehen, wenn Sie sich von Anfang an vornehmen, alle Übungen konsequent zu bearbeiten, und zwar genau wie beschrieben, wird es Ihnen sehr viel leichter fallen, Ihre momentane Abneigung zu überwinden.

Meine zweite Vorgabe besteht darin, die Ehepaare aufzufordern, einmal ihre eigene Vision einer Beziehung zu entwickeln. Bevor ich mir anhöre, was ihnen an ihrer augenblicklichen Ehe mißfällt, möchte ich wissen, wie sie sich ihre Idealehe vorstellen. Das Entwickeln dieser positiven Vision zieht die Energie von der ausschließlichen Beschäftigung mit der Vergangenheit ab, ebenso wie von den derzeitigen Enttäuschungen, d. h., es wird in die Zukunft investiert. Diese Vision dann mit Leben zu füllen ist das eigentliche Ziel der Therapie.

Es ist oft überraschend einfach für Paare, diese Visionen zu entwickeln - selbst für diejenigen, die schon sehr viele Probleme miteinander erlebt haben. Am Anfang bitte ich sie, nur positive Äußerungen aufzuschreiben, die alle mit dem Wort »Wir« beginnen, um genau die Beziehung zu beschreiben, die sie gerne leben würden. Alle Äußerungen sollen in der Gegenwart ausgedrückt werden, so, als wäre die Zukunft bereits hier. »Wir sind gerne zusammen«, »Wir fühlen uns sicher, wenn wir zusammen sind«, »Wir verbringen unsere gemeinsame Zeit mit Dingen, die uns Freude bereiten«. Im Verlauf von nur einer Sitzung sind die Paare in der Lage, ihre getrennten Visionen zu entwickeln, die Gemeinsamkeiten herauszufiltern und diese zu einem gemeinsamen Ziel zu verarbeiten.

Nachdem diese Vision entwickelt worden ist, bitte ich die Paare, sie als eine Art Meditationsvorlage jeden Tag zu lesen. Graduell, durch das Prinzip der Wiederholung, wird diese Vision in das Unbewußte eingespeist.

Die Entscheidung: Keine Fluchtwege mehr

Sobald diese Vision erstellt ist, zumeist am Ende der zweiten oder dritten Sitzung, bitte ich die Ehepaare, eine zweite Selbstverpflichtung einzugehen und für die Dauer der Therapie zusammenzubleiben. Der Grund liegt auf der Hand: Ehetherapie kann nur sinnvoll durchgeführt werden, so lange eine Ehe besteht. Drei Monate lang sollen sie weder eine Scheidung einreichen oder ihre Ehe auf andere, dramatischere Art beenden, sei es durch Selbstmord, Mord oder erhebliche psychische Störungen. (Wenn auch Trennung und Scheidung die häufigsten Alternativen sind, gibt es doch auch einige, die befürchten, verrückt zu werden, ebenso wie die allerdings kleine Minderheit derjenigen, die an eher gewaltsame Lösungen denken.)

Ich benenne diese Entscheidung, sich selbst alle vier Auswege zu versagen, als »Keine-Fluchtwege-Entscheidung«. Im dritten Teil des Buches werden Sie sehen, daß auch Sie gebeten werden, sich diese Selbstverpflichtung aufzuerlegen.

Die Flüchter-Klammerer-Dynamik

Ein Ehemann und seine Frau reagieren auf diese Verpflichtung oft entgegengesetzt. In der Regel fühlt sich der eine Partner sehr erleichtert, der andere dagegen bedroht. Der, der sich plötzlich gut fühlt, ist der »Klammerer« in der Beziehung, der aus seiner Jugend unerfüllte Anlehnungsbedürfnisse mitgebracht hat. Der andere, der sich sofort alarmiert fühlt, ist der »Flüchter«, den unbefriedigte Autonomiewünsche belasten. Der Klammerer erlebt diese Selbstverpflichtung als Erleichterung, da er - zumindest für die Dauer von drei Monaten - die Beziehung als nicht bedroht erlebt und sich so seine unbewußte Angst, verlassen zu werden, vermindert. (Für den Klammerer lauert diese Bedrohung ständig unter der Oberfläche, wird jedoch in einer gestörten Partnerschaft besonders akut.) Der Grund, warum diese »Keine-Fluchtwege-Entscheidung« den Flüchter angespannt reagieren läßt, liegt darin, daß ihm so eine bedeutende Ausweichmöglichkeit genommen wird, was gleichzeitig seine archaische Furcht vor dem Verschlungenwerden wiederbelebt. So bringt diese Verpflichtung dem einen Partner momentane Entlastung, während der andere sich bedroht fühlen wird.

Während der Dauer dieser Verpflichtung versuche ich jedoch, die Furcht desjenigen, der sich eingesperrt fühlt, zu bearbeiten. Ich erinnere ihn daran, daß diese Verpflichtung ja nur für drei Monate gilt und daß er oder sie am Ende dieser Zeit frei sein kann, wenn der Wunsch weiterhin bestehenbleibt. Da der zeitliche Rahmen begrenzt ist, können die meisten Ehepaare gut damit umgehen. Gleichzeitig mache ich ihnen verständlich, daß diese Entscheidung den anderen Partner weniger fordernd machen wird. »Einer der Gründe«, erkläre ich dem Flüchter, »warum Ihr Partner so bedürftig nach Ihrer Aufmerksamkeit ist, liegt darin, daß Sie für ihn emotional nie erreichbar zu sein scheinen. Entscheiden Sie sich, zusammenzubleiben und an Ihrer Ehe zu arbeiten, wird sich Ihr Partner weniger veranlaßt fühlen, Sie zu bedrängen.« Es ist nicht ohne Ironie, daß nach diesen drei Monaten der Flüchter sehr viel mehr Freiraum für sich zur Verfügung hat als zuvor.

Die jeweilige Reaktion des Paares auf diese Selbstverpflichtung wirft ein interessantes Licht auf die Flüchter-Klammerer-Dynamik. Jeden Tag ihrer Ehe kämpften sie bisher gegen eine unsichtbare Mauer, um gleichzeitig ihre Bedürfnisse nach Freiheit wie die nach Gebundensein zu befriedigen. Zumeist war einer der beiden auf ein Extrem fixiert: Einer bedrängt den anderen, um seine Bindungsprobleme zu lösen, während sich der andere zurückzieht, seinem Autonomiewunsch entsprechend. Manche Paare bleiben bei diesem merkwürdigen Tanzschritt so lange, wie ihre Beziehung andauert. Manche erfahren plötzlich eine bemerkenswerte Umkehrung: Aus verschiedenen Gründen zieht sich die Person, die sonst immer die Annäherung suchte, zurück. Der andere dreht sich überrascht um. Wo ist mein Verfolger geblieben? Plötzlich entdeckt der so sehr auf seine Autonomie bedachte Partner seinerseits seinen Wunsch nach Nähe. Das Muster hat sich umgekehrt wie bei magnetischen Polen, und jetzt bedrängt der Flüchter eher den Klammerer. Es scheint, daß Ehepaare dazu tendieren, auf jeden Fall eine gewisse Distanz innerhalb ihrer Ehe erhalten zu wollen. Dringt der eine in dieses geheiligte Gebiet ein, zieht sich der andere schnell zurück. Gibt einer Raum auf, beginnt der andere die Verfolgung. Es scheint eine unsichtbare Kraft zu geben, die beide in einer Art kritischen Distanz verbleiben läßt.

Alltagsfluchtwege

Ein Ehepaar, mit dem ich arbeitete, verstand sich ausgezeichnet auf dieses Verfolgungsspiel. Ein gutes Anzeichen dafür, wie sehr sie jede Form der Nähe vermieden, war, daß sie während der letzten drei Jahre keinerlei sexuellen Kontakt mehr miteinander gehabt hatten. Ich bat sie nun, einmal einen ganzen Tag miteinander zu verbringen bei einer Tätigkeit, die beiden Freude bereitet. Sie planten für den nächsten Tag, einen Sonnabend, zusammen eine Wanderung zu unternehmen und anschließend essen zu gehen.

Am nächsten Morgen, als sie gerade das Haus verlassen wollten, schlug die Ehefrau vor, doch noch schnell einen gemeinsamen Freund einzuladen. Sie begründete ihren Wunsch damit, sie hätten ihn so lange nicht gesehen, und dieser Freund würde so gerne wandern. Der Ehemann wandte ein, diese Idee entspräche nicht ihrem Abkommen. Sie wollten doch einmal einen Tag allein miteinander verbringen. Hitzig argumentierten sie fast eine Stunde lang, bis der Ehemann nachgab. Die Frau rief diesen Freund an, der sehr gerne mitfahren wollte. Während sie nun auf ihn warten mußten, putzte die Frau noch etwas im Haus herum, während sich ihr Mann an einen Stapel Rechnungen machte.

Schließlich kam der Freund, und alle drei fuhren gemeinsam aufs Land. Während der Fahrt saßen die beiden Männer vorne - sie hatten ja die längeren Beine und brauchten mehr Raum -, während die Frau hinten ein Buch las. Während der Wanderung sprach immer einer der beiden mit diesem Freund, während der andere Partner jeweils hinterhertrottete.

Als sie in die Stadt zurückgekehrt waren, ging der Freund nach Hause, und das Ehepaar überlegte, welches Restaurant sie besuchen wollten. Sie entschieden sich für eines, in dem eine Live-Show gezeigt wurde. Dort angekommen, schlug der Mann vor, ganz nah vorne bei den Musikern zu sitzen, damit sie besser zuhören könnten. Sie aßen und versuchten, so etwas wie ein Gespräch anzufangen. Doch die Musik war viel zu laut, so daß sie sich nicht verstehen konnten. Sie verließen das Restaurant exakt fünfzehn Minuten nach neun, um noch ein besonderes Fernsehprogramm ansehen zu können. Zu Hause versorgten sie sich mit Getränken und setzten sich vor den Fernseher. Gegen 23 Uhr ging die Frau schlafen (nachdem sie ihren Mann, wie jeden Abend, noch ermahnt hatte, nicht zu viel zu trinken), und der Ehemann blieb bis zum frühen Morgen vor dem Bildschirm sitzen, glücklich mit seinen zahlreichen Whiskies, und sah sich verschiedene Programme an. Mit wahrhaft großer Geschicklichkeit hatten sie es bewerkstelligt, einen Tag miteinander zu verbringen, ohne auch nur einen einzigen Moment der Nähe und der Intimität zu erleben. Selbst wenn es ihnen nicht bewußt war, lebten sie doch in einer Art unsichtbaren Scheidung.

Die unsichtbare Scheidung

Bis zu einem gewissen Grade leben alle Ehepaare, die in einen Machtkampf verstrickt sind, nach dem gleichen Muster: Sie haben ihr Leben so strukturiert, daß jede Intimität fast unmöglich geworden ist. Dabei sind sie oft äußerst erfindungsreich. Stelle ich meinen Klienten die einfache Frage: »Was unternimmt Ihr Partner, um Nähe zu vermeiden?«, habe ich schon eine wahre Sammlung mit über hundert verschiedenen Möglichkeiten zusammenstellen können. Hier nur einige Beispiele aus der langen Liste: Ihre Partner lesen Romane, verschwinden in die Garage, telephonieren stundenlang, betutteln das Auto, sind dauernd mit den Kindern beschäftigt, übernehmen jedes nur greifbare Ehrenamt, sitzen dauernd im Segelboot, hocken immer bei der Mutter, haben eine Affäre, nehmen keinen Augenkontakt auf, lernen die Tageszeitung auswendig, kommen immer zu spät zum Abendessen, schlafen auf dem Sofa ein, werden Sportfan, phantasieren beim Sex, sind immer krank und müde, wollen nicht berührt werden, trinken jeden Abend vier Whiskies, halten sich dauernd im Rotary-Club auf, lügen, verweigern sich, haben Sex ohne Gefühl, leben praktisch auf dem Tennisplatz, bekommen Bulimie, joggen jeden Tag fünfzehn Kilometer, gehen jedes Wochenende zum Angeln, gehen einkaufen, nehmen sich eine eigene Wohnung, haben Tagträume, rauchen Marihuana, werkeln immer im Haus, masturbieren, spielen Gitarre, führen getrennte Konten ein, brechen Streit vom Zaun, lesen Illustrierte, lösen Kreuzworträtsel, wollen nicht heiraten, gehen in Kneipen.

Die Tatsache, daß so viele Ehepaare ihre Beziehung mit derartigen Fluchtwegen regelrecht durchlöchern, drängt eine beunruhigende Frage auf: Was veranlaßt sie, sich mit so viel Energie und Aufwand jeder Nähe und Intimität zu entziehen? Es gibt zwei sehr gute Gründe für dieses Verhalten - Zorn und Angst. Warum der Zorn? Während der romantischen Phase der Liebesbeziehung fällt es den Menschen leichter, intim miteinander zu sein, da sie noch denken, alle ihre Wünsche würden nun erfüllt. Ihre Partner scheinen ihnen Mutter und Vater, Arzt und Therapeut in einer Person zu sein. Monate oder auch Jahre später müssen sie feststellen, daß ihre Partner zuerst an ihre eigene Rettung denken, und sie fühlen sich wütend und getäuscht. Eine stillschweigende Vereinbarung wurde gebrochen. Aus Rache wird eine emotionale Barrikade errichtet. Im Endeffekt wollen sie damit sagen: »Ich bin wütend auf dich, weil du meine Bedürfnisse nicht erfüllst!« Systematisch versuchen sie nun, ihr Vergnügen außerhalb dieser Beziehung zu erleben. Wie die hungrige Kuh, die sich ihren Hals verrenkt, nur um das scheinbar viel grünere Gras im Nachbargarten zu fressen, suchen sie ihre Befriedigung anderenorts. Der Ehemann, der bis spät am Abend im Büro bleibt, ebenso wie die Ehefrau, die ihren Kindern daheim Geschichte um Geschichte vorliest, während ihr Mann fernsieht. Beide sind bemüht, das Vergnügen, das ihnen ihre Beziehung nicht mehr gibt, auf andere Art zu finden.

Ehepaare vermeiden auch Nähe und Intimität aus Angst. Aus ihrem Unbewußten heraus reagieren viele Menschen auf ihre Partner, als hätten sie Feinde vor sich. Jeder - sei es der Partner, oder der Nachbar - wird vom Alten Gehirn überprüft, ob er jemand ist, der Bedürfnisbefriedigung geben könnte. Scheint er diese jedoch vorzuenthalten, wird er als Feind eingestuft und mit Todesfurcht assoziiert. Umsorgt Ihr Partner Sie nicht ausreichend und achtet er nicht auf Ihre Grundbedürfnisse, empfindet ein Teil von Ihnen Todesangst, und Sie machen Ihren Partner dafür verantwortlich. Verbindet sich dieser erlebte Mangel an seelischer Nahrung nun noch mit aggressiven Handlungen oder sogar physischen Mißhandlungen, wird der Partner als noch mächtigerer Feind wahrgenommen. Der unbewußt bleibende Grund, warum manche Menschen ihre Partner meiden, ist nicht, daß es sie woanders hinzieht, sondern daß sie sich eben dieser Todesangst nicht stellen wollen. Die geeignetere Metapher für diesen Zusammenhang ist dann nicht die Kuh, der das Gras auf der Nachbarweide so viel schmackhafter vorkommt, sondern eher das Lamm, das vor dem Löwen flieht. Zumeist bleibt diese Angst unbewußt. Die Paare empfinden nur ein Unbehagen, sobald sie zusammen sind, sowie das starke Bedürfnis, mit anderen zusammenzusein oder schnell andere Aktivitäten zu unternehmen. Manchmal allerdings dringt diese Angst auch bis an die Oberfläche vor.

Eine Klientin berichtete mir, daß sie sich nur in der einen Stunde, die sie in meiner Praxis sei, vor ihrem Ehemann wirklich sicher fühle. Zwar hatte er sie nie wirklich geschlagen, doch war ihre Beziehung so konfliktbeladen, daß sie ständig um ihr Leben fürchtete.

Die Fluchtwege verschließen

Gleichgültig, wie einsichtig die Gründe für dieses Vermeidungsverhalten im Einzelfall auch sein mögen, für die Anfangsphase des Heilungsprozesses ist es von großer Wichtigkeit, wieder Energie in die Beziehung zurückzuholen. Ohne die vielfältigen Fluchtwege zu verschließen, werden sie immer in Versuchung sein, ihr Vergnügen eher bei anderen Menschen oder Aktivitäten außerhalb der Ehe zu suchen. Werden ihre Beziehungswünsche auf die Kinder, in ihren Beruf oder auf andere Felder verlegt, fällt die Feststellung schwer, was mit dieser Ehe nicht stimmt. Zuerst müssen die grundlegenden Problembereiche definiert werden, bevor sie gelöst werden können. Erstaunlicherweise scheint es vielen Ehepaaren schwerer zu fallen, die vielen kleinen alltäglichen Fluchtwege aufzugeben, als die wirklich großen, dramatischen. Mit anderen Worten, es fällt ihnen offensichtlich sehr viel schwerer, für etwa drei Monate weniger fernzusehen, als auf eine Scheidung zu verzichten. Zum Teil liegt das darin begründet, daß sie sich liebgewordene Gewohnheiten versagen sollen. Solange ihre Partner ihnen nicht das geben, was sie brauchen, empfinden sie starken Widerstand, die eingespielten Ersatzbefriedigungen aufzugeben. Gleichzeitig werden sie, konzentrieren sie sich mehr aufeinander, die bisher unterdrückten Gefühle wieder beleben - die Enttäuschung, die Wut oder die Angst. Indem sie sich anderen Aktivitäten zuwandten, verringerten sie das Ausmaß ihres Unglücks. Sie durchlöcherten ihre Beziehungen nicht aus Bosheit oder mit Absicht, sondern es waren gute Gründe, wie ihr Sicherheitsbestreben und der Wunsch nach Bedürfnisbefriedigung, die sie dazu veranlaßten.

Um Paaren in dieser Situation helfen zu können, sich einander wieder zu nähern, vertraue ich dem Prinzip der »graduellen Veränderung«. Die grundlegende Idee, die hinter diesem Konzept steht, ist die, daß es leichter ist, eine schwierige Aufgabe zu bewältigen, wenn man sie in viele kleine Einzelschritte unterteilt. Werden diese Unterprobleme dann nach dem Grad ihrer Schwierigkeit geordnet, die einfachste also zuerst bearbeitet, wird das Gesamtprojekt leichter zu handhaben.

Im dritten Teil des Buches werden Sie die vollständigen Instruktionen finden, um Ihre »Fluchtwege« verschließen zu können. Hier nun ein Überblick, wie dieser Prozeß abläuft. Stellen wir uns einmal zwei Menschen vor, die in einer unbefriedigenden Beziehung eingeschlossen leben. Um die Leere in ihrer Ehe aufzufüllen, haben sie eine Reihe von Ersatzbefriedigungen eingebaut. Zuerst werden wir einmal die Fluchtwege der Ehefrau betrachten. Zusätzlich zu ihren Anforderungen im Beruf und mit den zwei Kindern führt sie noch ein sehr engagiertes, soziales Leben, ist Stadtabgeordnete, unternimmt zahlreiche Fitneßaktivitäten, nimmt jede Woche zwei Musikstunden und liest leidenschaftlich gern Science-Fiction-Romane. Durch diese Aktivitäten kann sie ihr Gefühl der Verzweiflung betäuben, doch wird gleichzeitig sehr viel Energie aus ihrer Beziehung zu ihrem Ehemann abgezogen.

Wollte diese Frau nun einige ihrer Aktivitäten aufgeben, müßte sie zuerst einmal feststellen, welche davon überhaupt als Fluchtwege zu klassifizieren wären. Wie die meisten Menschen könnte auch sie wahrscheinlich für alle gewichtige Gründe angeben. Wenn Sie sich mit der »Keine-Fluchtwege-Übung« im dritten Teil dieses Buches beschäftigen, werden auch Sie vielleicht ein ähnliches Gefühl der Konfusion erleben. Was ist ein Fluchtweg und was eine wesentliche Aktivität? Fragen Sie sich doch einmal: »Möchte ich durch eine dieser Aktivitäten vermeiden, mehr Zeit mit meinem Ehepartner zu verbringen?« Die meisten Menschen wissen sofort, wenn dies der Fall sein sollte.

Stellen wir uns weiter vor, die Frau hätte sich selbst diese Frage vorgelegt und einige Aktivitäten identifiziert, bei denen sie kürzer treten oder die sie ganz aufgeben könnte. Jetzt würde sie sie nach dem Schwierigkeitsgrad hierarchisch ordnen, und die auswählen, deren Aufgabe ihr am leichtesten fallen würde. So könnte sie etwa für sich entscheiden, nur an zwei Tagen in der Woche zu joggen statt an fünf, und ihre Romane in der Mittagspause zu lesen, nicht am Abend, wenn sie die Zeit mit ihrem Mann verbringen könnte. Sie könnte sogar überlegen, ob sie nicht einen Ersatz für ihr Mandat findet. Andere Veränderungen wären sehr viel schwieriger zu bewerkstelligen. Doch würde sie sich zu den zwei einfachen entschließen können, hätte sie schon mehrere Stunden in der Woche gewonnen, die ihr für ihre Beziehung zur Verfügung stünden. Das wäre ein guter Anfang. Andere Entscheidungen könnten dann folgen.

Während diese Frau damit befaßt ist, bestimmte Fluchtwege zu verschließen, würde ihr Ehemann sich einem ähnlichen Prozeß unterziehen. Auch er würde seine Aktivitäten überprüfen, Fluchtwege identifizieren und ein systematisches Reduktionsprogramm durchführen. Im Ergebnis würden beide sehr viel mehr Zeit miteinander verbringen.

Die Reaktion auf diese erhöhte Interaktionsdichte zwischen beiden sieht nun bei jedem Paar anders aus. Manche genießen den vermehrten Kontakt. Andere jedoch empfinden plötzlich ein Verlustgefühl, weil sie das Zusammensein eher schmerzlich empfinden. Trotz dieses eher negativen Ergebnisses gewinnen jedoch auch diese Paare wichtige Erkenntnisse aus dieser Übung: Die Konfliktbereiche lassen sich deutlicher definieren und abgrenzen, und sie sehen sehr viel klarer als zuvor, was sie zu vermeiden suchen, ein wichtiger Schritt in der Therapie.

Bis daß der Tod uns scheidet ...

Begleite ich die Paare durch diese verschiedenen Stufen der Selbstverpflichtung -

dem Abkommen, daß sie 1. zumindest zu zwölf Sitzungen erscheinen, 2. eine Beziehungsvision entwickeln, 3. für diese Zeit zusammenbleiben und 4. graduell ihre Fluchtwege verschließen -, teile ich ihnen mit, daß diese Einzelabkommen im Idealfall zu einer weitergehenden Verpflichtung führen: zu dem Entschluß, zusammen eine »Reise« zu unternehmen, die ein Leben lang andauert. Obwohl eine derartige Entscheidung sicher nicht zu Beginn einer Therapie getroffen werden kann, möchte ich doch, daß die Paare wissen, daß sie, um wirklich die besten Chancen zu haben, ein Maximum an persönlichem und spirituellem Wachstum erfahren zu können, nicht nur drei Monate oder drei Jahre oder drei Jahrzehnte zusammenbleiben müssen, sondern ihr ganzes Leben. Die Kindheitsbedürfnisse präsentieren sich nicht in der Art eines nett verpackten Bündels, das dann im Schnellverfahren ausgewickelt werden könnte. Sie dringen nur sehr langsam an die Oberfläche, die offensichtlichsten in der Regel zuerst. Manchmal meldet sich ein Problem mehrfach, bevor es überhaupt als wichtiges Thema identifiziert werden kann. Manchmal ist ein Problem so verschüttet, daß es nur durch eine Krise oder die Anforderungen einer bestimmten Lebensphase ans Tageslicht gelangt. Im Grunde brauchen die Ehepaare fast ihr ganzes Leben, um die Wunden und Verletzungen aus ihrer Kindheit gemeinsam heilen zu können.

In einer Gesellschaft, in der es zum Lebensstil geworden ist, öfters zu heiraten, hat diese Vorstellung einer dauerhaften Verpflichtung einen etwas altmodischen Klang. Die in den 50er Jahren vorherrschende Frage: »Kann diese Ehe gerettet werden?« stellt sich heute eher in der Form: »*Sollte* diese Ehe gerettet werden?« Millionen entscheiden sich für die Aufgabe der Beziehung. Es ist nicht ohne Ironie, daß heute vor allem in der Scheidung die Möglichkeit gesehen wird, sich persönlich weiterzuentwickeln. Nicht *innerhalb* der Ehe - so diese sehr populäre Auffassung - können wir wachsen und uns verändern, sondern erst, wenn wir uns getrennt haben. Man glaubt, daß die destruktiven Mechanismen nach einer Trennung sehr viel besser erkannt werden und in der folgenden Beziehung dann vermieden werden können. Doch ohne die unbewußten Motive zu verstehen, die das gestörte Verhalten hervorgerufen haben, und ohne zu wissen, wie sie mit dem neuen Partner ihre Bedürfnisse erfüllen können, droht der zweiten Ehe ebenfalls, an den Klippen der Frustrationen und Enttäuschungen zu scheitern. Das Gefühl, mit jeder neuen Ehe zu wachsen und sich fortzuentwickeln, ist illusionär. Sehr bald wird schmerzhaft bewußt werden, daß nur ein eingespieltes Muster gegen ein neues ausgetauscht wurde.

Es ist merkwürdig, doch je mehr ich mich mit der psychologischen Dynamik der Liebesbeziehungen beschäftige, desto konservativer wird mein Standpunkt. Ich denke heute, daß Ehepaare jede nur mögliche Anstrengung unternehmen sollten, um die Gelübde ihrer Eheschließung einzuhalten, zusammenzubleiben, bis daß der Tod uns scheidet ... und zwar weniger aus moralischen als aus psychologischen Gründen. Treue und Verpflichtung sind offensichtlich die Lebensbedingungen, die unser Unbewußtes verlangt und deren es bedarf.

Im Teil III werden Sie die Möglichkeit haben, auch Ihre Verpflichtung füreinander zu vertiefen und diesen Prozeß der persönlichen Weiterentwicklung und der Veränderung einzuleiten. Ich denke, Sie sollten in zehn Wochen alle sechzehn Übungen abgeschlossen haben. Investieren Sie zwei und einen halben Monat in Ihre Beziehung, und Sie werden erleben, daß auch Sie wirkliche Partnerschaft genießen können.

Kapitel 8

Sicherheitszonen schaffen

Die perfekte Liebe besteht darin,
den zu lieben, der uns unglücklich macht.
Søren Kierkegaard

Hat sich ein Paar verpflichtet, zusammenzubleiben und eine Ehetherapie zu machen, besteht der nächste, logische Schritt darin, aus ehemaligen Feinden Verbündete werden zu lassen. Es ist sinnlos, zwei Menschen dazu zu bewegen, sich gemeinsam weiterzuentwickeln, wenn sie voller Wut aufeinander sind - sie werden viel zuviel Zeit verschwenden, sich gegenseitig Fallstricke zuzuwerfen. Für schnelle und effektive Fortschritte müssen sie zu Freunden werden, die sich gegenseitig helfen wollen.

Doch wie wird diese Vorstellung in die Realität umgesetzt? Wie kann der Machtkampf beendet werden, sind nicht vorher die grundlegenden Probleme gelöst? Liebe und Mitgefühl sollen doch am Ende als Ergebnis dieses Prozesses stehen, wie können sie da schon zu Beginn vorausgesetzt werden?

Ich fand eine Lösung dieses Dilemmas durch mein Studium der Verhaltenswissenschaften. Ich lernte, daß ich beeinflussen konnte, wie sich ein Ehepaar gegenseitig wahrnimmt, indem ich ihm half, die Bedingungen der ersten Verliebtheit künstlich zu rekonstruieren. Behandeln sich zwei Menschen wieder so, als stünden sie am Anfang ihrer Beziehung, identifizieren sie den anderen wieder als Quelle des Vergnügens und sind bereit, sich der Therapie mit sehr viel mehr Engagement zu unterziehen.

Einsichten und Verhaltensänderungen

Vor Jahren noch war ich ein erklärter Gegner dieser Art direktiver Verhaltensbeeinflussung meiner Klienten. Da ich aus der psychoanalytischen Schule kam, hatte ich gelernt, die Hauptaufgabe des Therapeuten bestünde darin, emotionale Blockierungen bei seinen Patienten zu lösen. Konnten diese ihre aktuellen Gefühle über ihre Partner mit ihren Kindheitstraumata in Verbindung setzen, würden sie fast automatisch zu einem rationalen erwachsenen Lebensstil finden.

Dieses Gedankenmodell basiert auf der Grundannahme, daß der Arzt nur die richtige Medizin verschreiben muß, schon ist die Krankheit verschwunden. Da die meisten heutigen Ansätze der Psychotherapie aus der Psychoanalyse heraus entwickelt wurden, die selbst wiederum Produkt des neunzehnten Jahrhunderts mit seinen spezifischen Krankheitskonzepten ist, erstaunt es kaum, daß diesem Modell biologische Grundannahmen zugrunde liegen. Doch die jahrelange Beschäftigung mit den Problemen von Ehepaaren hat mich darin bestärkt, daß die Krankheitsmetapher für eine Ehetherapie ungeeignet ist. Behandelt ein Arzt eine Krankheit, aktiviert der Körper sein Heilungspotential, da er auf die genetische Programmierung zurückgreifen kann. Jede Körperzelle, es sei denn, sie ist verletzt oder zerstört, enthält alle erforderlichen Informationen, um normal funktionieren zu können. Doch es gibt keinen genetischen Code, der für eine erfolgreiche Ehe verantwortlich wäre. Ehe ist ein soziales Konzept, das auf biologische Faktoren aufgesetzt wurde. Da die Menschen kein eingebautes Idealmodell sozialer Vorgaben besitzen, verstricken sie sich selbst nach Monaten oder Jahren erkenntnisfördernder Therapien in unglückliche Beziehungen. Zwar können ihre emotionalen Blockierungen gelöst werden, und sie gewinnen sehr viele Einsichten über die Natur ihrer Schwierigkeiten, dennoch klammern sie sich an ihren eingeschliffenen Gewohnheiten fest.

Wie so viele Ehetherapeuten kam ich zu dem Schluß, daß ich eine sehr viel aktivere Rolle spielen müßte, wenn ich den Paaren wirklich helfen wollte, ihre Beziehung auf eine neue Grundlage zu stellen. Die Einsicht in vorhandene Kindheitsverletzungen ist ein kritischer Faktor bei jeder Therapie, doch sie allein reicht nicht aus. Die Menschen müssen gleichzeitig in die Lage versetzt werden, mit ihren kontraproduktiven Verhaltensweisen umgehen zu können und diese eingelebten Strategien durch adäquatere Methoden zu ersetzen.

Liebesverhalten

Der verhaltenswissenschaftliche Ansatz erwies sich als besonders produktiv, um das Problem zu bearbeiten, das ich zu Beginn dieses Kapitels angesprochen habe - die Liebesfähigkeit und Verständigungsbereitschaft eines Paares vor der Therapie wiederherzustellen. Der Psychologe Richard Stuart stellt in seinem Buch: *Hilfe für Paare - Ein Verhaltensansatz zur Ehetherapie* eine Übung vor, die es Paaren erleichtert, wieder liebevolle Gefühle füreinander zu empfinden, einfach indem sie liebevolles Verhalten zeigen. In dieser Übung, den sogenannten »liebevollen Tagen«, werden beide Partner aufgefordert, eine Liste mit liebevollen Aufmerksamkeiten zusammenzustellen, die ihre Partner ihnen erweisen können, damit sie sich besser fühlen. So könnte etwa ein Mann aufschreiben: »Ich würde mir wünschen, daß du meine Schultern fünfzehn Minuten lang massierst, während wir fernsehen.« Oder: »Es würde mir Freude machen, am Sonntag im Bett zu frühstücken.« Beide sichern dem anderen eine bestimmte Anzahl dieser liebevollen Gesten am Tag zu, gleichgültig, wie sie übereinander denken. Stuart fand heraus, daß als Folge dieses Experiments »sich der tägliche Ablauf in den Ehen signifikant änderte, und zwar schon in den ersten sieben Tagen der Therapie; diese Veränderungen erwiesen sich als sehr gute

Grundlage für die im weiteren Verlauf des Prozesses gewünschten Änderungen«.

Um herauszufinden, ob dieser Verhaltensansatz tatsächlich praktikabel war, entschied ich mich, ihn bei Harriet und Dennis Johnson auszuprobieren. Ich suchte sie aus, weil sie so besonders unglücklich in ihrer Beziehung waren. Harriet lebte in der ständigen Furcht, Dennis würde sie verlassen. Um sein Interesse an ihr zu erhalten, flirtete sie mit anderen Männern. Zu ihrer großen Enttäuschung reagierte er auf ihr Verhalten so, wie er immer reagierte - mit stoischer Zurückhaltung. Während einer Sitzung meinte er, er versuche sich so darauf einzustimmen, daß Harriet ihn eines Tages wegen einer Affäre mit einem anderen Mann verlassen würde. Sein ruhiges Heldentum laugte seine Frau regelrecht aus, da ihr Interesse darauf gerichtet war, seine Abwehrmauer zu durchbrechen und ihn zu einem aktiveren Verhalten ihr gegenüber zu motivieren. Bei den seltenen Gelegenheiten, wo sie ihn erfolgreich aus der Reserve locken konnte, reagierte er auf typische Flüchtermanier und verließ das Haus. Die meisten ihrer Zerwürfnisse endeten damit, daß Dennis in der Sicherheit seines Autos verschwand.

Um die Basis für diese Übung zu legen, befragte ich Harriet und Dennis, wie sie in der ersten Zeit ihrer Liebe miteinander umgegangen waren. Während ich ihnen zuhörte, hatte ich das merkwürdige Gefühl, plötzlich zwei fremden Menschen gegenüberzusitzen. Ich konnte mir einfach nicht vorstellen, wie diese beiden Sonntagsausflüge auf ihren Rädern unternahmen, vorzeitig ihre Büros verließen, um miteinander ins Kino zu gehen, oder sich zwei- bis dreimal täglich anriefen.

»Was würde geschehen«, fragte ich sie, nachdem ich mich von meinem Staunen erholt hatte, »wenn Sie einfach anfingen, wieder solche Aktivitäten zu unternehmen? Wie wäre es, Sie würden noch einmal so leben, wie am Anfang Ihrer Beziehung?« Beide sahen mich höchst erstaunt an.

»Ich denke, daß ich mich nicht gut dabei fühlen würde«, meinte Dennis nach einer kurzen Denkpause. »Ich mag mich nicht anders geben, als ich mich fühle! Es käme mir so ... unehrlich vor. Ich empfinde Harriet gegenüber nicht mehr das gleiche wie damals, warum also sollte ich mich verstellen?«

Harriet stimmte ihm zu. »Es käme mir wie Schauspielerei vor«, sagte sie, »vielleicht sind wir nicht mehr glücklich miteinander, doch wir versuchen zumindest, ehrlich zu sein.«

Nachdem ich ihnen erklärt hatte, daß diese Übung sie aus ihrer Sackgassensituation herausführen könnte, stimmten sie einem Versuch zu, entgegen ihres ursprünglichen Widerstands. Sorgfältig erklärte ich ihnen die Übung. Sie sollten nach Hause gehen, diese Auflistung erstellen und sich gegenseitig zwei bis fünf dieser liebevollen Gesten zugestehen. Diese Verhaltensweisen sollten den Charakter von Geschenken annehmen. Sie sollten sie als eine Gelegenheit ansehen, sich gegenseitig zu verwöhnen, nicht als Beeinflussungsversuche. Das wichtigste sei, keine Abrechnungen durchzuführen. Sie sollten sich jeder nur auf das Geben konzentrieren. Sie verließen meine Praxis und versprachen, sich wirklich ehrlich mit dieser Übung auseinanderzusetzen.

Zu Beginn der nächsten Stunde berichtete Dennis von dem Ergebnis des Experiments. »Ich denke, Sie haben da wirklich einen guten Einfall gehabt, Harville«, meinte er. »Wir taten, was Sie wünschten, und heute habe ich eine hoffnungsvollere Einstellung gegenüber unserer Ehe als in der letzten Woche.« Ich bat ihn, mehr zu erzählen. »Ja, am Tag unseres letzten Termins bei Ihnen fuhr ich gerade besonders deprimiert in der Gegend herum«, fügte Dennis hinzu, »doch ich dachte, es könne ja zumindest nicht schaden und fuhr zu einem Blumenladen, um Blumen für Harriet zu kaufen. Das hatte sie sich auf ihrer Liste gewünscht. Ich biß die Zähne zusammen und suchte Margeriten aus, ihre Lieblingsblumen, wie ich mich erinnerte. Der Verkäufer fragte mich, ob ich noch eine Grußkarte wünsche, und ich dachte, warum eigentlich nicht? Ich weiß, daß ich dachte: ›Wir zahlen Dr. Hendrix so viel Geld, damit unsere Ehe besser wird, da möchte ich diese Übung auch konsequent durchführen‹. Als ich nach Hause kam, schrieb ich auf die Karte ›Ich liebe Dich.‹ « Er unterbrach seine Erzählung für einen Augenblick. »Was mich wirklich überraschte, war das Gefühl der Liebe, das ich empfand, als ich Harriet die Blumen überreichte.«

»Als ich die Karte las«, warf Harriet ein, »spürte ich Tränen in meinen Augen. Es war schon so lange her, daß er mir gesagt hatte, er liebe mich.« Sie berichtete weiter von den anderen liebevollen Gesten dieser Woche. Sie hatte ihm sein Lieblingsessen gekocht. Er hatte zugestimmt, sich beim Schlafen wieder aneinanderzukuscheln, statt ihr den Rücken zuzudrehen. Sie hatte Stricknadeln und Garn hervorgeholt und angefangen, ihm einen Pullover zu stricken. Während sie diese Erlebnisse berichteten, schien kaum noch Spannung zwischen ihnen zu bestehen. Als sie die Praxis verließen, sah ich, wie Dennis Harriet in den Mantel half, worauf sie lächelte und sagte: »Vielen Dank, Liebling.« Es war nur eine kleine Geste, doch dieses angenehme Geben und Nehmen hatte ihrer Beziehung in der letzten Zeit fast vollständig gefehlt.

Ich bat sie, mit dieser Übung fortzufahren, und in jeder Sitzung ließen sich graduelle Verbesserungen ihrer Beziehung feststellen. Sie behandelten einander nicht nur freundlicher, sondern waren auch offener für die tiefer liegenden Themen und Probleme, die zu bearbeiten waren. Sie verbrachten weniger Zeit damit, sich über den jeweils anderen zu beklagen, und mehr Zeit damit, ihre Kindheitssituation zu erforschen, die sie doch zuerst so unglücklich werden ließ.

Da diese Stuartsche Übung sich als so besonders gut geeignet erwies, übernahm ich sie als Modell für eine eigene, erweiterte Version, die ich »Wiederverlieben-Übung« nannte. Sie eignet sich sehr gut, einen konfliktfreieren Austausch zwischen den Ehepartnern zu ermöglichen, wie sie es am Anfang ihrer Beziehung erlebt hatten. Ich führte diese Übung auch in die Behandlung meiner anderen Klienten ein, und fast ohne Ausnahme fühlten sich alle hinterher sicherer und erlebten ihre Beziehung plötzlich wieder liebevoller. Gleichzeitig festigte sich die emotionale

Bindung zwischen ihnen, und sie erzielten in der Therapie erstaunliche Fortschritte.

Im Teil III werde ich die Einzelheiten dieser Übung näher erläutern. Befolgen auch Sie sorgfältig diese Instruktionen, und Sie werden eine sofortige Verbesserung Ihrer Partnerschaft erleben können. Diese Übung ist nicht geeignet, sehr tief sitzende Probleme zu lösen, doch Sie werden sich sofort sehr viel sicherer und wohler fühlen und damit eine wichtige Voraussetzung für mehr Nähe geschaffen haben.

Warum funktioniert es?

Welche psychologischen Mechanismen liegen dieser Übung zugrunde? Warum wirkt sie derartig effektiv? Offensichtlich reagiert unser Altes Gehirn durch die tägliche Wiederholung dieser Übung so, daß es den Partner jetzt als einen Menschen identifiziert, der »einen umsorgt«. Schmerzliche frühere Erfahrungen werden nun durch positive Handlungen überdeckt, und der Partner wird nicht länger als Todesrisiko eingestuft, sondern als Quelle der Lebensfreude. Damit ist der Weg zu mehr Nähe offen, die nur in einer Atmosphäre der Freude und der Sicherheit möglich ist.

Doch es sind noch subtilere Gründe, warum diese Übung so erstaunliche Wirkungen zeigt. Einmal wird so der kindliche Glaube der meisten Menschen aufgehoben, der Partner könne ihre Gedanken lesen. Während der ersten Phase der Liebesbeziehung gehen die meisten Menschen davon aus, ihr Partner wisse genau, was ihnen fehlt. Verfehlt jedoch der Partner einige dieser Bedürfnisse, unterstellen sie ihm gleich böse Absichten. Jetzt möchten auch sie ihm etwas vorenthalten. Diese Wiederverlieben-Übung verhindert eine derartige Abwärtsspirale, da jetzt beide dem anderen genau mitteilen müssen, was ihnen Freude macht, ohne sich weiter auf mentale Telepathie zu verlassen.

Gleichzeitig wird die Auge-um-Auge-/Zahn-um-Zahn-Mentalität des Machtkampfes abgebaut. Lassen sich die Paare auf die Wiederverlieben-Übung ein, geben sie sich diese liebevollen Gesten und Zuwendung gerade nicht nach einem festen Zeitplan. Sie geben ihrem Partner die vorher vereinbarte Anzahl liebevoller Gesten, gleichgültig, wie er sich benimmt. Damit wird die eingespielte Haltung des »quid pro quo« (ich gebe, damit du gibst) eingeschränkt: Du tust etwas Nettes für mich, dann werde ich auch etwas Nettes für dich tun! Viele Ehen erinnern eher an Börsentransaktionen mit der Währung »liebevolles Verhalten«. Doch das Alte Gehirn kann mit dieser Art der Liebe nur wenig anfangen. Massiert John Marthas Schultern, weil er hofft, so leichter ihre Zustimmung zu bekommen, einen Tag zum Fischen zu gehen, wird eine eingebaute Sicherung bei Martha sie warnen: »Paß auf! Preisschild vorhanden! Du brauchst dich gar nicht erst gut zu fühlen über dieses Geschenk, denn du mußt doch dafür zahlen.« Das Alte Gehirn kann nur die Liebe akzeptieren, die ihm mitteilt: »Ich massiere deine Schultern, weil ich weiß, daß du es gern magst.« Es muß den Charakter eines wirklichen Geschenkes haben.

Dieses Bedürfnis, beschenkt zu werden, ist ein Überbleibsel aus unserer Kindheit. Als Kinder wurden wir geliebt, ohne einen Preis dafür zahlen zu müssen. Zumindest in den ersten Monaten unseres Lebens mußten wir nichts zurückgeben, streichelte man uns, hielt oder fütterte uns. Auch erwachsen geworden, sehnt sich ein zeitresistenter Teil in uns noch immer nach dieser selbstlosen Liebe. Wir möchten geliebt werden, ohne etwas dafür geben zu müssen. Versorgen uns unsere Partner mit liebevollen Gesten, unabhängig von unseren eigenen Handlungen, wird unser Bedürfnis nach uneingeschränkter Zuwendung erfüllt.

Ein drittes positives Ergebnis dieser Übung besteht darin, daß die Menschen lernen, daß das, was ihnen Freude macht, auch Ergebnis ihrer Individualität und Sozialisation ist und diese Wünsche sehr verschieden von denen ihres Partners sein können. Sehr oft denken Eheleute nur in den Kategorien ihrer eigenen Vorstellungswelt, nicht in denen ihres Partners. So arbeitete ich zum Beispiel mit einer Frau, die sich große Mühe gab, für ihren Mann eine Überraschungs-Geburtstagsparty zu arrangieren. Sie lud alle seine Freunde ein, kochte sein Lieblingsessen, lieh sich Schallplatten aus den sechziger Jahren aus, die zu seinen Lieblingsliedern gehört hatten, und organisierte auch noch Partyspiele. Während der Veranstaltung verhielt sich ihr Mann so, wie es von ihm erwartet wurde und als ob ihm der ganze Rummel Spaß machen würde. Doch einige Wochen später, während einer Therapiestunde, fand er den Mut, seiner Frau zu sagen, daß er sich eigentlich den ganzen Abend über elend gefühlt hätte. »Ich konnte es noch nie leiden, wenn man an meinem Geburtstag so viel Rummel macht«, sagte er ihr nun. »Du weißt das doch! Besonders nicht an meinem vierzigsten Geburtstag. Ich hätte sehr viel lieber einen ruhigen Abend mit dir und den Kindern verbracht. Vielleicht ein selbstgebackener Kuchen und einige Geschenke. Du bist doch diejenige, die diese großen Feiern liebt!«

Seine Frau hatte sich an die goldene Regel gehalten, »Handle an anderen, wie an dir selbst«, leider etwas zu wörtlich. Ohne weiter nachzudenken, organisierte sie eine Party nach ihrem Geschmack, nicht nach seinem. Die Wiederverlieben-Übung läßt dieses Problem gar nicht erst entstehen, da beide für die Bedürfnisse des anderen sensibilisiert werden, nach dem Motto: »Behandle andere, wie sie sich selbst behandeln würden!« Damit wird ihr vorher eher punktuelles und zufälliges, liebevolles Verhalten mehr und mehr auf das Ziel hin ausgerichtet, die einzigartigen Bedürfnisse ihres Partners zu erfüllen.

Der letzte Vorteil der Wiederverlieben-Übung besteht darin, daß, geben sich die Eheleute ausreichend von diesen gezielt liebevollen Gesten, sich das Klima ihrer Beziehung nicht nur oberflächlich verbessert, sondern gleichzeitig vorhandene Wunden geheilt werden. Ich kann hier ein Beispiel aus meiner eigenen Lebensgeschichte beisteuern. Meine Frau Helen und ich führen die gleichen Übungen durch, die ich auch meinen Klienten vorstelle, und gerade die Wiederverlieben-

Übung haben wir so oft durchgeführt, daß sie zum festen Bestandteil unserer Ehe geworden ist. Heute führen wir sie durch, ohne noch weiter darüber nachzudenken. So schlägt Helen zum Beispiel jeden Abend das Bett für mich auf. Dahinter steht eine Erfahrung, die ich vor vierzig Jahren machte. Nach dem Tod meiner Mutter nahm mich meine Schwester, Maize Lee, in ihr Haus auf. Sie war zu der Zeit erst achtzehn Jahre alt und jung verheiratet. Doch sie sorgte ganz besonders gut für mich. Eine der liebevollen Gesten, die mich damals besonders berührten, war, daß sie jeden Abend ausreichend Zeit fand, in mein Zimmer zu gehen, mein Bett aufzuschlagen und mir ein Glas Orangensaft oder Milch auf den Nachttisch zu stellen. Auch heute noch, wenn Helen mein Bett für mich aufschlägt, erinnere ich mich an Maize Lee und das, was sie damals für mich getan hat, und ich fühle mich geliebt. Auf einer sehr einfachen Ebene stellt eine derartige Geste wieder das Band Eltern/Kind her. Ich fühle mich sicher, und die Verletzungen meiner Kindheit können verheilen, während gleichzeitig meine Erwachsenenbeziehung in meiner Ehe mir als Sicherheits- und Liebeszone erscheint.

Die Überraschungs-Liste

Nachdem ich schon sehr vielen Ehepaaren diese Wiederver-lieben-Übung erklärt hatte, stellte ich ein interessantes Phänomen fest. Der positive Effekt schien nach einigen Wochen nachzulassen. Zwar befolgten die Ehepaare meine Instruktionen, doch erlebten sie nach einer gewissen Zeit nicht mehr die gleiche Freude an den liebevollen Gesten wie am Anfang. Ich hatte die Idee, daß ich in die Übung vielleicht das Konzept des Zufallsverstärkers einbauen müßte. Zufallsverstärker, ein Grundprinzip aus der Verhaltenswissenschaft, geben den Zusammenhang wieder, daß auch der angenehmste Stimulus an Wirksamkeit verliert, wenn er mit vorhersagbarer Regelmäßigkeit wiederholt wird. Zufallsbelohnungen nun schaffen ein Klima der Überraschung und der Erwartung und verstärken deutlich den Effekt dieser Stimuli. Dieser Sachverhalt war von den Wissenschaftlern eher beiläufig entdeckt worden, als sie mit Labortieren trainierten, die auf entsprechende Belohnungen hin reagieren sollten. Eines Tages funktionierte der Apparat, der diese Belohnungen spendete, nicht wie vorgesehen, und die Tiere erhielten für ihre Anstrengungen keine Belohnung. Am nächsten Tag war die Maschine wieder repariert und der normale Ablauf garantiert. Sehr zur Überraschung der Trainer, waren die Tiere sehr viel motivierter als früher. Ein unberechenbarer Zeitplan, nach dem die Belohnung verteilt wurde, hatte ihre Leistungsbereitschaft noch erhöht.

Dieses Zufalls-Belohnungsprinzip kann sehr leicht im täglichen Leben beobachtet werden. Die meisten Paare geben einander zu bestimmten Gelegenheiten Geschenke, etwa zum Geburtstag oder zu Weihnachten. Diese Geschenke gehören schon dermaßen zur Routine, daß man sie fast als gegeben hinnimmt. Selbst wenn man sich darüber freut, haben sie doch nicht die gleiche emotionale Bedeutung, wie ein Geschenk, das spontan und überraschend kommt. Ein Verhaltenswissenschaftler würde sagen, daß diese Routine-Geschenke nicht als aufregend erlebt werden, weil »das psycho-neurologische System desensibilisiert wurde durch vorhersehbare, repetitive Vergnügungen«. Das gleiche Prinzip wirkt sich auch bei der Wiederverlieben-Übung aus. Tritt der Gewöhnungseffekt ein, d. h. geben sie sich jede Nacht eine angenehme Rückenmassage oder jeden Samstag einen Blumenstrauß, nimmt der Grad der Freude deutlich ab. Von Zeit zu Zeit muß ein Überraschungseffekt eingesetzt werden, soll das Interesse vital bleiben. Um in die Wiederverlieben-Übung dieses Element der Spannung einzubauen, entwickelte ich die Idee der »Überraschungs-Liste«. Hier werden die liebevollen Gesten aufgezählt, die der andere Partner bisher noch nicht genannt hatte. Jeder mußte eine Liste zusammenstellen, indem er sehr genau auf die Wünsche und Vorstellungen des anderen achtete. Eine Frau, die nur beiläufig erzählt hatte, ein Kleid in einem bestimmten Geschäft habe ihr gut gefallen, wird sehr erfreut reagieren, findet sie besagtes Kleid in ihrem Kleiderschrank vor, zudem noch in der richtigen Größe. Ein Mann, der kurz sein Interesse an Gilbert & Sullivan angesprochen hat, wird sich über eine liebevolle Notiz seiner Frau, zusammen mit zwei Konzertkarten, sicher freuen. Fügen die Ehepaare nun zu den Routinehandlungen noch Überraschungen hinzu, steigt der Effekt der Übung wieder an.

Die Spaß-Liste

Mit der Zeit fügte ich der Wiederverlieben-Übung noch eine Ergänzung hinzu. Ich bat die Paare, sich neben den liebevollen Gesten und den Überraschungen auch noch gemeinsame Dinge vorzunehmen, die beiden sehr viel Spaß machen würden und gleichzeitig großen Energieeinsatz erforderten. Hierbei kann es sich um spontane Aktivitäten wie Kitzeln, Ringen, Massagen, gemeinsames Duschen, Auf- und Niederspringen oder Tanzen handeln. Wettbewerbsorientierte Sportarten wie Tennis sollten nur von den Paaren ausgewählt werden, die dadurch nicht gleich wieder neue Spannungen aufbauen würden.

Ich hatte zuvor anhand ihrer Listen gesehen, daß die Paare fast überwiegend passive »Erwachsenenaktivitäten« bevorzugten. Sie hatten einfach vergessen, wie schön es sein kann, zusammen Spaß zu haben. Die Analyse ihrer Auflistungen machte mir den Trend deutlich, daß die meisten Paare nur etwa zehn Minuten in der Woche etwas Vergnügliches wie lachen oder spielen miteinander erleben. Diese traurige Statistik zu verbessern, bekam für mich Vorrang. Ich wußte, daß sich die Paare, wenn sie ausgelassen Spaß miteinander erleben, gegenseitig wieder als Quelle der Freude und Sicherheit identifizieren und dieses ihre emotionale Bindung intensiviert. Registriert das Alte Gehirn diesen Fluß positiver Energie, verbindet es die damit einhergehenden Aktivitäten als sicher und lebensbejahend, und auf einer tieferen, unbewußten Ebene fangen beide Partner an, sich mehr aufeinander einzulassen.

Die Angst vor der Freude

Mit der Überraschungs- und Spaß-Liste standen nun die angemessenen Instrumente zur Verfügung, die Paare ihre Therapie mit einem positiven Einstieg beginnen zu lassen. Doch wie immer, geht es um Persönlichkeitsentwicklung, war auch hier mit vielfältigem Widerstand zu rechnen. Ohne Widerstände verändert sich in der Regel keine Beziehung. Bekämpften sich beide Partner seit Jahren wie erbitterte Gegner, wird es ihnen nicht leichtfallen, plötzlich wieder verliebte Briefe zu formulieren. Die Übung erscheint ihnen artifiziell und aufgesetzt (was sie natürlich auch ist), und für das Alte Gehirn gilt jedes Verhalten, das nicht routinemäßig und habituell abläuft, primär als unnatürlich. Die einzige Möglichkeit, diese Hemmschwelle gegenüber Neuerungen zu senken, besteht in der ständigen Wiederholung des neuen Verhaltens, bis es ebenso vertraut und sicher wie das alte erscheint.

Auf einer sehr viel tieferen Ebene allerdings gibt es eine Form des Widerstands, die eher paradox wirkt - die Angst vor Freude. In unserem bewußten Denken unternehmen wir große Anstrengungen, um glücklich leben zu können. Warum sollten wir uns da vor Freude fürchten? Diese Reaktion wird verständlich, erinnern wir uns daran, daß das Empfinden, wirklich lebendig zu sein, tief befriedigend wirkt. Als wir noch jung waren, schien unsere Lebensenergie schier grenzenlos zu sein, und wir erlebten sehr oft große Freude. Doch immer wieder wurde unsere Vitalität beschnitten und begrenzt, um uns zu sozial akzeptablen Wesen zu erziehen. Unsere Freude wurde kanalisiert, damit wir lernten, die bestehenden Normen zu erfüllen und unsere Bezugspersonen, dabei vor allem deren unterdrückte Gefühle, nicht bedrohten. Während man uns ständig Beschränkungen auferlegte, manchmal sogar mit Strafen verbunden, verknüpften wir in unserem Gehirn Freude mit Schmerz. Fühlten wir uns einmal so richtig wohl und waren voller Begeisterung, wurden wir einfach ignoriert, ermahnt oder sogar bestraft. Auf einer unbewußten Ebene entwickelte sich so Todesangst. Schließlich lernten auch wir, unsere Freude zu begrenzen, um so unsere Angst zu vermindern. Wir lernten jedoch gleichzeitig, daß sich wirklich lebendig zu fühlen gefährlich sein kann.

Doch mit der merkwürdigen Logik von Kindern suchten wir die Verantwortung für unseren Verlust weder bei unseren Eltern noch bei der Gesellschaft. Wir sagten zu uns: »Meine Eltern beschränken mein Vergnügen, also verdiene ich es nicht.«

Es ist irgendwie einfacher zu glauben, wir hätten etwas falsch gemacht, als an unseren Eltern zu zweifeln, die nicht fähig sind, unsere Bedürfnisse zu erfüllen, oder zu glauben, sie strafen uns absichtlich und enthalten uns unser Glück vor. Nach und nach errichten wir in uns eine eingebaute Schutzvorrichtung gegen zu viel Freude.

Menschen, die unter besonders repressiven Bedingungen aufwuchsen, fällt diese Wiederverlieben-Übung oft sehr schwer. Sie können nicht leicht Bitten äußern, und manchmal sabotieren sie regelrecht die Anstrengungen ihres Partners, ihnen etwas Gutes tun zu wollen. So schrieb etwa einer meiner Klienten, ein Mann mit besonders schwach entwickeltem Selbstwertgefühl, auf seine Liste, er wünsche, seine Frau würde ihm jeden Tag ein Kompliment machen. Seiner Frau fiel diese Bitte nicht schwer, da sie viele bewundernswerte Seiten an ihm kannte. Doch jedesmal, wenn sie ihm etwas Nettes sagen wollte, widersprach er ihr und entwertete ihre Aussage. Sagte sie etwa: »Ich mochte die Art, wie du gestern abend mit unserem Sohn Robbie gesprochen hast!« antwortete er: »Ja, ich sollte viel häufiger so zu ihm sprechen. Ich verbringe einfach nicht genug Zeit mit ihm.« Ihre positive Aussage hatte sich in ihr Gegenteil verkehrt. Er konnte es einfach nicht ertragen, etwas Gutes über sich zu hören. Jedes Lob schien auf sein Ego zerstörerisch zu wirken, unvereinbar mit seinem negativem Selbstbild. Sein Widerstand war so stark, daß ich mit ihm üben mußte, mehr oder weniger mechanisch auf die Bemerkung seiner Frau zu reagieren, etwa mit einem standardisierten »Ich danke dir«, einer Formel, zu der er nichts hinzufügen durfte.

Ein anderer meiner Klienten entwickelte eine andere Methode des Widerstands gegen diese Übung: Er konnte einfach die Instruktionen nicht verstehen. »Dr. Hendrix«, sagte er zu mir, nachdem wir schon die zweite Sitzung damit zugebracht hatten, diese Übung zu erläutern, »ich verstehe einfach nicht, was Sie von mir wollen. Was soll ich tun?« Ich erklärte zum wiederholten Male die Anleitung für diese Übung, um sicherzustellen, daß er sie auch wirklich verstanden hatte. Ich wußte jedoch gleichzeitig, daß sein angebliches Nichtverstehen nur seine Unfähigkeit überdecken sollten, einmal für sich selbst um etwas Angenehmes zu bitten. Damit er diese emotionale Blockade überwinden könnte, sagte ich zu ihm, es wäre sehr wichtig für seine Frau zu lernen, ein liebevollerer Mensch zu werden - was auch stimmte. War diese Übung erst einmal in einen nicht so selbstbezogenen Bezugsrahmen gestellt, verstand er plötzlich sehr schnell, was von ihm erwartet wurde. Es gelang ihm, eine Art Abkommen mit seinem inneren Dämon zu schließen, der ihm immer wieder einflüsterte, er sei es doch eigentlich nicht wert, geliebt zu werden. Er nahm meinen Stift, und in wenigen Minuten stellte er eine Liste mit 26 Positionen zusammen, Wünsche an seine Frau.

Besonders die Flüchter erleben diese Übung als schwierig. Sie möchten zwar kooperieren, doch es fällt ihnen einfach nichts ein, was ihre Partner ihnen geben könnten. Sie scheinen weder Wünsche noch Bedürfnisse zu haben. In Wirklichkeit verstecken sie sich immer noch hinter dem Schutzschild, den sie als kleine Kinder errichteten, um vor den sie bedrängenden Eltern sicher zu sein. Sie lernten sehr früh in ihrem Leben, daß die einzige Möglichkeit, Autonomie zu erhalten, darin bestand, ihre Gedanken und Gefühle für sich zu behalten. Enthielten sie ihren Eltern diese wertvollen Informationen vor, waren diese auch weniger in der Lage, in sie einzudringen oder ihren Freiraum zu verletzen. Doch sehr oft ist das Ergebnis dieser Abwehrstrategie, daß die Flüchter letztlich ihre Gefühle auch vor sich selbst verstecken. Am Ende ist es am sichersten, man weiß erst gar nichts.

Sehr oft wiederholen Flüchter ihre Kindheitssituation durch die Heirat mit Klammerern, also Menschen, die ein unerfülltes Nähebedürfnis haben. So wird der Kindheitskonflikt verewigt - doch nicht als nutzlose Neuaufführung vergangener Situationen oder als neurotischer Versuch, sich noch zusätzliche Schmerzen zuzufügen, sondern als unbewußte Handlung, um endlich die Befriedigung der fundamentalen menschlichen Bedürfnisse zu erreichen. Wenn ein Flüchter-Klammerer-Ehepaar diese Übung macht, läuft das auf eine vorhersehbare Dichotomie hinaus. Der Flüchter wird sich quälen, auch nur ein oder zwei Bedürfnisse aufzuschreiben, während der Klammerer sofort eine ganze Liste von »Ich wünsche ...« bereit hat. Oberflächlich betrachtet, erscheint der Flüchter als ein selbstgenügsamer Mensch, der Klammerer hingegen als fast unersättlich. Doch tatsächlich werden beide von dem gleichen Bedürfnis geleitet, geliebt und versorgt zu werden. Der eine steht nur in sehr viel besserem Kontakt mit seinen Gefühlen als der andere.

Gleichgültig, was der aktuelle Grund eines Klienten ist, diese Übung abzulehnen, lautet meine Instruktion immer gleich: »Bitte führen Sie diese Übung genau so durch, wie Sie Ihnen angegeben wurde. Selbst wenn Sie ängstlich werden, versuchen Sie sie bitte durchzuhalten und investieren noch mehr Energien, um sie zu einem guten Ende zu bringen. Schließlich wird Ihre Angst abnehmen.« Nach ausreichender Übungsdauer und zahlreichen Wiederholungen wird sich das Alte Gehirn an die neue Realität gewöhnen. Menschen mit schwach entwickelten Selbstwertgefühlen werden nach und nach eine positivere Identität aufbauen können. Der Flüchter wird herausfinden, daß das Mitteilen von kleinen Wünschen nicht seine oder ihre Unabhängigkeit gefährdet. Die Angst vor dem neuen Verhalten wird mehr und mehr überdeckt werden von der Freude, die diese Versuche mit sich bringen, und schließlich werden sie mit Lebendigsein und Sicherheit assoziiert werden. Diese Übung, einander mit liebevollen Gesten zu verwöhnen, wird zu einem angenehmen, verläßlichen Instrument, sich weiterentwickeln zu können.

Einsicht und Verhaltensänderung

Gerade diese mit liebevollen Gesten verbundene Übung, sowie noch einige andere, die ich Ihnen in den folgenden Kapiteln vorstellen möchte, haben meine Überzeugung bestärkt, daß Erkenntnis im Zusammenspiel mit Verhaltensänderungen mächtige Verbündete werden können. Es reicht nicht aus, die unbewußten Zusammenhänge zu verstehen, die einer Ehe zugrunde liegen. Erkenntnisse allein heilen Kindheitsverletzungen nicht. Noch reicht es aus, neue Verhaltensmodi auf eine bestehende Beziehung einfach aufzupfropfen; ohne die Gründe, die ein bestimmtes Verhalten bedingen, zu verstehen, werden diese Ehepaare nur begrenzte Verbesserungen erleben können. Meine Erfahrungen haben mich gelehrt, daß die effektivste Form der Therapie die ist, die beide Schulen kombiniert. Wenn Sie Ihre unbewußten Motivationen besser kennenlernen und diese Einsichten in unterstützendes Verhalten umsetzen, können Sie eine bewußtere und letztendlich befriedigendere Beziehung aufbauen.

Kapitel 9

Sich und den Partner besser kennenlernen

Dann werdet Ihr die Wahrheit kennen,
und die Wahrheit wird Euch frei machen.
Johannes 8/32

Wir alle werden nicht bestreiten wollen, daß unsere Partner eigene Standpunkte und Perspektiven entwickelt haben, doch es fällt uns sehr oft schwer, diese abstrakte Einsicht auch auf einer tieferen, emotionalen Ebene zu leben. Eigentlich wäre es uns doch lieber, sie würden die Welt mit unseren Augen sehen. Sind sie doch einmal anderer Meinung, neigen wir sehr schnell dazu, sie für nur schlecht informiert oder kurzfristig desorientiert zu halten. Wie sonst könnten sie sich so irren? Manche Menschen sind besonders stark auf ihre eigene Weltsicht festgelegt. So zum Beispiel einer meiner Klienten, Gene. Er ist Geschäftsführer einer sehr erfolgreichen Firma, sehr intelligent und daran gewöhnt, seine Umwelt durch die Überzeugungskraft seines Intellekts zu dominieren. Er hat seine Frau völlig vereinnahmt, eine sanfte und gutherzige Frau, Judy, die neben ihm saß, ihr Kinn heruntergedrückt, die Schultern vorgebeugt, wie ein gescholtenes Kind.

Eine meiner Zielsetzungen während der ersten Therapiestunde bestand darin, Judy so aufzubauen, daß sie einmal ihrem imposanten Ehemann gegenüber eine eigene Meinung vertreten könnte. (In den Lehrbüchern der Psychologie nennt man das »das Herstellen der therapeutischen Balance«). Normalerweise brauchte sie nur eine Bemerkung zu machen, schon zweifelte ihr Ehemann diese Äußerung an. »Du lügst! Das stimmt doch überhaupt nicht!« platzte er los, um sich sofort in seine eigene Verteidigungsrede zu stürzen. Sein Fazit war immer das gleiche: »Es handelt sich hier nicht um meine Meinung, Dr. Hendrix. Es ist einfach die Wahrheit.« Ich konnte sehen, wie sehr er wirklich davon überzeugt war, sein Standpunkt wäre der einzig nur mögliche, nur er wäre fähig, die Realität zu erfassen, so wie sie ist.

Es war sinnlos, ihn auf einer verbalen Ebene von der Begrenztheit seiner Sichtweise überzeugen zu wollen. Die Unterhaltung würde sofort zu einem Streitgespräch werden, und ich hatte keinen Zweifel, wer der Gewinner wäre. Zu Beginn unserer achten Stunde hatte ich plötzlich einen Einfall. Judy hatte gerade gewagt, von ihrem Eindruck bei einem gemeinsamen Essen mit Genes Vater zu berichten. Dieser hatte seinen Sohn durch eine Bemerkung gekränkt, die Judy allerdings als konstruktive Kritik wahrgenommen hatte. Gene dagegen hatte diese Äußerung als besonders grausame und abwertende Einschätzung seiner Person erlebt. »Du irrst dich schon wieder, Judy!« warf er ein. »Wie kannst du nur so blind sein?«

An dieser Stelle unterbrach ich ihr Gespräch und bat sie, diesen Streit für kurze Zeit zu unterbrechen, um einer Tonbandaufnahme klassischer Musik zuzuhören, Francks Violin-Konzert, Sonate in A. Während ich die Kassette einlegte, bat ich sie, der Musik genau zuzuhören und sich gleichzeitig auf die Bilder zu konzentrieren, die vor ihrem inneren Auge aufsteigen würden. Beide reagierten erstaunt, und ich spürte in Genes Miene deutliche Ungeduld: Wie könnte ein Musikstück ihre Schwierigkeiten lösen? Doch inzwischen vertraute er mir genug und ließ mich die Sitzung leiten. Er vermutete einen Grund für meinen unüblichen Vorschlag.

Wir saßen und lauschten der Musik. Ich hielt das Band nach dem zweiten Satz an, wohl wissend, daß ich mich in ein Minenfeld begab, und ich fragte Judy und Gene, was sie von der Musik hielten.

Gene sprach zuerst: »Was für ein schönes Stück«, sagte er, »so lyrisch. Mir gefiel die Violine im ersten Satz besonders gut.« Er summte einige Takte, und ich war beeindruckt von seiner Fähigkeit, sich an die Noten zu erinnern und sie richtig wiedergeben zu können. Neben seinen vielen anderen Qualitäten schien er auch noch das absolute Gehör zu besitzen. »So eine schöne Melodie«, fuhr er fort. »Ich weiß nicht, warum, doch plötzlich hatte ich die Vision eines Ozeans. Es gab Stellen, die mich an Debussy erinnerten. Wenn auch Franck weniger impressionistisch ist, ist es doch ebenso einfühlsam. Vielleicht liegt es an der französischen Tradition.«

Jetzt wandte ich mich an Judy. »Das ist lustig«, sagte sie mit so leiser Stimme, daß ich sie kaum verstehen konnte. »Ich habe diese Musik ganz anders empfunden.« Sie verkroch sich noch tiefer in ihren Lederstuhl und verstummte. Wie könnte sie auch mit der ausgefeilten, gebildeten Kritik ihres Ehemannes mithalten.

»Sagen Sie mir, was Sie in der Musik gesehen haben, Judy!« Ich hakte einfach nach. »Ich möchte wissen, was Sie denken.«

»Ja«, meinte sie, sich räuspernd, »mir erschien die Musik eher wildbewegt zu sein, besonders das Klavier. Diese Akkorde. Ich sah plötzlich Wolken bei Sturm aufziehen und spürte starken Wind - und sah einen sich verdunkelnden Himmel.«

»Liebling, wie kommst du nur auf diese Idee, darin etwas Dramatisches erkennen zu wollen!« Gene kommentierte ihre Stellungnahme sofort in einem gönnerhaften Ton, den er speziell für seine Frau bereithielt. »Ich bin fast eingeschlafen. Es wirkte so beruhigend. Höre doch das nächste Mal besser zu, Judy, und du wirst sehen, was ich meine. Es handelt sich hier um eines der lyrischsten Stücke, die je geschrieben wurden. Stimmen Sie mir nicht zu, Dr. Hendrix?« (Wie so viele meiner Klienten verbrachte auch er einen großen Teil seiner Zeit damit, den Therapeuten auf seine Seite zu ziehen.)

»Ja, Gene, ich denke auch«, bestätigte ich ihn. »Ich spürte die Sanftheit dieser Musik, so lyrisch und so beruhigend.« Dann wandte ich mich an Judy. »Doch Ihnen kann ich auch zustimmen, Judy. Es gibt auch Teile, die wirklich Leidenschaft und Drama ausdrücken. Ich denke, ich stimme Ihnen beiden zu.« Gene begann mit seinen Fingern auf die Armlehne zu trommeln.

»Ich habe eine Idee«, sagte ich, »warum hören Sie sich das Band nicht noch einmal an, um zu sehen, ob es vielleicht doch Hinweise auf den Standpunkt Ihres Partners enthält? Gene, ich möchte, daß Sie besonders auf die dramatischen Stellen achten, und Judy, versuchen Sie doch bitte einmal, auf die leichten, poetischen Momente zu hören.«

Ich spielte das Band zurück, und wiederum hörten sie der Musik zu. Anschließend fragte ich sie nach ihrer Meinung. Jetzt hatten beide in der Musik Qualitäten entdeckt, die ihnen vorher entgangen waren. Gene traf eine interessante Feststellung. Beim ersten Anhören hatte er sich instinktiv von der Geige anziehen lassen. Diesmal war er bemüht, besonders auf das Klavier zu achten, und es wurde ihm bewußt, warum sie beide so unterschiedlich reagiert hatten. »Es gibt wirklich sehr viel Anspannung in dieser Musik«, räumte er ein, »besonders im Klavierpart, den Arpeggios am Anfang des zweiten Satzes. Beim ersten Anhören habe ich diese schöne Stelle überhaupt nicht wahrgenommen. Ich war einfach abgelenkt. Jetzt kann ich verstehen, warum jemand diese Musik als stürmisch erlebt.« Judy war es gelungen, Genes Eindruck nachvollziehen zu können. Dieses Mal hatte sie die Musik nicht als derartig überwältigend empfunden. »Es gibt wirklich sehr schöne, ruhige Stellen«, meinte sie. »Eigentlich ist der ganze erste Absatz eher ruhig.«

Während beide sich um den Standpunkt des anderen bemühten, war ihnen zugleich bewußt geworden, daß Musik vielfältiger sein kann, als sie zuerst gedacht hatten. Es gab eher heitere Passagen und auch dramatische. Das Stück war komplex und vielschichtig. »Mich würde interessieren, wie die Aufführenden selbst dieses Stück wahrnehmen«, meinte Gene, »oder vielleicht noch ein Musikgeschichtler? Ich denke, jeder würde noch einen anderen Aspekt betonen. Die Interpretation dieser Sonate könnte noch sehr viel mehr vertieft werden.«

Ich war sehr zufrieden mit dem Ablauf der Diskussion. Mein Spiel hatte sich ausgezahlt. »Das war es, was ich Ihnen beiden zeigen wollte«, sagte ich. »Das ist der ganze Witz bei dieser Übung. Wenn Sie beide auch andere Themen auf die gleiche, offene Art betrachten könnten, würden Sie zwei Dinge erkennen: erstens, daß der jeweils andere vielleicht auch einen wichtigen Aspekt erkannt hat; zweitens, daß die Wirklichkeit sehr viel komplexer und vielschichtiger ist, als jeder von Ihnen allein feststellen kann. Wir alle können nur Momentaufnahmen der Welt erhalten und versuchen, uns der Wahrheit anzunähern. Doch etwas ist sicher. Gelingt es Ihnen, den Standpunkt Ihres Partners zu akzeptieren und ihn als Bereicherung ihres eigenen zu sehen, werden Sie beide differenziertere und richtigere Bilder der Wirklichkeit erhalten.« Auf der Grundlage dieses neuen Geistes der Kooperation führte ich Judy und Gene noch einmal zurück zu der Diskussion des Gesprächs mit Genes Vater. Gene konnte schließlich sehen, daß vielleicht doch eine gute Absicht dahinter steckte. Vielleicht hatte er diesen Aspekt ebenso ausgeblendet wie den Klavierpart bei dem Musikstück. Judy konnte sich jetzt sehr viel besser in die bereits seit langem bestehende Spannung zwischen Gene und seinem Vater einfühlen und nachvollziehen, warum ihr Ehemann so ärgerlich reagiert hatte. Plötzlich war ihre Sicht der Dinge zweidimensional geworden.

Versteckte Wissensquellen

Können wir die Begrenzungen unserer eigenen Sichtweise akzeptieren und öffnen wir uns gleichzeitig für den Standpunkt unseres Partners, entdecken wir sehr viele neue Möglichkeiten, die Welt zu betrachten. Statt nun den von unserem abweichenden Standpunkt zu bekämpfen, erleben wir ihn als Wissensbereicherung: »Was siehst du, was ich noch nicht weiß?« - »Was hast du gelernt, was ich noch lernen muß?« Die Ehe bietet uns die Möglichkeit, permanent unsere begrenzte Realitätswahrnehmung an der Perspektive einer anderen Person überprüfen zu können. Beide enthalten sicher einen wahren Kern, der bisher Verborgenes sichtbar macht und somit neue Chancen eröffnet, ganzheitlicher leben zu können. Bereichern wir unseren Wissensbestand auf diese Art und Weise, schaffen wir eine realistische Liebe, eine Liebe auf der Grundlage dessen, was wir wirklich sind, nicht auf Illusionen aufgebaut.

Im sechsten Kapitel haben wir eine Vielzahl von Bereichen angesprochen, in denen unser Wissen defizitär geblieben ist. Wir müssen uns der verborgenen Struktur unserer Ehen bewußter werden und uns mit unseren verleugneten Persönlichkeitsmerkmalen auseinandersetzen, ebenso mit der inneren Wirklichkeit unseres Partners, und das Heilungspotential aktivieren, das in jeder guten Ehe gegeben ist. Wie Sie in diesem kurzen Beispiel, der Beziehung zwischen Judy und Gene, sehen konnten, hängt die Möglichkeit, unser Wissen zu erweitern, in erster Linie von unserer Bereitschaft ab, auch den Standpunkt des anderen akzeptieren zu können und aus seinen spezifischen Wahrnehmungen lernen zu wollen. Sind beide bereit, ihre individuelle Sichtweise zu erweitern, werden die alltäglichen Erlebnisse zu einer wahren Fundgrube an neuen Informationen.

Besonders wertvoll in dieser Hinsicht kann die Analyse der ausgesprochenen, aber auch der unausgesprochenen Kritik unseres Partners sein. »Du kommst immer so spät nach Hause!« - »Ich kann mich einfach nicht an dich anlehnen!« - »Warum denkst du nie an mich?« - »Du bist so egoistisch!« Sagen wir diese Dinge, sind wir von ihrer Richtigkeit überzeugt. Doch oft erzählen sie in Wahrheit mehr über uns selbst, bzw. bestimmte Anteile unserer Persönlichkeit.

Lassen Sie uns einen Blick auf die Erfahrungen mehrerer Paare werfen, um produktiv mit diesen ständigen emotionalen Vorwürfen umgehen zu lernen. Stellen wir uns eine Frau vor, die ständig an ihrem Mann herumkritisiert, er sei desorganisiert. »Immer bist du so schlecht vorbereitet! Niemals kann ich mich wirklich auf dich verlassen.« Der Mann bittet sie um konkrete Beispiele, und sie gibt zurück: »Du bist unfähig, eine Reise zu planen. Immer vergißt du die wichtigsten Sachen, fahren wir einmal zum Camping. Du vergißt die Geburtstage der Kinder. Kochst du einmal, ist die Küche hinterher vollständig verwüstet.« Es überrascht uns nicht, wenn der Mann diesen Angriff kontert, indem er alles ableugnet. »Das stimmt nicht! Du übertreibst. Du bist noch weniger gut organisiert, als ich es je sein werde!«

Wie kann nun dieser Schlagabtausch in sinnvolle Information verwandelt werden? Zuerst einmal könnte der Ehemann wirklich etwas über sich erfahren, würde er die Kritik seiner Frau annehmen. Die meisten Ehepartner sind zu wahren Experten geworden, was die Schwachstellen ihrer Männer/Frauen betrifft. Leider werden diese Informationen in der Form der offenen Anklage vorgebracht, wodurch lediglich die Abwehrbereitschaft des anderen geweckt wird. Könnte sich der Mann überwinden, seine Abwehrmauer aufzugeben, könnte er in der Tat feststellen, daß es in seinem Leben einige Bereiche gibt, in denen er nicht sehr gut organisiert ist. Der Schmerz, den dieser Vorwurf auslöst, beruht ja gerade auf der Richtigkeit. Könnte er einfach die Bemerkung seiner Frau annehmen, würde er sich eines verleugneten Charaktermerkmals wieder bewußt. Dann brauchte er diese Eigenschaft nicht auf seine Frau zu projizieren, sondern könnte dieses Thema für sich bearbeiten und sich weiterentwickeln.

Diese Beobachtung über die verborgenen Informationen, die in jeder Kritik enthalten sind, können als allgemeines Prinzip formuliert werden:

Prinzip 1: Die meisten der kritischen Bemerkungen unserer Partner enthalten Zutreffendes.

Was könnte ein Paar aus dem oben erwähnten Schlagabtausch noch lernen? Wäre diese Frau offen, könnte auch sie wertvolle Hinweise auf eigene Kindheitsverletzungen erhalten. Zuerst könnte sie ihre Kritik auf ein Stück Papier schreiben: »Du bist immer so unordentlich!« Dann könnte sie folgende Fragen beantworten:

- Wie fühle ich mich, wenn mein Partner so handelt?
- Welche Gedanken kommen mir, wenn er so handelt?
- Welche tieferen Gefühle könnten diesen Gedanken und Empfindungen zugrunde liegen?
- Hatte ich diese Gedanken und Gefühle auch als Kind?

Durch diese einfache Methode könnte sie für sich bestimmen, ob das Verhalten ihres Ehemannes eigene, starke Kindheitserlebnisse wiederbelebt. Lassen Sie uns einmal annehmen, die Eltern dieser Frau waren immer schlecht organisiert und hatten wenig Zeit, auf ihre Wünsche und Bedürfnisse einzugehen. Es überrascht nicht, daß sie die gleichen Ängste wie damals als Kind wiedererlebt, wenn ihr Ehemann nun ein ähnliches Verhalten zeigt. Verborgen hinter der Kritik an ihrem Ehemann steckt daher noch die Klage aus ihrer Kindheit: »Warum kümmert sich niemand um mich?« Dieser Zusammenhang leitet zum zweiten Prinzip über.

Prinzip 2: Viele der sich wiederholenden, emotionalen Kritiken an unserem Partner sind verborgene Äußerungen über unsere eigenen, unbefriedigten Kindheitsbedürfnisse.

Es sind noch andere Informationen in dieser Kritik enthalten, die wir verwerten können, vorausgesetzt wir sind an Selbsterkenntnis interessiert. Die Kritik der Ehefrau enthält sehr wahrscheinlich auch ein Urteil über sich selbst. Während sie nun die mangelnde Organisationsfähigkeit ihres Mannes beklagt, ist vielleicht auch sie in einem erheblichen Maße schlecht organisiert. Zur Überprüfung könnte sie sich die Frage vorlegen: »Inwieweit trifft dieser Vorwurf an meinen Ehemann auch auf mich selbst zu?« Sie sollte dabei bedenken, daß die Art, wie sich nun ihre mangelnde Organisationsfähigkeit äußert, von der ihres Mannes sehr verschieden sein kann. Vielleicht ist ihre Küche immer fleckenlos sauber, und sie plant die Ferien wie ein Profi - die Bereiche, die ihm schwerfallen -, doch sie kann nur sehr schwer Prioritäten in ihrem Beruf setzen und hat Probleme bei der Einteilung des Haushaltsbudgets. Vielleicht würde ihr durch diese Übung bewußt, daß sie versucht, einen ihrer verleugneten eigenen Charakterzüge auszutreiben, indem sie ihn externalisiert, auf ihren Partner projiziert und dann kritisiert. Würde sie diesen Zusammenhang erkennen können, stünden ihr ausreichend Informationen zur Verfügung, um eigene negative Charaktermerkmale von denen ihres Partners zu trennen. »Ich bin auf meine Art desorganisiert, er auf seine.« Im psychologischen Fachausdruck formuliert, würde sie sich ihre Projektionen aneignen und von ihm abziehen. Jesus formulierte diesen Zusammenhang poetischer: »Nimm den Balken aus deinem Auge, damit du den Splitter in deines Bruders Auge sehen kannst!« Damit sind wir bei der dritten Feststellung über Kritik:

Prinzip 3: Ein bestimmter Anteil Ihrer sich wiederholenden, emotionalen Kritik an Ihrem Partner könnte eine zutreffende Beschreibung eines eigenen, verleugneten Anteils sein.

Sehr oft handelt es sich bei dieser Kritik um einen unbewußten Aspekt des Verlorenen Ichs. Findet diese Frau nun heraus, daß sie in wirklich allen Lebensbereichen hervorragend organisiert ist, könnte ihre Kritik an ihrem Ehemann auch als Hinweis verstanden werden, daß sie vielleicht das unbewußte Bedürfnis hat, weniger organisiert zu leben - entspannter, flexibler und spontaner. Wirft sie ihm nun seine Sorglosigkeit vor, beneidet sie ihn vielleicht insgeheim um seine Freiheiten. Kritisieren Partner den anderen, er sei zu energisch, zu sexy, zu spielerisch oder zu arbeitsbesessen, identifizieren sie damit sehr oft unterentwickelte oder verdrängte Bereiche ihrer eigenen Psyche. Jetzt haben wir das vierte und letzte Prinzip erarbeitet:

Prinzip 4: Manches an Ihrer Kritik an Ihrem Partner kann Ihnen helfen, Ihr eigenes Verlorenes Ich wiederzufinden.

Im nächsten Kapitel, anhand einer Übung, die ich »Stretching-Übung« nennen möchte, werden Sie sehen, welche Erkenntnisse Sie aus dieser gegenseitigen Kritik gewinnen können und wie Sie sie in einen effektiven, Persönlichkeitswachstum fördernden Prozeß verwandeln können.

Die innere Welt unserer Partner

Überprüfen wir einmal die kritischen Bemerkungen, die wir über unsere Partner äußern, gewinnen wir sehr wichtige Informationen über uns selbst. Wie können wir nun wissen, was in seiner inneren Welt vor sich geht? Die Antwort lautet: durch verbesserte Informationskanäle. Im Laufe Ihrer Beziehung hat Ihr Partner Ihnen in vielen tausend Stunden Einblicke in seine Gedanken, Gefühle und Wünsche gewährt, von denen wir jedoch nur ein Bruchteil überhaupt registrierten. Soll unser Verständnis für die subjektive Realität unserer Partner verbessert werden, müssen wir uns dazu erziehen, besser und effektiver kommunizieren zu lernen.

Wir müssen uns dazu Kenntnisse der Semantik aneignen. Zwar sprechen Sie und Ihr Partner die gleiche Sprache, doch es lebt jeder in einer Welt voller Idiosynkrasien, eben einer privaten Welt. Jeder ist in einer anderen Umgebung aufgewachsen, bringt unterschiedliche Lebenserfahrungen mit sowie unterschiedliche Erinnerungen. An einem trivialen Beispiel läßt sich dieser Zusammenhang gut aufzeigen. »Wir spielen Tennis« bedeutet in zwei unterschiedlichen Familien etwas ganz anderes. In der Familie A versteht man darunter, in einer von allen geteilten, wenn auch nie explizit ausgesprochenen Definition: »Laßt uns schnell irgendeinen alten Schläger greifen, der gerade herumliegt, und im Park wollen wir dann den Ball so lange über das Netz schlagen, bis wir keine Lust mehr haben. Regeln sind gleichgültig, wichtig ist die Bewegung.« In Familie B jedoch heißt »Wir wollen Tennis spielen«: »Wir reservieren einen Hallenplatz im privaten Club, holen die Vierhundert-DM-Schläger und spielen so lange wettbewerbsorientiert, bis einer als der deutliche Sieger hervorgegangen ist.« Mark, in Familie A aufgewachsen, reagiert befremdet auf das aggressiv entschlossene Tennisspiel seiner Frau Susan, die in Familie B aufwuchs.

Etwas weniger trivial könnten die unterschiedlichen Bedeutungen sein, die Mark und Susan mit dem Satz: »Wir wollen darüber sprechen« verbinden. In Susans Familie setzten sich dann alle Erwachsenen um einen Tisch herum und sprachen ruhig und besonnen alle verschiedenen Gesichtspunkte eines Problems durch, bis eine Einigung erzielt werden konnte. In Marks Familie bedeutete der Satz, daß man kurz über das Problem spricht, um es dann erst einmal ruhen zu lassen. Dahinter steht die Philosophie, daß auch die schwierigsten Probleme sich mit der Zeit von selbst lösen. Schlägt Susan nun Mark vor, einmal über die schlechten Schulnoten ihres Sohnes »gemeinsam zu sprechen«, und Mark nur einige Bemerkungen beisteuert, um sich dann gleich wieder dem Fernsehen zuzuwenden, reagiert sie wütend. Mark ist völlig erstaunt, wenn sie zur Tür hinausläuft und mehrere Stunden nicht zurückkehrt. Was hat er falsch gemacht? Einfach, daß er annahm, er und seine Frau würden die gleiche Sprache sprechen.

Ableugnen

Neben dem Problem der Idiosynkrasien, die sich durch die verschiedenen semantischen Bedeutungen in der Sprache ergeben, blockieren noch andere Hindernisse eine effektive Kommunikation. Der bekannteste Mechanismus ist vielleicht das Ableugnen: Sie glauben einfach nicht, was Ihr Partner Ihnen sagt. Ich erinnere mich hier an ein Beispiel. Joseph und Amira kamen zu einem meiner Wochenendseminare. Joseph ist ein vierzig Jahre alter Journalist und Amira eine fünfundzwanzigjährige Schauspielerin. Beide sind sehr attraktive, gewandte Menschen. Samstagabend, ungefähr in der Hälfte des Seminars, tauchte plötzlich ihr zentraler Konflikt auf. Während einer Diskussionsrunde eröffnete Joseph den Teilnehmern, wie sehr er sich Kinder wünscht. »Ich könnte schon Großvater sein, bevor ich Vater geworden bin«, klagte er. Amira wollte jedoch noch warten. Gerade entwickelte sich ihre Karriere über die ersten Stufen hinaus, und sie wollte jetzt keine Babypause einlegen, sondern warten, bis sie etwa 35 Jahre alt sein würde. Sie betonte, sie habe Joseph schon vor ihrer Ehe sehr deutlich mitgeteilt, daß sie erst sehr viel später eine Familie gründen wolle. »Ich wußte es doch damals schon genau und habe es ihm wieder und wieder gesagt. Doch er hat mir einfach nicht zugehört. Ich hätte ein T-Shirt tragen sollen, auf das mit großen Lettern gedruckt steht: Ich bin noch nicht bereit, Kinder zu haben!« Joseph gab zu, daß Amira ihren Standpunkt tatsächlich sehr deutlich gemacht hatte, er habe sich jedoch selbst eingeredet, sie meine eigentlich nicht, was sie sage. »Ich dachte, sie macht sich selbst etwas vor. Wie kann dieses bißchen Spielen in einer Mini-Serie ihr so wichtig sein, wichtiger als eigene Kinder?« Die Befriedigung seines Kinderwunsches erschien ihm so wichtig zu sein, daß er einfach die Prioritäten seiner Frau ignorierte.

Wir alle kennen diese sogenannten »heißen Punkte« in unseren Beziehungen, wo unsere eigenen Vorstellungen mit denen unserer Partner oder der Realität unseres Partners kollidieren. Benehmen sich unsere Partner so, daß sie mit unseren eigenen Interessen in Konflikt geraten, verwenden wir ein ganzes Waffenarsenal, um an unseren Illusionen festhalten zu können. Wir können sie verurteilen: »Du bist schlecht (undankbar, unsensibel, langweilig, dumm, verabscheuenswürdig, uninformiert, zu derb, uneinsichtig usw.), weil du so fühlst, wie du fühlst.« Wir können sie erziehen nach dem Motto: »Eigentlich fühlst du doch gar nicht so. In Wirklichkeit fühlst du ...« Wir können sie auch bedrohen: »Wenn du dich nicht änderst, werde ich ...« Wir können sie ignorieren: »Ja, ja, wirklich sehr interessant! Wie ich schon sagte ...« Oder wir können sie analysieren: »Der Grund für deine derartig unannehmbaren Gedanken und Gefühle liegt darin, daß vor Jahren deine Mutter ...« In allen diesen Antworten versuchen wir, das Selbstwertgefühl unseres Partners herabzusetzen und es durch eigene, primär unseren Interessen dienende Illusionen zu ersetzen. Genau das gleiche Muster vollzog sich in der Kindheit unserer Partner. Auf viele verschiedene Arten teilten ihnen ihre Bezugspersonen mit: »Nur einige deiner Gefühle sind wirklich ernst zu nehmen. Nur ein Teil deiner Gefühle und deines Benehmens ist hier zugelassen!« Statt ihnen zu helfen, diesen emotionalen Schaden zu beheben, fügen wir nur noch weitere Verletzungen hinzu.

Der Partnerdialog

Der Partnerdialog bezeichnet eine drei Schritte umfassende Übung, die entscheidend für den Erfolg Ihrer zukünftigen »bewußten« Ehe sein wird. Zuerst einmal werden Sie sich ganz auf das fokussieren können, was Ihr Partner Ihnen zu sagen hat. Die meisten von uns hören eigentlich nie richtig zu, wenn jemand ihnen etwas mitteilt. Anstatt genau hinzuhören, reagieren wir oft nur auf den Teil, den wir gerade verstanden haben. Mit anderen Worten, wir hören im Grunde nur auf unsere Reaktion auf das Gehörte. Wenn es Ihnen allerdings gelingt, genau hinzuhören, was Ihr Partner Ihnen mitteilen will, wird es Ihnen viel besser gelingen, auch zu verstehen, was dahinter steht. Zweitens, wenn Sie ernsthaft diesen Dialog mit Ihrem Partner beginnen, werden Sie erfahren, daß Sie mit einem Menschen zusammenleben, dessen Innenleben sich von Ihrem eigenen sehr oft unterscheidet.

Im Denken des Anfang der zwanziger Jahre des vorigen Jahrhunderts lebenden Denkers Martin Buber gesprochen, entwickeln Sie statt einer »Ich-Es-Beziehung« eine »Ich-Du-Beziehung«. Die Einsicht ist grundlegend, daß Sie mit einem Menschen eine Beziehung haben, die nicht bloß eine Verlängerung Ihres eigenen Selbst ist. Wird dies übersehen, sind Konflikte vorprogrammiert. Der regelmäßige Gebrauch dieser Methode Paardialog, vor allem in einer Konfliktsituation, schafft eine tiefe emotionale Bindung zwischen Ihnen und Ihrem Partner. Wenn das gemeinsame Gespräch diese Tiefendimension erreicht, hat es schon fast spirituellen Charakter.

Die drei Schritte bei dieser Übung Partnerdialog bezeichnen wir als Spiegeln, Wertschätzen und Empathie. Zuerst wollen wir mit dem ersten Schritt anfangen, dem Spiegeln, einer bekannten Technik aus der traditionellen Paartherapie. Hat einer von Ihnen dem anderen etwas Wichtiges mitzuteilen, gilt als erste Regel, alles in der »Ich-Aussage« zu formulieren. Zum Beispiel: »Ich mag es nicht gerne für dich zu kochen, wenn es dir offensichtlich gleichgültig ist, welche Mühe ich mir damit gegeben habe.« Dann sollte Ihr Partner Ihre Aussage in seinen eigenen Worten wiederholen und dabei fragen, ob er alles richtig verstanden hat. »Habe ich dich richtig verstanden? Du verlierst die Lust, für mich jeden Abend ein Essen zu kochen, weil du das Gefühl hast, es ist mir egal, welche Mühe du dir dabei gegeben hast? War es das, was du sagen wolltest?« Dieser Prozeß wird so lange wiederholt, bis beide das Gefühl haben, genau zu wissen, was der andere sagen wollte.

Dann geht Ihr Partner in der Kommunikation eine Stufe tiefer, indem er fragt, ob Sie zu diesem Thema noch etwas sagen wollen. Gut geeignet ist die folgende Frage: »Gibt es noch etwas, was du dazu sagen willst?«. Dann können Sie das Thema erweitern, indem Sie noch etwas hinzufügen, was Ihr Partner wiederum bestätigen muß. Zum Beispiel: »Ich brauche fast eine Stunde, um das Essen zu kochen, und ich gebe mir wirklich Mühe, damit es lecker und schön hergerichtet ist. Ich fühle mich wirklich mies, wenn du es dann kommentarlos in dich hineinschaufelst.« Diesen Prozeß setzen Sie solange fort, bis beide sicher sind, alles genau verstanden zu haben. Aus meiner Arbeit mit den Paaren weiß ich, daß genau dieses Nachfragen: »Gibt es noch etwas?« im Rahmen der Spiegeln-Übung das Erfolgsgeheimnis der Therapie ist. Wenn Sie ermutigt werden, weiter Ihre Gedanken oder Gefühle Ihrem Partner mitzuteilen, kann er Sie und Ihren Standpunkt viel besser verstehen. Ein oder zwei Sätze liefern einfach nicht ausreichend Information.

Obwohl dieses Spiegeln eine recht gut strukturierte Übung ist, widerspricht sie doch dem normalen Verlauf einer ehelichen Debatte und verlangt daher viel Übung. Hier einige der vielfach auftretenden Probleme dieser Übung: Der nachfolgende Dialog fand während eines Workshops zur Imago-Therapie statt. Ich hatte ein Paar gebeten nach vorne zu kommen und vor der ganzen Gruppe über ihre heiklen Punkte zu sprechen, so, als wären sie zuhause. Greg und Sheila, ein junges Paar, das erst seit einigen Monaten zusammenlebte, meldeten sich freiwillig. Greg begann den Dialog.

GREG: Sheila, es macht mir wirklich etwas aus, daß du rauchst, und ich würde mir wünschen, daß du mehr Rücksicht auf mich nimmst.

Da ich die Spiegel-Übung noch nicht erläutert hatte, reagierte Sheila wie gewohnt und wehrte den Einwand ohne nachzudenken ab.

SHEILA: Du wußtest, daß ich rauche, als du mich gefragt hast, ob ich bei dir wohnen will. Du hast doch von Anfang an diese Tatsache akzeptiert. Warum kritisierst du mich ständig? Du sollst mich so nehmen, wie ich bin. Du weißt, daß ich versuche, weniger zu rauchen.

Greg, in einer weiteren, quasi-automatischen Reaktion, verstärkte jetzt noch seine Kritik. Das Gespräch verwandelte sich in ein Tennis-Match.

GREG: Ich erkenne deine Anstrengungen, weniger zu rauchen, wirklich an.

Ich finde es jedoch interessant, daß du hier das Zeichen im Speisesaal »Nicht rauchen« beachtet hast. Ich fühle mich zu Hause wirklich belästigt, wenn es überall im Haus nach Zigarettenrauch riecht.

SHEILA: Ich bin hier doch nicht zu Hause! Aber in den eigenen vier Wänden habe ich ein Recht zu rauchen.

Sheila brachte diese letzte Mitteilung mit Nachdruck hervor, und die Gruppe applaudierte ihr. Der Schlagabtausch war ausgezählt worden. Jetzt mußte ich eingreifen.

HENDRIX: In Ordnung. Wir wollen diese Übung wiederholen und sehen, ob wir daraus eine Kommunikationsübung machen können, keine in Sachen Konfrontation. Greg, würden Sie bitte noch einmal Ihre Anfangsbemerkung wiederholen?

GREG: Ich finde es wirklich sehr schön, daß wir zusammengezogen sind, doch ich wußte vorher nicht, wie schwierig es für mich werden würde, dein Rauchen zu akzeptieren.

HENDRIX: Gut. Jetzt möchte ich, daß Sie Ihre Aussage so vereinfachen, daß man sie leichter verstehen kann.

GREG: Lassen Sie mich überlegen ... Dein Rauchen stört mich. Ich habe das zuerst nicht für möglich gehalten, aber es ist so.

HENDRIX: Nun zu Sheila. Ich möchte, daß Sie Gregs Aussage paraphrasieren, d. h., daß Sie seine Gefühle spiegeln, ohne ihn zu kritisieren oder sich selbst zu verteidigen. Dann möchte ich, daß Sie Greg fragen, ob Sie ihn richtig verstanden haben.

SHEILA: Es tut mir wirklich leid, daß dich mein Rauchen stört ...

HENDRIX: Nein, ich habe Sie nicht gebeten, sich zu entschuldigen. Versuchen Sie bitte, nur das wiederzugeben, was Greg gesagt hat, ihm Ihr Verständnis zu zeigen und daß Sie seine Gefühle annehmen können.

SHEILA: Könnte er es bitte noch einmal wiederholen?

GREG: Dein Rauchen stört mich. Ich dachte zuerst, es würde mir nichts ausmachen, aber das stimmt nicht.

HENDRIX: Nun versuchen Sie doch bitte, ihm diese Aussage mit entgegenkommender Wärme zurückzumelden.

SHEILA: Ich denke, ich höre lieber auf zu rauchen!

(Die Gruppe lacht.)

HENDRIX: Atmen Sie ruhig durch, und machen Sie sich bewußt, daß Ihr Verhalten ihn stört. Statt es als Kritik zu interpretieren, versuchen Sie doch einmal, seine Sorge um sein Wohlergehen herauszuhören. Ob es richtig ist oder nicht, er fühlt sich unwohl, und Sie sorgen sich doch um ihn. Ich weiß, es ist nicht einfach vor so vielen Menschen, und ich weiß auch, daß Sie das Thema wirklich berührt.

SHEILA: Was sollen wir tun ...

HENDRIX: Nein, Sie sollen das Problem hier nicht lösen. Sie sollen einfach seine Aussage paraphrasieren, zusammen mit ihrem emotionalen Gehalt, so daß er versteht, daß Sie ihn verstehen, wie er sich fühlt.

SHEILA: (nimmt einen tiefen Atemzug) Gut. Ich denke, ich schaffe es jetzt. Ich verstehe, daß es dich wirklich stört, wenn ich rauche. Du wußtest nicht, daß es dich stören würde, als wir zusammengezogen sind, doch jetzt fühlst du dich wirklich unwohl. Stimmt das?

HENRIX: Sehr gut. Ich konnte Gregs Sorgen genau wiedererkennen. Trifft das auch für Sie zu, Greg? Hat sie verstanden, was Sie ihr sagen wollten?

GREG: Ja, genau so fühle ich mich. Was für eine Erleichterung! Zum ersten Mal hat sie sich wirklich die Mühe gemacht, mir genau zuzuhören.

Wie Gregs Reaktion zeigt, wirkt es äußerst befriedigend, wenn einem richtig zugehört wird und man sicher sein kann, daß das, was man sagen wollte, auch wirklich verstanden worden ist. Dieses Phänomen ereignet sich in den meisten Ehen nur sehr selten. Nachdem ich bei mehreren Seminaren diese Übung vorgestellt habe, lasse ich die Paare dieses Senden und Empfangen von einfachen Mitteilungen in ihren Zimmern üben. Immer kehren sie in die Gruppe zurück und berichten, es wäre eine neue Erfahrung gewesen, und eine sehr wichtige. Es ist ein so unerwartetes Geschenk, wirklich die volle Aufmerksamkeit des Partners genießen zu können.

Wertschätzung

Nachdem sich die Paare mit der Übung des Spiegelns vertraut gemacht haben, ermutige ich sie den zweiten Schritt - die Wertschätzung - in Angriff zu nehmen. In diesem Teil der Übung werden beide lernen, die innere Logik bzw. die jeweils eigene Wahrheit des anderen auch verstehen zu lernen. Im Grunde sagen sie nun zueinander: »Was du mir mitteilst, kann ich nachvollziehen! Ich verstehe, warum du so denken mußt.«

Ich hatte selbst meine erste und einschlägige Erfahrung mit diesem speziellen Teil - dem Wertschätzen -, als ich noch ein junger Mann war. 1960 hatte man mich als jungen Kaplan nach Louisville in Kentucky geschickt, wo ich in der Abteilung für Schizophrene in einer Nervenklinik seelsorgerisch tätig sein sollte. Man hatte mir nur gesagt: »Gehen Sie dort hinein und versuchen Sie, so gut es geht, eine Beziehung zu den Patienten aufzubauen!« Im Laufe der Zeit bekam ich vermehrt Supervision, jedoch hieß es in den ersten Wochen »Schwimmen oder Untergehen!« Einer der ersten Patienten, die ich kennenlernen wollte, war Leonard. Ich erinnere mich noch gut daran, daß Leonard sehr starker Raucher war. Ich konnte ihn immer nur hinter einem Rauchschleier sehen. Doch besonders bemerkenswert an ihm war, daß er sich für Jesus hielt.

»Hallo, Leonard«, begrüßte ich ihn, als ich ihn das erste Mal besuchte. »Ich heiße Harville.«

»Ich bin Jesus«, antwortete er mir und zog dabei an seiner unvermeidlichen Zigarette. »Ich heiße nicht Leonard.«

Ich versuchte, mir mein Erstaunen nicht anmerken zu lassen. »Oh, ich studiere Theologie. Ich habe eine bestimmte Vorstellung von Jesus, aber ich freue mich, Sie kennenzulernen.«

Während der nächsten Tage entwickelte sich zwischen Leonard und mir eine Beziehung, vor allem wohl, weil mich sein unerschütterlicher Glaube, er sei Jesus, so faszinierte. Ich versuchte nicht mehr ihm das auszureden, weil ich schnell erkannt hatte, das wäre sinnlos gewesen. Ich hatte seine innere Logik - seine persönliche Wahrheit - akzeptiert. Nach und nach fühlte sich Leonard in meiner Gegenwart sicherer und begann mir zu erzählen, was die Stimmen in seinem Kopf wieder zu ihm gesagt hätten. Nachdem ich genau verstanden hatte, was die Stimmen zu ihm gesagt hatten, und wie sehr sie für ihn genau so real waren wie meine Stimme, verstand ich auch, warum Leonard sich für Jesus hielt. Ich will schnell hinzufügen, daß ich natürlich wußte, daß er nicht Jesus war, doch konnte ich sehen, warum er dachte, er sei Jesus. Es war innerhalb seiner persönlichen Wahrheit nachvollziehbar.

Eines Tages schließlich beschloß ich, Leonard als Jesus anzusprechen. Das erschien mir nicht als Gotteslästerung. Es war eine Art Respektbezeugung meinerseits. Warum sollte ich sein Leben noch schwieriger machen, wenn er doch so schon ganz unten war? Wenn er glaubte, Jesus zu sein, würde ich dieses Stück des Weges mit ihm gehen. An diesem Morgen ging ich zu ihm und begrüßte ihn: »Hallo, Jesus.« Zu meiner großen Überraschung antwortete er: »Ich bin doch nicht Jesus. Ich bin Leonard.« Verdutzt sah ich ihn an und meinte: »Aber Sie sagen mir doch seit Wochen, Sie seien Jesus!«

»Ja«, bestätigte er mir, »aber die Stimmen in meinem Kopf erzählen mir nun, mit Ihnen zusammen sei es nicht nötig, Jesus zu sein.«

Diese Wertschätzung meinerseits hatte ihm ermöglicht, sich einen Schritt weiter auf die Normalität hin zu bewegen.

Wertschätzung plus Spiegeln

Zu Beginn meiner Arbeit mit Paaren endete diese Übung mit dem Spiegeln. Ich unterließ es, von ihnen zu fordern noch weiterzugehen und das wertzuschätzen, was der andere gesagt hatte, sowie die innere Wahrheit des Partners anzuerkennen. Doch immer mehr erkannte ich, wie entscheidend für einen erfolgreichen Verlauf der Therapie genau dieser Punkt war. Ich erinnere mich genau, wann ich das erste

Mal ein Paar bat, nach dem Spiegeln auch das Wertschätzen auszuprobieren. Es ist schon viele Jahre her und die Erinnerung etwas ungenau. Wenn ich mich recht entsinne, waren beide, wollen wir sie hier Rita und Doug nennen, in ihren Vierzigern. Rita war Lehrerin, und ich meine, Doug hat als Versicherungsmakler gearbeitet. Ihre Hauptschwierigkeit bestand darin, daß sie sich emotional nicht näher kommen konnten. Wenn Rita versuchte, mit ihrem Mann über etwas zu sprechen, das ihr sehr wichtig war, antwortete Doug ohne viel Interesse und entzog sich ihr. Der Grund dafür war, so erfuhr ich später, daß er oft nicht mit ihr einverstanden war und es vorzog zu schweigen, um sie nicht ständig kritisieren zu müssen. Auf seine eigene Art versuchte er etwas für ihre Beziehung zu tun. Doch verständlicherweise war seine mangelnde Responsivität für Rita ärgerlich. Um das Gefühl zu haben, mit ihm wirklich verbunden zu sein, erhob sie ihre Stimme und übertrieb ihre Aussagen so, bis er antwortete. Während ich das hier schreibe, habe ich genau das Bild vor Augen, wie Doug auf Rita reagierte. Er begann sehr flach zu atmen. Sein Gesicht wurde rot. Dann kreuzte er die Arme vor der Brust und bog seinen Körper nach hinten, weiter weg von ihr. Wenn Rita lange genug dabei blieb, reagierte er schließlich. Unglücklicherweise war seine Antwort, wenn sie kam, wenig einfühlsam und fachte ihr Feuer nur noch mehr an.

Damit beide dieses destruktive Muster hinter sich lassen konnten, erklärte ich ihnen die Übung Spiegeln. So war Rita gezwungen, ihren Redefluß etwas zu verlangsamen und Doug mußte mit ihr in Kontakt bleiben. Doch die Übung allein brachte nicht den erhofften Erfolg, wie ich es sonst gewohnt war. Zwar hatte sich ihre Art der Kommunikation dramatisch verbessert, doch irgendwie schienen sie sich nicht näher zu kommen. Ratlos wandte ich mich eines Tages an Rita und fragte sie: »Was wollen Sie von Doug, was er Ihnen vorenthält?« »Ich möchte, daß er mir sagt, er versteht das, was ich sagen will. Daß ich nicht verrückt bin!« Ein Licht ging mir auf. Rita wollte nicht nur gehört werden. Sie wollte auch verstanden und wertgeschätzt werden. Sie wollte, daß ihr Ehemann ihr bestätigte, ihr Standpunkt sei zumindest nachvollziehbar. Ich wandte mich Doug zu und fragte ihn, ob er bereit sei, bei dieser Übung noch einen Schritt weiterzugehen. Sobald er Rita korrekt gespiegelt hätte, würde er ihr auch sagen, er könne ihren Standpunkt zumindest nachvollziehen? Doug dachte lange nach und meinte: »Aber was ist, wenn ich das, was sie sagt, nicht nachvollziehen kann?« Ich erklärte ihm, er brauche nicht mit Rita übereinzustimmen oder ihren Standpunkt zu übernehmen, um sie wertzuschätzen; er brauche nur seine Sicht der Dinge einen Augenblick lang nicht als einzige Möglichkeit anzusehen, nur um sich wirklich darum zu bemühen nachzuvollziehen, wie ihre Sicht sein könnte. Doug dachte darüber nach und wollte es versuchen.

Rita äußerte ihren Standpunkt - ich erinnere mich nicht mehr, was es genau war - und Doug paraphrasierte die Aussage. Doch statt auf meine Intervention zu warten, um den nächsten Schritt zu erklären, platzte Rita heraus: »Und, Doug, stimmst du mir zu?«

Doch Doug durchschaute das Manöver. »Nein«, sagte er ruhig und freundlich.

Rita bestand darauf: »Kannst du nachvollziehen, was ich sage? Erscheint es dir plausibel? Oder denkst du, ich bin verrückt?!«

»Nein, ich halte dich nicht für verrückt«, antwortete Doug. »Doch ich kann dir wirklich nicht zustimmen!«

Rita sprang aus ihrem Stuhl und packte Dougs Arme: »Also, du kannst *verstehen*, was ich dir sagen wollte?«

»Ja, wenn ich es von deinem Standpunkt aus betrachte, kann ich es verstehen. Ich sehe die Dinge nur anders!«

Ich werde nie vergessen, wie Rita darauf reagierte. Sie sank vor Doug in die Knie und begann zu weinen: »Das war genau das, was ich immer von dir hören wollte! Niemals zuvor hat jemand das zu mir gesagt! Ich bin also nicht verrückt! Man kann nachvollziehen, was ich sage!«

Endlich hatte jemand ihre Weltsicht bestätigt und nicht gleich abgewertet.

Auch heute staune ich noch darüber, wie kämpferisch jeder von uns seinen Standpunkt verteidigt. Es muß eng mit unserer Angst zusammenhängen, das Gefühl für uns selbst verlieren zu können. Wenn ich den Standpunkt des anderen akzeptiere, dann muß ich meinen aufgeben, dann entwerte ich mich selbst. Wenn das, was ich sage, zutrifft, dann *muß* das, was der andere sagt, falsch sein. Es gibt nur einen Mittelpunkt und darin muß ich stehen. Doch wenn es mir gelingt den Mut aufzubringen, meine Weltsicht auch nur für einen kleinen Moment zu relativieren und mich dafür auf die Sichtweise eines anderen einzulassen, dann geschieht etwas Unerwartetes. Zuerst einmal spüre ich ein Gefühl der Sicherheit. Da mein Standpunkt plötzlich nicht mehr attackiert wird, kann ich meinen Verteidigungswall niedriger machen. Gleichzeitig wird der andere sich bereitwilliger auf *meine* Sicht der Dinge einlassen. Da ich meine egozentrische Position aufgegeben habe, wird der andere viel leichter auch seine aufgeben können. Zu unserem gemeinsamen Erstaunen kommt eine Art Zugbrücke aus ihren rostigen Angeln heruntergeknarrt, und wir können zum ersten Mal etwas wirklich gemeinsam erleben.

Empathie

Der dritte Schritt im Dialog der Paare ist die Empathie. Es ist fast zwangsläufig der nächste Schritt nach der Wertschätzung dessen, was der andere uns gesagt hat. Wenn Sie Ihrem Partner aufmerksam zuhören und sich darum bemühen, wirklich genau zu verstehen, was er Ihnen mitteilen will, und es Ihnen dann noch gelingt, Ihren eigenen Standpunkt für einen Moment zu relativieren und sich seiner inneren, persönlichen Wahrheit zu nähern, dann sind Sie fast automatisch empathisch mit dem, was er sagt und denkt. »Weil ich nun weiß, wie du die Dinge siehst, ist es mir verständlich, warum du dich gekränkt gefühlt hast!« Für manche Menschen ist es wichtiger, werden ihre Gedanken wertgeschätzt, für andere sind es die Gefühle. Für andere wiederum ist Empathie der Schlüssel des persönlichen Heilungsprozesses. Wenn es jemanden gibt, der ihre ungefilterten Gefühle annehmen kann, dann fühlen sie sich geliebt und als vollständige Wesen.

Es fällt mir schwer, es zu sagen, weil es unsere gängigen Geschlechtsrollenstereotype bedient, aber Frauen ist Empathie wichtiger als Männern. Zu Beginn sicherlich. Wenn man darüber nachdenkt, wird das auch sehr schnell verständlich. In unserer Kultur, ja fast in allen anderen auch, ist es Frauen eher erlaubt Gefühle zu zeigen als Männern. Wenn dies sich auch zu verändern scheint, glauben doch immer noch viele Männer, es sei unmännlich, ihre Ängste oder Schwächen einzugestehen. So wie es uns Männern oft schon schwer fällt, überhaupt Gefühle anderen gegenüber zu äußern, sollte man von uns lieber nicht verlangen, daß wir uns darüber freuen, wenn uns unsere Partner Empathie entgegenbringen, sollte uns doch einmal ein Gefühl unbedacht herausrutschen. Wir hätten es lieber, wenn sie diesen Lapsus einfach ignorieren würden und sich bitte auf unsere stringente Logik konzentrierten.

Viele Frauen jedoch haben genau die gegenteilige Erfahrung gemacht. Kulturell durften sie viel mehr ihre Emotionalität behalten, leben jedoch mit Männern zusammen, die keinen Zugang mehr zu diesen Gefühlen haben. Nicht nur können ihre Partner ihnen keine Empathie entgegenbringen, nein, in der Mehrzahl der Fälle leugnen sie, daß sie überhaupt Gefühle haben. »Warum kannst du nicht rational argumentieren?«

Wenn es nun einem Paar gelingt, alle drei Schritte dieser Übung zu meistern, Spiegeln, Wertschätzen und Empathie, werden diese geschlechtsspezifischen Unterschiede abnehmen. Am Ende wird ein Mann, obwohl er seine Gefühle früher stark unterdrückt hat, diese genau so positiv empfinden wie seine Frau. Denn wenn es einem gelungen ist, die Gefühle des anderen akzeptieren und verstehen zu können, dann werden sie in einem selbst als nicht mehr so bedrohlich erlebt. Gleichzeitig wird eine Frau, die eher überemotional reagiert hat, in diesem Prozeß ausbalancierter. Da sie, um ihren völlig stoischen Partner aus der Reserve zu locken, nicht mehr so übertreiben muß, kann sie es sich erlauben subtiler vorzugehen. Das gilt besonders für Ärger und Wut. Es überrascht mich immer wieder, wie schnell der Zorn verraucht, wenn jemand darauf eingeht und das Gefühl anerkennt.

Wie Sie sich leicht vorstellen können, hängt die Schwierigkeit, mit der Sie empathisch mit Ihrem Partner sein können, sehr von der jeweiligen Situation ab. Es ist sehr leicht, Empathie zu zeigen, wenn beide die gleichen Erfahrungen gemacht haben. Stellen wir uns vor, wir hätten gerade zusammen ein Erdbeben erlebt. Wir haben dieses Naturereignis ohne große Verletzungen überlebt und finden unser Haus noch heil vor. Doch vorher gab es einige sehr furchterregende Minuten, als wir beide dachten, wir würden vielleicht sterben. »Ich hatte so viel Angst!«, sagt Ihnen Ihr Partner. Sie antworten ihm sofort: »Ich weiß genau, was du meinst. Mir ging es genauso!« Weil Sie beide gleich auf die identische Situation reagiert haben, brauchen Sie sich nicht anzustrengen, den anderen zu verstehen. Was er fühlt, fühlen Sie auch. Sie sind praktisch eins.

Doch es gibt schwierigere Situationen. Lassen Sie uns davon ausgehen, Ihr Partner hat das Erdbeben erlebt, aber Sie selbst waren tausend Kilometer entfernt auf einer Geschäftsreise. Ihr Partner ruft Sie an und berichtet Ihnen von seinem furchtbaren Erlebnis: »Ich habe Todesangst gehabt!« Auch wenn Sie selbst dieses Erdbeben nicht miterlebt haben, fällt es Ihnen wahrscheinlich nicht schwer, sich in die Lage Ihres Partners hineinzudenken. »Das kann ich mir vorstellen!«, antworten Sie, ohne auch nur einen Augenblick zu zögern.

Probleme ergeben sich, wenn Menschen auf gleichartige Situationen unterschiedlich reagieren. Zum Beispiel, Ihr Partner mag Angst haben zu fliegen, aber Sie fallen schon während des Abhebens oder Landens in einen festen Schlaf. Es wird Ihnen sicher schwer fallen, sich nun in Ihren Partner hineinzufühlen, weil Ihnen diese Erfahrung fremd ist. »Nur tief einatmen«, raten sie ihm. »Denk an etwas anderes, und dieses Angstgefühl wird verschwinden.« Eigentlich hoffen Sie, daß es schnell verschwindet, nicht wahr? Diese Ängste kommen einem doch oft so irrational vor.

Die schwierigste Situation von allen ist jedoch, wenn Ihr Partner wirklich wütend wird, und Sie die Ursache dafür zu sein scheinen. »Ich bin so wütend auf dich, weil du Janice gesagt hast, sie kann ins Kino gehen, während ich ihr doch befohlen habe, zuhause ihr Zimmer aufzuräumen! Das machst du immer so!«

Oder: »Ich habe mich so schlecht gefühlt, als ich gesehen habe, wie du mit Pat geflirtet hast, und das vor unseren ganzen Freunden! Du weißt, wie eifersüchtig mich das macht!« Instinktiv werden Sie sich verteidigen und einen Gegenangriff starten. Doch je stressiger die Situation und je schwieriger es Ihnen fällt, die Übung durchzuhalten, desto größer wird hinterher der Erfolg sein. Wenn es Ihnen gelingt, Ihre gewohnt automatische Reaktion zu unterbrechen und die Schritte Spiegeln, Wertschätzen und Empathie zu berücksichtigen, und das mitten in der Schlacht, dann werden auch Sie in einer bewußten Ehe leben können.

Wird dieser Partnerdialog nicht nervtötend?

So nützlich der Partnerdialog auch sein mag, die meisten Menschen reagieren darauf mit: »Müssen wir wirklich diese ganzen Schritte durchgehen, wenn wir uns etwas Wichtiges mitzuteilen haben?«

Die Antwort auf diese Frage lautet: Nein. Wenn Sie sich nur effektiver unterhalten wollen, dann mag das Spiegeln allein ausreichen. Aber wenn Sie über die Phase der Kommunikation hinaus zu der des wirklichen Zusammenlebens - der *Communion* - gelangen wollen, dann gehören alle drei Schritte dazu. Keineswegs will ich ableugnen, wie artifiziell und zeitraubend diese Art des Austausches einem vorkommen mag. Es wird Zeiten geben, wo Sie dagegen rebellieren und wieder in Ihre alten Gewohnheiten zurückfallen wollen. Ich denke da an den siebzehnjährigen Sohn eines meiner Freunde, der ein ungewöhnlich begabter Baseballspieler ist. Weil er so gut ist, hat man ihm ein Angebot von einem besonders guten Verein unterbreitet, bevor er überhaupt seine Schulausbildung abgeschlossen hat. Doch sehr zum Ärger dieses Jungen will der neue Trainer von ihm ganz andere Spielbewegungen sehen. Er soll durch bestimmte Übungen einzelne Muskeln aufbauen, andere dehnen, gleichzeitig hundert Mal am Tag den Ball auf eine neue, ungewohnte Art und Weise werfen und schlagen. Manchmal ist er den Tränen nahe und hat das Gefühl, er müsse alles verlernen, was er vorher über Baseball gewußt hat.

So ist es auch mit dem Partnerdialog. Jeder muß sich dabei von ganz alten, eingeschliffenen Verhaltensweisen trennen und eine sehr strukturierte Art der Kommunikation aufnehmen. Es fühlt sich unnatürlich an. Doch wenn sich die ersten Erfolge einstellen, wird der Widerstand abnehmen. Nach und nach - es kann schon Jahre dauern - wird die Beziehung sich verändert haben und die Übung hat sich überlebt. An diesem Tag werden Sie miteinander kommunizieren und sich nicht nur unterhalten.

Imago-Workshop

Nachdem die Ehepaare diese grundlegende Kommunikationstechnik erlernt haben, stelle ich ihnen ein anderes Informationsermittlungsinstrument zur Verfügung, eine gelenkte Visualisierungsübung, mit deren Hilfe sie ihre Kindheitsverletzungen besser erkennen können. Nach dieser Übung sollen sich die Teilnehmer gegenseitig mitteilen, was sie herausgefunden haben, und dazu die Spiegel-Technik anwenden. So können Paare wirklich lernen, den anderen so zu sehen, wie er ist, als ein verwundetes Wesen auf der Suche nach seiner ursprünglichen Ganzheit.

Bevor die Übung beginnt, bitte ich die Paare, ihre Augen zu schließen und sich zu entspannen. Sehr oft lasse ich auch beruhigende Musik spielen, die den Entspannungsprozeß fördert. Fühlen sie sich ausreichend gelöst, bitte ich sie, sich an ihr Elternhaus zurückzuerinnern, das früheste, in dem sie lebten. Nimmt die Vision erkennbare Gestalt an, führe ich sie weiter und teile ihnen mit, ich würde sie als kleine Kinder sehen, die durch dieses Haus gehen, auf der Suche nach den Menschen, die für sie sorgen. Zuerst treffen sie auf ihre Mutter oder die Person, die sie in den ersten Jahren versorgt hat. Ich sage ihnen, sie seien plötzlich mit magischen Kräften begabt und könnten diesen Menschen jetzt ganz klar mit allen seinen negativen und positiven Eigenschaften sehen. Sie möchten sich bitte diese Charakterzüge merken und sich dann vorstellen, wie sie ihrer Mutter sagen, was sie immer von ihr wollten, aber nie bekommen haben.

Auf die gleiche Weise lasse ich sie mit ihren Vätern zusammentreffen und mit den anderen Menschen, die einen starken Einfluß auf ihre frühen Jahre hatten. Haben sie schließlich alle Informationen über diese Menschen gesammelt, führe ich sie langsam wieder in die Realität zurück, lasse sie ihre Augen öffnen und diese Informationen aufschreiben.

Ich bin immer wieder überrascht, wie viele Einzelheiten aus dieser relativ schlichten Übung gewonnen werden können. So nahm zum Beispiel ein junger Mann an dieser Übung teil und realisierte zum ersten Mal in seinem Leben, wie einsam und verlassen er sich als Kind gefühlt hatte. Nie hatte er dieses Wissen an sich herankommen lassen, weil er es nicht verstehen konnte. Wie konnte er sich in einem Haushalt mit vier Kindern, einem Vater als Pastor und einer Mutter, die eine hingebungsvolle Hausfrau war, einsam fühlen? In seiner Phantasie jedoch hatte er das Haus aufgesucht und war herumgeirrt, ohne jemanden zu finden. Als er seine Mutter endlich traf, war seine erste Frage: »Warum seid ihr immer so beschäftigt? Könnt ihr nicht sehen, daß ich euch brauche?« Jetzt erst konnte er seine chronische Depression verstehen. »Bis zu diesem Augenblick«, so erklärte er mir, »war meine ständige Traurigkeit ein Rätsel für mich.«

Nach dieser gelenkten Phantasie steht ausreichend Material zur Verfügung, um die eigene Imago konstruieren zu können, das innere Bild vom anderen Geschlecht, das die Partnerwahl steuert. Es müssen nur die positiven und die negativen Charaktermerkmale aller Schlüsselpersonen aus der Kindheit zusammengenommen werden, und die Eigenschaften, die am deutlichsten zu sehen sind, noch besonders hervorgehoben werden. Genau nach diesen besonderen Merkmalen suchen wir dann unsere Partner aus.

Haben sie diese Arbeit beendet, bitte ich die Paare, sich gegenseitig ihre Erfahrungen mitzuteilen. Ich fordere sie auf, dem anderen sehr aufmerksam zuzuhören, seine Bemerkungen auf keinen Fall zu interpretieren, ihnen nichts hinzuzufügen, sie nicht mit ihren eigenen Erfahrungen zu vergleichen und sie auch nicht zu analysieren. Es ist nur erlaubt, sie zu spiegeln, um zu überprüfen, ob sie sie wirklich verstanden haben. Durch diese Übungen werden beide in die Lage versetzt, hinter dem neurotischen, irritierenden oder zwanghaften Verhalten des Partners die Verletzungen zu sehen, die sie zu heilen versuchen. Damit sind die Voraussetzungen für ein unterstützendes, emotionales Klima geschaffen.

Die ersten fünf Übungen im Teil III dieses Buches sind darauf ausgerichtet, Informationen über die eigene Vergangenheit sammeln zu können, um eine bessere Vorstellung von den eigenen, nicht befriedigten Kindheitsbedürfnissen zu bekommen, die heute noch die aktuelle Beziehung beeinflussen. Haben Sie einmal gelernt, den anderen mit offenen Augen zu sehen, kann jede Interaktion zwischen Ihnen und Ihrem Partner, sei sie gesprochen oder nonverbal, zu einer wertvollen Informationsquelle werden.

Kapitel 10
Ihr Lehrplan

Eines der tiefen Geheimnisse des Lebens
besteht darin, daß nur das, was wir für andere tun,
es wirklich wert ist, getan zu werden.
Lewis Carroll

Bis jetzt habe ich in diesem Buch die Anfangsschritte dargelegt, die für eine bewußte Ehe erforderlich sind. Ich sprach darüber, wie wir unsere Fluchtwege verschließen können, um mehr Energie für unsere Beziehung zu gewinnen. Ich habe ausgeführt, wie die angenehmen Seiten jeder Beziehung wieder in den Vordergrund gerückt werden können, um wieder größere Nähe und Intimität erleben zu können. Gleichzeitig habe ich noch verschiedene Wege aufgezeigt, wie wir das Wissen über uns selbst und unseren Partner vergrößern können. An dieser Stelle möchte ich nun auf die Heilung unserer Kindheitsverletzungen eingehen. Ich möchte aufzeigen, wie diese chronischen Frustrationen umgewandelt und für unsere persönliche Weiterentwicklung genützt werden können. Im nächsten Kapitel werde ich mich dann explosiveren Konfliktstoffen zuwenden.

Hat ein Ehepaar einige Wochen lang die Wiederverlieben-Übung durchgeführt, wie sie im Kapitel 8 beschrieben wurde, wird es erleben, wie seine positiven Gefühle wieder erwachen, und es wird in der Lage sein, sich wieder enger aneinander zu binden. Doch gerade wenn sie sich auf dieses unterstützende, intime Zusammensein einlassen, geschieht etwas eher Entmutigendes - Konflikte tauchen auf, gerade die, die sie die Therapie aufsuchen ließen. Wieder lasten auf ihnen die ärgerlichen Themen, die grundsätzlichen Unverträglichkeiten. Wiederum endet die Phase der Verliebtheit in einem neuen Machtkampf.

Der Grund dafür, daß die liebevolle Stimmung trotz der vielen angenehmen Gesten und Überraschungen nicht andauert, liegt darin, daß wiederum die unbewußte Identifizierung vorgenommen wurde, der Partner sei derjenige, der »alles besitzt, der Idealpartner, der auf magische Weise die verlorene Ganzheitlichkeit gewähren kann«. Nachdem die Wut und der Machtkampf für eine kurze Zeit unterbrochen werden konnten, wurden sofort wieder hoffnungsfroh die alten Errettungsphantasien auf den Partner projiziert. Doch erneut müssen sie zu ihrer Enttäuschung feststellen, daß der andere weder ausreichend motiviert, noch überhaupt in der Lage ist, diese tiefen, unbefriedigten Bedürfnisse zu erfüllen. Eher stellt sich für die meisten Paare jetzt der Zusammenhang so dar, daß das, was sie sich am meisten von ihren Partnern wünschen, diese ihnen am wenigsten geben können.

Wie kann diese paradoxe Situation nun aufgelöst werden? In meinen Anfangsjahren als Ehetherapeut habe ich mich unablässig mit dieser Frage auseinandergesetzt. Nehmen wir einmal die zwei Tatsachen - 1. wir gehen jede unserer Beziehungen ein, mit den Verletzungen, die wir in der Kindheit erlebten, und 2. ohne uns dessen bewußt zu sein, haben wir uns einen Partner ausgesucht, der unseren frühen Bezugspersonen ähnelt, den Menschen, die uns doch so verletzt haben. Es scheint, daß wir in unserer Ehe unser Schicksal nur wiederholen, nicht jedoch es zum Guten wenden können.

Vor Jahren noch blieb die Diskussion bei meinen verschiedenen Vorträgen bei dieser pessimistischen Betrachtungsweise stehen. Während eines Vortrages, als ich gerade die selbstzerstörerische Art, wie wir unsere Partner aussuchen, referierte, meldete sich eine Dame aus dem Publikum und meinte: »Dr. Hendrix, vielleicht wäre es eine Lösung, um nicht wieder auf die gleiche Art verletzt zu werden, wenn wir Menschen heiraten würden, die uns gerade *nicht* anziehen! So könnten wir doch sicher sein, nicht an Partner zu geraten, die die Fehler unserer Eltern nur wiederholen.« Das Publikum lachte, doch zu der damaligen Zeit wußte auch ich keine bessere Lösung. Ehen, die zufällig oder durch Vermittlung eines Computers zustande kamen, schienen bessere Erfolgsaussichten zu haben, als die, die durch unseren unbewußt gesteuerten Auswahlprozeß entstanden. Unsere fatale Neigung, genau die Partner auszuwählen, die unseren frühen Bezugspersonen ähneln, schien unsere Ehen von Anfang an zum Scheitern zu verurteilen. Mein einziger Rat war, sich so weit wie möglich den eigenen, verborgenen Gefühlen Rechenschaft abzulegen und gleichzeitig die harte, kalte Realität anzunehmen. Bewußtes Wahrnehmen, Einsichten, Verständnis und Annehmen - das war der einzige Trost, den ich derzeit geben konnte.

Damals erhielt auch ich den gleichen Rat von meinem Therapeuten. »Sie müssen einfach die Tatsache akzeptieren, Harville, daß Ihre Mutter für Sie keine Kraft mehr übrig hatte«, sagte er zu mir, »und Ihre Frau kann Ihnen nicht das geben, was Sie sich wünschen. Sie kann diese frühen Jahre nicht ausgleichen. Sie müssen verzichten lernen.« Mit anderen Worten hieß das: »Du hast es damals nicht bekommen und du wirst es auch jetzt nicht bekommen! Werde endlich erwachsen und führe dein Leben, so gut du kannst!« Ich bemühte mich wirklich, seinen Rat zu beherzigen, doch gleichzeitig spürte ich tief in mir, daß ich diese Verletzungen nicht vergessen konnte. Ein Teil von mir wußte, daß auch ich ein unabweisbares Recht auf ein sicheres und liebevolles Aufwachsen hatte. Als ich meine Klienten genauer beobachtete, konnte ich sehen, daß auch sie zäh an ihren Bedürfnissen festhielten. Vielleicht gelang es ihnen, sie zu unterdrücken, vielleicht konnten sie sie auf andere projizieren. Doch es gelang keinem von ihnen, sie endgültig aufzugeben.

Weshalb Selbst-Liebe nicht hilft

Schließlich wechselte ich meinen Therapeuten und fand einen anderen mit einem optimistischeren Ansatz. Er glaubte, daß es uns möglich sei, unsere Kindheitswunden durch vermehrte Selbst-Liebe zu heilen. Eine seiner Techniken, mit denen er meine ständige Sehnsucht, versorgt zu werden, überwinden wollte, war, daß er mich die Küchenszene, von der ich weiter oben gesprochen habe, visualisieren ließ. Er führte mich durch eine tiefe Entspannungs-Übung und sagte zu mir: »Harville, stellen Sie sich vor, wie Sie als kleiner Junge versuchten, die Aufmerksamkeit Ihrer Mutter zu erregen. Sie steht am Herd und dreht Ihnen den Rücken zu. Stellen Sie sich vor, Sie möchten in den Arm genommen werden. Rufen Sie sie! Sehen Sie, wie sie zu Ihnen kommt und Sie lächelnd aufhebt! Jetzt hält sie Sie ganz fest. Sehen Sie doch den kleinen Jungen! Er steht gerade vor Ihnen und möchte umarmt werden. Halten Sie ihn und umarmen Sie ihn und haben Sie ihn lieb. Ziehen Sie den kleinen Jungen an ihre Brust. Nehmen Sie den glücklichen kleinen Jungen in sich auf!«

Er glaubte, dieses lebhafte Bild könnte mir dabei helfen, nach und nach mein Bedürfnis nach mütterlicher Liebe zu erfüllen. Doch sein Ansatz wirkte nur kurzfristig. Nach jeder Sitzung fühlte ich mich weniger allein und stärker geliebt. Doch dieses Gefühl verschwand allmählich wieder, und die innere Leere stellte sich wieder ein.

Der Grund, warum diese Methode nicht funktionieren konnte, liegt in einem Sabotageakt unseres Alten Gehirns. Als kleine Kinder waren wir gar nicht in der Lage, unsere physischen und emotionalen Bedürfnisse selbst zu befriedigen. Wir erlebten Schmerz und Freude immer als von außen verursacht. Gab man uns das Fläschchen oder die Brust, konnten wir unseren Hunger befriedigen. Wurden wir gestreichelt, fühlten wir uns getröstet. Ließ man uns in unserer Wiege schreien, wurden wir zornig oder ängstlich. Während wir älter wurden, blieb unser Altes Gehirn bei dieser passiven Weltsicht stehen: Gute Gefühle, ebenso wie schlechte, werden durch die Handlungen anderer Menschen verursacht. Wir können uns nicht selbst versorgen. Andere müssen es für uns tun. Der Teil von mir, der so schmerzte, konnte einfach diesen Versuch, mir selbst zu helfen, nicht akzeptieren, da er internalisiert hatte, wirksame Hilfe kommt immer von außen.

Die Grenzen der Freundschaft

Nach und nach gab ich mich mit der Vorstellung zufrieden, daß die heilende Kraft wirklich von außen kommen mußte. Doch mußte es wirklich der Ehepartner sein? Könnte es nicht auch einem nahen Freund gelingen, uns zu heilen? Während ich mich mit dieser Frage beschäftigte, leitete ich gerade einige therapeutische Gruppen und konnte sehr gut das heilende Potential von Freundschaften beobachten. Gerade in Therapiegruppen entwickeln sich sehr oft enge Bindungen, und ich unterstütze diese liebevollen und helfenden Beziehungen. So versuchte ich in einer typischen Sitzung Mary, die mit einer neurotischen, distanzierten Mutter aufwuchs, mit Susan zusammenzubringen, einer sprichwörtlichen Urmutter. Mary erlebte diese Übung zwar als angenehm, doch war sie keineswegs geheilt. Ich bat Susan, sie auf ihrem Schoß sitzen zu lassen und sie zu streicheln und weinen zu lassen. »Ich habe dieses Streicheln sehr genossen«, sagte Mary später, »doch Susan ist nicht die richtige Person. Ich brauche eigentlich nicht Susans Streicheln. Es müßte jemand anderes sein!«

Nach zahlreichen Experimenten wie diesem zog ich für mich den Schluß, daß die Liebe, die wir suchen, nicht von einer beliebigen Person kommen kann, der wir in einer sicheren, intimen Beziehung begegnen, sondern nur von einer, die unserer Imago entspricht, einem Menschen, der unseren Eltern so sehr ähnelt, daß sich unser Unbewußtes täuschen läßt. Nur auf diesem Wege scheinen wir unsere Kindheitsverletzungen aufheben zu können. Das Streicheln und die Zuwendung durch andere Menschen kann uns guttun, doch die Wirkung bleibt vorläufig. Der Unterschied zwischen Zucker und Süßstoff ist real. Unsere Geschmacksnerven lassen sich vielleicht vorübergehend täuschen, doch unsere Körper werden nicht wirklich genährt. Ebenso suchen wir immer noch nach der Liebe unserer ersten Bezugspersonen oder der Menschen, *die ihnen so ähneln, daß sie auf einer unbewußten Ebene zusammenfließen.*

Doch so stand ich wieder vor dem ursprünglichen Dilemma: *Wie können uns unsere Partner heilen, weisen sie doch die gleichen negativen Charaktereigenschaften auf wie unsere Bezugspersonen?* Sind sie nicht eigentlich die unwahrscheinlichsten Kandidaten, um unsere emotionalen Verletzungen heilen zu können? Sucht sich die Tochter eines distanzierten, selbstbezogenen Vaters unbewußt einen Workaholic als Ehemann aus, wie kann sie in dieser Ehe endlich ihr Bedürfnis nach Nähe und Intimität erfüllen? Heiratet der Sohn einer zu Depressionen neigenden, ihre Sexualität verdrängenden Mutter eine depressive, frigide Frau, wie kann er zu seiner Sinnlichkeit und Freude zurückfinden? Zieht ein Mädchen, dessen Vater sehr jung starb, nun mit einem Mann zusammen, der sich weigert, sie zu heiraten, wie kann sie sich da sicher und geliebt fühlen?

Doch allmählich formte sich eine mögliche Antwort auf diese Fragen heraus. Es handelt sich um die einzig mögliche, logische Erklärung. Sollten die Menschen geheilt werden, schlußfolgerte ich, *müssen sich ihre Partner verändern.* Der Workaholic muß einen Teil seiner Energie wieder auf seine Frau umlenken. Die depressive und frigide Frau muß sich ihre Sinnlichkeit und Vitalität zurückerobern. Der zögernde Liebhaber muß seine Abwehrmauer stückweise aufgeben, um mehr Nähe zuzulassen. Dann, und nur dann, können sie ihre Partner beständig umsorgen, wonach diese sich ihr ganzes Leben gesehnt haben.

An dieser Stelle sah ich plötzlich den gesamten Partnerauswahlprozeß mit anderen Augen: Wenn es zwar stimmt, daß das, was wir am meisten von unserem Partner benötigen, dieser am schwersten geben kann, ist das doch gleichzeitig genau der Bereich, in dem unser Partner sich weiterentwickeln muß! Verweigerten Marys Eltern ihr liebevolle Zuwendungen, vor allem physischer Art, so hat sie in George einen

Ehemann gefunden, für den körperliche Nähe immer eher belastend wirkte. Die unbefriedigten Kindheitsbedürfnisse von Mary passen fast »ideal« zu Georges Unfähigkeit, sie befriedigen zu können. Doch könnte George sich überwinden, seinen Widerstand aufzugeben und zugewandt und liebevoll zu werden, würde Mary nicht nur die körperliche Zuwendung bekommen, nach der sie sich sehnt, sondern auch George würde langsam wieder in Kontakt mit seiner eigenen Sinnlichkeit kommen. *Mit anderen Worten, die Anstrengungen, den Partner zu heilen, helfen dabei, wichtige eigene Anteile wieder zu beleben.* Der unbewußte Auswahlprozeß hat also zwei Menschen zusammengebracht, die einander entweder sehr verletzen können oder aber heilen, abhängig von ihrer jeweiligen Fähigkeit, sich zu ändern und weiterzuentwickeln.

Theorie in Praxis verwandeln

Ich begann mich darauf zu konzentrieren, das heilende Potential in einer Ehe Wirklichkeit werden zu lassen. Die unbeantwortete Frage lautete: Wie können Menschen dazu bewegt werden, ihre eigenen Begrenzungen zu überschreiten, um die Bedürfnisse ihrer Partner besser befriedigen zu können? Ich beschloß, eine Übung zu entwickeln, die einige Merkmale der Wiederverlieben-Übung enthält. Der eine Partner würde seine Anforderungen stellen, worauf der andere selbst entscheiden könnte, welche er davon erfüllen wolle und welche ihn überfordern würden. Bei dieser Übung sollte es sich jedoch um schwierige Verhaltensänderungen handeln, nicht um einfache, angenehme, liebevolle Gesten. In der Tat würde fast jede der angegebenen Forderungen einen Streitpunkt in der Beziehung berühren. So sollte zum Beispiel der eine den anderen Partner auffordern, selbstsicherer zu werden, verständnisvoller oder weniger manipulativ. In der Quintessenz würden sie aufgefordert werden, ihre am deutlichsten ausgeprägten negativen Charaktereigenschaften zu überwinden.

Wie bei der Wiederverlieben-Übung sollten auch jetzt die eher allgemeinen Anforderungen in genau spezifizierte, meßbare und handhabbare Aktivitäten umgewandelt werden. Sonst hätte der Partner nicht ausreichend Informationen zur Verfügung, um sich wirklich ändern zu können, und es wäre sehr viel Raum für Mißverständnisse und Ausweichmanöver gegeben. Wie bei der Wiederverlieben-Übung sollte auch bei dieser sogenannten Stretching-Übung die Betonung auf dem Wort »Geschenk« liegen, die Geste selbst nicht zum Verhandlungsgegenstand werden. Ansonsten würde das Unbewußte jede Verhaltensänderung sofort torpedieren. Damit ist eine sehr wichtige Voraussetzung angesprochen. Versucht einer der Partner eine kleine Änderung und erwartet sofort die Gegenanstrengung des anderen - »Ich werde versuchen, weniger dominant zu sein, wenn du mich besser versorgst!« -, würde der gesamte Prozeß gleich wieder zu einem neuen Machtkampf entarten. Die alten Feindseligkeiten würden wieder aufflackern, und die Heilungschance wäre vertan. Die Ehepartner müssen lernen, wie sie ihre Grenzen weiter hinausschieben und ihre Liebesfähigkeit verbessern können, nicht, weil sie hoffen, zur Belohnung mehr geliebt zu werden, sondern weil ihre Partner es verdienen, geliebt zu werden.

Nachdem ich einen allgemeinen Bezugsrahmen für diese Übung entwickelt hatte, begann ich die Details genauer auszuarbeiten. Wie konnten die Menschen nun genau wissen, welche Forderungen sie ihren Ehepartnern stellen sollten? Es fällt zumeist leicht, sich zu beschweren und Kritik zu äußern, doch sehr viel schwerer ist es, positiv auszudrücken, was vom anderen erwartet wird. Wie konnten die erforderlichen Informationen ermittelt werden, waren sie doch im Unbewußten verschüttet? Würde es nicht Monate oder sogar Jahre einer Therapie bedürfen?

Glücklicherweise gab es eine einfachere Lösung: die Dauer-Kritik des anderen ernst zu nehmen. Wie wir schon im vorherigen Kapitel sehen konnten, ist es sehr gut möglich, ein präzises Bild dessen zu erhalten, was jemand in seiner Kindheit am meisten vermißt hat, werden nur die sich ständig wiederholenden Vorwürfe beachtet. Zwar gibt es keine Details - wer hat was, wann getan? -, doch das Rohmaterial liegt gleich unter der Oberfläche und wartet auf seine Entdeckung. Die Monate oder Jahre, die das Paar schon zusammen verbracht hat, haben sie die eher nebensächlichen, kleineren Konfliktpunkte längst abtragen lassen.

Übriggeblieben ist die steinige Wüste der fundamentalen Bedürfnisse. »Du machst nie . ..!« - »Du machst immer ...!«- »Wann wirst du endlich ...!« Im Zentrum dieser Forderungen steht die verborgene Bitte nach genau den Dingen, die sie in ihrer Kindheit nicht erhielten - Zuwendung, Bestätigung, Schutz, Unabhängigkeit, Bindung. Um die Anforderungen an ihre Partner nun zusammenstellen zu können, müssen einfach beide die Wünsche, die hinter ihren chronischen Frustrationen stehen, herausarbeiten. In einem zweiten Schritt können dann diese eher generellen Wünsche in spezielle Verhaltensweisen umgesetzt werden, um sie zu realisieren. Diese Aufzählung positiver, bestimmter Forderungen stellt den Lehrplan ihrer Beziehung dar.

Definieren des Lehrplans

Im folgenden möchte ich an einem Beispiel aus einem meiner letzten Workshops darstellen, wie diese Übung funktioniert. Am Anfang bitte ich einen Freiwilligen, einmal eine typische Kritik am Partner zu äußern. Eine Frau, genannt Melanie, eine attraktive Blondine in einem geblümten Kleid, hob ihre Hand. Ihre Kritik an ihrem Ehemann schien eher vordergründig und wenig bedeutsam zu sein. »Stewart ist so vergeßlich«, sagte sie. »Es wird immer schlimmer. Immer wieder ermahne ich ihn, sich doch besser zu erinnern. Ich wünschte, er würde einen Gedächtnistrainings-

Kurs absolvieren.«

Stewart, ein Mann mit einem Schnauzbart und dem Aussehen eines Professors, saß direkt neben ihr und, wie auf ein Stichwort hin, begann er, sich mit einer lustlosen Stimme zu verteidigen: »Melanie«, meinte er, »ich bin Rechtsanwalt. Ich muß Tausende von Seiten juristischer Literatur kennen. Ich habe ein ausgezeichnetes Gedächtnis!«

Doch bevor Melanie ihre Kritik wiederholen konnte, bat ich sie, zu erklären, was sie eigentlich an Stewarts angeblicher Vergeßlichkeit so störe? Wann würde sie sich am meisten ärgern? Sie dachte einen Augenblick lang nach. »Ich denke, wenn er wieder vergißt, etwas zu tun, um das ich ihn gebeten habe. Letzte Woche vergaß er, daß wir uns zum Essen verabredet hatten. Auf einer Party vor einigen Tagen vergaß er, mich seinen Freunden vorzustellen. Ich fühlte mich wie ein kompletter Idiot!« - »Welche tieferen Gefühle, wie Trauer, Zorn oder Furcht, könnten nun dieser Frustration zugrunde liegen?« Ich versuchte, sie durch den gleichen Prozeß zu leiten, den ich vorher in diesem Workshop beschrieben hatte, um ihr zu helfen, die verborgenen Wünsche hinter ihrer Kritik entdecken zu können.

»Ja, wenn er so handelt, fühle ich mich abgelehnt. Ich denke, er stößt mich zurück. Ich hätte es lieber, er würde mir zeigen, wie wichtig ich für ihn bin. Ich würde mir wünschen, er würde an mich denken. Ich möchte ihm so wichtig sein wie seine Arbeit.«

An dieser Stelle hätte ich Melanie fragen können, welche Verletzungen aus ihrer Kindheit Stewart durch sein Verhalten bei ihr wiederbelebte, wenn er so wenig einfühlsam mit ihren Gefühlen umging. Hatten ihre Eltern sie auf die gleiche Art behandelt? Doch für sie war es nicht nötig, diese tieferen Informationen zu erhalten, um von dieser Übung profitieren zu können. Sie mußte nur die ständige Kritik an ihrem Mann identifizieren, in einen positiven Wunsch umformulieren und ein spezifisches Verhalten definieren, das ihr Bedürfnis befriedigen würde. Es war eine recht schlichte Angelegenheit.

»Melanie«, fuhr ich fort. »Ich möchte jetzt, daß Sie eine Auflistung von speziellen Verhaltensweisen zusammenstellen, die Ihnen helfen können, sich besser umsorgt zu fühlen. Könnten Sie Stewart einige Informationen geben, wie er zu einer positiven Kraft in Ihrem Leben werden könnte?« Sie überlegte eine Minute, um dann in die Übung einzuwilligen. Anschließend gab ich Melanie, Stewart und dem Rest der Gruppe noch detailliertere Hinweise über die Stretching-Übung und schickte sie auf ihre Zimmer zurück. Meine Instruktion lautete, jeweils eine chronische Beschwerde zu finden, den verborgenen Wunsch, der dahinter steckte, herauszufiltern und mit einer Aufstellung konkreter, leicht handhabbarer Verhaltensweisen zurückzukommen, die diese Wünsche befriedigen würden. Beide Partner sollten dann die Liste des jeweils anderen ansehen und eine Hierarchie nach dem von ihnen empfundenen Schwierigkeitsgrad aufstellen. Ich sagte ihnen noch, daß sie nicht verpflichtet wären, die Forderungen gleich auszuführen, sie sollten sie sich zuerst einmal anhören. Der Zweck dieser Übung wäre, die Partner in der Form zu unterstützen, daß sie, wollten sie neue Verhaltensweisen ausprobieren, gleich die entsprechenden Leitlinien an der Hand hätten. Auch der kleinste Hinweis auf einen verpflichtenden Charakter hätte diese Übung sofort wieder auf die Ebene des Verhandelns heruntergeholt und damit das Risiko des Scheiterns wahrscheinlich gemacht.

Als die Gruppe sich wieder versammelt hatte, teilte Melanie freiwillig ihre Auflistung mit. Hier einige ihrer Bitten:

»Ich wünsche mir, daß du dir einen Abend in der Woche Zeit nimmst, um mit mir auszugehen.«

»Ich wünsche mir, daß du mich deinen Freunden vorstellst, wenn ich dich am nächsten Dienstag zum Mittagessen vom Büro abhole.«

»Ich wünsche mir, daß du mir zu meinem nächsten Geburtstag ein Geschenk gibst, das du selbst gekauft und eingewickelt hast.«

»Ich möchte, daß du mich einmal am Tag anrufst, um mit mir zu sprechen.«

»Ich wünsche mir, daß du heute, wenn wir zum Essen ausgehen, den Stuhl für mich bereitstellst.«

»Ich wünsche mir, daß du am Wochenende nicht im Büro arbeitest.«

»Ich wünsche mir, daß du mich anrufst, wenn du mehr als fünfzehn Minuten zu spät zum Abendessen kommst.«

»Ich möchte, daß du dein eigenes Schlafzimmer aufgibst, so daß wir jede Nacht im gleichen Bett schlafen.«

Nach meinen Anweisungen hatte Stewart Melanies Bitten noch einmal wiederholt, sie nach dem Schwierigkeitsgrad geordnet und einen Wunsch ausgesucht, den er glaubte, besonders leicht erfüllen zu können. Er verkündete der Gruppe, er werde schon am gleichen Abend Melanies Stuhl zum Abendessen zurechtrücken. Es bestand ein auffälliger Kontrast zwischen seiner früheren, eher feindlichen Antwort auf Melanies Klage über sein schlechtes Gedächtnis und seiner freudigen Bereitschaft, auf ihre Bitten einzugehen. Da er verstanden hatte, daß diese Verhaltensweisen ein ungestilltes Bedürfnis aus Melanies Kindheit betrafen, er selbst sie nach dem von ihm eingeschätzten Schwierigkeitsgrad einstufen konnte, und es ihm überlassen blieb, ob er sie erfüllen wollte oder nicht, erschien es ihm leicht, ihr nachzugeben.

Ein Zeichen dafür, daß Melanies Liste auch Dinge enthielt, die direkt das Potential persönlicher Veränderung bei Stewart berührten, war die Tatsache, daß einige der Aufgaben ihm sehr schwer erschienen. Der Gedanke, sein eigenes Schlafzimmer aufgeben zu müssen, war ihm besonders unangenehm. »Ich genieße diese Zeit wirklich, in der ich für mich alleine bin«, meinte er. »Es würde mir sehr schwerfallen, darauf zu verzichten. Ich bin jetzt noch nicht bereit dazu.« Es überraschte mich nicht, daß es sich dabei um Melanies wichtigsten Wunsch handelte. Der größte Wunsch des einen Partners wird sehr oft im heftigsten Widerstand des anderen reflektiert. »Ich habe nicht das Gefühl, daß wir wirklich verheiratet sind, schlafen wir nicht im gleichen Schlafzimmer«, sagte sie. »Ich habe mich immer in den Schlaf geweint, nachdem du ausgezogen bist. Ich kann es einfach nicht ausstehen!« Ich erinnerte Melanie daran, daß ihre Bitte wichtige Informationen für ihren Ehemann enthalte, ihn allerdings auf keinen Fall verpflichten dürfe. Die einzig legitime Basis in der Ehe sei die, den anderen über eigene Bedürfnisse zu informieren und das eigene Verhalten so zu verändern, daß die Bedürfnisse des Partners erfüllt werden.

Die Dynamik eines komplexen Veränderungsmusters

Nachdem wir Melanies Liste durchgearbeitet hatten, bot uns Stewart seine Zusammenstellung an. Auch er hatte einige chronische Klagen benannt, seine dahinterstehenden Wünsche herausgearbeitet und sie zu bearbeitbaren Verhaltensweisen ausformuliert. Sein Hauptvorwurf an Melanie war, sie sei überkritisch. Er hatte den Eindruck gewonnen, sie würde ständig an ihm herumnörgeln. Er erlebte ihre Haltung als so besonders belastend, weil schon seine Eltern so kritisch gewesen waren. »Damit«, so sagte er mit einem Lächeln und einem Seitenblick auf mich, »dürfte deutlich sein, gemäß der in diesem Workshop erhaltenen Informationen, warum ich Melanie überhaupt geheiratet habe.«

Eine seiner speziellen Bitten an Melanie war, sie möge ihn einmal am Tag loben. Melanie gab gleich zu, daß sie an einigen Tagen sicher Schwierigkeiten damit hätte. »Ich habe nicht den Eindruck, daß ich überkritisch bin«, sagte sie im ernsten Ton, »ich denke, er handelt einfach immer so unbedacht. Das Grundproblem ist nicht meine Einstellung, sondern sein Verhalten!« Der eigentliche Grund jedoch, warum es ihr schwerfiel, Stewart zu loben, war, daß sie die Berechtigung seiner Klage nicht einsehen konnte. Sie sah sich selbst als realistischen Menschen, der den Charakter ihres Ehemannes gut einschätzen konnte, doch nicht als Dauernörglerin. Stewart hatte genau auf einen ihrer verleugneten, negativen Persönlichkeitsmerkmale gezielt und auch getroffen.

Der große Vorteil dieser Stretching-Übung besteht darin, daß Melanie Stewarts Einschätzung ihrer Person nicht zustimmen mußte, um den Heilungsprozeß beginnen zu lassen. Sie sollte ihm nur einmal am Tag etwas Nettes sagen. Würde sie damit anfangen, würden ihr auch seine positiven Eigenschaften bewußter werden, und im Laufe der Zeit könnte sie erkennen, wie sehr sie sich in die Rolle des Bewerters und Kritikers eingelebt hatte. Im Endeffekt würden beide von dieser Übung profitieren. Stewart würde endlich die Anerkennung erhalten, die er verdient hatte, und Melanie würde eines ihrer bisher verdrängten Persönlichkeitsmerkmale akzeptieren können, um es dann zu verändern. Durch den Prozeß, der ihren Ehemann heilen sollte, würde auch sie zu einem ganzheitlicheren, liebevolleren Menschen werden können.

Beschäftigen sich Ehepaare sorgfältig und konsequent einige Monate lang mit dieser Übung, werden sie einen weiteren Vorteil feststellen können: *Die Liebe, die sie dem anderen geben, heilt gleichzeitig ihre eigenen Wunden.* Wunden, von denen sie noch nicht einmal wußten, daß sie sie besaßen. Stewart und Melanie arbeiteten noch mehr als ein Jahr mit mir zusammen in der Therapie an ihren Problemen. Sechs Monate nach dem Workshop war Stewart bereit, seinen Widerstand gegen ein gemeinsames Schlafzimmer aufzugeben. Ihm gefiel die Idee zwar immer noch nicht besonders gut, doch hatte er erkannt, wie wichtig es für sie war, und so willigte er in eine vierwöchige Probezeit ein.

In der ersten Woche fiel ihm das Einschlafen sehr schwer, und er bereute sein Zugeständnis schon fast. In seinem eigenen Schlafzimmer konnte er das Fenster öffnen und frische Luft einlassen, wann immer er wollte, nachts das Licht anknipsen und lesen, konnte er einmal nicht schlafen. Jetzt fühlte er sich wie in einer Falle.

Nach der zweiten Woche konnte er wieder gut schlafen, doch empfand er noch immer, er würde sich zu etwas zwingen. In der dritten Woche wurde ihm bewußt, daß es auch eine Entschädigung dafür gab. Zuerst einmal war Melanie viel glükklicher. Zum zweiten liebten sie sich auch viel häufiger: Es fällt einfach leichter, spontan zu reagieren, müssen nicht immer erst Verabredungen getroffen werden. In der letzten Woche hatte er den Eindruck gewonnen, er könne mit diesem neuen Arrangement leben. »Ich habe mich daran gewöhnt, daß sie neben mir schläft«, gab er zu, »ich denke, ich bin doch nicht der Einsiedler, für den ich mich hielt.«

Melanies und Stewarts Beziehung verbesserte sich stetig, und nach einer Sitzung, mehrere Monate später, berichtete Melanie, daß die Dinge sich zwischen ihnen so gut entwickelt hätten, daß sie nicht mehr darauf angewiesen war, daß Stewart neben ihr im gleichen Bett schlief. »Ich weiß, wie sehr du dein eigenes Schlafzimmer liebst«, sagte sie. »Ich hätte es zwar lieber, wenn du bei mir bleibst, doch jetzt kann ich auch damit leben, wenn du in einem anderen Zimmer schläfst.« Durch die Stretching-Übung konnte er ihr ausreichend Bestätigung geben, wie gerne er sie hatte und wie sehr er sie schätzte, daß sie die Erfüllung dieser speziellen Bitte nun nicht mehr so nötig hatte. Doch, sehr zu ihrer Überraschung, wollte jetzt Stewart nichts mehr von getrennten Schlafzimmern hören. »Ich würde mich jetzt einsam fühlen, so allein in meinem Zimmer«, sagte er. »Ich wüßte gar nicht mehr, was ich mit mir anfangen sollte.«

Was war geschehen? Irgendwann im Laufe dieses Prozesses, während er auf Melanies Wunsch nach mehr Nähe und Intimität eingegangen war, hatte er ein bisher verborgen gebliebenes eigenes Bedürfnis entdeckt. In unseren Gesprächen hatte ich erfahren, daß Stewarts Eltern nur sehr wenig Beziehung zu direkten, verbalen oder physischen Liebesbezeugungen hatten. Stewart war der Überzeugung, daß ihm diese Art von Liebe letztlich gleichgültig sei. »Ich wußte, daß sie mich liebten«, fügte er hinzu, »sie zeigten es nur auf andere Art und Weise.« Mit anderen Worten, seine Reaktion auf ihre mangelnde Zuwendung bestand darin, ganz darauf zu verzichten. »Ich erinnere mich daran, wie ich bei anderen Kindern zu Besuch war, deren Eltern sehr viel liebevoller mit ihnen umgingen. Eine Frau drückte mich sogar an sich und küßte mich. In ihrer Nähe fühlte ich mich sehr unwohl. Ich war so sehr an den Umgangsstil meiner Eltern gewöhnt.«

Nachdem er und Melanie gerade geheiratet hatten, war er besonders von ihrer warmherzigen Art eingenommen, doch im Laufe der Zeit wurde ihr ständiges Bedürfnis nach Nähe für ihn zu einer Belastung. Er zog sich zurück, wie er es schon als Kind getan hatte, seine typische Reaktion gegenüber Erwachsenen, die ihm zu nahe kamen. Doch jetzt, da er seine Probleme besser verstehen konnte, gelang es ihm, seinen anfänglichen Widerstand zu überwinden und auf Melanies Bedürfnis angemessen zu reagieren. Im Verlauf dieses Prozesses hatte er seinen eigenen, unterdrückten Wunsch nach Nähe und Zuwendung erkannt und war jetzt sehr viel besser in der Lage, dieses ihm bisher unbewußte Bedürfnis zu befriedigen.

In meiner Arbeit mit Paaren bin ich schon sehr oft Zeuge dieses zweiseitigen Heilungsprozesses geworden, so daß ich jetzt mit Überzeugung sagen kann, daß die meisten Ehepartner fast identische Bedürfnisse haben. Doch was bei dem einen offen liegt, ist bei dem anderen verdrängt. Sind die Partner mit den verdrängten Bedürfnissen in der Lage, ihren Widerstand aufzugeben, und gelingt es ihnen, die Bedürfnisse ihres Partners zu erfüllen, interpretiert ein Teil des Unbewußten das liebevolle Verhalten als auf sich selbst gerichtet. Selbst-Liebe wird durch die Liebe zu einem anderen Menschen erreicht.

Wollen wir verstehen, warum die Psyche auf diese Art funktioniert, müssen wir uns an die vorherige Diskussion der Gehirnfunktionen erinnern. Das Alte Gehirn weiß nichts von der äußeren Welt. Es reagiert nur auf die Symbole, die vom Neokortex ausgesandt werden. Ohne direkte eigene Anbindung an die Außenwelt, denkt das Alte Gehirn, das alles Verhalten nach innen zielt. Gelingt es Ihnen nun, Ihrem Ehemann gegenüber liebevoller und großzügiger zu handeln, schließt das Alte Gehirn, diese Aktivität sei eigentlich auf die eigene Person gerichtet.

Belohnungen und Widerstände

Zusammenfassend läßt sich sagen, daß Melanie und Stewart drei wichtige Vorteile aus der Stretching-Übung gewinnen konnten:

1. Der Partner, der Verhaltensänderungen erbat, konnte wichtige Kindheitsbedürfnisse befriedigen.
2. Der Partner, der sich selbst veränderte, gewann Anteile seines Verlorenen Ichs zurück.
3. Der Partner, der sich selbst veränderte, befriedigte unterdrückte Bedürfnisse, die identisch mit denen seines Partners waren.

Im Ergebnis stellte sich ein dramatischer Zuwachs positiver Gefühle zwischen beiden ein. Beide, Melanie und Stewart, fühlten sich besser, da sie sich gegenseitig die grundlegendsten Bedürfnisse erfüllten. Mittlerweile fühlten sie auch mehr für ihre Partner, weil diese ihnen halfen, sich selbst die eigenen Bedürfnisse zu befriedigen. Beide wurden bereit, über sich hinauszuwachsen, ihre anfänglichen Widerstände zu überwinden und positivere, fürsorgliche Verhaltensweisen anzunehmen. Durch diesen von der Struktur her schlichten Prozeß, das Definieren der eigenen Bedürfnisse und ihre Verwandlung in konkrete Wünsche, hatten sie ihre Ehe in ein sich selbst verstärkendes Instrument der Persönlichkeitsentwicklung verwandelt.

Widerstand

Dieser wohltuende Veränderungsprozeß geht selten oder nie ohne Widerstände ab. Eine der Freudschen Einsichten war, daß es keinen Wunsch gibt, ohne die gleichzeitige Furcht, er könne Wirklichkeit werden. Behandelt Ihr Partner Sie plötzlich so, wie Sie es sich immer gewünscht haben, ist es möglich, daß gleichzeitig mit dem Gefühl der Freude auch Angst empfunden wird. Einerseits gefällt uns, was der Partner versucht, doch es gibt immer noch einen Teil in uns, der denkt, wir hätten das doch nicht verdient. Eher werden wir von Gedanken bedrängt, das Annehmen dieses neuen positiven Verhaltens würde ein mächtiges Tabu verletzen. Ich habe diesen Zusammenhang schon weiter oben angedeutet, doch hier, bei dieser Stretching-Übung, wird der Widerstand sicher noch stärker vorhanden sein.

Ein Beispiel kann die Dynamik dieses Widerstands beleuchten. Lassen Sie uns einmal annehmen, Sie wuchsen bei Eltern auf, die sehr schnell auf Ihre Fehler zeigten. In dem fehlgeleiteten Versuch, Sie so zu Erfolgen anzutreiben, unterstrichen sie diese Fehler geradezu und betonten jedes Versagen. Sie handelten in der Annahme, daß, würden Sie nur Ihre Fehler kennen, Sie sofort motiviert wären, diese zu korrigieren. Doch es gelang Ihren Eltern nur, Ihr Selbstbewußtsein zu untergraben. Hatten Sie es endlich geschafft, sich von diesem negativen Einfluß zu befreien, und wurden Sie selbstsicherer, bremste man sie sofort: »Gib nicht so an!« Zwar verletzte Sie dieses Verhalten, aber als Kind standen Ihnen wenige Auswahlmöglichkeiten zur Verfügung, Sie mußten sich Ihren Eltern fügen. Jede andere Reaktion schien Ihr Überleben zu gefährden. Als Sie heirateten, wählten Sie unbewußt jemanden aus, der das destruktive Verhalten Ihrer Eltern fortsetzte. Wieder waren Sie zur Zielscheibe der Kritik geworden.

Lassen Sie uns weiterhin annehmen, aus irgendeinem Grund behandelt Ihr Ehepartner Sie plötzlich freundlicher. Zuerst blühen Sie regelrecht auf, wenn sich die Dinge endlich zum Guten wenden. Doch nach und nach meldet sich eine innere Stimme: »Du kannst wohl nicht ernsthaft glauben, daß dich jemand wirklich respektiert! Das ist einfach nicht erlaubt. Dein Schicksal liegt in den Händen anderer Menschen, und die werden dich nicht zu einem ganzheitlichen Menschen werden lassen!« Um diese Stimme nun zum Schweigen zu bringen, sabotieren Sie selbst die liebevollen Handlungen Ihres Ehepartners. Vielleicht zetteln Sie einen Streit an oder ziehen einfach seine gute Absicht in Zweifel. So paradox es klingen mag, doch Sie sind dabei, Liebe und Zuwendung, nach der wir uns doch so sehr sehnen, unmöglich zu machen. Innerer Widerstand gegenüber der Befriedigung eines eigenen tiefen Bedürfnisses ist sehr viel weiter verbreitet, als man annehmen sollte. Die meisten meiner Klienten, die die Therapie vorzeitig abbrechen, sind nicht unfähig, sich zu verändern, sondern werden nicht mit der Angst fertig, die positive Veränderungen zur Folge haben.

Eine gut geeignete Methode, diese Angst zu überwinden, besteht darin, den hier angesprochenen Prozeß durchzuhalten. Ich bitte daher meine Klienten immer, mit der Stretching-Übung nicht eher aufzuhören, bis sie mit diesen Ängsten umgehen können. Lassen sie sich ausreichend Zeit, erkennen sie, daß diese Tabus, die ihre eigene Weiterentwicklung verhindern, Geister aus der Vergangenheit sind, die in ihrem heutigen Leben keinen Platz mehr haben.

Ich habe einmal mit einem Mann zusammengearbeitet, der als Ergebnis dieser Stretching-Übung wirklich erstaunliche Verhaltensänderungen erreichen konnte. Auf die Bitte seiner Frau, mehr Zeit für sie und die Kinder zu erübrigen, gelang es ihm, seine Arbeitsprioritäten umzustellen. Er brachte am Wochenende keine Akten mehr nach Hause mit und konnte jeden Abend um sechs zum Abendessen bei ihnen sein. Doch als seine Frau ihn bat, seine Vaterrolle aktiver wahrzunehmen, entwickelte er plötzlich starken Widerstand. Eines Tages kam er zu mir in die Praxis und explodierte förmlich: »Harville, wenn ich noch eine Sache mehr ändere, werde ich aufhören zu existieren! Ich bin dann nicht mehr ich selbst. Es wird der Tod meiner Persönlichkeit sein.«

Die Veränderungen, die seine Partnerin von ihm erbeten hatte, ließen ihn befürchten, daß sein Ich, mit dem er vertraut war, zu verschwinden drohte. Der ständig gehetzte, erfolgreiche Manager sollte plötzlich ein entspannter, seine Kinder umsorgender Vater werden. Auf einer unbewußten Ebene identifizierte er diese Veränderung mit seinem »Tod«. Ich bestätigte ihm, daß er, würde er sich ändern, sich von Zeit zu Zeit sicher ängstlich fühlen werde, doch sterben würde er nicht. Er würde nicht verschwinden, da er nicht sein Verhalten war, noch seine Werte oder Glaubensgrundsätze. Er war eine sehr viel größere Einheit als diese Dinge zusammengenommen. Eher war es so, könne er einige seiner Begrenzungen überwinden, er zu einer vollständigeren Person werden würde - zu dem ganzheitlichen, spirituellen und liebesfähigen Wesen, das er als Kind gewesen war. Er wäre dann in der Lage, die zärtliche, fürsorgliche Seite seiner Persönlichkeit zu entwickeln, die bei seinen Karrierebestrebungen vernachlässigt worden war. Seine Familie würde davon profitieren, und gleichzeitig könnte er zu einem vollständigeren, menschlicheren Wesen reifen. Um ihm zu helfen, seine Todesangst zu überwinden, riet ich ihm, die Aktivitäten fortzuführen, die genau diese Furcht hervorriefen. »Zuerst werden Sie denken, daß Sie wirklich sterben müssen«, sagte ich zu ihm. »Eine innere Stimme wird Sie warnen, ›Halt! Es ist genug! Ich werde sterben!‹ Doch wenn Sie sich weiter verändern, wird Ihr Altes Gehirn sich anpassen, und diese Stimme wird verstummen. ›Ich sterbe ... ich sterbe? Aber ich sterbe nicht!‹ Schließlich wird diese Todesangst kein hemmender Faktor mehr bei Ihrem Versuch sein, sich persönlich weiterzuentwickeln.«

Agape

Ist diese Stretching-Übung (die im Detail auf der Seite 236 im Teil III dieses Buches erläutert wird) erst einmal zu einem integralen Bestandteil Ihrer Beziehung geworden, wird die heilende Kraft der Ehe nicht mehr nur eine unbewußte Erwartung sein, sondern zur alltäglichen Erfahrung werden. Die Ehe kann Ihr verborgenes Bedürfnis, geheilt und ganzheitlich zu leben, erfüllen. Doch wird das nicht so vor sich gehen, wie Sie es sich vielleicht wünschen - einfach, automatisch, ohne, daß Sie selbst definieren müssen, was Sie eigentlich wollen, ohne fragen zu müssen und ohne etwas dafür geben zu müssen. Sie müssen Ihre Alte-Gehirn-Aktivitäten verändern, hin zu einem bewußteren, mehr gesteuerten Interaktionsstil. Sie müssen aufhören, alles von der Außenwelt zu erwarten und die Verantwortung für Ihren eigenen Heilungsprozeß übernehmen. Der sicherste Weg dazu ist, sich auf die Heilung Ihres Partners zu konzentrieren. Erst wenn es Ihnen gelingt, Ihre Energien von sich selbst abzuziehen und sie auf Ihren Partner zu richten, beginnt der tiefe, psychologische und spirituelle Heilungsprozeß zu greifen.

Gehört die Stretching-Übung zum Standard-Repertoire Ihrer Fähigkeiten, konstruktiv mit Kritik und Konflikten umzugehen, werden Sie eine neue Stufe auf Ihrem Weg zu einer bewußten Ehe erreicht haben. Sie werden die Phase des Machtkampfes hinter sich gelassen haben und Erkenntnisse sowie wirkliche Veränderungen gewonnen haben. Ihre Beziehung wird auf gegenseitiger Liebe und Sorge um den anderen aufbauen, was vielleicht mit dem griechischen Wort »Agape« am besten umschrieben werden kann. Agape bezeichnet eine über sich selbst hinauswachsende Liebe, die Eros, die Lebenskraft, von sich selbst weg und zu dem Partner hinführt. Folgt eine dieser Transaktionen der anderen, wird der Schmerz der Vergangenheit langsam abnehmen, und Sie und Ihr Partner werden die Realität ihrer Ganzheitlichkeit erfahren können.

Kapitel 11
Wut kontrollieren

Der Himmel kennt keine schlimmere Wut als die Liebe,
die zu Haß geworden ist, noch kennt die Hölle
eine schrecklichere Furie als eine verschmähte Frau.
William Congreve

Manche Paare streiten einfach nie. »Bei uns ist immer Harmonie«, sagte Maria, eine Frau Ende der Zwanzig mit regelmäßigen, angenehmen Gesichtszügen. Sie trug nur wenig Make-up, und ihr ungefärbtes, blondes Haar war zu einem Pferdeschwanz gebunden. Es war bereits ihre zweite Therapiestunde, zusammen mit ihrem Mann Peter, einem ebenfalls sehr gut aussehenden Mann. »Wir schreien uns nicht an«, fuhr Maria fort, »wir kritisieren uns nicht gegenseitig.« Sie unterbrach ihren Bericht für einen Augenblick, sah zu Peter hinüber und fügte mit einem traurigen Lächeln hinzu »... wenigstens nicht offen.«

In der kurzen Zeit, die ich die beiden kannte, mußte ich Maria zustimmen. Sie schienen sich gut zu verstehen. Sie berührten sich sehr häufig, lächelten einander zu, hörten sich intensiv an, was der andere zu sagen hatte, gewährten sich gegenseitig die gleiche Zeit bei den Sitzungen (etwas sehr Seltenes in meiner Praxis) und bemühten sich, ihre Standpunkte zu verstehen. Doch unter der Oberfläche dieser Ruhe und dieses liebevollen Verhaltens lag eine Wüste der Verzweiflung. Sie waren in die Therapie gekommen, weil sie in ihrer Beziehung vor einem toten Punkt standen. Peter war auf die Rolle des bösen Jungen festgelegt, der einfach nichts richtig machen konnte, und Maria war zur wahren Heiligen geworden. »Ich mache irgend etwas Dummes«, sagt Peter, »und Maria vergibt mir. Ich weigere mich einfach, für irgend etwas die Verantwortung zu übernehmen, und sofort erledigt sie es für mich. Wir haben alles perfekt geordnet: Ich bin schwierig, sie ist wundervoll! Ich hasse es einfach!«

Dieses eine Wort »Haß«, allerdings in einer ruhigen, emotionslosen Stimme gesprochen, war der einzige Hinweis, daß vielleicht Spannungen zwischen ihnen bestehen könnten. Gäbe es für Ehepaare eine Graphik, in der die Stärke ihres offen gezeigten Ärgers dargestellt werden könnte, würden Maria und Peter ganz links stehen. In der Mitte würden die Paare liegen, die sich gegenseitig kritisieren, anschreien oder offen miteinander streiten. Noch weiter rechts wären die zu sehen, die sich gelegentlich sogar schlagen. Am Ende finden sich die verzweifelten Paare, die sich regelrecht mißhandeln. Die meisten meiner Klienten liegen in der Mitte. Es gibt Augenblicke der Feindschaft, doch drücken beide ihren Zorn dabei verbal aus und greifen eher zu Formen passiver Aggression, nicht zu körperlicher Gewalt.

Ich möchte die Geschichte von Maria und Peter später in diesem Kapitel weiter erzählen, und zuvor die verschiedenen Formen anführen, in denen Ehepaare ihren Zorn ausdrücken.

Körperliche Gewalt kommt sehr selten in meiner Praxis vor, so daß mir die wenigen Fälle noch gut in Erinnerung sind. Es war neun Uhr morgens, als Stephen und Olivia, beide Anfang Vierzig, zu mir kamen, nachdem sie kurzfristig um einen Termin gebeten hatten. Stephen war ungewöhnlich still, und Olivia sah blaß und abwesend aus. Ich bemerkte einen blauen Fleck auf ihrer Wange. Als ich fragte, was geschehen sei, beschrieb Stephen den schrecklichen Streit, der sich am Vorabend zugetragen hatte. Seiner Meinung nach hatte Olivia den Konflikt ausgelöst.

»Wir sprachen über Geld«, sagte Stephen. »Ich versuchte, Olivia zu erklären, wie sehr mich der ständige finanzielle Druck belastet. Ich wollte, daß sie sieht, wie sehr mich dieser Druck unglücklich macht. Ich denke, ich schwenkte eine weiße Fahne und rief um Hilfe.« Er sah an die Zimmerdecke, atmete tief ein und fuhr fort: »Während ich sprach, verschränkte Olivia ihre Arme vor der Brust und sah mich verächtlich an.

Sie hat so eine Art, die mich zur Weißglut bringt. Dann sagte sie, wenn mich diese Geldsorgen so belasten, solle ich mir doch einen anderen Job suchen, bei dem ich mehr verdiene. Sie habe es satt, diese ständigen Klagen über das fehlende Geld anzuhören. Bevor ich wußte, was ich tat, habe ich sie ins Gesicht geschlagen. Sie schlug zurück, und wir kämpften regelrecht miteinander. Wir fielen auf den Fußboden, sie riß an meinen Haaren und fing an, mich zu beißen. Ich schlug sie weiter. Wir hatten beide die Kontrolle verloren.«

Während der dreizehn Jahre ihrer Ehe hatten die beiden viele Streitgespräche geführt, doch jetzt hatten sie sich zum ersten Mal geschlagen. Sie waren beide in einem Schockzustand über die unerwartete Gewalttätigkeit dieser Auseinandersetzung. Die meisten Paare erleben diese Form der Gewalttätigkeit eher selten. Es ist sehr viel üblicher, diese Wut zu unterdrücken und sie nach und nach in Form von schneidender Kritik wieder zuzulassen. So gingen Elisabeth und Frank damit um, ein Paar, das ich später an diesem Tag bei mir sah. Auch sie hatten am Tag zuvor einen heftigen Streit gehabt, sich allerdings auf verbale Auseinandersetzungen beschränkt. Sie hatten sich über ihr neues Haus gestritten, das sie bauen wollten. Auf eigene Faust hatte Elisabeth einen Innenarchitekten für die Gestaltung der Küche herangezogen, weil sie dachte, dies wäre ihr Reich. Doch ihr Ehemann war wütend, daß sie ihn nicht zuerst gefragt hatte. Geld spielte dabei keine Rolle, sie waren recht wohlhabend. Er war wütend, weil sie ihn übergangen hatte.

Eine Bemerkung von Elisabeth fiel mir besonders auf, da sie die zerstörerische Wirkung von Kritik so gut zeigt. »Seine Worte regneten förmlich auf mich herab. Ich fühlte mich geschlagen und verletzt, als er fertig war.« Zwar hatte ihr Mann sie nicht berührt, doch ihre Seele fühlte sich so verletzt, als ob er es getan hätte. Er hatte seine Wut losgelassen, nicht um sie zu kritisieren, sondern einfach um seinen Aggressionen freien Lauf zu lassen. Auf einer unbewußten Ebene empfand sie die gleichen Schmerzen wie Olivia, deren Verletzungen sichtbar waren.

Wut kann schwer zu erkennen sein, vor allem, wenn sie als Depression versteckt ist. Ein Jahr lang arbeitete ich mit einem Paar, das ich Barbara und Allan nennen möchte. Allan war Lehrer und Barbara Hausfrau. Sie kamen zu mir, weil sie sich beide Sorgen um Barbaras chronische Depressivität machten. Die letzten Jahre war sie eher antriebsarm gewesen, hatte kaum sexuelles Interesse gezeigt und wurde immer häufiger krank. Von der ersten Stunde an machte Allan deutlich, daß er aufgrund ihrer ständigen Depressivität langsam sein Interesse an Barbara verlor. Einige Wochen später gab er zu, er habe fast eine Affäre mit einer Lehrerin an seiner Schule angefangen, einer verfügbaren, lebenslustigen Person. »Es fehlte nur die richtige Gelegenheit«, bestätigte er noch einmal.

Barbara und Allan erlebten eines Tages gegen Ende der Beratungsstunde einen richtigen Durchbruch. Es blieben uns nur noch einige Minuten, und Barbara sah auf die Uhr und sagte, sie hätte noch etwas Merkwürdiges, über das sie gerne sprechen würde. Sie schwieg einen Moment und faßte sich Mut. Sie sah mich an und vermied den Augenkontakt mit Allan. »Letzte Woche hatte ich einen wirklich schrecklichen Traum«, sagte sie, »ich muß ihn Ihnen erzählen. Ich träumte, ich war allein bei Ihnen in der Stunde, Dr. Hendrix. Sie fragten mich, ob es nicht etwas gäbe, was ich keinem Menschen sagen würde. Ich teilte Ihnen mit, was tief in meinem Inneren verborgen war ... ich wollte Allan am liebsten töten!« Sie atmete schnell und heftig ein, so, als hätte jemand sie in den Magen geboxt. »In diesem Moment bin ich plötzlich aufgewacht. Ich war ängstlich und verwirrt. Gott weiß, ich möchte Allan wirklich nicht töten. Ich liebe ihn. Ohne ihn wäre ich verloren. Bitte helfen Sie mir herauszufinden, was der Traum bedeutet.«

Barbara erfuhr jetzt etwas über sich selbst, was ich schon einige Zeit vermutet hatte. Insgeheim war sie furchtbar wütend. Sie hatte ihre Wut vor sich selbst und vor Allan verborgen gehalten und diese Gefühle in eine Depression umgewandelt. Doch um ihre Wut verdrängen zu können, mußte sie ebenso ihre Sexualität, ihren Appetit, ihr Klavierspiel, ihre Begeisterung für neue Ideen verdrängen - jede vitale Lebensäußerung erschien ihr plötzlich als bedrohlich. Sie war so ängstlich gegenüber ihrem eigenen Zorn, weil sie in ihrer Kindheit eine unbewußte Verbindung hergestellt hatte zwischen Wut und Verlassenwerden. Als Kind war sie die »gute Tochter« gewesen, der Gegenpol zu ihrer älteren Schwester, die immer aggressiv und rebellisch gewesen war. Ihre Schwester wurde immer für ihr Verhalten bestraft, und Barbara fürchtete, würde sie einmal wütend werden, auch so bestraft zu werden. Sie begann ihre Wut zu verbergen, zuerst vor ihren Eltern, dann auch vor sich selbst. In der Konsequenz lebte sie eine Schattenexistenz. Eine Anpassungsleistung, die in ihrer Kindheit vielleicht eine wichtige Überlebensstrategie war, jetzt jedoch ihre Ehe zu zerstören drohte.

Die destruktive Kraft der Wut

Diese Geschichten können einen wichtigen Zusammenhang verdeutlichen. Wut wirkt zerstörerisch auf eine Beziehung, gleichgültig in welcher Form sie sich äußert. Wird der Zorn ausgedrückt, fühlt sich die Person, auf die er gerichtet ist, vergewaltigt, ob nun körperliche Gewalt damit verbunden ist oder nicht. Das Alte Gehirn unterscheidet nicht zwischen den gewählten Waffen. Aufgrund der Eigenart des Unbewußten fühlt sich auch die Person, die die Wut äußert, selbst bedroht, da das Alte Gehirn jede Äußerung ohnehin als innengerichtet interpretiert. Ebenso wie die guten Absichten als für uns selbst intendiert wahrgenommen werden, treffen uns auch unsere aggressiven Äußerungen selbst. Verletzen wir unsere Partner, verletzen wir gleichzeitig uns selbst. Mit den prophetischen Worten der Bibel: »Was du anderen tust, wird auch dir getan!« Stehen beide in offener Feldschlacht, entwickelt sich die Beziehung in Form einer Abwärtsspirale. Es gibt einfach keine andere Art des Umgangs zwischen erwachsenen Menschen als mit den Mitteln der Diplomatie. Ist die Sicherheit nicht garantiert, entwickelt sich kein Gefühl der Nähe und der Intimität. Das Alte Gehirn wird es nicht zulassen, daß seine Abwehrmauern durchlöchert werden, fühlt es sich angegriffen.

Wie wir gesehen haben, kann unterdrückte Wut die gleichen negativen Folgen haben. Während die offeneren Aggressionsformen sofort sichtbare Schäden zeigen, ist das Ergebnis verdrängter Wut oft eine leere Ehe. Barbaras Depression und Mangel an vitaler Energie brachten ihren Ehemann dazu, sich außerhalb der Ehe nach einer Befriedigung seiner Wünsche umzusehen. Ich selbst habe eigene Erfahrungen mit der destruktiven Kraft unterdrückter Wut, da ich die ersten dreiunddreißig Jahre meines Lebens im klinischen Sinne depressiv war, und diese Depression war der Hauptgrund für das Scheitern meiner ersten Ehe. Der Grund für meine Depressionen lag darin, daß ich den Kontakt mit meinen Gefühlen des Schmerzes und der Angst verloren hatte. Zurückblickend bin ich selbst erstaunt, daß ich beide Eltern im Alter von sechs Jahren verloren habe, ohne irgendwelchen Schmerz darüber zu empfinden. Als meine Mutter plötzlich an einem Schlaganfall starb, weinte ich nicht einmal. Ich erinnere mich, wie mich meine älteren Geschwister lobten, ein »so tapferer kleiner Junge« zu sein. Aus einer Kinderlogik heraus verwandelte ich dieses Kompliment in eine Verhaltensanweisung für mich. »Du wirst anerkannt, wenn du deine Schmerzen nicht zeigst!« Diese Lektion habe ich sehr gut gelernt. Als Jugendlicher sah ich auf meine Kindheit zurück und empfand den frühen Tod meiner Eltern sogar als Segen, da ich auf diese Weise die Farm verlassen und bei meinen Schwestern in der Stadt leben konnte, wo ich eine sehr viel bessere Schulausbildung erhielt. Dieser Mythos erfüllte eine sehr wichtige Funktion. Ich ging durch meine frühe Kindheit, glücklich betäubt, unempfindlich gegenüber dem schweren Verlustschmerz und dem Gefühl der Verlassenheit. Ich sah mich selbst als »glücklichen« Menschen an, nicht etwa als armes Waisenkind, und in der Konsequenz vergeudete ich keine Zeit damit, mich selbst zu bemitleiden. Doch diese verdrängten Gefühle ließen meine erste Ehe zum Fiasko werden. Da ich von einem wichtigen Teil meiner selbst abgeschnitten blieb, lebte ich nicht wirklich. Ich zeigte wenig innere Wärme, Fürsorglichkeit oder Zärtlichkeit - weder mir noch anderen gegenüber. Unbewußt richtete ich meine Erwartungen auf meine Frau, die mir das geben sollte, was ich selbst nicht konnte. Ich war regelrecht ausgehungert nach emotionalen und physischen Kontakten, doch sie konnte mir einfach nicht genug geben - zum Teil aus Defiziten aus ihrer eigenen Kindheit, zum Teil, weil sie mich als distanziert, kalt, fordernd, bedürftig, nie zufrieden erlebte. Es war der berühmte Circulus vitiosus. Je mehr ich danach verlangte, desto mehr enthielt sie mir vor.

Eine der aussagekräftigsten Augenblicke unserer Beziehung war, als ihr Vater starb. Wir waren allein in unserem Schlafzimmer, und der Schmerz über ihren Verlust überwältigte sie gerade, und sie weinte und weinte. Es fiel auch mir sehr schwer, sie zu trösten. Meine Arme hatte ich zwar um sie gelegt, doch war mein Körper starr und verkrampft geblieben. Es fand eine Art innerer Debatte in mir statt. Ein Teil von mir wußte, daß es für sie gut und richtig war, so zu trauern, doch ein anderer warf sofort ein: »Was für ein Theater! Ich habe beide Eltern verloren und nichts gespürt. Warum reagiert sie bloß so emotional?«

Einige Jahre später, dreiunddreißigjährig, suchte ich zum ersten Mal einen Therapeuten auf, nicht, weil ich Probleme bei mir empfand, sondern, weil es für meine Ausbildung zum Psychotherapeuten zwingend vorgeschrieben war. In einer der ersten Stunden bat mich der Therapeut, von meinen Eltern zu erzählen. Ich berichtete, sie wären beide gestorben, als ich noch sehr jung war, doch eigentlich hätte dieses Unglück mir nur Glück gebracht. Da meine Eltern gestorben waren, konnte ich bei meinen Schwestern leben, Süd-Georgia verlassen, eine gute Ausbildung erhalten und so weiter.

»Erzählen Sie mir bitte vom Tod Ihrer Mutter«, sagte er zu mir, meine biographischen Ausführungen einfach unterbrechend. Ich wollte ihm gerade erzählen, wie sie starb, als sich meine Kehle plötzlich furchtbar trocken und verengt anfühlte.

»Erzählen Sie mir von der Beerdigung«, meinte er zu mir.

Wieder versuchte ich zu sprechen. Plötzlich, zu meiner großen Überraschung, brach ich in Tränen aus. Ich weinte und weinte. Es gab kein Halten mehr. Ich war dreiunddreißig und weinte wie ein sechsjähriger Junge. Nach einigen Minuten, sah mich mein Therapeut freundlich an und sagte: »Harville, gerade fangen Sie damit an, den Tod Ihrer Mutter zu betrauern!«

Nachdem ich so meinen eigenen Schmerz zum ersten Mal erlebt hatte und die unvermeidliche Wut, die damit verbunden war, begann ich mich zu verändern. Ich wurde weniger ängstlich. Ich konnte mich sehr viel besser in den Schmerz anderer Menschen einfühlen. Zum ersten Mal in meinem mir bewußten Leben fühlte ich mich wirklich lebendig. Ich wußte, wer ich war und was ich gewesen bin, und ich fühlte mich in Übereinstimmung mit meinem Herzschlag. Alle meine Sinne öffneten sich, und ich begann mit der Welt in Frieden zu leben.

Die Vorstellung, daß jeder in Kontakt mit seinem Zorn und seiner Angst leben soll, entspricht nicht unseren Erziehungsmaximen. Weinen Kinder, weil sie müde oder frustriert sind, ignorieren Eltern diese Gefühlsäußerungen oft, machen sich über sie lustig oder schreien sie an, sie sollen bitte endlich ruhig sein. Ein Jugendlicher, der seine Zimmertür hinter sich ins Schloß wirft, wird heftig kritisiert, und es werden ihm Vergünstigungen gestrichen. Die spezifische Strafe für Zornausbrüche variiert von Familie zu Familie. In manchen Familien sind sogar wütende Blicke untersagt, doch ich denke, man kann wohl sagen, daß die meisten von uns mit der Anweisung aufwuchsen, Wut sei schlecht, destruktiv und selbstbezogen. Wir hatten nur die Wahl, entweder unsere Wut zu äußern, mit allen möglichen negativen Konsequenzen, oder sie tief in uns zu vergraben, damit sie uns nicht mehr schaden könnte.

Haben wir uns dazu entschlossen, unsere Wut zu verdrängen, nehmen wir uns gleichzeitig unsere Fähigkeit zu lieben, da Wut und Liebe zwei Seiten der gleichen Medaille sind. Sie sind nicht zwei getrennte Dinge, eines gut, das andere schlecht. Sie stellen die gleiche Lebenskraft dar, nur auf unterschiedliche Art und Weise ausgedrückt. Die Selbstvergessenheit, die wir in Augenblicken der Freude als Kinder erlebten, und das Glücksgefühl, wenn wir uns verlieben, speist sich aus der gleichen Quelle wie die Wut, mit der wir unseren Partner in einem heftigen Streit an einem Freitagabend überschütten. Fühlen wir uns gelöst, ist dafür unsere Lebensenergie verantwortlich, die uns aufblühen läßt. Werden wir wütend, ist unsere Lebensenergie auf ein Hindernis gestoßen. Wir werden wütend, werden Versprechungen nicht eingehalten.

Das Kontrollkonzept

Wut als vitaler Ausdruck von Lebensenergie ist eine bekannte Tatsache. Unterdrücken wir unseren Zorn, werden wir krank oder depressiv oder leben ein emotional verflachtes, stumpfes Leben. Doch andererseits, äußern wir unsere Wutgefühle blindlings, riskieren wir, anderen emotional oder physisch zu schaden. Wie können wir nun adäquate Ausdrucksformen für unsere Wut finden und andere Menschen, die uns nahestehen, nicht verletzen? Die Antwort liegt in dem Konzept der »Kontrolle«.

Wollen wir verstehen, was ich mit Kontrolle meine, sollten wir einen Augenblick an die destruktive Kraft von Benzin denken. Gießen wir eine Pfütze auf die Erde und entzünden sie, erhalten wir sofort eine Stichflamme. Nehmen wir jedoch die gleiche Menge, geben sie in genau dosierten Einheiten in eine Verbrennungsmaschine, fügen noch einen elektrischen Impuls hinzu und die Maschine wird anspringen. Auf diese Weise werden Automobile betrieben, Traktoren oder auch Flugzeuge. Durch den Prozeß der Kontrolle wurde eine potentiell destruktive Flüssigkeit in eine nützliche Form der Energie verwandelt. Das gleiche trifft auch für die archaische Form der Wut zu. Auch unser Zorn sollte in gut abgemessener, dosierter Form geäußert, erst in einer sicheren Umgebung »gezündet« und dann wiederum in Eros transformiert werden, seine ursprüngliche, lebensbejahende Funktion.

Übungen, die sich mit Wut beschäftigen, sind eine relativ neue Errungenschaft der Psychotherapie. In traditioneller Manier lindert der orthodoxe Psychoanalytiker Angst und Wut seiner Patienten einfach, indem er sie auffordert, sich diese Gefühle bewußt zu machen. Der Patient wird ermutigt, frei zu assoziieren, und er soll über das sprechen, was ihm gerade in den Sinn kommt. Der Psychoanalytiker interveniert an wichtigen Stellen durch interpretative Hinweise, die vorher scheinbar Unzusammenhängendes zusammenfügen. Im Idealmodell folgt auf diese kommentierenden Hinweise die Einsicht des Patienten. Wird er gerade von seiner Wut auf der Couch geschüttelt, weil er sich an besonders schmerzliche Ereignisse erinnert, reagiert der Therapeut dennoch so kontrolliert wie immer. Der Therapeut darf in keinem Fall die Stärke der emotionalen Reaktionen beeinflussen.

In der Gestalt-Therapie - folgt man dem Beispiel ihres Gründers, Fritz Perls - würde sehr viel direkter eingegriffen. So könnte ein Therapeut eine Übung vorschlagen wie »Dialog-zweier-Stühle«. Der Klient würde gebeten, sich auf einen Stuhl zu setzen und, mit Blick auf den leeren Stuhl, einen Dialog mit der Person zu führen, die für seine Wutgefühle verantwortlich ist. Er würde schließlich aufgefordert werden, seine Wut so zu äußern, daß er auf ein Kissen einschlägt, stellvertretend für die besagte Person. Manchmal würde der Therapeut noch andere imaginäre Personen auf den Stuhl setzen, um noch tiefer an die Quelle der Wut heranzukommen. Durch diese evokativen Techniken würden die wütenden oder traurigen Gefühle des Patienten übertragen in eine physische und emotionale Katharsis und auf ursprüngliche Ziele gerichtet. Theoretisch würde eine nachweisbare Verminderung des »unerledigten Geschäfts« des Klienten damit einhergehen.

Ein auf Psychodrama ausgerichteter Psychotherapeut könnte einen etwas anderen Ansatz verwenden. In diesem Fall könnte der Therapeut der Direktor eines Dramas werden und den Klienten beauftragen, eine vollständige Charakterbesetzung vorzunehmen. Der Klient würde dann durch den Raum gehen und die verschiedenen Charaktere spielen. Er könnte zum Beispiel vorgeben, seine eigene Mutter, sein Bruder oder sein Arbeitgeber zu sein, dann wieder in seine eigene Rolle zurückschlüpfen und diesen imaginären Personen antworten. Wie beim »Dialog-zweier-Stühle« der Gestalt-Therapie würde der Zweck dieser Übung sein, emotionale Erleichterung und Einsicht in die wahre Quelle des Ärgers zu vermitteln.

Die Wut-Auffang-Übung

Die Wut-Auffang-Übung ist von mir speziell für Paare entwickelt worden. Der Sinn dieser Übung besteht darin, daß Sie Ihre zornigen Gefühle äußern können, ohne daß Ihr Partner darauf eingeht, sie abstreitet oder als wertlos erklärt. Statt nun den Grund Ihres Zornes zu bestreiten, übt sich Ihr Partner darin, dessen Existenz einfach anzuerkennen und hinzunehmen. »Ja, ich sehe, daß du wirklich wütend bist.« Hört Ihr Partner Ihnen dann aufmerksam zu, paraphrasiert Ihre Bemerkungen und erkennt die Stärke Ihrer Emotionen überhaupt erst einmal an, ist Ihr Bedürfnis nach Aufmerksamkeit befriedigt, die Umgebung wird als sicher und bestätigend erlebt, und Ihr Zorn wird nach und nach verrauchen. Diese Wut-Auffang-Übung ist nicht als Instrument gedacht, die Ursachen Ihrer Wut zu beseitigen. Das kann später durch den Wunsch nach spezifischen Verhaltensänderungen versucht werden. Diese Übung bestätigt einfach nur die Realität Ihrer Emotionen.

Wird Ihr Partner wütend und Sie sind an der Reihe, diese Wut auffangen zu müssen, werden auch Sie von dieser Übung profitieren, da Sie lernen, mit Ihren eigenen Abwehrmechanismen besser umgehen zu können. Nehmen Sie die Wut Ihres Partners einfach hin, heißt das doch nicht gleich, daß Sie ihn auch billigen müssen oder seinen Vorwürfen an Sie zustimmen. Es bedeutet nur, daß Sie feststellen, Ihr Partner ist wütend. Ihre Aufgabe besteht nun darin, die emotionale Verfassung Ihres Partners zu bestätigen.

Im Grunde ist diese Wut-Auffang-Übung eine etwas fortgeschrittenere Version des Partnerdialogs, wie im Kapitel 9 beschrieben. Aus diesem Grunde sollte sie nicht ausprobiert werden, bevor nicht die andere Übung ausreichend beherrscht wird. Der Hauptunterschied zwischen beiden Übungen besteht darin, daß die Wut-Auffang-Übung mit sehr viel stärkeren Emotionen verbunden ist. Mit dieser erhöhten Intensität sind daher drei wichtige Grundregeln verbunden:

1. Kein Partner darf den Raum verlassen, bevor die Übung nicht abgeschlossen ist.
2. Kein Partner darf irgend etwas beschädigen oder den anderen in feindlicher Absicht berühren.
3. Die wütende Person muß sich bemühen, die Kritik auf die Beschreibung des Verhaltens zu beschränken, nicht auf die Persönlichkeit selbst zu zielen.

Mit anderen Worten, die wütende Person darf sagen: »Ich bin wütend auf dich, weil du gestern nicht nach Hause gekommen bist!« Aber nicht: »Du bist ein verachtenswerter Mensch, weil du gestern nicht nach Hause gekommen bist!« (Sie werden genauere Anweisungen im Teil III finden.)

Eine andere Variante dieser Übung, die ich einigen meiner Klienten auf freiwilliger Basis anbiete, ist die des Wut-Auffang-Tages, ein Vorschlag meiner Frau Helen. Im Grunde besteht die Idee darin, daß sich die Wut-Auffang-Übung über einen Zeitraum von 24 Stunden erstreckt. Einen ganzen Tag lang spielt der eine die Rolle, die »Wut aufzufangen«, während der andere seine sämtlichen Frustrationen verbalisieren darf. Der »auffangende« Partner hört zu, tröstet, stützt, ohne dabei selbst abwertend, kritisch oder mit einem Gegenangriff zu reagieren. Ist der andere an der Reihe, nun den expressiven Teil zu übernehmen, besteht durch diese Übung eine gute Gelegenheit, die Tiefe seiner eigenen Emotionen überhaupt erst erfahren zu können. Manchmal treten dabei Gefühle in Erscheinung, die noch nie zuvor empfunden worden waren, weil die Umgebung niemals sicher genug erschien. Diese Übung ist fast eine Erlaubnis, wieder ein Kind sein zu dürfen, nur mit dem Unterschied, daß die Eltern diesmal das Kind unterstützen und in seinem Zorn annehmen. Diese tiefe Regression in einer sicheren und liebevollen Umgebung kann ausgesprochen starke Heilungskräfte freisetzen. Sind Sie an der Reihe, die Wut auffangen zu müssen, steigern Sie gleichzeitig Ihre Fähigkeiten des Nicht-Reagierens. Sie erleben, daß der Zorn Ihres Partners Ihnen nichts anhaben kann. Sie erlauben sich gegenseitig, Ihre Emotionen vollkommen auszudrücken, weil Sie nicht auf die Wut eingehen müssen. Im Laufe der Zeit werden beide ein besseres Gefühl für die eigenen Grenzen entwickeln und erleben, daß Sie sich nicht in den jeweiligen emotionalen Zustand des Partners hineinziehen lassen müssen.

Neue Dramaturgie für die »Schlüssel-Szenen«

Eine Technik, die ich oft bei Paaren einsetze, die die gleichen Frustrationen wieder und wieder erleben, ist die sogenannte »Schlüssel-Szenen-Revision«. Diese Übung hilft, die Häufigkeit und die Intensität von Schlüsselszenen, fruchtlosen Streitigkeiten und Wortgefechten wie die zwischen Stephen und Olivia oder Elisabeth und Frank, zu vermindern. Diese Schlüsselszenen entstehen, wenn die Kindheits-Strategien des einen Partners auf die des anderen treffen, wodurch beiden häufig sehr viel Schmerz zugefügt wird. In der Regel enden diese Szenen in einer Sackgasse, und beide Partner fühlen sich emotional erheblich verletzt.

Ein Ehepaar, Jack und Deborah, erlebten diese immer wiederkehrenden Streitigkeiten, die sie selbst schon die »Drei-Uhr-Streits« nannten, da sie fast nie vor dem Morgengrauen endeten. Es handelte sich dabei nicht einmal um wirklich explosive Kämpfe, sondern um anhaltende, ermüdende, sich wiederholende Konfrontationen, die immer ohne Lösung endeten. Nach einem dieser Streits fühlten sich beide tagelang deprimiert.

Nachdem sie mehrfach derartige Szenen geschildert hatten, die immer nach dem gleichen Muster abliefen und sich vier- bis fünfmal die Woche ereigneten, gelang es ihnen selbst, eine Struktur zu erkennen. Zuerst erschien es ihnen amüsant, diese verschiedenen Auseinandersetzungen auf ein Muster hin zu untersuchen. Sie konnten sogar darüber lachen, betrachteten sie diese sonst so schmerzhaften Episoden mit mehr Distanz. Doch nach und nach mischte sich Traurigkeit in das Gespräch.

«Eigentlich bin ich nicht stolz«, meinte Jack. »Warum verfangen wir uns wieder und wieder in der gleichen Falle?«

Ihre Schlüssel-Szenen liefen nach folgendem Muster ab:

Erster Akt - abends, gegen 17 Uhr. Jack kommt aus dem Büro, und Deborah konfrontiert ihn sofort mit irgendeiner häuslichen Aufgabe, die unbedingt erledigt werden sollte - Ferienplanung, Gartenarbeit, Post beantworten. Jack entgegnet, er würde es sehr gerne erledigen, nur, lieber später. Zuerst würde er lieber joggen.

Zweiter Akt - Jack beginnt sein Jogging-Training. Kaum kehrt er zurück, bittet ihn Deborah, nun doch bitte die Aufgabe X zu erledigen. Jack antwortet ihr: »Sicher. Nur zuerst möchte ich duschen!«

Dritter Akt - Jack duscht. Deborah verfolgt ihn bis in das Badezimmer und bedrängt ihn, nun endlich X auszuführen. Jack antwortet: »Sicher, nur zuerst möchte ich noch etwas trinken.«

Vierter Akt - (der Höhepunkt des Dramas) Jack genehmigt sich mehrere Drinks. Er beginnt sich zu entspannen und ist sehr guter Stimmung. Deborah kommt in das Wohnzimmer, inzwischen regelrecht aufgebracht: »Warum machst du X nicht endlich oder sagst mir gleich, daß du keine Lust dazu hast?« schreit sie los. »Ich kann es einfach nicht ausstehen, wie sehr ich dich immer antreiben muß!« - »Aber ich möchte es doch erledigen«, kontert Jack. »Laß mir nur noch ein bißchen Zeit. Gib bitte Ruhe. Ich bin müde und möchte mich erst einmal entspannen.« Jack fängt ein Kreuzworträtsel an und beachtet seine Frau nicht mehr. »Ich hasse dich«, schreit sie auf, »niemals tust du, was du sagst! Nie hörst du mir zu. Ich habe das Gefühl, mit einem Roboter zusammen zu leben! Ich empfinde nichts mehr für dich!« Jack versucht, ihren Zorn zu ignorieren, indem er sich noch mehr auf sein Kreuzworträtsel konzentriert. Da es ihm aber nicht gelingt, steht er auf und verläßt das Haus.

Fünfter Akt - Jack kommt viele Stunden später zurück. Er hat getrunken. Deborah attackiert ihn noch einmal. Der Streit setzt sich fort. Deborah steigert ihre Kritik mehr und mehr, während Jack versucht, sie zu beruhigen oder sie zu ignorieren. Schließlich fühlen sich beide von diesem Melodrama erschöpft und trennen sich ohne Hoffnung.

Lassen Sie uns diese Schlüssel-Szene einmal analysieren. In den psychologischen Lehrbüchern würde Jack die Bezeichnung »passiv-aggressiv« erhalten. Er nimmt es Deborah übel, daß sie sein Leben organisieren will, kann dieses Gefühl jedoch nicht direkt ausdrücken. Statt dessen entzieht er sich, joggt, duscht, trinkt, löst Kreuzworträtsel - mit anderen Worten, er benutzt jeden nur möglichen Fluchtweg, den er in ihre Beziehung eingebaut hat. Deborah würde als »aggressiv-aggressiv« bezeichnet werden. »Sie ist eine wahre Bulldogge«, beschreibt Jack seine Frau, nicht ohne Bewunderung. »Sie weiß sofort, was sie will, und kann auch ihren Aggressionen freien Lauf lassen.« Das unverändert bestehenbleibende Kernelement bei diesen Schlüssel-Szenen besteht darin, daß, je mehr Deborah Jack unter Druck setzt, desto mehr zieht er sich zurück, und um so mehr sich Jack zurückzieht, desto verlassener fühlt sich Deborah. Ihre Wut auf sein passives Verhalten ist in Wirklichkeit versteckte Panik. Sie hat furchtbare Angst, alleine zu sein, und Jacks Desinteresse läßt in ihr das Gefühl entstehen, sie lebe nicht mit einem realen Menschen zusammen, sondern einem blassen Geist, ohne wirkliche Existenz.

Ich erklärte Deborah und Jack diesen Zusammenhang, um diese Sackgassensituation zu beenden. Sie müßten einfach dieses Stück umschreiben, nicht metaphorisch, sondern tatsächlich. Sie sollten nach Hause gehen, Stifte und Papier nehmen und ihr persönliches Drama so umformulieren, daß, wenn der Vorhang nach dem letzten Akt sinkt, sich beide in den Armen liegen und nicht mehr als Gegner ansehen. Dieses neue Skript sollten sie wieder und wieder lesen, damit diese neuen Möglichkeiten ihnen vertraut würden, wie ehedem ihre alten Gewohnheiten.

Ich versicherte ihnen, daß sich jede Veränderung schon wohltuend auf ihre Beziehung auswirken würde. Allein schon die Einsicht in ihren Streit als Schlüssel-Szene würde eine spürbare Verbesserung herbeiführen. Sie würden sagen können: »Jetzt sind wir also wieder an diesem Punkt angelangt. Wir trampeln wieder auf den tiefsten Wunden des anderen herum!« Wäre auch nur einer von ihnen fähig, dem Script jetzt eine neue Zeile hinzuzufügen, könnte sich das alte Schema nicht mehr quasi-automatisch entfalten, da sie sich nicht mehr gegenseitig die gewohnten Stichworte zurufen würden.

Es gibt verschiedene Möglichkeiten, wie diese Schlüssel-Szene von Deborah und Jack revidiert werden könnte. Deborah könnte lernen, weniger aggressiv zu reagieren, wodurch sie Jacks Bitte nachkommt, ihn »in Ruhe zu lassen«. Nachdem sie ein- oder zweimal gefragt hat, ohne eine Reaktion zu erhalten, könnte sie einfach aufhören, diese Forderung zu stellen. So wäre Jacks automatisch eingespielte Rückzugsaktion nicht mehr erforderlich. Vielleicht würde er nun ein paar Gläser weniger trinken oder einfach im Haus bleiben. Vielleicht würde er mit der Zeit sogar anfangen, mit ihr zu kooperieren.

Vielleicht könnte das Stück auch so umgeschrieben werden, daß Jack als stärkerer Charakter erscheint. Wollte er eine bestimmte Aufgabe nicht erfüllen, könnte er versuchen, dies auszusprechen: »Nein. Ich möchte das nicht machen. Es bedeutet mir nichts. Ich habe meine eigenen Pläne.« Zuerst wäre Deborah sicher über seine Antwort erstaunt, doch würde Jack darauf bestehen, würde sie am Ende sogar erleichtert reagieren. Denn schließlich wollte sie nicht mit einem Mann verheiratet sein, der nur widerstrebend auf ihre Wünsche eingeht, sondern sie möchte mit einem lebendigen, vitalen menschlichen Wesen zusammenleben.

Die Übung, eine Schlüssel-Szene zu definieren und dann alternative Versionen aufzuschreiben, kann ein sehr nützliches Instrument sein. Sind die Paare in der Lage, ihre Argumente zu objektivieren, deren Schlüsselelemente zu identifizieren und flexible Handlungsalternativen zu entwickeln, können sie die destruktiven Aspekte ihrer Beziehung besser steuern. Obwohl weder diese Übung noch die Wut-Auffang-Übung im Grunde dafür eingesetzt werden, an die Wurzeln der jeweiligen

Probleme zu gelangen - dazu wäre eher die Stretching-Übung geeignet -, gelingt es doch mit beiden, die destruktive Kraft dieser Auseinandersetzungen erheblich zu vermindern.

Die erweiterte Wut-Auffang-Übung

Die abschließende Übung, die erweiterte Wut-Auffang-Übung, erleichtert es vielen, besser an ihre Wutgefühle heranzukommen und gleichzeitig deren Entsprechung in ihrer frühen Kindheit zu finden. Die erweiterte Wut-Auffang-Übung wirkt ebenso bei unterdrückt, wie bei offen aggressiven Menschen. Ich möchte betonen, daß diese Übung nicht ohne die Unterstützung eines Therapeuten durchgeführt werden sollte. Aus diesem Grund ist sie auch nicht im Teil III angeführt. Ich möchte sie hier nur eher allgemein beschreiben, da so die Funktion von Wut in einer Ehe anschaulich gezeigt werden kann.

Die erweiterte Wut-Auffang-Übung basiert auf der gestalttherapeutischen Zwei-Stühle-Übung, die ich weiter oben beschrieben habe. Ein wichtiger Unterschied besteht darin, daß die erweiterte Wut-Auffang-Übung zwei Rollen vorsieht. Zuerst führe ich den Partner, der häufiger Wut oder emotionalen Schmerz erlebt, durch ein Standard-Programm zur Wut-Reduktion. Ich fordere ihn auf, sich für die nächste Sitzung an eine »auslösende« Situation zu erinnern, mit der in der Regel ungewöhnlich starke Gefühle verbunden sind. Ich unterstütze ihn, diese Gefühle auszudrükken und sie noch zu steigern, um sie dann mit seinen frühen Kindheitserfahrungen zu verknüpfen, die ihnen ihre Heftigkeit verleihen. Gelangt der Klient in Kontakt mit diesen ursprünglichen Emotionen, wird er sich anschließend ganzheitlicher und sehr viel vitaler erleben können.

Der unterstützende Partner spielt gleichermaßen eine wichtige Rolle, da er den anderen tiefer und tiefer in Wut und Schmerz hineinführt. Statt der Direktive des Alten Gehirns nachzugeben, entweder zu kämpfen oder zu fliehen, fordert er seinen Partner auf, seine Gefühle wirklich vollständig auszudrücken. Er sagt etwa: »Ich möchte noch mehr über deine Wut wissen« und: »Weiter so! Ich möchte alles über deine Gefühle wissen!« So wird dem anderen erleichtert, seine Gefühle so vollständig wie nur möglich auszudrücken. Damit der die Wut auffangende Partner dazu auch in der Lage ist, muß er lernen, sich vorher adäquat zu schützen. Ich bitte den stützenden Partner, sich gut zu entspannen, drei- bis viermal tief einzuatmen und mental die Rolle eines fürsorglichen, starken Elternteils einzunehmen. Im weiteren Verlauf dieser Übung durchlebt der expressive Partner erfolgreich die Gefühle der Wut und des Schmerzes, nimmt der andere ihn in den Arm, tröstet ihn so, wie man ein trauriges Kind trösten würde.

Durch die Provokation der gesamten Wut, die dann aufgefangen wird, um schließlich schmerzlich bewußt zu werden, trägt der unterstützende Partner erheblich zur psychologischen Heilung des anderen bei.

Es gibt noch einige Schritte, die bei dieser recht komplizierten Übung zu berücksichtigen sind. Eine Verhaltensänderungskomponente, die der Karthasis und dem Trösten folgt, erleichtert es dem Ehepaar, zukünftig die auslösenden Faktoren zu reduzieren und Konflikte zu vermeiden. Die Übung endet mit einem gemeinsamen Herumtoben, um in einer Hochstimmung ihren Abschluß zu finden und das emotionale Band zwischen den Partnern zu festigen.

Auf den folgenden Seiten findet sich ein überarbeitetes Transkript einer wirklich durchgeführten erweiterten Wut-Auffang-Übung zwischen Maria und Peter, die in einer Welt der oberflächlichen Harmonie lebten. Sie werden sich erinnern, daß beide in einem nie ausgesprochenen Einverständnis auf Konflikte so reagierten, indem sie schnell davon ablenkten, um die angebliche Harmonie ihrer Beziehung nicht zu gefährden. Der Anlaß, den Maria als Material für die erweiterte Wut-Auffang-Übung zu dieser Sitzung mitbrachte, war dann auch charakteristischerweise eher ein gedämpfter. Es gab keine bösen Worte. Keine aggressiven Gesten. Doch beide waren sichtlich mehr auf Distanz gegangen.

Zu Beginn bat ich Maria, mit wenigen Worten sehr genau zu beschreiben, was geschehen war.

Maria und Peter: Die erweiterte Wut-Auffang-Übung

MARIA: (mit leiser Stimme, ohne Anzeichen von Zorn) Vor kurzem lag ich schon im Bett und wollte Peter einen meiner Träume beschreiben, der mich sehr beeindruckt hatte. Während ich erzählte, erlebte ich plötzlich die Situation noch einmal und fühlte mich sehr bewegt. Doch ich sah, daß Peter mir nicht wirklich zuhörte. Er antwortete nur: »hm, hm.« Er nahm mich nicht wirklich ernst. Das verletzte mich tief, und ich begann zu weinen. Mir war dieser Traum sehr wichtig, und er interessierte sich überhaupt nicht dafür.

HARVILLE: In Ordnung, Maria. Ich möchte, daß Sie Peter direkt ansprechen und alles, vereinfacht, in einem Satz sagen.

MARIA: (dreht sich zu Peter um und spricht fast ohne Ausdruck weiter) Ich fühlte mich verletzt, weil ich einen Traum beschrieben habe, der für mich sehr wichtig war und du mir nicht zugehört hast!

HARVILLE: Gut! Peter, nun möchte ich, daß Sie Maria zurückspiegeln, was sie gesagt hat, damit sie sehen kann, ob Sie sie richtig verstanden haben. (Beide hatten schon Übung mit dem Spiegeln)

PETER: Du hast versucht, deinen Traum zu erzählen und noch einmal zu

	erleben, der so wichtig für dich war, und ich habe nicht zugehört.
MARIA:	Genau so war es.

Nachdem sie jetzt das auslösende Moment definiert hatten und beide dieser Version zustimmen konnten, mußte Peter sich mit einer Art Schutzschild umgeben, so daß Maria ihren Zorn äußern konnte, ohne ihn zu verletzen.

HARVILLE:	Peter, würden Sie bitte Ihre Kaffeetasse hinstellen und versuchen, sich so gut wie möglich zu entspannen, um die Wut auffangen zu können und sich selbst schützen zu können. Vielleicht möchten Sie auch noch einmal tief einatmen ... Stellen Sie sich nun vor, Sie lebten an einem sehr sicheren Ort. Wo, bleibt Ihnen überlassen. Sie können ein Plexiglas-Schild vor sich sehen, einen psychischen Regenmantel, der gegen jeden Sturm schützt, oder Sie können sich ausmalen, wie Sie am sichersten Ort der Welt, wunderbar inmitten des Waldes, leben ... Sagen Sie uns, wenn Sie fertig sind.

Peter benötigte einige Minuten, um sich zu entspannen. Er atmete tief ein, setzte sich bequem auf seinen Stuhl und nahm eine meditative Haltung ein, mit geschlossenen Augen, seine Arme ruhten auf seinen Beinen auf, die Handflächen zeigten nach oben.

PETER:	Ich bin fertig.
HARVILLE:	Gut, bitte sagen Sie Maria, daß Sie jetzt bereit sind, Ihre Gefühle anzunehmen.
PETER:	Ich bin bereit, mir alles anzuhören, was du mir zu sagen hast.
HARVILLE:	Maria, ich möchte gerne, daß Sie jetzt aussprechen, was Sie denken und fühlen, und bei Ihren Gefühlen bleiben. Sie sollten Ihre Gefühle so steigern bis zur höchsten Intensität, Trauer und Frustration dabei überwinden, bis Sie wirklich an Ihren Schmerz herankommen.
MARIA:	(mit dünner, zitternder Stimme) Oh, ich empfinde große Angst in diesem Augenblick, wenn ich diese Gefühle an mich heranlasse.
HARVILLE:	Sie haben also das Gefühl, daß Sie diese Gefühle nicht zulassen sollten? Ihre Reaktion ...
MARIA:	Ich denke, es ist Peter gegenüber nicht fair. Ich sollte ihn nicht damit belasten. Es ist nicht sein Fehler.
PETER:	Ich möchte nicht, daß du hier aufhörst, Maria. Tu es bitte für dich. Ich bin geschützt. Ich möchte deine Gefühle kennenlernen.
MARIA:	Ich weiß. (Sie lacht, und ihre Spannung nimmt ab.) Wahrscheinlich möchte ich selbst nicht weitergehen.
HARVILLE:	Lassen Sie sich Zeit, und erzählen dann die auslösende Situation. Sie

kommen wieder an Ihre Gefühle heran, gehen Sie zu dieser Situation zurück. Versuchen Sie, noch einmal die Gefühle von damals zu erleben.

MARIA: (seufzt) Ich berichtete Peter von meinem Traum. (Sie zögert.) Im Augenblick möchte ich eigentlich überhaupt nicht über diesen Traum sprechen. Ich denke, es wäre dann viel einfacher.

PETER: Ich möchte aber davon hören. Ich möchte alles über deinen Traum wissen und wie du dich dabei gefühlt hast.

MARIA: (Atmet vier- oder fünfmal tief ein und beginnt von vorn.) In diesem Traum fühlte ich mich sehr stark zu einer Frau hingezogen. Ich ängstigte mich sehr. Einerseits erlebte ich die Situation als gefährlich, andererseits genoß ich sie. Der Traum war positiv. Eigentlich mein erster positiver Traum. Ich fühlte mich sehr wohl bei dieser anderen Frau. Ich fühlte mich zu ihr hingezogen. (Lange Pause.) In meinem Traum war es angenehm. Sehr normal. Als ich mit dir sprach, Peter, erlebte ich dieses Gefühl noch einmal. In dem Traum hattest du nichts dagegen, daß ich diese Frau mochte. (Sie beginnt zu weinen.) Und als ich dir davon erzählte, ... es fiel mir sehr schwer ... (sie schluchzt) und ich wünschte mir so sehr, daß du mich annimmst, wie du mich in diesem Traum angenommen hast. Ich fühlte mich sehr verletzt, als du mir nicht einmal zugehört hast.

HARVILLE: Wiederholen Sie bitte noch einmal - »Ich fühlte mich sehr verletzt.«

MARIA: (Ruhig.) Ich fühlte mich sehr verletzt. (Weint.)

HARVILLE: Bleiben Sie bei diesem Gefühl. Achten Sie auf Frustrationen, und drücken Sie sie aus.

MARIA: (Flüstert.) O Gott, in meinem Kopf gibt es jetzt eine dicke Mauer, die mich nicht an meine Wut herankommen läßt.

HARVILLE: Ich möchte, daß Sie Peter und Ihren eigenen Widerstand ansehen. Sagen Sie zu ihm: »Ich werde dir meine Wut nicht zeigen!«

MARIA: (Fast unhörbar.) Ich werde dir meine Wut nicht zeigen.

HARVILLE: Bleiben Sie bei diesem Gefühl. Sprechen Sie lauter.

MARIA: (Schreit.) Ich werde dir meine Wut nicht zeigen. (Sie beginnt zu weinen.) Du hörst ja nie zu.

HARVILLE: Sagen Sie noch einmal zu Peter: »Nie hörst du mir zu!«

MARIA: (Richtet sich an Peter, sehr sanft, versucht ihre Wut zurückzuhalten und sich hinter ihren verletzten Gefühlen zu verstecken.) Ich möchte, daß du mir zuhörst, wenn ich mit dir spreche und so bin, wie ich bin, eben nicht perfekt, oder sogar Dinge sage, die dich frustrieren werden.

HARVILLE: Sagen Sie: »Es verletzt mich, wenn du mir nicht zuhörst!«

MARIA: (Ruhig.) Es verletzt mich, wenn du mir nicht zuhörst! (Weint.) Ich fürchte mich so sehr davor, auf dich zornig zu werden. (Zum ersten Mal hört man Leidenschaft in ihrer Stimme.)

HARVILLE: Bleiben Sie bei diesem Gefühl!

MARIA: (Flüstert.) O Gott!

HARVILLE: Beenden Sie bitte den Satz: »Wenn ich auf dich wütend werde ...«

MARIA: (Schluchzend.) Wenn ich auf dich wütend werde, ... wirst du mich hassen!

HARVILLE: Gut! Weiter so!

MARIA: (Kraftvoll.) Ich habe Angst, daß du mich für dumm hältst. Und verrückt.

HARVILLE: Sagen Sie alles, bleiben Sie bei Ihrer Angst!

MARIA: Es gibt keinen Sinn! Ich weiß, daß ich wütend werden kann. Ich weiß, ich habe ein Recht auf meine Wut! Es ist nur ...

HARVILLE: Sagen sie das bitte noch einmal: »Ich habe ein Recht auf meine Wut!« (Ich möchte, daß sie in diesem Augenblick eher ihre Wut als ihre Angst erlebt.)

MARIA: Ich habe ein Recht auf meine Wut! (Lauter.) Ich habe ein Recht auf meine Wut!

HARVILLE: Sagen Sie es bitte noch lauter!

MARIA: (Steht von ihrem Stuhl auf und ballt ihre Fäuste.) Ich habe ein Recht auf meine Wut! (Setzt sich und bricht in Tränen aus. Plötzlich sagt sie mit einer furchtsamen Stimme:) O um Gottes willen!

HARVILLE: Gibt es noch jemanden in Ihrer Vorstellung, zu dem Sie dies sagen möchten?

MARIA: (Leise, irgendwie überrascht.) O Mann!

HARVILLE: Was sehen Sie?

MARIA: (Mit resignierter Stimme.) Es ist mein Vater ... Oh, ich habe ein Recht auf meine Wut. (Flüsternd.)

HARVILLE: Ich habe Sie nicht verstanden!

MARIA: (In normaler Lautstärke.) Ich habe ein Recht darauf, daß man mir zuhört! Ich habe ein Recht darauf, daß man mich wahrnimmt! (Weint.)

HARVILLE: Ja, sagen Sie es.

MARIA: (Mit Energie.) Ich habe ein Recht, so zu sein, wie ich bin. Ich möchte nicht jemand anderes sein, nur weil ich denke, nicht gut genug zu sein!

HARVILLE: Sprechen Sie alles aus! Sie haben ein Recht auf Ihre Gefühle!

MARIA: O Gott! (Lange Pause.) Oh! (Seufzt.) Ich denke ...

HARVILLE: Sehen Sie sich noch einmal Ihren Vater an, und sagen zu ihm: »Du hörst mir nie zu!«

MARIA: O Vater! Jetzt breche ich alle Regeln! (Lacht.)

HARVILLE: Wenn ich die Regeln breche, dann ...
MARIA: (Weint.) Werde ich alleine sein!
HARVILLE: Wenn ich alleine bin, dann ...
MARIA: wird sich niemand um mich kümmern.
HARVILLE: Dann ...
MARIA: werde ich ... sterben. (Sagt wie selbstverständlich:) Deshalb habe ich ja so große Angst vor meiner Wut.
HARVILLE: Sagen Sie es: »Wenn ich ich selbst bin, werde ich sterben!«
MARIA: (Emotionslos.) Wenn ich ich selbst bin, werde ich sterben!
HARVILLE: Wie fühlen Sie sich jetzt?
MARIA: Ich weiß es nicht genau.
HARVILLE: Versuchen Sie einmal, das Gegenteil zu sagen: »Wenn ich nicht ich selbst bin, werde ich sterben!«
MARIA: Wenn ich nicht ich selbst bin, werde ich sterben!
HARVILLE: Trifft das zu?
MARIA: Ja, irgendwie schon. Es scheint, daß ich zum Teil ich selbst, zum Teil nicht ich selbst sein muß, um leben zu können. Bin ich das eine oder das andere ganz ...
HARVILLE: Sagen Sie noch einmal: »Wenn ich ich selbst bin, werde ich sterben!«
MARIA: (Widerstrebend.) Wenn ich ich selbst bin, werde ich sterben!
HARVILLE: Stimmt das oder nicht?
MARIA: Nein! Es stimmt nicht! Nein! Nein! Nein! Nein!
HARVILLE: Bleiben Sie bei dem Gefühl! Was stimmt?
MARIA: Ich verdiene es, geliebt zu werden!
HARVILLE: Ja, sagen Sie das noch einmal!
MARIA: (Weint und weint. Atmet tief ein.) Ich bin ich selbst. Ich verdiene es, geliebt zu werden. (Plötzlich hört sie zu weinen auf und spricht mit gepreßter Stimme weiter.) Ich habe noch immer das Bild von meinem Vater im Kopf. Er schüttelt seinen Kopf und sagt, ich verdiene es nicht, geliebt zu werden.
HARVILLE: Sprechen Sie mit Ihrem Vater.
MARIA: Ich verdiene es!
HARVILLE: Sagen Sie es noch einmal, mit mehr Nachdruck!
MARIA: Ich verdiene es!!!
HARVILLE: Verdiene was?
MARIA: (Flüstert.) Ich verdiene es, geliebt zu werden!
HARVILLE: Sagen Sie es ihm deutlich. Alles.
MARIA: (Weint.) Ich verdiene es, geliebt zu werden! Ich bin kein Idiot!
HARVILLE: Sagen Sie es noch einmal!
MARIA: Ich verdiene es, geliebt zu werden!
HARVILLE: Wer sind Sie?

MARIA: (Ruhig.) Ich bin ich!
HARVILLE: Lauter!
MARIA: ICH BIN ICH!
HARVILLE: Lauter! Er soll Sie hören! Lassen Sie es ihn hören!
MARIA: ICH BIN ICH! ICH BIN ICH! ICH BIN ICH!
HARVILLE: Sehr gut! Sagen Sie nun bitte: »Ich bin ich, und ich bin lebendig!«
MARIA: Ich bin ich, und ich bin lebendig! Ich bin ich, und ich bin lebendig!
HARVILLE: Tiefer! Bauen Sie das Gefühl auf!
MARIA: Ich bin ich, und ich bin lebendig!
HARVILLE: Werden Sie lebendig bleiben?
MARIA: Ja. (Sie nimmt ihren Kopf in beide Hände und schluchzt auf, sichtlich erleichtert.)
HARVILLE: Sie machen das sehr gut. Ich möchte jetzt, daß Sie etwas anderes machen. Ich möchte, daß Sie Ihren Vater ansehen und ihm sagen, er könne Sie nicht töten! Sie werden leben, gleichgültig, was geschieht.
MARIA: (Atmet tief ein. Lange Pause. Flüstert.) Du kannst mich nicht töten!
HARVILLE: Sagen Sie es noch einmal mit mehr Nachdruck.
MARIA: (Schreit.) VERDAMMT! DU KANNST MICH NICHT TÖTEN! (Lacht.) Oh! (Lacht wieder und löst sich aus ihrer inneren Angespanntheit.) Es tut gut, ihm das zu sagen! Ich wußte nicht einmal, wie wütend ich auf ihn war oder wie ängstlich ...
HARVILLE: Nun sagen Sie bitte zu Peter: »Ich kann wütend werden und lebendig bleiben!«
MARIA: (Ruhig. Mit Autorität.) Ich kann wütend werden und lebendig bleiben.
HARVILLE: Nun sagen Sie bitte zu ihm: »Ich bin auf dich wütend.«
MARIA: (Lacht.) Denken Sie, ich muß noch beweisen, daß ich wirklich wütend werden kann? Oh, nein! (Sie lacht und spricht lächelnd.) Peter, ich bin wütend auf dich, wenn du mir nicht zuhörst. Dann werde ich wütend auf dich.
HARVILLE: Lassen Sie ihn Ihre Wut sehen! Versuchen Sie nicht zu lächeln.
MARIA: (Mit einer starken Stimme.) Ich bin wütend auf dich. Ich möchte, daß du mir zuhörst! Ich möchte, daß du weißt, wer ich bin! (Dreht sich zu mir.) Das ist gut. Es tut gut, sich so zu fühlen. Es ist einfach wunderbar.
HARVILLE: Sagen Sie zu ihm: »Ich werde dir meine Wut zeigen, wann immer ich es möchte.«
MARIA: Ich werde dir meine Wut zeigen, wann ich möchte. Ich kann es. Ich verdiene es. (Lacht.) So sehr liebe ich dich.

Am Schluß dieser Sitzung erklärte ich Maria, daß es wohl noch zahlreicher solcher

Begegnungen bedürfe, bevor sie ihre Furcht vor ihrer Wut überwinden könnte. Das Gehirn bevorzugt die Informationen, die sehr früh in unserem Leben gespeichert worden sind gegenüber denen, die später hinzukommen. Besonders in Zeiten des Stresses könnte es passieren, daß sie auf die alten Muster zurückgreift, sich von Peter zurückzieht, vor Schmerz zu weinen beginnt, und sie sich eher frustriert als wütend fühlen wird. Doch nach zehn oder fünfzehn solcher Übungen wird sie schließlich die volle Wahrheit integrieren können, und sie wird alle ihre Gefühle erleben und feststellen, daß sie gleichzeitig überleben wird.

Ich wollte Ihnen gerne dieses Transkript zugänglich machen, weil darin sehr gut deutlich wird, wie viele emotionale Schichten bei uns allen vorhanden sind. Wie bei den meisten Menschen, so war auch Marias erste Reaktion Traurigkeit. Sie war traurig, weil Peter ihrer Traumbeschreibung nicht zugehört hatte, die ihr so wichtig war. Es fiel ihr leicht, traurig zu sein, da ihre frühen Bezugspersonen ihr dieses Gefühl zugestanden hatten. Ohne mein Drängen wäre sie vermutlich bei diesem Gefühl stehengeblieben, da es ihr vertraut und sicher erschien, und sie wäre nicht an die viel archaischeren Gefühle für ihren Vater herangekommen, die darunter lagen. Ihre habituelle Reaktion wäre gewesen, sich zurückzuziehen und eine langandauernde Vorwurfshaltung einzunehmen.

Da ihre Gefühle eskalierten, konnte sie durch diese Trauer hindurch zu ihrer Angst vor Wut vorstoßen. Zuerst erlebte sie diese Wut als nicht auf ihren Partner, sondern auf sich selbst gerichtet, was sehr häufig geschieht, weil sie unfähig war, Wut zu äußern. Dann folgte eine wichtige Entdeckung. Sie merkte, daß sie keinen Kontakt zu ihren Wutgefühlen herstellen konnte, weil sie das Verbot ihres Vaters gegenüber Wut internalisiert hatte. Als Kind war sie von ihm als verrückt oder als dumm hingestellt worden, wurde sie einmal wütend. Die Verletzung dieses Tabus bedeutete potentiell die Gefahr, verlassen zu werden. Ihr Altes Gehirn meldete - Todesgefahr. Diese Angst wurde noch durch die Tatsache verstärkt, daß sie glaubte, ihr Vater würde sie nicht nur verlassen, zeigte sie ihre Wut, sondern sogar töten. Da ihre Furcht, verlassen zu werden, verstärkt wurde durch die noch viel schrecklichere Angst, ermordet zu werden, überrascht es nicht, daß es ihr so schwerfiel, zornig auf Peter zu werden, den sie unbewußt mit ihrem Vater identifiziert hatte.

Am Ende dieser Übung erlebte Maria das erleichternde Gefühl, mit ihrer Wut wieder in Kontakt gekommen zu sein, ein wesentlicher, bisher jedoch abgespaltener Anteil ihrer Persönlichkeit. »Das tut gut«, sagte sie und ihr Lachen war voller Energie und Lebensfreude. Peter und ich waren ebenso begeistert wie sie selbst, da wir wußten, welchen psychologischen Sieg sie errungen hatte: Sie hatte es geschafft, die tyrannische Stimme ihres Vaters zu überwinden, sein Geist war nicht auferstanden, um sie mit dem Tod zu bestrafen. Sie war lebendig, sie fühlte sich als vollständiges, menschliches Wesen; sie mußte ihre wirklichen Gefühle nicht mehr verstekken, um überleben zu können. In ihrer großen Freude schrie sie auf: »Ich lebe! Ich lebe!«

Als sie nach dieser Übung mit Peter über ihre Erfahrungen sprach, meinte dieser: »Die ganze Zeit über, während du dich bemühtest, mit deinen Gefühlen in Kontakt zu kommen, hatte ich den Eindruck, du würdest nicht nur wichtige Arbeit für dich, sondern für uns beide leisten. Deine Unfähigkeit, Wut auszudrücken, bestimmt die ganze, ungesunde Dynamik, die wir in unserer Beziehung erlebt haben. Ich kann machen, was ich will, ohne je deine Wut fürchten zu müssen. Ich kann das unverantwortliche Kind bleiben, das sich keine Gedanken über die möglichen Konsequenzen seines Handelns zu machen braucht. Würdest du endlich deine Rolle als Heilige aufgeben können und anfangen, auch einmal richtig wütend zu werden, würde ich das als sehr positiv empfinden. Ich respektiere deine Wut.« Auf Peter wütend werden zu können, ohne seine Anerkennung und Liebe zu verlieren, stellt eine »korrigierende, emotionale Erfahrung« dar, wie Psychologen diesen Zusammenhang bezeichnen. Wichtig war, daß sie lernte, Peter nicht mit ihrem Vater gleichzusetzen. Sie hatte ihren Ehemann mit ihrem inneren Bild, ihrer Imago, verwechselt. Jetzt konnte sie den wirklichen Peter mit neuen Augen ansehen und wertschätzen. Sie entdeckte, daß sie zornig auf ihn sein konnte, und sie sich dabei dennoch sicher fühlen konnte, ohne seine Liebe und Zuwendung zu verlieren.

In einem gewissen Sinne ist dieser Kampf von Maria mit ihren Wutgefühlen eine Auseinandersetzung, die die meisten von uns kennen. Wir alle neigen dazu, unsere intensiven Gefühle zu verstecken. Manche von uns verdrängen ihre Wut. Doch mehr oder weniger verstecken wir damit unsere wirklichen Gefühle vor uns selbst und vor den Menschen, die um uns herum sind. Oberflächlich betrachtet, fürchten wir, ausgelacht oder kritisiert oder sogar bestraft zu werden. Auf einer tieferen Ebene fürchten wir um unser Leben. Wie Maria, so denken auch wir, daß wir zum Teil wir selbst, zum anderen aber nicht wir selbst sein dürfen, wollen wir überleben. Wir verstecken uns hinter einer Maske, die uns schützen und abschirmen soll.

Im Laufe der Jahre hatte ich die Gelegenheit, Hunderte von Menschen diese erweiterte Wut-Auffang-Übung durchführen zu sehen, und erlebt, wie sie für kurze Zeit ihre Masken ablegten. Am Anfang dieser Übung erschienen viele eher ausweichend, selbstbezogen oder unlebendig zu sein - Eigenschaften, die in ihrer frühen Kindheit wichtige Überlebensstrategien darstellten. Überwinden sie diese Schicht der angenommenen Charaktereigenschaften und erreichen wieder ihren ursprünglichen Schmerz oder ihre Wutgefühle, werden sie sofort realer und sehr viel liebenswerter. Das Künstliche ihrer Existenz ist wie weggeblasen. Ihre Ehemänner und -frauen empfinden plötzlich eine tiefe Liebe zu ihnen.

Während meiner Wochenendseminare demonstriere ich diese erweiterte Wut-Auffang-Übung vor der gesamten Gruppe. Nichts, was ich bis zu diesem Zeitpunkt gesagt haben könnte, erreicht die gleiche Wirkung, wie das Erleben eines Mannes oder einer Frau, die sich mit ihrem Schmerz oder ihrer Wut auseinandersetzt. Diejenigen, die den Mut für diese starken Gefühle aufbringen, werden von der gesamten Gruppe unterstützt. Wir spüren sehr intensiv ihre fehlende Lebensenergie und hoffen darauf, daß sie sie wiederfinden.

Doch wenn es um unsere eigenen, unterdrückten Gefühle geht, erleben wir starke Angst. Wir fürchten in uns etwas Dunkles und Überwältigendes. Doch nehmen wir uns einmal den Mut, uns dieser Furcht offen zu stellen, erleben wir eine Überraschung: In uns ist eine Blockade gegenüber der vitalen Lebensenergie versteckt. Diese Energie freizulassen, ist der Zweck jeder Liebesbeziehung.

Kapitel 12
Portrait zweier Ehen

Was macht eine glückliche Ehe aus?
Diese Frage stellen sich alle ...
Die Antwort läßt sich meiner Meinung nach in
der gegenseitigen Entdeckung der tiefsten Bedürfnisse
des Partners und ihrer Befriedigung finden.
Pearl S. Buck

Ich begann meine Laufbahn als Prediger, nicht als Therapeut. Schon in sehr frühen Jahren wurde ich in meine Rolle als Pastor eingeführt. Als kleiner Junge war ich Mitglied in der Baptistenkirche in Statesboro, Georgia, und arbeitete in einer Jugendgruppe mit, die Baptistische Trainingsgemeinschaft genannt wurde. Einmal im Jahr veranstaltete unsere Kirche einen Tag, den wir »Jugend-Sonntag« nannten, ein Ereignis, speziell für die jungen Gemeindemitglieder gedacht. Als ich fünfzehn wurde, wählte man mich aus, die Grußbotschaft zu halten. Ich erinnere mich, wie ich hinter dem Rednerpult stand, in Anzug und Krawatte, während mir der kalte Schweiß den Rücken herunterrann. Ich sah vor mir eine mit jungen Menschen gefüllte Kirche, die von ihren Eltern und Verwandten begleitet worden waren, und irgendwie gelang es mir, meinen Mund zu öffnen und zu reden. Trotz meiner Angst muß es mir gelungen sein, eine recht gute Ansprache zu halten, da anschließend mehrere Erwachsene zu mir kamen und meinten: »Du mußt Prediger werden!«

Offensichtlich war auch der Pastor unserer Gemeinde, George Lovell, dieser Ansicht, da er mich einige Wochen später in sein Büro rufen ließ. »Harville«, meinte er, »es gibt hier eine kleine Baptistenkirche, gleich vor der Stadt. Sie haben ihren Prediger verloren. Sie haben angerufen, ob ich ihnen nicht einen Ersatz nennen könnte für die nächsten Sonntage. Hättest du vielleicht Lust dazu?« Noch immer getragen von meinem kürzlichen Erfolg bei der Grußbotschaft, sagte ich zu.

In den nächsten Tagen beschäftigte ich mich mit der Bibel, gestärkt durch das neue Gefühl der Verantwortung, und brütete über einem Buch mit den Reden berühmter Prediger, das Lovell mir gegeben hatte. Am nächsten Sonntag fuhren meine Schwester und mein Schwager mich zu der Kirche, weil ich selbst noch zu jung für den Führerschein war. Ich erinnere mich ungefähr so an die Predigt, die ich aus der Tiefe meiner damaligen Erfahrungen hielt: »Der Mensch ist ein Sünder. Gott liebt uns. Wollen wir gerettet werden, müssen wir uns Gott nähern. Dazu brauchen wir Verantwortungsgefühl, müssen bekennen, die Taufe annehmen und vor allem ein vorbildliches Leben führen.« Ich denke, ich warnte auch vor einer Tendenz, die die Baptisten das »Zurückfallen« nannten, die Gefahr, daß auch überzeugte Christen vom rechten Pfad abkamen.

Auch die nächsten Sonntage predigte ich in dieser kleinen Kirche, und man berichtete George Lovell, daß ich meine Aufgabe gut bewältigte. Von diesem Zeitpunkt an betrachtete er mich als seinen kleinen »Prediger-Jungen«, und in den nächsten Jahren, wenn andere Gemeinden einen Aushilfsprediger benötigten, schickte er mich.

An einem Sonntag sandte er mich in eine Kirche in Guyton, Georgia, die Pine-Street-Baptistenkirche. Dort predigte ich an vier aufeinanderfolgenden Sonntagen. Nach der vierten Predigt hielten die anderen Pastoren ein Treffen ab und fragten mich, ob ich nicht für immer bei ihnen bleiben wollte. Damals war ich erst siebzehn Jahre alt - ein schlaksiger junger Mann mit manchmal noch umkippender Stimme. Doch sie waren fest entschlossen, mich einzustellen. (Bei den Baptisten ist es nicht erforderlich, eine ausgedehnte, theologische Ausbildung zu absolvieren. Sie müssen nur von Gott berufen und von einer Versammlung ernannt werden. Stimmt die Heimatkirche dieser Ernennung zu, ist man zum Prediger geworden.)

Zurückblickend kann ich sagen, daß diese Zeit als Prediger in der Pine-Street-Baptistenkirche zu den wirklichen Geschenken gehört, die mir das Leben machte. Diese Gemeinde war besonders liebevoll, und sie taten meiner versteckten Depressivität und Einsamkeit wohl. Ihre Liebe zu mir stärkte mein Selbstvertrauen beträchtlich, und in wenigen Jahren gelang es mir, die aktive Kirchengemeinde von dreißig auf zweihundert Menschen anwachsen zu lassen. Jeden Sonntag predigte ich dort, zweieinhalb Jahre lang. In dieser Zeit taufte ich über fünfzig Menschen und beerdigte achtzehn.

Während der Sommermonate wurde ich immer wieder von anderen Gemeinden gerufen, um Jugendfeiern zu leiten, und als Ergebnis dieser vielen Übung wurde mein Predigtstil besser und besser. Bei einer Versammlung sah ich einmal um mich, nur um festzustellen, daß sich mehr als tausend Menschen eingefunden hatten, um aufmerksam jedem meiner Worte zu lauschen. Am Ende dieser Versammlung kamen etwa sechzig Menschen zu mir, um ihr Leben von nun an Christus zu weihen. Zwölf von ihnen entschieden sich sogar, Prediger zu werden. Sogar außerhalb Georgias wuchs mein Ansehen als Jugendprediger.

Eigentlich wollte ich Prediger bleiben, doch irgendwie fühlte ich das starke Bedürfnis nach einer College-Ausbildung. Schließlich hatte ich genug von meinen wöchentlichen 50-Dollar-Schecks, die ich für meine Predigten bekam, gespart, kaufte mir einen Wagen und schrieb mich für die Mercer-Universität ein, einem Baptisten-College, ungefähr hundertfünfzig Kilometer entfernt. Während der Woche arbeitete ich fleißig, und am Wochenende fuhr ich zurück zur Pine-Street-Kirche, um zu predigen. In meinem dritten College-Jahr belegte ich einen ausgezeichneten Philosophiekurs, und plötzlich eröffnete sich mir eine völlig neue Welt des logischen Denkens. Je mehr ich mich mit diesen abstrakten Vorstellungen und Ideegebäuden beschäftigte, desto mehr Fragen begleiteten meine Predigten.

Sehr bald schon konnte ich feststellen, daß man durch eher linguistische Analysen der Bibel nicht so leicht Seelen gewinnt. Nach Beendigung dieser schicksalhaften Philosophie-Klasse wurde ich im Sommer eingeladen, in einer mittelgroßen Stadt eine Bekehrungsveranstaltung durchzuführen.

Das Jahr zuvor hatte ich in dieser Kirche wahre Wunder bewirkt. Am ersten Abend waren fast alle Sitze belegt, da die Neugier auf den Prediger-Jungen groß war. Zur Überraschung der Zuhörer sprach ich über die Idee des Ewigen Lebens und ob das Wort ewig sich auf die Qualität oder die Dauer zu beziehen habe. Am zweiten Abend, als ich aufstand, um meine Ansprache zu halten, erblickte ich schon einige leere Stühle. Am dritten Abend waren schon mehrere Reihen vorne im Auditorium unbesetzt geblieben. Am Ende dieser Bekehrungswoche waren nur noch einige, treue Zuhörer übrig geblieben. Nach Schluß der Veranstaltung nahm mich der Prediger zu einem intensiven Gespräch auf die Seite. Er wies darauf hin, daß ich im Jahr zuvor ungefähr 120 Menschen davon überzeugt hätte, ihr Leben Christus zu weihen. Dieses Jahr waren nur achtzig Menschen zu dieser Überzeugung gekommen. »Du bist auf dem College, Harville?« fragte er mich, offensichtlich Enttäuschung in seiner Stimme. Ich nickte. »Ja, das College hat dich ruiniert«, war seine Schlußbemerkung.

Somit endete meine kurze Karriere als Prediger, doch meine intellektuelle Neugier über Fragen der Religion und der Philosophie entwickelte sich immer stärker. In meinem letzten Jahr am College fügte ich noch ein drittes Interessengebiet hinzu - die Psychologie. Für mich stellten Psychologie, Religion und Philosophie die drei wichtigsten Zugänge zu einer zentralen Wirklichkeit dar, der Wirklichkeit der menschlichen Existenz, und jede dieser drei bot eine etwas unterschiedliche Perspektive. Sah ich gleichzeitig durch alle drei Zugangswege, meinte ich mehr von der Gesamtheit des Bildes erfassen zu können. Als ich mich schließlich an der Universität Chicago einschrieb, wählte ich als Hauptfach das neugegründete, interdisziplinäre Fach der Psychologie und Religion.

Von diesem Tag an führte mich mein Weg immer tiefer und tiefer in das eine Fach, das zu meinem Hauptinteresse werden sollte, der Psychologie. Bei meiner wahren Bestimmung angekommen, sah ich auf und stellte fest, daß ich in einem relativ hoch spezialisierten Fach, der Ehetherapie, gelandet war. Von meinen Anfängen als Prediger-Junge in Süd-Georgia hatte ich mich zu einem Ehetherapeuten in Manhattan entwickelt. Doch die entscheidenden Jahre, in denen ich gepredigt, getauft und Gott Seelen zugeführt hatte, waren keineswegs vergessen. Bis zum heutigen Tage bestimmen sie noch immer die Art und Weise, wie ich die Welt betrachte. Für mich ist die spirituelle Ganzheit eines Menschen unbedingt mit seiner psychologischen Ganzheit verbunden, und ich habe den Eindruck gewonnen, daß die Tätigkeit, die ich heute als Ehetherapeut durchführe, ebenso von Gott geleitet wird wie damals meine Predigten. Helfe ich einem Ehepaar, den Graben, der sich zwischen ihnen aufgetan hat, zu überwinden, um anschließend zu leidenschaftlichen Freunden zu werden, denke ich, daß ich sie näher an Gott heranbringe.

Was veranlaßt mich nun dazu, anzunehmen, daß auch eine Ehetherapie ein spirituelles Geschehen ist? Wie kann das Reden über so weltliche Dinge wie »Verhaltensänderungen«, oder »Versorgen«, oder »Wutverminderung« etwas mit der Erfahrung des Göttlichen zu tun haben? Vielleicht sollte ich besser meine Begriffe genau definieren. Gebrauche ich das Wort »spirituell«, benutze ich es in seiner herkömmlichen Bedeutung. Ich denke dabei nicht an den wöchentlichen Kirchgang, oder die Anhänger einer bestimmten Glaubensrichtung, oder an Meditationstechniken, Fasten oder Predigten. Ich spreche hier über eine Form der ursprünglichen Spiritualität, die ebenso Bestandteil unseres Lebens ist wie unsere Sexualität. Diese Spiritualität ist im Augenblick unserer Zeugung vorhanden. Wir verlieren sie während unseres Heranwachsens aus den Augen, doch wir können sie als Erwachsene noch einmal erfahren, wenn wir lernen, wie wir alte Wunden heilen können. Wenn wir das Bewußtsein für unsere lebenswichtige, innere Einheit wiedergewinnen, werden wir eine überraschende Entdeckung machen: Plötzlich erleben wir uns nicht mehr als von der übrigen Welt abgetrennt. Weil wir in engen Kontakt mit dem Wunder unserer Existenz gekommen sind, können wir die Schönheit und die Komplexität der uns umgebenden Welt mit neuen Augen sehen. Das Universum hat Sinn und Zweck, und wir erfahren uns als Teil eines größeren Ganzen.

Es ist meine Überzeugung, daß einer der sichersten Wege, dieses Ziel zu erreichen, in dem bescheidenen Versuch liegt, eine gute Ehe zu führen. Sammeln wir unseren Mut, um die Wahrheit unserer Existenz und der unseres Partners herauszufinden, treten wir eine Reise an, die uns zu unserem psychologischen und spirituellen Heil führen wird.

Integration

In den vorangegangenen Kapiteln werden verschiedene Wege dargestellt, wie dieser Heilungsprozeß ablaufen kann. Nun wollen wir einmal etwas distanzierter versuchen, einen Überblick über den gesamten Prozeß zu gewinnen. Wir betrachten die Vergangenheit, um zu erfahren, wie und wann uns adäquate Versorgung vorenthalten worden ist und wie wir dazu kamen, wichtige Anteile unserer Persönlichkeit zu verleugnen. Wir erreichen dieses Ziel mit Hilfe von Therapie, Gebet und Reflexion sowie durch die genaue Beobachtung unseres alltäglichen Lebens. Während wir neue Einsichten gewinnen, teilen wir sie unseren Partnern mit, da wir nicht länger annehmen, sie könnten unsere Gedanken lesen. Teilen sie uns ihrerseits ihre Gedanken und Gefühle mit, hören wir ihnen mit Verständnis und Mitgefühl zu, wohl wissend, daß diese Informationen sehr wertvoll sind. Nach und nach werden wir unser Partnerbild »umbilden«, und sie sehen, wie sie wirklich sind - verletzte Kinder, die Trost und Heilung suchen.

Steht uns einmal dieses präzisere Bild zur Verfügung, werden wir unsere Beziehung so verändern, daß wir ihre und unsere Wunden heilen können. Dazu benötigen wir erst einmal eine Atmosphäre der Sicherheit und des Vertrauens. Durch das Schließen unserer Fluchtwege erneuern wir unser Verantwortungsgefühl dem anderen gegenüber und machen uns gegenseitig die Freude, in einer sicheren und stützenden Umgebung leben zu können. Wir verstärken dieses Akzeptanz- und Sicherheitsgefühl noch, indem wir lernen, effektiv und offen miteinander zu kommunizieren. Während wir uns bemühen, unsere inneren Widerstände gegenüber diesen neuen Beziehungsformen zu überwinden, sehen wir unsere Partner immer deutlicher. Wir erfahren, daß auch sie Ängste und Schwächen und Wünsche haben, die sie immer vor uns verborgen hielten. Wir hören uns ihre Kritik an uns an und machen uns bewußt, daß damit wirklich unsere Schattenseite beleuchtet werden kann. Wir sagen zu uns selbst: »Mein Partner hat etwas über mich auszusagen. Wahrscheinlich ist ein Körnchen Wahrheit in seiner Kritik enthalten.« So werden wir unsere Existenz im Ganzen verstehen können, die dunklen ebenso wie die hellen Seiten.

Der nächste Schritt in diesem Heilungsprozeß ist möglicherweise der schwierigste: Wir entschließen uns, entsprechend der Information, die wir über uns selbst und unsere Partner erworben haben, zu handeln, und werden zu Heilern an unseren Partnern. Wir überwinden unseren Instinkt, uns auf unsere eigenen Bedürfnisse zu konzentrieren, und entscheiden uns bewußt dafür, die Bedürfnisse des Partners in den Mittelpunkt zu stellen. Dazu ist es erforderlich, unsere Angst vor Veränderungen zu überwinden. Während wir auf die Bedürfnisse unserer Partner eingehen, werden wir zu unserer Überraschung entdecken, daß auch wir bei diesem Prozeß unsere eigenen, verloren geglaubten Anteile wiederentdecken und zurückerhalten. Wir können jetzt die verleugneten Ich-Anteile integrieren, die uns in unserer frühen Kindheit verlorengegangen sind. Wir erleben von neuem unsere Fähigkeit zu denken und zu fühlen, sexuell und spirituell lebendig zu sein und uns auf kreative Art und Weise ausdrücken zu können.

Indem wir dieses neue Wissen reflektieren, erkennen wir, daß die schmerzlichen Momente in unserem Leben in Wirklichkeit Chancen für unsere persönliche Weiterentwicklung sind. Statt den Schmerz zu verdrängen, fragen wir: »Welche Wahrheit kommt im Augenblick an die Oberfläche? Welche ursprünglichen Gefühle verstecken sich hinter diesen Gefühlen der Traurigkeit, der Angst oder der Frustration?« Wir erfahren, daß die darunterliegenden Gefühle Schmerz, Wut oder Todesangst sind und diese Gefühle uns allen gemeinsam sind. Schließlich werden wir einen Weg finden, der sicher ist und unsere persönliche Weiterentwicklung fördert und der es uns ermöglicht, diese mächtigen Emotionen auszudrücken, ohne unsere Beziehungen zu gefährden.

Schritt für Schritt werden die Elemente in unserer Ehe, die zuvor unbewußt waren - die Ängste, die Wut, die Kindheitsbedürfnisse, die archaischen Schmerzen -, an die Oberfläche gebracht, um zuerst akzeptiert und dann, letztlich, gelöst zu werden. So wie unsere Wunden heilen und auch die bisher verborgen gebliebenen Anteile unseres Selbstes ans Tageslicht gelangen dürfen, werden wir uns selbst neu als vollständige, menschliche Wesen erfahren.

Ehe ist ein spiritueller Prozeß, der darum jedoch nicht notwendigerweise exaltiert verlaufen muß. Überwiegend besteht das Bemühen, eine bewußtere Ehe führen zu wollen, in der alltäglichen Auseinandersetzung mit praktischen Dingen. Damit dieses Geschehen auch für Sie realer vorstellbar wird, möchte ich die Geschichte zweier Paare aufzeichnen.

Es gibt offensichtliche Unterschiede zwischen beiden Paaren. Anne und Greg Martin sind beide in ihren Vierzigern. Sie sind seit nur fünf Jahren verheiratet. Beide waren schon vorher verheiratet und haben auch Kinder aus diesen früheren Verbindungen. Beide haben einen Beruf, der sie voll beansprucht. Das Ehepaar Martin erfuhr von der Imago-Beziehungs-Therapie schon zu Beginn seiner Beziehung, und es gelang ihm, seine Hauptschwierigkeiten in dem kurzen Zeitraum von drei Jahren zu meistern. Kenneth und Grace Brentano sind beide Mitte der Sechzig und seit fünfunddreißig Jahren verheiratet. Sie haben vier erwachsene Kinder. Kenneth trägt am meisten zum Familieneinkommen bei, während Grace in erster Linie Hausfrau ist. Dreißig Jahre haben sie darum gekämpft, eine zufriedenstellende Beziehung zu erreichen.

Den größten Teil bewältigten sie ohne fremde Hilfe, bevor sie meine Vorstellungen kennenlernten.

Doch was beiden Paaren gemeinsam ist, wiegt schwerer als diese Unterschiede. Beiden ist es gelungen, eine Ehe zu führen, die ihre Bedürfnisse nach Heilung und Ganzheitlichkeit befriedigt - eine Ehe, die beide sich sicher, vital und geliebt fühlen läßt.

Anne und Greg

Anne und Greg trafen sich 1981 in Santa Fe, New Mexico. Anne lebte in Dallas und verbrachte zusammen mit Freundinnen ein Wochenende in Santa Fe. Sie war seit drei Jahren geschieden und hatte sich ab und zu mit Männern getroffen, war augenblicklich jedoch dabei, sich wieder nach einer festeren Beziehung umzusehen. »Ich wollte diese flüchtigen Begegnungen nicht mehr«, meinte sie. »Ich wollte wieder heiraten.« Doch an diesem Wochenende dachte sie nicht über einen Mann nach, sondern eher an vergnügliche Tage mit ihren Freundinnen Josie und Shelley. Am Freitag abend gingen die drei Frauen aus. Während des Essens erwähnte Josie, sie hätte Schwierigkeiten, Männer zu treffen. Spaßeshalber stimmte Anne zu, Josie zu coachen. »Du brauchst gar nicht besonders verführerisch aufzutreten«, sagte sie zu ihr. »Siehst du einen interessanten Mann, versuchst du ihm in die Augen zu sehen und lächelst dann. Fragt dich jemand, ob du tanzen möchtest, stehst du auf und tanzt. Dann wird der Mann sich Mut fassen und zu dir kommen.«

Anne amüsierte sich sehr über ihre Rolle als Ratgeberin für Josie, als ihr Blick auf einen Mann fiel, der gerade allein den Raum betrat. Er war groß und schlank und trug ein Cordjackett. Anne erinnert sich, wie sie dachte, »etwas abgerissen, aber nett«. Gleichzeitig empfand sie seine Präsenz sehr stark, eine Aura des Selbstvertrauens und der Intelligenz. Anne vergaß sofort ihre Aufgabe als Coach für Josie. »So, diesen möchte ich haben!« sagte sie zu Josie.

Auch Greg erinnert sich lebhaft an dieses Treffen. Er verbrachte das Wochenende in Santa Fe, um seine dritte Scheidung zu feiern. Erst am Vortag hatte er seine Scheidungspapiere eingereicht. Eingedenk seiner drei gescheiterten Ehen hatte er jedoch überhaupt kein Interesse an einer dauerhaften Bindung. Er ging in das Restaurant und blickte um sich. Er bemerkte Anne, eine große, lebhafte Blondine, Mitte der Dreißig, und fühlte sich augenblicklich zu ihr hingezogen. Nach kurzer Zeit forderte er sie zum Tanzen auf.

»Sofort begannen wir miteinander zu sprechen«, sagte Anne. »Viele Männer wissen nicht, wie sie mit einer Frau sprechen sollen, doch wir schafften einen Kilometer in der Minute. Mir gefiel das an ihm.« Auch gefiel ihr an Greg, daß er sich nicht von ihrem akademischen Hintergrund einschüchtern ließ. (Sie war promoviert und Assistenzprofessorin an einer Universität.) Zuvor hatte sie erlebt, daß mehrere der Männer, mit denen sie sich verabredet hatte, Probleme mit ihrer Intellektualität hatten. Um nicht so ängstigend zu wirken, war sie dazu übergegangen, sich selbst als »Lehrerin« zu bezeichnen. »Doch hier wußte ich sofort, daß ich vor ihm nichts zurückhalten mußte«, sagte sie. »Er erzählte mir, daß er ebenfalls promoviert hatte - in Technik - und daß er intelligente Frauen schätzen würde.

Greg und Anne unterhielten sich, tanzten den ganzen Abend, und Greg brachte sie zu ihrem Hotel zurück. Am nächsten Morgen trafen sie sich zum Frühstück und brachen gemeinsam zu einem Spaziergang auf. Sie empfanden eine starke Anziehung füreinander, die sie jedoch nicht überwältigte. Dieses Wochenende hätte Anfang und auch zugleich das Ende ihrer Beziehung sein können, wäre Anne nicht auf die Idee gekommen, ihm in der nächsten Woche eine Karte zuzuschicken. Nach dem Lesen dieser Karte rief Greg Anne an und fragte, ob er sie in Dallas am nächsten Wochenende besuchen könne. Zwar hatte Anne eigentlich andere Verabredungen, die sie jedoch absagte, um Zeit für ihn zu haben.

»Das war schon alles«, berichtete Anne. »Plötzlich war es geschehen. Fast als hätten wir eine Droge eingenommen.« Erinnert sich Anne an diese ersten Tage zurück, ist sie selbst erstaunt, wie schnell sie sich in diese Beziehung hineingeworfen hat. Eigentlich sprach sehr viel gegen Greg. Er hatte nicht nur eine, sondern gleich drei gescheiterte Ehen hinter sich. Er lebte zusammen mit Kindern aus diesen Ehen. Das Thema der Dissertation von Anne befaßte sich mit der Schwierigkeit, Stiefeltern zu sein, so daß sie genau wußte, was auf sie zukam. Hinzu kam noch, daß sie beide fast 400 km auseinander wohnten und beide in ihrer Stadt wichtigen

Karrieren nachgingen. »Eine vernünftige Person hätte sich diese Tatsachen nüchtern angesehen und wäre schnell in die entgegengesetzte Richtung gelaufen«, meinte sie später. »Doch die Anziehung zwischen uns war einfach zu stark.«

Was steckte nun hinter dieser Anziehungskraft? Dazu müssen wir noch mehr über ihre jeweilige Kindheit erfahren. Anne wuchs als Einzelkind auf. Ihr Vater diente in der Armee, und sie sah ihn nur während seiner Urlaube. Auch ihre Mutter verpflichtete sich für die Armee, als Anne gerade sechs Jahre alt war, und brachte ihre Tochter bei dem Großvater und der Stiefgroßmutter unter. Als ihre Mutter nach einem Jahr zurückkam, hatte Anne sich sehr an die Großeltern gewöhnt und mußte wieder einmal enge Bindungen aufgeben. Dieses frühe Muster, verlassen zu werden, verstärkte sich noch, als ihre Eltern sich nach einem weiteren Jahr, Anne war gerade sieben Jahre alt, scheiden ließen. Ihr Vater verließ die Stadt, und Anne sah ihn vor ihrem dreizehnten Lebensjahr nicht wieder. Erst da war es ihr gelungen, ihn mit Hilfe des Roten Kreuzes aufzuspüren.

Anne erinnert sich gut an die ersten Jahre mit ihrer Mutter. Ihre Mutter war eher flatterhaft und kontaktfreudig und stellte ihre eigenen Bedürfnisse oft über die der Tochter. Oft kam sie auch die ganze Nacht nicht nach Hause oder sehr spät am nächsten Tag. Wachte Anne auf und entdeckte, daß sie ganz alleine war, bereitete sie sich eben selbst auf den Schulbesuch vor.

Selbst wenn ihre Mutter zu Hause war, war sie nicht sehr fürsorglich, wie Anne berichtet. »Ich kann mich an keine Situation erinnern, in der sie mich im Arm hielt oder streichelte«, meinte Anne. Doch wurde sie durch ihre Mutter ständig bestätigt. »Sie hielt mich für ein hübsches Mädchen und hatte großes Vertrauen in meine Fähigkeiten. Nie sagte sie häßliche Dinge zu mir oder kritisierte mich.«

Teilweise, weil sie schon sehr früh geübt hatte, selbständig für sich zu sorgen, und auch, weil ihre Mutter ihr ein starkes Selbstvertrauen ermöglicht hatte, wurde Anne zu einem verantwortungsvollen, unabhängigen Kind. Schule und Kirche waren Orte, an denen sie Fürsorge erfuhr, die sie zu Hause nicht erlebte. Sie gestand sich selbst den Schmerz nicht ein, den dieser Mangel an Sicherheit und Wärme für sie bedeutete, da sie diese Gefühle als übermächtig empfand. Für den oberflächlichen Betrachter schien Anne äußerst selbstbewußt und selbstsicher aufzutreten.

Ihr Ehemann, Greg, wuchs als Ältester von fünf Kindern auf einer Farm in Arkansas auf. Er erinnert sich an seine Kindheit als eine Zeit, die durch wenig Zuneigung zwischen seinen Eltern gekennzeichnet war. »Es wurde sehr viel geschrien«, meint er, »vor allem durch meine Mutter. Sie sprach sofort aus, was sie dachte. Sie war voller Wut. Doch gleichzeitig konnte sie auch sehr liebevoll sein.«

Geld war das Hauptthema in dieser Familie. »Meine Mutter machte ständig bissige Bemerkungen über das fehlende Geld und mein Vater ignorierte sie einfach.« Er beschreibt seinen Vater als einen freundlichen, intelligenten Mann, der sehr viel Engagement zeigte. »Er arbeitete hart, doch brachte irgendwie nicht viel zustande«, meint Greg. »Eigentlich lebte er immer in der Zukunft. Er sagte Sachen wie: ›Wenn es im August regnet, werden wir so-und-so-viel Weizen ernten, und alles wird gut sein‹. Oder: ›Regnet es, werden die Sojabohnen eine gute Ernte bringen.‹ Immerzu sagte er: ›Im nächsten Jahr wird alles besser sein.‹ Er stützte sich selbst durch diese Visionen, die für ihn eine rosige Zukunft verhießen.« Doch als Kind empfand es Greg sehr störend, daß sich die Träume seines Vaters irgendwie nie realisierten. »Immer sprach er davon, wie sehr er sich ein Flugzeug wünsche«, sagte Greg. »Es war ihm wirklich wichtig. Doch nie unternahm er etwas, um diesen Wunsch zu realisieren. Würde ich mir ein Flugzeug wünschen, würde ich es mir irgendwie ermöglichen. Ich würde so handeln, daß mein Traum wahr werden würde. Doch mein Vater ließ einfach sein Leben an sich vorbeiziehen.«

Zwar mißhandelten seine Eltern weder ihn noch seine Geschwister, doch waren sie auch keine besonders »liebevolle Familie«. Greg spielte sehr viel allein und strich, den Kopf voller Phantasien, über die Farm. »Ich war immer guter Dinge. Es gab nicht viel, was mich störte. Doch ich spielte fast immer allein. Irgendwie abgehoben. Zwar hatte ich auch Freunde, doch ich ließ sie nicht richtig an mich heran. Ich fühlte mich eigentlich nicht einsam, sondern nur anders. Ich wußte irgendwie, daß ich anders war, als die, die um mich herum waren. Nicht besser, nicht schlechter. Einfach anders.«

Erst sehr spät brach Greg aus seiner Isolation aus, in seiner zweiten Ehe. Doch überraschenderweise gelang es nicht seiner zweiten Frau, ihm nahe zu kommen, sondern einem seiner männlichen Freunde. Greg erklärte, wie sich diese Begebenheit zutrug. »Dieser Freund wollte mir nahe kommen«, sagte er. »Zuerst mochte ich ihn nicht, doch er bedrängte mich regelrecht. Er forderte mich immer wieder auf, dies und das mit ihm zusammen zu unternehmen. Als diese Ideen sich irgendwie nicht realisieren ließen, arrangierte er zusammen mit unseren Frauen Einladungen. Ich lehnte immer wieder ab, doch er bestand darauf. Schließlich sagte ich zu mir selbst, daß es wahrscheinlicher sinnvoller sei, ihn besser kennenzulernen, da er ohnehin nicht aufgeben würde. Irgendwie hat er es geschafft, einen Weg zu mir zu bahnen. Er wurde mein erster, enger Freund. Damit war das Eis geschmolzen. Doch wenn ich jetzt auch wußte, was das bedeutet, jemandem nahe zu sein, blieb ich doch bei anderen Menschen eher abwartend. Irgendwie fühlte ich mich alleine wohler.«

Greg heiratete in seiner ersten Ehe seine Liebe aus der Schulzeit. »Es war eigentlich sehr einfach«, erinnert er sich. »Meine Frau war mehr mein Kamerad oder mein Freund. Es war keine große Liebe vorhanden.« Diese Ehe dauerte elf Jahre. Greg empfand, sie würden beide auf unterschiedlichem, intellektuellem Niveau leben, hätten nur wenig Gemeinsamkeiten, doch diese Tatsachen reichten alleine für eine Scheidung nicht aus. »Wir hatten zwei Kinder«, sagte er, »und es galt in unseren Familien als unschicklich, sich scheiden zu lassen.« Doch im Laufe der Zeit ließ sich Greg mit einer anderen Frau ein. »Ich denke, daß ich so versuchte, diese Ehe zu beenden«, meinte er. »Für alle war offensichtlich, daß nach dieser Affäre die Ehe gescheitert war. Man hat eine Affäre und wird geschieden.«

Der größte Fehler seines Lebens, so Greg, war die anschließende Heirat mit dieser Geliebten. »Sie war eigentlich kein freundlicher Mensch. Sie war intelligent und ich fühlte mich physisch zu ihr hingezogen, doch sie war eigentlich nicht die Frau, die ich heiraten wollte. Wir erlebten sehr viele Schwierigkeiten zusammen. Wir hatten sexuelle Probleme, Verständigungsprobleme, und sie war mir gegenüber immer mißtrauisch. Sie warf mir ständig vor, andere Affären zu haben.« Diese stürmische Beziehung dauerte fünf Jahre. Während dieser Zeit bekam sie ein Kind, und Greg adoptierte auch noch ihren Sohn aus ihrer ersten Ehe. (Jetzt hatte er schon vier Kinder, zwei aus seiner ersten Ehe, zwei aus dieser.) Als seine zweite Frau ihn mit der Scheidung bedrohte, zum dritten- oder viertenmal, sagte er zu ihr: »Jetzt ist Schluß. Ich verlasse dich und komme nicht wieder zurück!«

Vier Jahre lang blieb Greg allein und heiratete dann seine dritte Frau, die aus einer wohlhabenden Familie in Alabama stammte. Sie war fünf Jahre älter als er und - im Gegensatz zu seiner zweiten Frau - »erstklassig«. Eigentlich suchte er in erster Linie eine Mutter für seine zehnjährige Tochter, die als einziges Kind noch bei ihm lebte. »Ich dachte, sie könnte meiner Tochter viele Dinge mitgeben, über die ich nichts wußte.« Greg und seine dritte Frau waren gute Freunde, und er achtete sie sehr. Eigentlich lief diese Ehe gar nicht schlecht, doch, so Greg, »war sie auch nicht besonders aufregend. Die Höhen waren nicht besonders hoch, die Tiefen nicht besonders tief. Verständigung gab es keine. Intimitäten auch nicht. Wir teilten nichts miteinander. Zwar war sie mir nahe, doch ich hielt Abstand. Damit war das Ende von Nummer drei eingeläutet.«

Vielleicht fühlen sich manche irritiert über diese sehr legere Art, wie Greg seine Ehen schließt und aufgibt, doch in einer Zeit, in der Scheidungen populär, wirksame Hilfe bei Eheschwierigkeiten jedoch sehr schwer zu finden ist, wählte er die Alternative, die ihm zur Verfügung stand. Er wußte nur, daß keine seiner drei Ehen funktioniert hatte. Irgendwie fehlte in allen eine entscheidende Sache, ebenso wie in seinem Leben überhaupt, die eine Ehe unerträglich machte.

Annes erste Ehe ähnelte der von Greg. Sie war eher heiter, traditionell und ereignislos. Ihr Ehemann, Albert, war Lehrer an einer Privatschule. Die ersten zehn Jahre in dieser Ehe verliefen entspannt und reibungslos. »Albert war ein sehr engagierter Lehrer, und ich war damit beschäftigt, meine beiden kleinen Mädchen großzuziehen.« Aufgrund ihrer eher ungewöhnlichen eigenen Familiensituation stand ihr kein gutes Rollenmodell für ein Eheleben zur Verfügung. »Ich denke heute, daß ich meine Vorbilder im Fernsehen gesucht habe«, sagte Anne, »aus Büchern und aus der Beobachtung anderer Menschen. Doch ich wußte nichts über die Einzelheiten. Ich hatte keine speziellen Fähigkeiten. Eigentlich blieb meine erste Ehe sehr oberflächlich. Doch ich empfand das damals keineswegs als Schwierigkeit. Wir gaben einfach unser Bestes.«

Die Dinge entwickelten sich weiterhin unproblematisch, bis Albert im zehnten

Jahr ihrer Ehe eine emotionale Krise durchmachte. Beide konnten dieses Geschehen nicht einordnen. Es ging ihm jedoch so schlecht, daß er sich an einen Arzt um Hilfe wandte. Dieser stellt die Diagnose »Angst« und verschrieb ihm Beruhigungsmittel, damit er schlafen konnte. Albert hörte genau zu, was der Arzt zu ihm sagte, ging in die Apotheke und besorgte sich die Medikamente. Doch zurückgekehrt, fragte er Anne, »Was bedeutet eigentlich ›Angst‹?« Sie konnte es ihm nicht erklären. »So naiv waren wir damals«, meint Anne heute.

Albert nahm alle Tabletten, doch besser fühlte er sich nicht. Schließlich löste er seine Schwierigkeiten, indem er sich immer mehr zurückzog. Er verbrachte viel Zeit allein. Waren sie zusammen, war er eigentlich nicht wirklich präsent, weil er ständig damit beschäftigt war, sein inneres Gleichgewicht aufrechtzuerhalten. Anne fühlte sich durch seinen Rückzug sehr belastet. Ohne daß es ihr bewußt wurde, erinnerte sie diese Haltung an ihre Kindheitssituation und belebte ihre Verlassenheitsängste. Sie bemühte sich sehr, zu ihm vorzudringen, doch ohne Erfolg. In ihrer Verzweiflung begann nun sie sich von ihm zurückzuziehen. »Ich griff wieder auf mein frühes Muster zurück und sorgte für mich selbst, die alte Methode, unabhängig zu werden.«

Neben des Verlustes jeden Intimitätsgefühls stellten sich noch andere Schwierigkeiten ein. »Er wünschte, ich wäre eine gute Lehrersgattin«, meinte Anne. »Ich war immer freundlich, lebhaft und sehr engagiert, und die Menschen an dieser Schule mochten mich. Doch ein Teil von mir fühlte sich in dieser Rolle nicht wohl.« Sie war auch unzufrieden mit Alberts Dasein als Lehrer. Sie hätte sich gewünscht, er ginge an die Universität zurück und würde ein Verwaltungsdiplom erlangen. »Ich hoffte, er würde dann mehr administrative Aufgaben bekommen und somit vom Druck des Lehrens entlastet werden.« Erinnert sich Anne heute an diese Zeit zurück, erkennt sie ihr eigenes, verborgenes Interesse an dem Wunsch, er möge seinen Beruf wechseln. »Bewußt wollte ich nur das Beste für ihn, doch eigentlich projizierte ich meine unbefriedigten, ehrgeizigen Bedürfnisse auf ihn. Ich wälzte meine eigenen, unerfüllt gebliebenen Karrierewünsche auf Albert ab«, sagte sie.

Albert ging zurück an die Universität und promovierte. Anne selbst belegte Kurse in psychologischer Beratung. Sie lernte jetzt sehr viel über ihre eigene Kindheit, doch wenig, was für ihre Eheprobleme hilfreich gewesen wäre. Darüber hinaus konnte sie beobachten, daß die meisten Therapeuten, die sie? kennenlernte, ähnliche Ehen wie sie selbst führten. Sie ließen sich scheiden, hatten Affären. Warum sollten sie besonders gut geeignet sein, Eheprobleme für andere zu lösen?

Doch der Konflikt zwischen Anne und Albert spitzte sich zu. Sobald Albert sein Diplom erhalten hatte, entschied er sich, doch wieder zu unterrichten. Anne fühlte sich tief enttäuscht. »Ich hatte so gehofft, daß er nun eine Karriere beginnen würde. Eines Tages wandte ich mich an ihn und sagte: ›Wie werden wir die nächsten zwanzig Jahre unseres Lebens leben?‹ Er antwortete: ›So wie jetzt.‹ Ich entgegnete: ›Nein, ich denke nicht, daß ich immer so leben möchte.‹ Ich sah zwanzig Jahre vor mir, immer gleich. Ich fühlte sehr stark eine Leere in meinem Leben. Irgend etwas Wichtiges fehlte mir.«

In diesem Stadium ihrer Ehe gab es nur noch sehr wenig Liebe zwischen ihnen. »Wir stritten uns nicht sehr viel«, sagte Anne, »doch irgendwie stimmte etwas nicht. Ich wollte, er wäre anders. Er wollte, ich wäre anders. Ich wurde immer unabhängiger und er wünschte sich die süße, unterstützende Frau zurück, die er geheiratet hatte. Wir entwickelten uns beide, jedoch getrennt voneinander, ohne daß wir diese neuen Elemente hätten integrieren können. Wir wußten nicht, an wen wir uns um Hilfe wenden konnten, und, zurückblickend, denke ich, daß wir es eigentlich auch nicht wollten. Wir waren wie tot. Dumpf. Wir wollten jeweils von dem anderen etwas, was wir nicht bekamen. Wir lebten beide nicht im Kontakt mit unseren Bedürfnissen. Würde man eine Skala von eins bis zehn anlegen, so denke ich, daß wir uns so um drei herum verstanden.«

Im Februar 1978 ließen sich Anne und Albert scheiden. Ihre beiden Kinder waren zu dieser Zeit zehn und dreizehn. »Meine ältere Tochter ertrug es sehr stoisch, wie ihr Vater«, sagte Anne. »Doch meine jüngere Tochter war sehr offen und zeigte ihren Schmerz deutlich. Sie lebte ihre Wut wirklich aus.« Anne zog mit den beiden Mädchen nach Berkeley, Kalifornien, wo sie ihren Doktor als psychologische Beraterin machen konnte. Im Rahmen dieser Ausbildung unterzog sie sich einer intensiven Psychotherapie. Langsam konnte sie ihr Wissen über sich selbst erweitern. Sie erkannte, daß ihre Unzufriedenheit in ihrer eigenen, hinter einer Fassade der Selbstsicherheit verborgenen, Unsicherheit gelegen hatte. »Zum ersten Mal in meinem Leben erkannte ich, wie sehr ich durch diese frühen Erfahrungen, verlassen worden zu sein, geprägt worden bin«, sagte sie. »Immer war dieser Schmerz in mir, ohne daß ich mir dessen bewußt war. Ich hatte diese Gefühle verdrängt, dennoch bestimmten sie mein Leben.« Irgendwann fragte sie ihr Therapeut, ob sie jemals Angstattacken erlebt habe. Sie antwortet: »Nein, eigentlich nicht.« Später wurde ihr bewußt, daß sie im Grund immerzu damit beschäftigt gewesen war, die Angst in ihrem Leben zurückzudrängen. »Es war ein andauernder Kampfzustand. Eine Angstattacke wäre nur eine Welle in einem großen Meer gewesen. Doch mir war meine Angst überhaupt nicht bewußt. Sie war mir zur zweiten Natur geworden. Die Welt war einfach so für mich eingerichtet.«

Anne zog nach Texas um, wo sie eine Stelle als Assistenzprofessorin für Beratung angenommen hatte. Während dieser Zeit lernte sie meinen Ansatz der Ehetherapie kennen. Zum ersten Mal gelang es ihr, die Komplexität der Psychologie der Ehe verstehen zu können. »Wichtiger noch«, fügte sie hinzu, »stand mir jetzt ein Modell zur Verfügung, um es in Zukunft besser machen zu können. Erklärt mir jemand etwas anhand eines Modells, kann ich die Aufgabe bewältigen. Bis zu diesem Zeitpunkt war ich sehr unsicher, ob ich noch einmal heiraten wollte. Ich fragte mich selbst: ›Was gibt dir eigentlich die Gewißheit, daß es beim nächsten Mal besser gehen wird?‹«

Zu dieser Zeit traf sie Greg. Lassen Sie uns noch einmal über ihr erstes Treffen nachdenken, um zu untersuchen, welche unbewußten Kräfte diese gegenseitige Anziehung bewirkten. In Annes erster Beschreibung von Greg sieht sie in ihm einen intelligenten, eindrucksvollen Mann, der die beneidenswerte Fähigkeit besaß, innerlich zufrieden zu wirken. Mit ihrem neu erworbenen Wissen um ihre eigene Persönlichkeitsstruktur sieht sie jetzt, daß er deutliche Signale aussandte, emotional nicht zur Verfügung zu stehen. Wie ihr Vater, der immer in der Armee war und sie später verließ, und wie ihre Mutter, die nachts nicht nach Hause kam. Greg, der so selbstzentriert auftrat und schon drei Scheidungen hinter sich hatte, würde sie nicht nahe an sich herankommen lassen. Seine distanzierte Haltung löste bei Anne den Wunsch aus, jemanden, der sehr entfernt und nicht erreichbar zu sein schien, an sich heranzuziehen und abhängig zu machen. In dieser Begegnung mit Greg wurden ihre gesamten unerledigten Kindheitsprobleme wiederbelebt.

Warum fühlte sich Greg nun zu Anne hingezogen? Als warmherzige, liebevolle, aggressive und sprunghafte Frau erinnerte Anne doch sehr stark an seine Mutter. »Ich spürte, daß sie ebenso liebevoll sein könnte, wie meine Mutter«, meinte er, »und ebenso schwierig. Doch eines wußte ich, sie würde es schaffen, die Dinge in Bewegung zu bringen. Ich sage zwar immer, daß ich meine Ruhe haben möchte, doch in Wirklichkeit wünsche ich mir ein Leben, das mich herausfordert.« Gleichzeitig hoffte er, wenn auch unbewußt, eine Frau zu finden, die stark genug wäre, seinen emotionalen Panzer zu durchbrechen, wie sein beharrlicher Freund es damals geschafft hatte. Als er Anne sah, spürte er, daß sie die erforderliche Willenskraft und Entschiedenheit dazu besaß.

Anne und Greg heirateten am Neujahrstag des Jahres 1982, vier Monate nach ihrem Kennenlernen. In den ersten Wochen ihrer Ehe fiel es ihnen leicht, Intimität herzustellen. »Ich vertraute Anne mehr, als ich je zuvor einem anderen Menschen vertraut hatte«, meinte Greg. Doch nach einer gewissen Zeit glaubte er, Anne würde diese Intimität als Waffe benutzen. »Ich dachte, sie stellte mir diese Fragen, um in meinen Freiraum einzubrechen. Immer wollte sie wissen, was ich denke und fühle.« Nach und nach schloß er sich innerlich ab. Selbstgenügsam zu leben war für ihn eine sichere und vertraute Erfahrung, emotional verletzlich zu sein dagegen nicht. Als sich Greg von ihr zurückzog, erlebte Anne dies als Wiederholung ihrer Erfahrung mit Albert, ihrem ersten Ehemann. Sie wurde wütend und fordernd, überzeugt, Greg wolle sie verlassen. »Sie wurde richtig merkwürdig«, erzählte Greg. »Sie verdächtigte mich ständig und wollte wissen, was ich vorhabe. Ich leckte meine Wunden und bereitete mich auf den nächsten Angriff vor.« Die Unabhängigkeit, die Anne bei Greg so bewundert hatte, und ihre Aggressivität, die ihm so attraktiv erschienen war, ließen ihre Beziehung jetzt in einen Machtkampf entarten.

Anne erinnert sich an eine aufschlußreiche Episode. »Ich war über irgend etwas richtig aufgebracht. An der Universität hatte sich etwas ereignet, das wirklich schmerzlich für mich war. Ich sprach mit Greg darüber und begann zu weinen. Er betrachtete mich und meinte: ›Ich kann keinen Menschen trösten. Es liegt mir einfach nicht. Bitte mich nicht darum.‹ Natürlich wünschte ich mir nichts mehr als das!«

Bald kamen noch andere Schwierigkeiten hinzu. Sie lebten mit vier halbwüchsigen Kindern zusammen und hatten eine Beziehung, die sich sehr komplex gestaltete. Es gab häufig Zeiten, wo beide mit dem Gedanken spielten, aufzugeben. Der einzige Grund, warum sie in dieser Beziehung blieb, war für Anne das Bewußtsein, »daß ich diese Probleme auch in einer neuen Beziehung wieder erleben würde. Sah ich ihn an, wurde mir bewußt, daß ich mit ihm zusammenleben wollte. Er lohnte diese Anstrengungen. Die Schmerzen, die wir uns gegenseitig zufügten, waren wirklich erheblich, doch unsere gegenseitige Anziehung war noch viel stärker.«

Da sie meinte, ohne Hilfe von außen diese schwierigen Probleme nicht lösen zu können, bat sie Greg, zu einem Wochenendseminar mitzukommen. Obwohl sie meine Theorien gut kannte, hatte sie sie Greg bisher nicht mitgeteilt. »Da ich selbst als Therapeutin arbeite«, so erklärte sie ihr Verhalten, »wollte ich nicht in die Lage kommen, ihm sagen zu müssen, was richtig und was falsch ist. In meinen früheren Beziehungen hatte ich diese Schwierigkeit erlebt. Ich wollte, daß jemand anders ihm diese Ideen erläutert.«

Greg gewann durch dieses Seminar zwei bedeutende Erkenntnisse. Zuerst fühlte er sich sehr bewegt, als er in einer Übung Anne als verletztes Kind sehen konnte. »Niemals zuvor hatte ich ihren Schmerz verstanden«, sagte er. »Plötzlich wurde mir bewußt, was sie durchmachen mußte. Sie hatte mir zwar immer gesagt, daß sie sich verlassen fühlte, wenn ich nicht mit ihr sprach, doch konnte ich nichts damit anfangen. Wie kann sich eine erwachsene Frau verlassen fühlen? Niemals zuvor war ich mit einer derartigen Unsicherheit konfrontiert worden. Während dieser gelenkten Phantasie sah ich sie als vierjähriges Kind. Oder als Achtjährige, die aufwacht, ganz allein im Haus. Hier konnte ich sehen, wie es diesem Kind zumute war und konnte mich in Anne als Kind einfühlen. Es berührte mich sehr, und anschließend fiel es mir viel leichter, ihren Klagen zuzuhören und meine Tendenz, mich zurückziehen zu wollen, zu bekämpfen.«

Die andere Einsicht, die Greg in diesem Seminar gewann, befaßte sich mit den Kommunikationsfähigkeiten. Als er zum ersten Mal die Spiegel-Übung vorgeführt bekam, realisierte er, daß er mit ihrer Hilfe die intensiven Gefühle seiner Frau leichter würde aushalten können. Greg erinnerte sich an das erste Mal, als er diese Technik einsetzte. »Anne und ich fuhren zusammen im Auto, und sie war wirklich wütend. Ich glaube, es ging um irgendeine Frage mit den Kindern. Ich sehe noch, wie sie so richtig wütend und aufgebracht war. Ich hatte das Gefühl, sie schlug irgendwie wild um sich herum und ich konnte nur zusehen, daß ich nicht getroffen wurde. Instinktiv wollte ich mich verteidigen und sie angreifen - das hatte ich in der Vergangenheit immer so gemacht. Doch jetzt versuchte ich sie zu spiegeln. Ich reagierte nicht. Ich klagte sie nicht an. Ich hörte ihr einfach zu und wiederholte, was sie gesagt hatte. Während ich ihr zuhörte, schien es, als ob ich einen Teil ihrer Wut in mich aufnahm. Sie wurde kleiner und kleiner. Schließlich war sie fast verschwunden. Jetzt konnten wir ruhig zusammen sprechen. Da ich ihre Wut nicht noch verstärkt hatte, konnte ich sie auffangen.« Greg fühlte sich anschließend sehr gut und war wieder voller Optimismus für ihre zukünftige Beziehung. »Ich konnte mich selbst verteidigen, ohne sie angreifen zu müssen oder mich in mein Schneckenhaus zurückzuziehen.«

Im Laufe der Zeit entwickelte Greg diese Fähigkeit so gut, daß sie ihm fast zur zweiten Natur wurde. Immer wenn er sich durch ihre Intensität bedroht fühlte, nahm er seinen Schutzpanzer, hörte ihr aufmerksam zu und bemühte sich, ihre Gefühle zu verstehen. »Im Endergebnis«, so Greg, »wurde Anne immer weniger wütend. Sie braucht es jetzt einfach nicht mehr. Es funktioniert auch nicht mehr wie früher. Wir haben diese Phase hinter uns gelassen. Heute können wir wirklich miteinander reden.«

Ein anderes Hilfsmittel, das die beiden aus dem Seminar mitbrachten, war die Stretching-Übung. »Wir streiten uns nicht mehr, sondern fragen uns, was wir eigentlich wirklich wollen«, sagte Anne. »Das ist eine ganz andere Sache.« Am Anfang fiel ihnen diese Übung aus verschiedenen Gründen recht schwer. Gregs Problem bestand darin, daß er so stolz darauf war, selbstgenügsam leben zu können. Es fiel ihm schwer, zuzugeben, daß er etwas von einem anderen Menschen benötigt, besonders von Anne. Doch selbst er hatte Bedürfnisse, die er nicht vollständig verdrängen konnte. Er wünschte sich häufigeren und spontaneren Sex. »Ich phantasierte immer, daß ich nach Hause komme und Anne dort in einem Neglige vorfinde. Doch das geschah selten!« Er lernte, daß er, wünschte er sich mehr Sex, danach fragen mußte. »Ich mußte einfach meine Bedürfnisse offener aussprechen. Sie konnte nicht meine Gedanken lesen.« Anne hatte eine etwas andere Schwierigkeit mit dieser Übung. Sie konnte sehr gut äußern, wollte sie etwas. Durch ihre lange Einzeltherapie kannte sie ihre eigenen, unbefriedigten Kindheitswünsche recht gut und bat Greg, sein Verhalten entsprechend zu ändern. Doch gleichzeitig fiel es ihr schwer, seine Aufmerksamkeiten auch wirklich anzunehmen. Anne erläuterte diesen Zusammenhang an folgendem Beispiel:

Greg ist Inhaber einer Maschinenbaufirma und muß die Stadt häufiger für Geschäftsreisen verlassen. Jede dieser Trennungen bedeutet für Anne die Gefahr, sich wieder verlassen fühlen zu müssen. Sie bat ihn deshalb, sie doch jeden Tag einmal anzurufen. Greg stimmte zu. Doch nach einigen Wochen, als er sie immer regelmäßig angerufen hatte, empfand Anne neue Angst. Sie dachte sich verschiedene Gründe aus, warum er aufhören sollte, sie anzurufen. »Es kostet viel zuviel«, wandte sie ein. Oder: »Du hast doch eigentlich gar keine Zeit dazu!« Doch Greg ließ nicht locker und rief sie weiterhin jeden Tag an, ihre unbewußten Bemühungen ignorierend. Schließlich gelang es ihr, sich zu entspannen und sein Geschenk anzunehmen. Im letzten Jahr ist es Anne und Greg sehr viel besser gelungen, ihre

Bedürfnisse auszudrücken und ihre Wünsche zu formulieren. Für Greg bedeutet dies, daß er jetzt weniger Zeit aufwenden muß, um zu raten, was in Anne vorgeht. »Ich versuchte immer, ihre Bedürfnisse vorherzusehen«, meint er. »Ich unternahm alles, von dem ich glaubte, es würde sie glücklich machen. Doch sie nahm meine Anstrengungen kaum wahr, und ich erschöpfte mich dabei, herauszufinden, was sie eigentlich wollte. Jetzt kann ich mich entspannen, in der Gewißheit, sie wird sich melden, hat sie einen bestimmten Wunsch. So gefällt es mir viel besser. Ich kümmere mich um meine Bedürfnisse, sie sich um ihre. Wir beide bemühen uns sehr, den anderen zufriedenzustellen, doch verzichten wir dabei auf das Gedankenlesen.«

Eines ihrer Grundbedürfnisse hat Anne Greg sehr deutlich vermitteln können, ihren Wunsch nach Bestätigung und Sicherheit. »Ich brauche und wünsche mir viel Bestätigung«, sagt Anne. So teilte sie ihm eines Tages mit, daß sie, wann immer sie überemotional reagiere - sei es wütend, zurückgezogen oder weinend -, in Wirklichkeit nur hören wolle, wie sehr er sie liebe. Sie schrieb ihm die genauen Worte auf eine Karte und sagte: »Hier ist Deine Rolle.« Auf der Karte stand: »Ich liebe dich. Du bist der Mensch, mit dem ich zusammenleben möchte. Mit dir möchte ich den Rest meines Lebens verbringen.« Greg, der doch von sich behauptet hatte, er könne keinen Menschen trösten, überwand sich und konnte diese Sätze mit echtem Empfinden zu ihr sagen. Anne und Greg lernten auch, auf neue Art ihre Auseinandersetzungen auszutragen. Im Grunde bedienen sie sich dazu einer etwas abgewandelten Form der Wut-Auffang-Übung. »Wir streiten uns jetzt auf eher produktive Art«, sagte Anne. »Wir können unsere Wut ausdrücken, doch wird damit nicht gleich eine Lawine losgetreten. Wir versuchen, ehrlich und direkt zu bleiben.« Anne führt ein Beispiel an für dieses neue Verhalten. »Vor kurzem betrachtete ich Gregs Hand und bemerkte, daß er keinen Ehering trug. Ich fühlte mich verletzt und hintergangen. Doch anstatt darüber nachzugrübeln, artikulierte ich sofort meinen Ärger. Ich sagte zu ihm: ›Es verletzt mich wirklich, wenn du deinen Ring nicht trägst. Dieser Ring zeigt anderen Menschen deutlich sichtbar, daß wir verheiratet sind, was für mich wirklich wichtig ist. Es macht mich wirklich betroffen. Ich weiß nicht, warum du ihn nicht trägst. Es gefällt mir nicht, und ich möchte, daß du ihn wieder ansteckst.‹ Statt sich nun zu verteidigen oder mich anzugreifen, hörte Greg mir zu und sagte: ›Es leuchtet mir ein, daß du so empfindest. Mir ist bewußt, daß du wütend bist.‹ Später erklärte er mir, warum er den Ring nicht trug. Es hing damit zusammen, daß ich wieder dazu übergegangen war, meinen Mädchennamen zu verwenden, was ihn wiederum verletzt hatte. Durch das Ablegen seines Eheringes hatte er das Gefühl, nun gleichgezogen zu haben. Es gelang uns nicht, dieses Problem sofort zu lösen, da das Thema recht komplex war. Doch wichtig war, daß es uns gelang, unsere Gefühle auszusprechen. Wir hörten einander zu. Wir konnten uns von der negativen Energie befreien. Wir sind auch nicht mehr wütend aufeinander. Vorher wären wir in einen langandauernden Streit geraten, ohne eine Lösung absehen zu können.«

Durch diese verschiedenen Anstrengungen ist es Anne und Greg gelungen, ihre Bedürfnisse in einem ausreichenden Maße zu befriedigen, so daß sie ein neues Niveau der Akzeptanz erreichen konnten. »Ich fühle mich jetzt in dieser Beziehung so sicher, daß ich annehmen kann, daß Greg im Grunde seines Herzens ein selbstgenügsamer Mensch ist und bleiben wird«, sagte Anne. »Ich fühle mich nicht mehr bedroht. Ich kann jetzt abwarten, bis er seine Gefühle offenlegen möchte. Ich muß ihn nicht mehr unter Druck setzen. Spüre ich, daß er ärgerlich ist, möchte ich eigentlich sofort wissen, was geschehen ist, damit wir es hinter uns haben. Doch das bringt mich immer in die Rolle desjenigen, der alles erst möglich macht. Außerdem habe ich beobachtet, warte ich nur lange genug ab, gelingt es ihm oft, seine Probleme selbst in den Griff zu bekommen. Selbst wenn es ihm nicht gelingt, kann ich heute damit leben, so, wie er nun einmal ist. Ich habe gelernt, daß ich nicht diejenige sein muß, die immer alles in Ordnung bringt.«

Anne und Greg werden die ersten sein, die die Tatsache bestätigen können, daß diese Beziehungsarbeit nicht immer einfach ist. Eher trifft das Gegenteil zu, so Anne, da »dieser Prozeß des gegenseitigen Aufarbeitens mit Greg zu den schwierigsten Aufgaben gehört, die ich je zu bewältigen hatte«. Auch Greg äußert eine ähnliche Auffassung. »Eine Ehe zu führen ist in etwa so, wie Blumen großzuziehen«, meint er. »Man muß sich immer mit ihnen beschäftigen.« Er versucht noch einen anderen Vergleich. »Vernachlässigt man seinen Garten, nimmt das Unkraut überhand und erdrückt schließlich die Blumen. Auch beim Gärtnern sind die richtigen Werkzeuge entscheidend. Zwar kann man das Wasser mit der Hand schöpfen und auch den Boden mit seinen Händen umgraben, doch es ist viel leichter, Schlauch und Spaten zu verwenden. So empfinde ich mein Zusammenleben mit Anne. Wir haben jetzt die richtigen Werkzeuge und Fähigkeiten, um die Ehe führen zu können, die wir uns wünschen.«

Der Grund, warum Anne und Greg so bereitwillig diese Anstrengungen auf sich nehmen, liegt in den täglichen Belohnungen, die sie dafür erhalten. Greg denkt, daß sich die wichtigste Veränderung in ihrem emotionalen Leben abgespielt hat. »Zu Beginn unserer Ehe waren wir beide eher unbeständige Menschen, nur mir gelang es, meine Gefühle unter Verschluß zu halten, während Anne die ihren zu offen zur Schau stellte. Jetzt ist sie sehr viel weniger aufgeregt, ich dagegen bin viel emotionaler geworden. Dabei wollen wir nicht einfach nur die Seiten wechseln - wir haben eine Art Gleichgewicht geschaffen. Wir oszillieren irgendwo um einen Mittelpunkt. Manchmal reagiert sie emotionaler als ich, manchmal bin ich emotionaler als sie. Doch wir haben uns einen Bereich geschaffen, der uns Maß halten läßt. Diese Tatsache vermittelt uns sehr viel Sicherheitsgefühl.«

Greg konnte auch beobachten, wie diese Fähigkeiten ihm halfen, ein besserer Manager zu werden. »Heute spüre ich sehr viel schneller als früher die versteckten Wünsche«, sagt er. »Ich weiß, daß Menschen oft nicht über das Thema sprechen, das sie wirklich bewegt. So bemühe ich mich, auch die tiefer liegenden Probleme anzusprechen.« Es gelingt ihm auch viel besser, sich in die Lage anderer Menschen hineinzuversetzen. »Ich sage mir, wenn ich diese Person wäre, was würde ich zu diesem Zeitpunkt brauchen oder mir wünschen? Durch das Einfühlen in Annes Bedürfnisse habe ich mir diese Fähigkeit erworben. Durch meine Ehe bin ich ein besserer Kommunikator geworden und halte heute sehr viel mehr Druck aus. Wird jemand in meiner Firma wütend, gelingt es mir, nicht abwehrend zu reagieren. Ich schaffe es, daß die Probleme wirklich gelöst werden.«

Anne erlebte, daß sie durch ihre Ehe zu einem spirituelleren Menschen geworden ist. »Die stärkste Kraft im Universum würde ich heute ›Christus in uns‹ oder ›Heiliger Geist‹ nennen«, sagt Anne. »Für mich bedeutet dies, Streben nach Vollkommenheit. Unsere Aufgabe besteht darin, das Beste zu versuchen, dessen wir fähig sind, bezogen auf Liebe, Freundschaft und das Leben, ebenso wie unsere Talente und Fähigkeiten zu entwickeln. Dazu muß ich so viel wie möglich über mich selbst wissen. Ich muß ehrlich mit mir sein, meine negativen, ebenso wie meine positiven Seiten anerkennen. Das habe ich in dieser Beziehung erlebt. Es ist irgendwie paradox. Früher dachte ich, ich wäre selbstbewußt, doch das war mehr Größenwahn. Heute fühle ich mich einfach wohl in meiner Haut, als ganzer Mensch. Ich mag, wer ich geworden bin. Ich kann auch alleine mit mir sein, ohne mich gleich unglücklich zu fühlen. Ich lebe im Augenblick. Meine Angstgefühle sind fast verschwunden. Das macht den entscheidenden Unterschied aus. Ich fühle mich wirklich glücklich und sicher, zum ersten Mal in meinem Leben.«

Ich fragte Anne, ob sie den Lesern dieses Buches noch einen besonderen Rat mitgeben möchte, vor allem wenn diese zum ersten Mal mit diesen Vorstellungen konfrontiert werden. »Mein Rat wäre, sich auf sich selbst zu konzentrieren«, sagte sie. »Damit meine ich, daß man sich bewußt machen sollte, daß das, was man für den Partner in einer Beziehung wünscht, auch einem selbst zugute kommt. Bemüht man sich, die Bedürfnisse des Partners nach Kräften zu erfüllen, entwickelt man gleichzeitig seine eigene Persönlichkeit weiter. Mir wurde es sehr deutlich, daß mir ein lange abgespaltener Anteil meiner Persönlichkeit wieder zugänglich wird, gelingt es mir, Gregs Wünsche zu erfüllen. Bittet uns unser Partner um etwas, sollten wir fragen: ›Ist dieser Wunsch verständlich? Ist es meine Pflicht als Individuum, den Wunsch zu erfüllen?‹ Immer, wenn wir diese Fragen mit Ja beantworten können, sollten wir der Bitte unseres Partners nachgeben, gleichgültig, wie wir uns im Augenblick dabei fühlen mögen, da wir so wichtige Aspekte unseres Ichs realisieren können.«

Kenneth und Grace

Kenneth und Grace trafen sich 1940, als sie beide noch studierten. Kenneth wollte Arzt werden, und Grace studierte Kunstgeschichte. Ihre Freundschaft entwickelte sich, weil sie immer den gleichen Bus in die Osterferien nahmen. Kenneth meinte zu wissen, was ihn an Grace so anzog: »Vor uns saß eine Frau mit einem schreienden Baby auf dem Arm, und sie konnte es nicht beruhigen. Grace bat, dieses Kind einmal nehmen zu dürfen. Nach kurzer Zeit auf Graces Schoß beruhigte es sich tatsächlich. Ich erinnere mich, wie ich dachte, so eine Frau hätte ich gerne als Mutter für meine Kinder. Sehr viel tiefer noch - ohne es damals schon bewußt zu erkennen - wünschte ich mir etwas von dieser Zärtlichkeit auch für mich selbst.«

Grace gewann einen ebenso guten Eindruck von Kenneth. »Er schien so ein netter, freundlicher Mann zu sein.« Es schmeichelte ihr auch, daß er sich für ihre Studien interessierte. »Ich mochte es, wie er mich als intelligente Frau behandelte, etwas, was andere Männer oft nicht taten.« Sie erinnert sich, wie sie ihren Eltern erzählte, sie hätte einen jungen Mann getroffen mit einem »goldenen Herzen«. Verborgen hinter diesen dem Bewußtsein zugänglichen Eindrücken steckten noch andere Gründe für die gegenseitige Anziehungskraft. Welche unerledigten Kindheitsprobleme brachte Grace in diese Liebesbeziehung ein? Grace wuchs als Älteste in einer Familie mit drei Kindern auf, zwei Mädchen und einem Jungen. Sie beschreibt ihre Familie als eine Mischung »aus Liebe und Chaos«. Sie waren stolz auf die ungewöhnlichen Einfälle, die sie hatten und wie unkonventionell sie sich gaben. »Wir lebten wie Künstler oder Musiker«, sagte sie. »In unserer Familie gab es sehr viel Spontaneität. Mein Vater sagte oft: ›Wir wollen nach dem Abendessen noch einmal wegfahren. Der Abwasch bleibt für später!‹ Mutter antwortete: ›Laß mich doch zuerst den Abwasch machen.‹ Worauf mein Vater entgegnete: ›Wenn wir später fahren, verpassen wir den Sonnenuntergang.‹ So stiegen wir alle in das Auto und fuhren los. Wir sangen während der Fahrt, mehrstimmig. Unsere Familie sang auch regelmäßig in der Kirche, so daß wir zum Schluß immer ein Kirchenlied anstimmten.«

Grace erinnert sich gern an ihre frühe Kindheit zurück. Sie weiß, daß sie der kleine Liebling ihres Vaters war. Als sie fünf Jahre alt war, wurde ihre jüngere Schwester, Sharon, geboren, und sie wurde plötzlich von ihrem Thron gestoßen. »Ich stand nicht mehr im Mittelpunkt der Aufmerksamkeit. Ich fühlte mich irgendwie ausgestoßen. Ich erinnere mich, wie ich damals dachte: ›Was ist eigentlich geschehen? Bin ich nicht mehr so niedlich wie früher? Warum lieben sie mich nicht mehr so?‹ Ich konnte mich einfach nicht damit abfinden, nicht mehr der verwöhnte Liebling zu sein.«

Grace beschreibt ihre Mutter als eine Persönlichkeit, die auf verwirrende Weise Wärme mit Gereiztheit mischte. Sie und Grace verstanden sich nicht sehr gut. »Sie war so stark, daß ich immer Schwierigkeiten hatte, meine eigene Identität aufrechtzuerhalten«, erinnert sie sich. »Deswegen bin ich wohl aufsässig geworden.« Ihr Vater war ein warmer und fürsorglicher Mensch und ein guter Zuhörer. Sie erinnert sich, wie eng ihre Beziehung zu ihm war. »Manche sagen, zu eng«, meint Grace. »Ich erinnere mich, wie ich aus der Schule kam und mein Vater mir den Rücken streichelte. Es fühlte sich angenehm an und schien mir normal zu sein, doch ich weiß, daß meine Mutter eifersüchtig war.« Aus einem größeren Abstand blickt auch sie heute etwas ängstlich auf die Beziehung zu ihrem Vater zurück. »Irgendwie war so eine enge Bindung auch etwas beängstigend. Ich weiß, daß er es sehr schwer nahm, als ich geheiratet habe. Kurz vor meiner Hochzeit sagte er zu mir: ›Ich dachte immer, du würdest bei uns bleiben und nicht heiraten.‹ Er versuchte zwar, es wie einen Spaß klingen zu lassen, doch es war ihm auch ernst.« Neben diesem Gefühl zu großer Enge hätte es sich Grace gewünscht, daß ihr Vater eine stärkere Persönlichkeit gewesen wäre. »Er war nicht sehr stark«, sagt sie. »Wurden die Dinge etwas schwieriger, verschwand er einfach. Stritten Mutter und ich uns wieder einmal sehr heftig, wusch er seinen Wagen oder kümmerte sich um die Blumen. Niemals hat er mich verteidigt.«

Als Grace zwölf oder dreizehn Jahre alt war, erlebte sie eine Phase intensiver Religiosität. Sie besuchte einen speziellen Jugendgottesdienst und fühlte sich von der Nähe Gottes überwältigt. Sie erinnert sich an verwirrende Gefühle von Getragensein und Schuld. Die einen, weil sie spürte, Gott war an ihrer Seite, Schuld, weil sie sich schlecht mit ihrer Mutter verstand. Sie erinnert sich an einen Tag, an dem ihre Familie gerade zu einer Kurzreise aufbrechen wollte und Grace auf gar keinen Fall mitfahren wollte. »Ich weiß, wie ich in mein Zimmer ging, betete und weinte und sehr aufgeregt war. Ich weiß eigentlich nicht, was der Grand für mein Verhalten war, ich hatte nur ein so unangenehmes Gefühl. Eine emotionale Krise. Ich fühlte mich ›schlecht‹ oder ›böse‹.« Dieses negative Gefühl über sich selbst sollte zu einem konstanten Thema ihrer späteren Jahre werden.

Grace sorgte sich auch um ihre angebliche »Dummheit«. Sie hatte diese Vorstellung von ihren Eltern übernommen, die sie häufig kritisierten und als dumm hinstellten. »Eigentlich war ich nicht wirklich dumm«, meint sie später zu ihrer Verteidigung, »doch oft war ich mit meinen Gedanken woanders, und irgend etwas mißlang mir.« Vielleicht entwickelte sich diese Idee bei Grace auch aus einem anderen Grunde, denn sie war eher ein Tatmensch als ein Denker. Als junges Mädchen besaß sie eine selbstsichere, verantwortungsbewußte Persönlichkeit und erledigte ihr aufgetragene Dinge mit minimalem Aufwand. Nach kurzer Planungszeit stürzte sie sich sofort in eine neue Aufgabe. Sie war stolz, wenn sie etwas erledigt hatte. Manchmal allerdings bedauerte sie, nicht so lange und so sorgfältig geplant und überlegt zu haben wie andere.

Zu ihren Stärken gehört ihr künstlerisches Talent, was ihr in ihrer Jugend sehr viel bedeutete. Während der Schulzeit war sie Assistentin ihres Kunstlehrers im Sommerlager, und es machte ihr sehr viel Freude, anderen Kindern dabei zu helfen, sich durch künstlerisches Schaffen auszudrücken. In den folgenden Jahren gewann sie einige Preise für ihre Design-Entwürfe und surrealistischen Bilder, und die Kunst wurde immer mehr zum Mittelpunkt ihres Lebens.

Vor diesem Hintergrund wollen wir uns Kenneth' Persönlichkeit einmal näher betrachten. Er hat fast schon lebenslange Therapieerfahrung. Bei unserem Erstgespräch meinte er zu mir, er könne mir seine »Lebensgeschichte fast im Schlaf erzählen«. Tatsächlich, in nur wenigen Minuten gab er eine sehr verständliche Übersicht über seine Kindheit. »Meine Mutter war eine sehr engagierte, energische und leidenschaftliche Frau«, begann er seine Geschichte, »die sehr viel vom Leben erwartete, ebenso wie von meinem Vater, der eher ein passiver, ruhiger und freundlicher Mann war. Meine Mutter hatte auch für mich hohe Ziele. Ich erlebte sie als irgendwie hungrig in bezug auf mich. Heute, als Erwachsener, der auf seine Kindheit zurückblickt, sehe ich, daß mein Vater sie nicht fürsorglich genug behandelt hat. Ihre scharfe Zunge konnte wirklich verletzend sein, und sehr oft war sie mir gegenüber kritisch und zornig. Ich wußte oft nicht warum und hielt sie einfach für unfair. Als Kind wünschte ich mir oft eine andere Mutter. Wir erlebten auch einige schöne Zeiten zusammen, aber ich traute mich nicht, ihr zu nahe zu kommen. Ich dachte, irgendwie würde sie mich zum Frühstück verspeisen. Ich wollte ihr nicht einmal meine Leistungen berichten, um zu vermeiden, daß sie sich damit schmückte. Das wollte ich ihr nicht zugestehen.«

Es gibt eine grundlegende Übereinstimmung in dem Erziehungsmuster von Grace und Kenneth. Beider Väter waren eher schwach und zurückgenommen, während ihre Mütter eher aggressiv und dominant strukturiert waren. Kenneth allerdings stand keinem seiner beiden Eltern wirklich nahe. Obwohl er seinen Vater wirklich bewunderte, erlebte er ihn doch nur aus großer Distanz. »Wir verbrachten viele schöne Stunden zusammen, doch sprach er nie über seine Gefühle. Ich wünschte mir so sehr, daß er mich mag und stolz auf mich sei, doch nie sagte er zu mir, daß er mich liebe. Von anderen Menschen hörte ich, wie sehr er mich respektierte, nie von ihm selbst.« Sein Vater hatte besonders große Schwierigkeiten, mit Wut umzugehen. »Wurde ich wütend, zog er sich zurück. Meiner Mutter gegenüber setzte er die gleiche Technik ein. Richtete sich ihr Zorn auf mich, versuchte ich, es ihm gleichzutun, doch es gelang mir nie so gut wie ihm.« Bedingt durch diese frühe Indoktrination, lernte Kenneth, seine eigene Wut zu fürchten: Wut brachte ihn in Konflikt mit seiner Mutter und entfremdete ihn seinem Vater. »Schon als sehr kleines Kind entschied ich mich, ein netter Junge zu werden.« Doch diese Persona, dieses Falsche Ich, verdeckte nur sein starkes Verlangen nach liebevoller, mütterlicher Fürsorge und einem konsequenten, bestätigenden Vater. Versteckt hinter dieser Fassade, hatte sich ein erhebliches Wutreservoir angestaut, weil diese Grundbedürfnisse nie erfüllt worden waren.

Kenneth und Grace stehen für eine exemplarische Partnerwahl, wie ich sie weiter oben beschrieben habe, da sie beide auf die gleiche Art verletzt worden sind, jedoch entgegengesetzte Abwehrstrategien entwickelt haben. Beide empfanden das Bedürfnis, gegenüber dem übermächtigen Elternteil eine eigene Identität auszubilden. Damit ist nahegelegt, daß ihr Hauptkonflikt in der Kindheitsphase stattgefunden hat, die von den Kinderpsychologen die »Phase der Individuation und Autonomie«

genannt wird. Kenneth versuchte sich den nötigen Freiraum zu schaffen, indem er versuchte, ein »nettes« Kind zu werden, in der Hoffnung, so die Wut seiner Mutter nicht zu erregen. Grace dagegen entschied sich, eher aufsässig und zornig zu reagieren, um so den Übergriffen ihrer Mutter etwas entgegensetzen zu können. Aufgrund dieser entgegengesetzten Lösungsversuche wird verständlich, warum sie sich voneinander angezogen fühlten. Grace bewunderte Sanftheit und Güte bei Kenneth, der wiederum ihre Stärke und Aggressivität besonders anziehend fand. Jeweils im anderen sahen sie den Teil ihrer Persönlichkeit, der nur schwach entwikkelt war. Was ihnen nicht bewußt war, war, daß diese scheinbar so entgegengesetzten Charaktereigenschaften im Grunde die gleichen Wunden verdecken sollten.

Durch den Vorteil einer fünfunddreißigjährigen Ehe hatten Grace und Kenneth sich auch schon selbst Gedanken über ihre Partnerauswahl gemacht. »Ich habe versucht, für mich selbst zu sorgen«, erinnert sich Kenneth. »Ich suchte mir Grace aus, damit sie mich bemuttert. Sie war so voller Wärme, Vitalität und Zärtlichkeit.« Grace hat eine ebenso knappe Erklärung zur Hand, warum sie Kenneth heiratete. »Ich war das schlechte, dumme Mädchen, das nach dem guten, klugen Mann Ausschau hielt. Kenneth repräsentierte alles, was ich mir wünschte.« Während damit sicher einige der positiven Gründe angesprochen worden sind, gibt es doch auch negative Gründe für diese Heirat. Der offensichtlichste war, daß beide einen Partner ausgewählt hatten, der ihren Kampf mit dem jeweils gegengeschlechtlichen Elternteil verlängerte. Grace war dominant und aggressiv - wie Kenneth' Mutter -, und Kenneth war passiv und sanft - wie Graces Vater. Sie hatten sich Partner ausgesucht, deren Charaktermerkmale ihnen wiederum große Probleme bereiten sollten, wie sie es schon in ihrer Kindheit erlebt hatten.

Doch es dauerte über ein Jahr, bevor diese negativen Eigenschaften zum Tragen kommen sollten. »Im ersten Jahr lebten wir in einer Idylle«, sagte Grace. Die Probleme entwickelten sich erst im zweiten Jahr ihrer Ehe, kurz nach der Geburt ihrer Tochter. Kenneth arbeitete als Arzt in einem Therapiezentrum. Grace war besorgt, da er ihrer Meinung nach nicht aggressiv genug auftrat, um neue Patienten zu gewinnen. »Ich sah, wie er die Klinik hätte fördern können«, erinnert sich Grace, »doch er war immer mit dem zufrieden, was er hatte. Ich sah diese Möglichkeiten, er nicht.«

Ihren ersten Streit erlebten sie, als Grace sah, wie die Klinik immer mehr Patienten verlor. »Zwei Jahre lang hatte Kenneth alle Anzeichen ignoriert, daß es bergab ging. Jetzt war es schließlich zu spät, noch irgend etwas zu ändern. Zwei seiner Kollegen suchten sich neue Arbeitsplätze. Eines Abends explodierte ich endlich!« Auch Kenneth erinnert sich an diesen Streit und daran, wie er Grace für ihre Fürsorge dankte, allerdings jede Einmischung in seine Angelegenheiten ablehnte. »Irgendwie wollte ich zwar ihre Hilfe«, sagte er, »doch ich war auch sehr wütend auf sie, weil sie so fordernd auftrat. Sie schien genau zu wissen, was ich zu tun hätte und daß es ihr gutes Recht wäre, mir dies auch mitzuteilen. Sie erinnerte mich an meine

Mutter, die auch immer so viel von mir gefordert hatte.« Zurückblickend bewertet Grace ihre damaligen Gefühle als nicht ganz eindeutig. »Ich war plötzlich besorgt, ob ich nicht zu stark aufgetreten war. Ich überlegte, ob er stärker würde, würde ich mich mehr zurücknehmen. Doch es war mir einfach nicht gegeben, den Dingen ihren Lauf zu lassen.« Genau die Merkmale, die sie so aneinander gebunden hatten - Graces selbstbewußte, extrovertierte Persönlichkeit, Kenneth' sanfte, freundliche Art - bildeten jetzt die Grundlage für ihren fast dreißig Jahre andauernden Machtkampf.

Kenneth entdeckte plötzlich Eigenschaften an Grace, die ihm nicht gefielen. »Ich hätte mir gewünscht, sie würde manchmal anders reagieren. Sie erschien mir oft zu wenig intellektuell. Ich hätte mir gewünscht, sie würde mehr lesen und könnte informierter über verschiedene Themen diskutieren.« Wieder einmal erhielt Grace die Rückmeldung, sie sei nicht »klug« genug. Der junge Mann, der damals auf der Busfahrt ihre intellektuellen Anstrengungen so bewundert hatte, war plötzlich unzufrieden mit ihr geworden.

Als ihre Tochter größer geworden war, begann Grace als Kunsterzieherin an der örtlichen Schule zu unterrichten. In diesem Winter kam Kenneth' Mutter zu Besuch, und es kam zu einer erneuten, schwerwiegenden Konfrontation. Grace war zu dieser Zeit sehr beschäftigt mit ihrem Beruf, gleichzeitig gab sie noch einen Kirchenbrief heraus. Sie behandelte ihre Schwiegermutter freundlich, doch ließ sie sich in ihrem Tagesablauf nicht durch den Besuch stören. »Ich war einfach viel zu beschäftigt, um eine gute Gastgeberin zu sein«, erinnert sie sich. Sie weigerte sich auch, die Erwartungen ihrer Schwiegermutter zu erfüllen, nun die perfekte Hausfrau zu spielen, die ihre Zeit damit zubringt, zu kochen, zu backen und zu nähen. Während dieses Besuches war Kenneth' Mutter weitgehend auf sich selbst gestellt, und sie erregte sich darüber so sehr, daß sie vorzeitig abreiste. Auf der Fahrt zum Bahnhof beschwerte sie sich bitterlich bei Kenneth. Der Zorn seiner Mutter machte ihn wieder ängstlich. »Da saß ich und hörte den Angriffen meiner Mutter auf meine Frau zu, ohne es zu wagen, sie zu verteidigen. Ich hatte nicht einmal genug Mut, um mich für meine eigene Frau einzusetzen!«

Für Grace stellte dieser Besuch die unerfreuliche Wiederholung ihrer Kindheitssituation dar. Wiederum stand ein männliches Wesen neben ihr, dem es aus eigener Passivität nicht gelungen war, sie gegen eine kritische, feindliche Mutterfigur zu verteidigen. »Ich wünschte mir, Kenneth würde mir beistehen«, sagte sie »und seiner Mutter erklären, wie beschäftigt ich war. Doch er war nur darauf bedacht, sie nicht zu ärgern, und dann war er auch noch auf mich zornig, weil es mir nicht gelungen war, ihr zu gefallen.«

Während Grace diese Geschichte erzählte, wies sie selbst auf die Ähnlichkeit zwischen Kenneth und ihrem Vater hin. »Mein Vater war ein freundlicher, liebevoller Mann, doch er war nicht stark. Ich hätte mir so sehr gewünscht, daß er mich beschützt hätte, die Führung übernommen hätte - genau die Dinge, die ich mir von

Kenneth wünsche.« Es ist aufschlußreich, daß sie in ihrem Zorn Kenneth genau so behandelte, wie ihre Mutter damals ihren Vater behandelt hatte. »Ich schrie, zeterte, schimpfte und kreischte, kurz, ich terrorisierte ihn wahrhaft mit meiner Wut.« Kenneth versuchte alles, um sie zu besänftigen. Doch je »netter« er wurde, desto wütender wurde sie. Die Atmosphäre vergiftete sich immer mehr. Unbewußt hatte Grace die negativen Verhaltensweisen ihrer Mutter introjiziert, unter denen sie als Kind so gelitten hatte.

Oberflächlich gesehen stellten Kenneth und Grace zwei entgegengesetzte Pole dar. Grace war eher extrovertiert, aggressiv, und Kenneth eher passiv, freundlich. Doch unter dieser Oberfläche an Nettigkeit war Kenneth ebenso wütend wie Grace. Seine Wut äußerte sich durch Kritik an Grace. Schon sehr früh in ihrer Ehe zeigte sich dieser Zusammenhang. »Nie zeigte mir Kenneth, daß er mich irgendwie bewundern würde«, sagte Grace. »Andere Männer, mit denen ich mich getroffen hatte, haben mich eigentlich viel netter behandelt. Kenneth mäkelte an der Art herum, wie ich den Haushalt führte, wie ich die Kinder erzog und daß ich zu wenig intellektuell sei. Immerzu spielte er den Lehrer. So fragte er mich: ›Weißt du dies oder das?‹ Irgendwelche obskuren Begebenheiten, die für mich ohne jede Bedeutung waren. Gab ich mein Nichtwissen zu, belehrte er mich wie eine Schülerin. Es gelang mir, dieses Benehmen während der ersten Jahre abzustellen. Doch nie gab er mir das Gefühl, er liebe mich wirklich. Nie liebte er mich so, wie ich geliebt werden wollte. Nach und nach verlor ich immer mehr meine Selbstachtung und mein Selbstbewußtsein.«

Heute kann Kenneth die Art, wie er damals seine Frau kritisierte, sehr gut beurteilen. »Ich forderte sehr viel von ihr, und ich bekam auch sehr viel. Doch irgendwie wollte ich die Hand, die mich fütterte, beißen. Ich brauchte es, daß sie unsicher war, obwohl ich wußte, wie sehr ich sie damit verletzte.«

Warum kritisierte er Grace ständig? Erinnern Sie sich bitte, daß das Lebensziel von Kenneth war, fürsorglich von einer starken Mutterfigur versorgt zu werden, der er jedoch so weit entfernt bleiben konnte, daß sie ihn nicht »verschlingen« könnte. Unbewußt bewältigte er so dieses komplexe Manöver, indem er Grace ausreichend Liebe und Zuwendung gab, um sie an ihm interessiert zu halten, doch gleichzeitig hielt er sie durch seine ständige Kritik in Unsicherheit und damit auf Distanz.

Da Grace so wenig positive Rückmeldungen von Kenneth bekam, fühlte sie sich in dieser Beziehung eigentlich immer gespannt. Sie war eifersüchtig auf seine anderen Aktivitäten, besonders auf seine Kontakte mit anderen Frauen. »Es gibt so viele Frauen, die sich in ihre Ärzte verlieben«, sagte sie. »Ich dachte immer, er hätte eine Affäre.« Kenneth gibt zu, daß er über einen langen Zeitraum immer einen Fuß in der Ehe und einen außerhalb gehabt hatte. Vielleicht würde ja noch jemand Netteres, Besseres kommen. Vielleicht hatte er doch nicht die richtige Wahl getroffen. »Heute macht es mich betroffen, darüber zu sprechen, doch ich hatte mich nur bis zu einem gewissen Grad überhaupt auf Grace eingestellt.«

So verwundert es nicht, daß Grace eigentlich fast immer wütend war. »Eines war in dieser Ehe deutlich«, sagt Grace, »daß ich ständig wütend war.« Doch sie wußte nicht, warum. Am wütendsten war sie, wenn sie schlafen ging. Sie sagte zu sich selbst: »Warum bist du so wütend? Was bedeutet das?« Doch nie fand sie eine zufriedenstellende Antwort. Heute, zurückblickend, wird ihr bewußt, daß die Antwort bei Kenneth liegen muß. Er mußte sehr häufig auch nachts kleine Kinder auf die Welt bringen oder Notfälle besuchen. Hörte sie dann seinen Wagen zurückkommen, fühlte sie sich plötzlich zu ihm hingezogen. Sie freute sich auf ihn und begrüßte ihn erwartungsvoll. Doch schon nach wenigen Minuten wurde sie wieder wütend. Die romantische Stimmung war wie weggeblasen. »Ich fühlte mich tief enttäuscht«, sagte Grace. »Doch ich weiß nicht, was ich eigentlich von ihm wollte.«

Die Ehe von Kenneth und Grace durchlief sehr viele verschiedene Stadien in den ersten zwanzig Jahren. Sie zogen vier Kinder groß, lebten in verschiedenen Städten und erlebten sowohl gute wie auch schlechte Jahre. Doch die emotionale Grundstimmung blieb die gleiche. Grace wünschte sich mehr Liebe, Stärke und Engagement von Kenneth. Kenneth wünschte sich mehr Sanftheit, Liebe, bei gleichzeitigem Sicherheitsabstand von Grace. Diese versteckten Spannungen wurden so stark, daß sie, hätten sie in einer anderen Zeit gelebt, sicher längst geschieden gewesen wären. »Ich drohte immer mit der Scheidung«, sagte Grace. »Nach dem ersten Ehejahr war Scheidung ein häufig besprochenes Thema. Wir waren sehr verschieden, und irgendwie gelang es uns nicht, uns aneinander anzupassen.« Grace bedauert heute, daß sie ihre Wut auf Kenneth ihrer ältesten Tochter gezeigt hat. »Als sie alt genug war, mir zuzuhören, habe ich mich bei ihr über ihren Vater beschwert. Ich denke, sie hat heute keine so gute Meinung über ihn.«

Als sie beide in den Vierzigern waren, erreichte ihre Ehe den absoluten Tiefpunkt. Kenneth steckte mitten in einer Midlife-Krise. »Bis zu diesem Zeitpunkt hatte ich mich immer als vielversprechenden, jungen Mann betrachtet, dessen Leben noch vor ihm liegt und voller Abenteuer ist.« Doch nun blickte er sich um, nur um feststellen zu müssen, daß er in einer glanzlosen Ehe steckte, ein »mittelmäßiger« Arzt war und eigentlich auch nicht mehr sehr viel Freude an seinem Beruf hatte. »Ich brachte immer nur Babys zur Welt. Ich konnte jetzt wirklich nicht mehr die Illusion aufrechterhalten, ich hätte noch eine vielversprechende Zukunft vor mir.«

In der Zwischenzeit erlebte Grace eine religiöse Krise. Die Kirche war ihr immer sehr wichtig gewesen. Plötzlich jedoch verlor ihr Glaube für sie an Bedeutung. Sie suchte nach neuen Wegen, doch je mehr sie suchte, desto weniger Sicherheit fand sie im Glauben. In ihrer Verzweifelung wandte sie sich an Kenneth. »Ich sagte zu ihm: ›Sag du mir, was du glaubst, und ich werde es auch glauben!‹ Doch er gab mir immer nur Bücher. Er gab mir Paul Tillich, und ich las und weinte. Ich verstand dieses Buch nicht. Ich hatte das Gefühl, verrückt zu werden. Ich dachte, ich würde geisteskrank. Ich war zu klug, um von den konservativen Kirchendogmatikern überzeugt zu sein, und zu dumm, um die liberalen Theologen verstehen zu können. Ich lebte in einem religiösen Vakuum.«

Kenneth erinnert sich auch an Graces damalige Verwirrung. »Sie wollte, daß ich für sie ihre moralischen und religiösen Probleme löste«, sagte er. »Ich versuchte es und scheiterte und entfesselte einen Sturm des Schmerzes und der Wut. Sie quälte sich sehr mit ihrem Seelenheil herum. Ich hatte das Empfinden, sie hatte ihre Hände um meine Kehle gelegt, um Antworten flehend. Ich sollte ihr etwas geben und versagte.« Er war betrübt, daß er ihr nicht helfen konnte, und irgendwie war ihm bewußt, daß er ihr absichtlich vorenthielt, was sie sich wünschte. »Sie wollte, daß ich stark bin, entschieden auftrete. Es ging dabei nicht nur um die Religion. Es betraf alles. Sie wollte das kleine Mädchen sein, und ich sollte der starke Vati für sie sein. Doch das erschien mir unfair. Ich wollte nicht so stark sein müssen. Dann hätte ich meinen Wunsch für immer aufgeben müssen, selbst wieder ein Kind zu sein.«

Nach und nach schwächte sich diese Krise ab. Grace fand eine Kirche, die sie mitsamt ihren Zweifeln und ihrer Verwirrung annahm, und sie fühlte sich sehr erleichtert, daß ihr Ehemann, selbst sehr religiös, bei ihr blieb, obwohl sie sich fast »als Atheistin« fühlte. Zu dieser Zeit suchte Kenneth Hilfe für seine Depressionen in einer Gruppe, während deren Verlauf er sehr wichtige Erkenntnisse über sich gewinnen konnte. Die wichtigste war, daß er Grace allein in ihrer Beziehung die Wut tragen ließ. »Ich projizierte meine Wut auf sie. Ich war der Gute, der Nette. Sie war die Böse, Zornige. Dabei hatte auch ich genügend eigene Wut aufgehäuft. Diese Wut zu kontrollieren, kostete mich sehr viel Energie, die Grace damit nicht mehr zur Verfügung stand. Das machte sie so wütend auf mich.«

Langsam probierte Kenneth seine Fähigkeit aus, wütend zu werden. »Während dieser Therapie«, so erinnert sich Grace, »wagte er es zum ersten Mal, sich gegen mich zu stellen. Ich weiß nicht mehr, um was wir uns stritten. Doch ich weiß, daß er tatsächlich seine Stimme erhob. Er war vollkommen erstaunt, daß ich mich nicht umgedreht hatte, um ihn auf der Stelle zu töten. Er war unsicher gewesen, ob er seine eigene Wut überleben würde.« Das war für Kenneth eine grundlegend neue Erfahrung. Er hatte seine innere Sperre gegenüber seiner Wut überwunden und diese Erfahrung auch noch überlebt. Er begann diese neue Fähigkeit zu testen. »Ich war jetzt vier- oder fünfmal die Woche wütend auf Grace, nur um mir zu beweisen, daß ich dazu fähig bin. Schließlich schrie ich immer, wurde sie einmal laut, zurück. Nur stellte ich sicher, daß ich noch lauter schimpfte.« Obwohl sie es sich doch immer gewünscht hatte, Kenneth möge selbstsicherer auftreten, fiel es Grace doch sehr schwer, sich mit diesem neuen Verhalten abzufinden. Manchmal sehnte sie sich nach dem passiven, sanften Kenneth zurück.

Doch trotz der Besorgnis seiner Frau entwickelte Kenneth sein neues Selbstgefühl und auch seine Aggressivität weiter, worin ihn seine Therapiegruppe unterstützte. Die Gruppe bestärkte ihn, mehr für sich selbst zu fordern. »Du benimmst dich, als hättest du kein Recht zu leben«, sagten sie zu ihm. Kenneth hatte den Eindruck, daß ihre Beobachtung irgendwie zutreffend wäre, und suchte nach Mitteln, seine Bedürfnisse zu erfüllen. Zu dieser Zeit hatte er eine Affäre mit einer anderen Frau. »Ich werfe der Gruppe nicht vor, daß ich mich so verhalten habe«, sagte er. »Sie versuchten mich zu unterstützen, da sie mich zu zurückgenommen erlebten, doch es war einzig und allein meine Entscheidung, diese Affäre anzufangen. Ich wollte endlich auch einmal etwas für mich selbst haben, meine Flügel ausbreiten und fliegen. Grace und ich hatten uns nicht eigentlich entzweit. Wir verstanden uns damals recht gut - nicht großartig, aber einigermaßen. Ich wollte einfach ein aufregendes Abenteuer erleben. Ich suchte Bestätigung.« Diese Affäre zog sich über einige Wochen hin.

Grace entdeckte eine Hotelrechnung, die aus seiner Tasche gefallen war. Sie wußte sofort, was geschehen war. »Ich hatte ihn schon seit Jahren verdächtigt, nun war es soweit.« Grace reagierte sehr typisch auf diese Entdeckung. »Ich war wütend. Ich schrie und schimpfte.« Zwei Tage später verabredete sie einen Termin bei einem Eheberater. »Ich wollte Unterstützung, um damit fertig werden zu können«, sagte sie. »Ich dachte, ich explodiere. Irgendwie dachte ich auch, Therapie sei ein Weg, um ihn zu bestrafen, so daß er einsehen würde, wie sehr er mich verletzt hatte.«

Während dieser Therapie gelang es Kenneth und Grace, eine vorläufige Vereinbarung zu erzielen. Kenneth stimmte zu, die andere Frau nicht mehr zu sehen, und Grace willigte ein, wieder Vertrauen zu ihm aufzubauen. Während dieser Zeit sammelte Kenneth wichtige Erkenntnisse über Grace. »Ihre Wut über diese Affäre bedrohte mich zwar, doch irgendwie fühlte ich mich auch bestätigt. Es bewies mir, wie sehr sie mich liebte und daß sie bereit war, die zerbrochenen Teile unserer Ehe wieder aufzuheben und weiter an dieser Beziehung zu arbeiten. Wir hatten schon so lange über eine mögliche Scheidung gesprochen, daß ich dankbar war, sie optimistisch für einen Neuanfang zu sehen.«

Es ist verständlich, daß Grace lange dazu brauchte, um wieder Vertrauen aufbauen zu können. Kam Kenneth abends nach Hause, befragte sie ihn über sein Kommen und Gehen und wollte alle Einzelheiten seines Tagesablaufs wissen. Kenneth ertrug ihre Kreuzverhöre über Monate hinweg geduldig, weil er wußte, daß sie wieder Vertrauen gewinnen mußte. Während dieser Zeit kam es zu der endgültigen Krise. Kenneth mußte sich einer vierfachen Bypass-Operation unterziehen. Obwohl er diesen Eingriff relativ gut überstanden hatte, sorgte sich Grace jetzt mehr um seine Gesundheit als um mögliche Affären. »Eines Abends«, erinnert sich Kenneth, »lagen wir im Bett, und Grace sagte, wenn ich der Meinung wäre, ich könnte mich leichter erholen, wenn sie mich verlassen würde, so wäre sie dazu bereit. Sie wußte, daß wir beide unsere Ehe nicht als besonders befriedigend erlebt hatten, und sie dachte, meine Herzprobleme wären vielleicht Anzeichen meines ›schmerzenden Herzens‹. Würde ich leichter ohne sie leben können, würde sie sofort in eine Scheidung einwilligen. Sie betonte, daß sie mich nicht verlieren wolle, doch sie befürchtete, daß unser Zusammenleben die Dinge vielleicht nur noch schwieriger machen würde.«

Damit war der entscheidende Punkt für Kenneth erreicht. »Jetzt entschied ich mich ganz für diese Ehe«, sagt er. »Ich wußte plötzlich, daß ich keine bessere Frau als Grace finden würde. Sie war eine bemerkenswerte Frau. Es war nicht immer leicht gewesen, mit ihr zu leben. Doch sind wir nicht alle etwas schwierig? Endlich konnte ich mich voll und ganz auf diese Ehe einlassen.«

Ich äußerte Kenneth gegenüber die Vermutung, daß erst zu diesem Zeitpunkt, wo Grace ihm eine nicht besitzergreifende Liebe angeboten hatte, die er sich immer von seiner Mutter gewünscht hatte, er sich wirklich frei entscheiden konnte. Er dachte eine Minute lang darüber nach. »Ja, ja. Ich denke, genauso war es auch. Die Liebe meiner Mutter war immer mit Bedingungen verbunden. Grace bot mir wirklich ihre selbstlose Liebe.«

Kenneth und Grace feierten keine offizielle Wiederverheiratung, wenngleich eine Unterhaltung bei einem Restaurantbesuch ihnen als bedeutsam in Erinnerung geblieben ist. Ein Klavierspieler spielte das Lied »Someone to Watch over Me« (Einer wacht über mich), und Kenneth nahm Graces Hand und sagte zu ihr: »Laß uns ein Abkommen treffen. Ich wache über dich und du wachst über mich.« Es war eine einfache Liebeserklärung - wir wollen uns gegenseitig schützen, uns die besten Freunde sein.

Endlich, nach fast dreißig Ehejahren, bekam Grace die volle Aufmerksamkeit und das nötige Engagement von Kenneth. Zusammen mit seinem neuen Gefühl der Selbstverpflichtung erlebte er Graces gute Eigenschaften wieder als besonders angenehm. »Ich denke, ihm wurde bewußt, daß ich eigentlich doch recht intelligent bin. Ich war zwar keine Akademikerin, doch eine recht talentierte Künstlerin. Zum ersten Mal hatte ich das Gefühl, Kenneth bewunderte mich von ganzem Herzen.« Die Wut, die sie so viele Jahre lang begleitet hatte, nahm ab, da er, wie Grace es formulierte, »mich wirklich liebte und ich es wußte«. In dieser Phase ihrer gereiften Liebesbeziehung und ihres neuen Vertrauens kamen Kenneth und Grace in eines meiner Seminare. Die Hauptprobleme in ihrer Beziehung hatten sie schon alleine bewältigt, doch konnten sie auch jetzt noch neue Fähigkeiten und Erkenntnisse erwerben. Grace war am meisten von der Wut-Auffang-Übung beeindruckt, die sie bei einem anderen Paar beobachten konnte. Sie bewunderte es sehr, wie dieses Paar mit seiner Wut umgehen lernte. Zum ersten Mal schien sie auch ihre eigene Wut besser verstehen zu können. »Ich wußte plötzlich, daß ich nicht wirklich schlecht oder verrückt war, wurde ich so wütend. Meine Wut war begründet und hatte eine Zielrichtung. Ich mußte sie nicht mehr verleugnen, um liebenswert zu erscheinen. Nur wollte ich sie kanalisieren lernen, um sie zu einem produktiven Bestandteil unserer Beziehung machen zu können. Für mich war das eine wunderbare Entdeckung!«

Seit diesem Seminar haben Kenneth und Grace, ebenso wie Anne und Greg, ihre eigene Version der Übung entwickelt. Beide fühlen sich jetzt in der Lage, wütend zu sein. Doch gleichzeitig sind sie sich genau dessen bewußt, was sie tun, und darauf bedacht, den anderen nicht zu verletzen. »Wir beschimpfen uns nie gegenseitig«, sagte Kenneth. »Wir versuchen, unsere Wut und unseren Ärger auszudrücken. Der andere weiß, daß das wichtig ist, damit sich unsere Beziehung gesund und stabil entwickeln kann. Wir sammeln keine Ressentiments.« Grace hat den Eindruck, daß Kenneth es im Laufe der Zeit sehr viel besser gelernt hat, mit ihrer Emotionalität umzugehen. »Seit diesem Seminar hat sich seine Einstellung meiner Wut gegenüber verändert. Seine eigene Wut konnte er schon seit seiner Gruppentherapie gut annehmen, doch nicht meine. Jetzt hat er es geschafft. Ich schreie und rufe und werde trotzdem geliebt. Wir stehen diesen Prozeß durch und finden wieder zusammen. Es hat unsere Beziehung sehr verändert.«

Grace glaubt, daß Kenneth' zunehmende Akzeptanz ihrer Person auch ihr eigenes Selbstwertgefühl gestärkt hat. »Ich denke, da Kenneth meine Energie und Entschlossenheit akzeptieren kann, wie auch meine Wut, hilft er mir, den Teil von mir anzunehmen, den ich die ›Mutter‹ in mir nenne ..., den ich immer verleugnet habe. Da er mich so liebt, wie ich bin, brauche ich diese Schlacht nicht mehr zu kämpfen. Ich muß nicht mehr verleugnen, wer ich eigentlich bin.«

Kenneth erlebte die größere Veränderung in ihrer Beziehung, weil er sich jetzt sehr viel sicherer, und besser versorgt erlebt. »Heute sind wir Freunde«, meinte er, »keine feindlichen Parteien mehr. Jetzt fühle ich mich sicher. Sie steht auf meiner Seite, voller Sorge, daß es mir gutgeht. Sie achtet mich. Sie mag mich. Ich mag sie auch. Ich unterstütze und bestätige sie. Jetzt ist alles anders. Der Kampf mit meiner Mutter ist vorbei. Eine Frau ist auf meiner Seite, und es ist Grace. Bei ihr kann ich mich entspannen und mich sicher fühlen.« Grace bestätigt seine letzte Äußerung. »Auch für mich ist dieses Gefühl sehr wichtig. Ich fühle mich entspannt und sicher bei Kenneth.« Beide erleben jetzt, daß der fundamentale Wunsch ihres Alten Gehirns, sicher leben zu wollen, in einer fürsorglichen Umgebung, endlich in Erfüllung gegangen ist.

Kenneth und Grace besuchten noch zwei weitere Seminare. Dabei fiel ihnen auf, daß ich den Weg zu einer bewußten Ehe als Reise beschrieben habe, nicht als Endziel. Ich erklärte, auch in den besten Ehen würde es immer wieder einmal zu Auseinandersetzungen kommen und der Wunsch entstehen, neue Anpassungen vorzunehmen. »Wir erleben zwar immer noch manche Schwierigkeit«, sagt Grace. »So wünscht sich Ken, ich würde mir die Dinge, die ich zu ihm sage, vorher besser überlegen, daß ich eine Art Generalprobe veranstalte, damit ich seine Gefühle nicht so oft verletze. Doch das fällt mir schwer. Ich bin ein impulsiver Mensch. Ich wünsche mir von ihm die gegenteilige Reaktion. Ich hätte gerne, er wäre spontaner und weniger abwägend. Doch das ist für ihn zu riskant.« Beide drücken ihre ambivalenten Gefühle angesichts der Herausforderung, sich weiterzuentwickeln, aus. »Vielleicht hat das etwas mit unserem Alter zu tun«, sagt Kenneth. »Ein Teil von mir sehnt sich nach dem Ende aller Kämpfe. Grace und ich haben eigentlich das Stadium erreicht, wo wir es uns sehr komfortabel eingerichtet haben. Wir haben nicht aufgehört, zu wachsen und uns weiterzuentwickeln, doch fühlen wir uns in dem jetzigen Zustand sehr wohl.« Im Grunde hinterfragten sie meine Darstellung der Ehe als permanenter Reise. Sie sagten zu mir, vielleicht ist es eine endlose Reise, doch es wird immer weniger anstrengend, je mehr die Zeit fortschreitet.

Beide hier vorgestellten Ehen demonstrieren sehr gut, was ich unter einer »bewußten Ehe« verstehe. Anne und Greg und Kenneth und Grace betonen, daß es sich um einen Gemütszustand handelt, der auf einem Akzeptanzgefühl beruht, dem Entschluß, sich weiterzuentwickeln, dem Mut, die eigene Angst auszuhalten und sich ihr zu stellen, und der bewußten Entscheidung zum liebevollen Umgang miteinander. Zwar gründet sich diese Ehe auf eine ganz andere Basis als die anfängliche, romantische Liebesbeziehung, doch die Gefühle dabei sind genauso angenehm und intensiv.

Betrachten wir Ehen genauer, wird deutlich, daß das einfache Wort »Liebe« die Spannbreite der verschiedenen Gefühle nicht abdecken kann, die zwei Individuen füreinander empfinden. In den ersten beiden Phasen der Beziehung, der Verliebtheit und dem anschließenden Machtkampf, ist Liebe eher ein reaktives Geschehen: Die unbewußte Antwort auf die Erwartung, alle Bedürfnisse erfüllt zu bekommen. Liebe wird am besten als Eros beschrieben, Lebensenergie, die sich mit einem lohnenswerten Objekt verbindet. Entschließen sich ein Mann und eine Frau, ihre Beziehung auf eine reifere Basis zu stellen, erreichen sie die Stufe der Veränderung, wo Liebe um Bewußtsein und Entscheidungsfähigkeit ergänzt wird. Diese Liebe läßt sich am besten als Agape bezeichnen, die Lebensenergie, die auf den Partner gerichtet ist, um ihn heilen zu können. Im letzten Stadium der Ehe, der realistischen Liebe, nimmt die Liebe die Form einer »Spontanen Oszillation« an, ein Begriff aus der Quantenphysik, der die Art beschreibt, wie sich Energie zwischen zwei Partikeln hin und her bewegt. Haben die Partner gelernt, sich ohne Wahrnehmungsverzerrungen zu sehen, schätzen sie den anderen ebenso wie sich selbst, ohne sofort eine Gegenleistung zu erwarten. Sie fühlen sich für das Wohlergehen des anderen zuständig, und ihr Leben kann die Liebe ohne besondere Anstrengung integrieren. Diese reife Form der Liebe wird weder durch »Eros« noch durch »Agape« am besten beschrieben, sondern durch ein anderes griechisches Wort, »Philia«, als »Liebe zwischen Freunden«. Der Partner wird nicht länger als Ersatzelternteil verstanden, sondern als leidenschaftlicher Freund wahrgenommen.

Diese selbstlose Liebe bringt neue Vitalität hervor. Die Kleinigkeiten fressen die Lebensenergie nicht mehr auf, und die künstliche Struktur der Übungen wird verzichtbar. Spontan behandeln sich die Ehepaare voll Liebe und Respekt. Unnatürlich erscheint ihnen nicht so sehr die neue Art, wie sie miteinander umgehen, sondern die selbstzentrierte, verletzende Haltung von früher. Liebe wird zu etwas Selbstverständlichem, so wie zu Beginn ihrer Ehe, doch jetzt gründet sie sich auf die Realität des Partners, nicht auf eine Illusion.

Ein Charakteristikum für Paare, die diese Stufe erreicht haben, ist, daß sie sich mehr um die Belange der sie umgebenden Welt kümmern können, da sie nicht mehr so viel Energie für sich selbst brauchen. Sie interessieren sich mehr für ihre Umwelt, für Menschen, die in Not geraten sind, für wichtige Fragen. Die Fähigkeit zu heilen und zu lieben steht nun auch anderen zur Verfügung, während sie doch nur in der Ehe geschaffen werden konnte. Ich kenne keine bessere Beschreibung dieser seltenen Liebe als im Korinther 13/1:

Wer liebt, ist geduldig und gütig.
Wer liebt, der ereifert sich nicht,
er prahlt nicht und spielt sich nicht auf.
Wer liebt, der verhält sich nicht taktlos,
er sucht nicht den eigenen Vorteil
und läßt sich nicht zum Zorn erregen.
Wer liebt, trägt keinem etwas nach;
es freut ihn nicht, wenn einer Fehler macht,
sondern wenn er das Rechte tut.
Wer liebt, der gibt niemals jemand auf,
in allem vertraut er und hofft für ihn;
alles trägt er mit großer Geduld.
Niemals wird die Liebe vergehen.

Teil III

Übungen

Kapitel 13

Zehn-Stufen-Programm für eine bewußte Ehe

In diesem Teil des Buches wird ein Zehn-Stufen-Programm vorgestellt, das Ihnen helfen wird, eine bewußte Ehe zu erreichen. Es umfaßt 16 einzelne Übungen, mit deren Hilfe die vorher abstrakt gewonnenen Einsichten in effektive Fähigkeiten umgesetzt werden können. Bevor ich diese Übungen vorstelle, hier noch einige allgemeine Hinweise.

Jede dieser Übungen wurde vorher sorgfältig getestet. Mit nur wenigen Abweichungen entsprechen diese Übungen genau denen, die ich seit zehn Jahren erfolgreich in der Arbeit mit Paaren einsetze. Ich habe nur auf die Übungen verzichtet, die unter therapeutischer Kontrolle durchgeführt werden sollten, und einige andere speziell für das Medium Buch aufgearbeitet. Würden Sie einen meiner Workshops besuchen oder einen in der Imago-Therapie geschulten Therapeuten konsultieren, würden Sie exakt mit diesen Übungen arbeiten. Das hier vorgestellte Trainingsprogramm hat sich als besonders effektiv erwiesen. Eine unabhängige Studie konnte zeigen, daß die Paare, die auch nur eines meiner Wochenendseminare besuchten, ihre Beziehung im gleichen Maße verbessern konnten wie die, die drei oder noch mehr Monate lang an einer Paartherapie teilnahmen.

Die hier vorgestellten Übungen bauen aufeinander auf, d. h. zuerst beginnen Sie mit den einfacheren, um dann die schwierigeren durchzuführen. Sie selbst können entscheiden, wie schnell Sie dieses Programm absolvieren wollen, und dabei Ihren eigenen Rhythmus entwickeln. Bedenken Sie bitte, daß gerade die Übungen, die Ihnen besonders schwierig zu sein scheinen, wahrscheinlich das größte Entwicklungspotential in Ihnen ansprechen.

Allerdings wird ein gewisses Engagement vorausgesetzt. Es wäre günstig, könnten Sie sich an dem dafür vorgesehenen Tag eine oder zwei Stunden vollkommen ungestört damit beschäftigen, und das mehrere Monate lang. Vielleicht müssen Sie sogar eine Kinderbetreuung organisieren oder andere Aktivitäten aufgeben, wie Sie es auch für die wöchentlichen Termine bei einem Therapeuten müßten. Durch diese Selbstverpflichtung werden Sie sich selbst beweisen, wie wichtig Ihnen eine gute Ehe ist, und damit Ihre Zielsetzungen effektiv realisieren können.

Vielleicht sind Sie selbst entschlossen, dieses Training zu absolvieren, Ihr Partner jedoch nicht. In den meisten Ehen ist der eine Partner sehr viel motivierter als der andere. Dennoch sollten Sie nicht zögern, sondern mit dem Programm beginnen, da einige der hier vorgestellten Übungen auch sehr gut alleine durchgeführt werden können. Eine Beziehung gleicht einem mit Luft gefüllten Ballon - es ist unmöglich, einen Teil zu verformen, ohne daß der ganze Ballon seine Gestalt verändert. Gelingt es Ihnen, aufmerksamer zuzuhören oder Ihre Gefühle mit mehr Wärme zu artikulieren, werden wichtige Impulse für Ihre Beziehung gegeben. Möglicherweise nimmt der Widerstand Ihres Partners sogar ab, und Sie können den weiteren Prozeß gemeinsam gestalten.

Im Verlauf dieses Prozesses werden auch Sie für sich feststellen, daß der Weg zu einer bewußten Ehe nie ganz gradlinig verläuft. Es wird Augenblicke großer Freude und Intimität geben, aber auch viele Umwege, lange Phasen der Stagnation und unerwartete Rückschläge. Gerade dann werden Sie vielleicht versucht sein, sich Vorwürfe zu machen oder hart mit sich selbst ins Gericht zu gehen. Sehr oft berichten mir meine Klienten: »Dr. Hendrix, wir haben uns wieder in der und der Art verhalten! Wir sind wieder in das gleiche Muster zurückgefallen. Dabei waren wir uns so sicher, diese Phase unseres Lebens abgeschlossen zu haben. Was stimmt nicht mit uns?« Ich versuche sie immer zu beruhigen, daß es einfach keine Patentlösungen gibt, vor allem nicht im Bereich der Liebe und der Ehe. Beziehungen entwickeln sich eher spiralförmig mit vielen Rückkoppelungsschleifen. Phasen der Ruhe werden wieder von Turbulenzen unterbrochen. Selbst wenn Sie das Gefühl haben sollten, diese Auseinandersetzungen schon mehrfach erlebt zu haben, sind möglicherweise doch schon kleine Veränderungen eingetreten. Ohne daß es Ihnen bewußt wurde, sind Sie in eine neue Phase des Prozesses eingetreten oder bearbeiten das Problem auf einem anderen Niveau. Vielleicht ist es Ihnen gelungen, sehr viel mehr unbewußte Elemente in Ihre Beziehung zu integrieren, oder es konnten neue Definitionen für die alten Probleme entwickelt werden. Vielleicht können Sie inzwischen auch auf bekannte Situationen anders reagieren, weil Sie in sehr viel besserem Kontakt mit Ihren eigenen Gefühlen stehen. Oder vielleicht reagieren Sie weniger emotional, da Sie einige dieser Gefühle bereits bearbeitet haben. Vielleicht sind diese Veränderungen minimal, dennoch wurde der Status quo bereits verlassen. Halten Sie an Ihrer Entscheidung fest, sich verändern und weiterentwickeln zu wollen, und setzen die hier beschriebenen Techniken ein, werden Sie Ihr Ziel - eine bewußte Ehe zu fuhren - mit Sicherheit erreichen können.

Übungstechniken

Wie schon im siebten Kapitel angesprochen, wird Ihnen Ihre Selbstverpflichtung helfen, eventuell auftretende Widerstände überwinden zu können. Nehmen Sie sich nun bitte ausreichend Zeit, Ihre Zielsetzungen zu überprüfen. Wie wichtig ist es Ihnen überhaupt, eine liebevolle, stützende Beziehung zu erarbeiten? Sind Sie wirklich fest entschlossen, sich dem sicher nicht immer einfachen Prozeß der Selbsterkenntnis und Selbstentwicklung zu stellen? Können Sie diese Frage mit »Ja« beantworten, nehmen Sie sich bitte ein Blatt Papier und schreiben eine entsprechen-

de Absichtserklärung auf. Vielleicht möchten Sie auch gerne die folgende Formulierung übernehmen: Da uns unsere Beziehung sehr wichtig ist, möchten wir uns selbst verpflichten, unsere gegenseitige Wahrnehmungsfähigkeit zu verbessern und neue Beziehungstechniken zu erlernen. Wir verpflichten uns, alle in diesem Buch enthaltenen Übungen sorgfältig und konsequent durchzuführen.
Weiterhin sind folgende Regeln besonders wichtig für eine erfolgreiche Arbeit:

1. Die Informationen, die während dieses Prozesses über Ihre Bedürfnisse ebenso wie über die Ihres Partners ermittelt werden, dienen in erster Linie dazu, sich gegenseitig besser zu verstehen. Sie sind jedoch nicht verpflichtet, sich gegenseitig alle Bedürfnisse zu erfüllen.

2. Sind Sie gegenseitig offener miteinander, werden Sie auch emotional verletzlicher. Aus diesem Grund ist ein liebevoller und unterstützender Umgang mit diesen Informationen besonders wichtig.

Vorschlag eines Zehn-Einheiten-Zeitplans

Erste Einheit: Übung 1

Zweite Einheit: Lesen der Beziehungs-Vision (Übung 1)
Neues Material: Übungen 2 - 6

Dritte Einheit: Lesen der Beziehungs-Vision
Neues Material: Übung 7

Vierte Einheit: Lesen der Beziehungs-Vision
Neues Material: Übung 8

Fünfte Einheit: Lesen der Beziehungs-Vision
Überprüfung zusätzlicher Fluchtwege
Neues Material: Übung 9

Sechste Einheit: Lesen der Beziehungs-Vision
Überprüfung zusätzlicher Fluchtwege
Fortsetzung der 2 - 3 liebevollen Gesten pro Tag
Neues Material: Übungen 10-11

Siebte Einheit: Lesen der Beziehungs-Vision
Überprüfung zusätzlicher Fluchtwege
Fortsetzung der 2 - 3 liebevollen Gesten pro Tag
Fortsetzung der Überraschungen und der hochstimulierenden Aktivitäten
Neues Material: Übung 12

Achte Einheit: Lesen der Beziehungs-Vision
Überprüfung zusätzlicher Fluchtwege
Fortsetzung der 2 - 3 liebevollen Gesten pro Tag
Fortsetzung der Überraschungen und der hochstimulierenden Aktivitäten
Fortsetzung von 3 - 4 Verhaltensänderungen pro Woche
Neues Material: Übung 13 (14 freiwillig)

Neunte Einheit: Lesen der Beziehungs-Vision
Überprüfung zusätzlicher Fluchtwege
Fortsetzung der liebevollen Gesten (2 - 3 pro Tag)
Fortsetzung der Überraschungen und der hochstimulierenden Aktivitäten
Fortsetzung von 3 - 4 Verhaltensänderungen pro Woche
Neues Material: Übung 15

Zehnte Einheit: Lesen der Beziehungs-Vision
Überprüfung zusätzlicher Fluchtwege
Fortsetzung der 2 - 3 liebevollen Gesten pro Tag
Fortführung der Überraschungen und der hochstimulierenden Aktivitäten
Fortsetzung von 3 - 4 Verhaltensänderungen pro Woche
Neues Material: Übung 16

Weitere Einheiten: Lesen der Beziehungs-Vision
Überprüfung zusätzlicher Fluchtwege
Fortsetzung der 2 - 3 liebevollen Gesten pro Tag
Fortführung der Überraschungen und der hochstimulierenden Aktivitäten
Fortsetzung von 3 - 4 Verhaltensänderungen pro Woche
Übung 16 - Lesen
Neues Material: Fügen Sie einfach zusätzlich liebevolle Gesten ein und nehmen weitere Verhaltensänderungen vor, je nach Intuition.

Bemerkung: Da Sie immer wieder auf Ihre Antworten zu den verschiedenen Übungen zurückgreifen müssen, sollten Sie alle in einen Ordner von ca. 30 - 40 Seiten Umfang einheften.

Hinweis: Die Arbeitsblätter zu allen Übungen finden Sie auch im DIN A4-Format als PDF-Download unter der Webadresse :

www.rgverlag.com/AHSL

Übung 1

Ihre Beziehungs-Vision

Dauer: ungefähr 60 Minuten
Ziel: Ermittlung des Beziehungspotentials
Bemerkung: Bitte führen Sie diese Übung gemeinsam durch.

Anweisung:

1. Nehmen Sie jeder ein Blatt Papier. Arbeiten Sie getrennt, und beschreiben Sie in kurzen Sätzen Ihre Vision einer tief befriedigenden Liebesbeziehung. Berücksichtigen Sie die Eigenschaften, über die Sie schon zu verfügen meinen, ebenso wie die, über die Sie gerne verfügen würden. Formulieren Sie diese Sätze immer in der Gegenwart, so, als wäre das Ziel schon verwirklicht. So könnten Sie schreiben: »Wir haben viel Spaß miteinander!« - »Wir haben eine sehr gute sexuelle Beziehung!« - »Wir sind liebevolle Eltern!« - »Wir gehen liebevoll miteinander um!« Machen Sie nur positive Aussagen. Schreiben Sie nicht: »Wir streiten uns nicht«, sondern besser: »Wir legen unsere Differenzen friedlich bei.«

2. Zeigen Sie sich gegenseitig Ihre Sätze. Unterstreichen Sie die Gemeinsamkeiten, selbst wenn die Formulierungen unterschiedlich sind. Entdecken Sie bei Ihrem Partner neue Möglichkeiten, an die Sie selbst nicht gedacht haben, die Ihnen jedoch auch wichtig sind, fügen Sie sie Ihrer Liste hinzu. Die Punkte, die unterschiedlich sind, bleiben vorerst unberücksichtigt.

3. Nehmen Sie jetzt Ihre erweiterte Aufzählung, und bringen Sie die Sätze (inklusive derjenigen, die nicht gemeinsam sind) in eine Hierarchie, wobei 1. die »wichtigsten«, bis hin zu 5. die »am wenigsten wichtigen« stehen.

4. Unterstreichen Sie die Punkte, die Ihnen am meisten bedeuten.
5. Kennzeichnen Sie die Punkte besonders, deren Verwirklichung Ihnen beiden besonders schwierig zu sein scheint.

6. Versuchen Sie nun, eine gemeinsame Beziehungs-Vision auszuarbeiten anhand des folgenden Beispiels. Beginnen Sie mit den Themen, die beide für wichtig halten, und gehen weiter zu den Themen, die zwar als wichtig eingestuft werden, deren Realisierung Ihnen jedoch schwierig erscheint. Ganz unten werden die Punkte angeführt, die relativ unwichtig sind. Bei strittigen Punkten versuchen Sie bitte einen Kompromiß zu finden. Können Sie sich nicht einigen, lassen Sie den entsprechenden Punkt weg.

Unsere Beziehungs-Vision

Bill		Jenny
1	Wir haben viel Spaß miteinander.	1
1	Wir einigen uns friedlich.	1
1	Wir haben eine befriedigende und schöne sexuelle Beziehung.	1
1	Wir sind gesund und körperlich aktiv.	1
1	Wir sprechen offen über alles.	1
1	Wir leben religiös.	1
1	Wir sind unsere besten Freunde.	1
1	Unsere Kinder sind selbstsicher und glücklich.	1
2	Wir vertrauen einander.	1
1	Wir sind uns sexuell treu.	1
2	Wir haben beide befriedigende Karrieren.	2
2	Als Eltern einigen wir uns gut.	1
2	Wir treffen wichtige Entscheidungen gemeinsam.	2
2	Wir erfüllen uns gegenseitig unsere tiefsten Bedürfnisse.	2
3	Wir nehmen uns täglich Zeit füreinander.	4
3	Wir fühlen uns zusammen sicher.	2
3	Wir leben finanziell abgesichert.	4
4	Wir haben eine enge Beziehung zu unseren Eltern.	5
5	Wir haben ähnliche politische Auffassungen.	3

Hängen Sie diese Liste bitte so auf, daß Sie sie täglich sehen können. Einmal in der Woche, zu Beginn Ihrer Ubungsstunde, lesen Sie sie bitte laut vor.

Übung 2

Kindheitswunden (Phantasieübung)

(siehe Kapitel 2)

Dauer: ungefähr 30 Minuten

Ziel: Nachdem Sie sich jetzt Ihre Vision für die Zukunft erarbeitet haben, gehen Sie in die Vergangenheit zurück. Sie vergewissern sich noch einmal der Persönlichkeitsmerkmale Ihrer frühen Bezugspersonen, um Ihre Imago konstruieren zu können.

Bemerkung: Sie können diese Übung zusammen, aber auch alleine durchführen. Wichtig ist, daß Sie für die Dauer von 30 Minuten vollkommen ungestört sind. Lesen Sie bitte die Anweisung genau durch, bevor Sie mit der Übung beginnen.

Anweisung:

Entspannen Sie sich, eventuell auch durch körperliche Dehn- und Streckübungen. Setzen Sie sich bitte in einen bequemen Sessel. Atmen Sie mehrmals tief ein, und spüren Sie, wie Sie sich bei jedem Atemzug mehr entspannen. Fühlen Sie sich wohl und gelöst, schließen Sie Ihre Augen und visualisieren Ihr erstes Zuhause. Sehen Sie sich selbst als kleinen Jungen oder als kleines Mädchen.
Gehen Sie in Ihrer Vorstellung durch dieses Haus und treffen dort auf Menschen, die Sie in Ihrer Kindheit am stärksten beeinflußt haben. Wenn Sie diesen Menschen jetzt begegnen, werden Sie sie sehr viel deutlicher als früher wahrnehmen können. Betrachten Sie sie genau. Nehmen Sie ihre positiven wie auch die negativen Charaktereigenschaften wahr. Sagen Sie diesen Menschen, was Sie an ihnen nicht mochten. Teilen Sie diesen Menschen mit, was Sie sich immer von ihnen gewünscht haben, doch nie erhielten. Zögern Sie nicht, auch Ihre ärgerlichen Gefühle zu zeigen ebenso wie Ihre Trauer. In Ihrer Vorstellung werden diese Menschen dankbar sein, endlich die Wahrheit über sich zu erfahren.

Haben Sie diese Informationen erhalten, öffnen Sie die Augen, und schreiben Sie die Einzelheiten auf - nach dem Muster der Übung 3.

Übung 3

Imago-Ausarbeitung

(siehe Kapitel 3)

Dauer:	ungefähr 30 - 45 Minuten
Ziel:	Strukturierung Ihrer in Übung 2 erhaltenen Informationen
Bemerkung:	Diese Übung können Sie auch alleine durchführen.

Anweisung:

1. Nehmen Sie ein Blatt Papier und zeichnen Sie in die oberen 2/3 einen Kreis. Teilen Sie diesen Kreis in der Mitte durch eine horizontale Linie. Schreiben Sie in die obere Hälfte ein großes »B«, in die untere ein großes »A« (siehe Illustration).

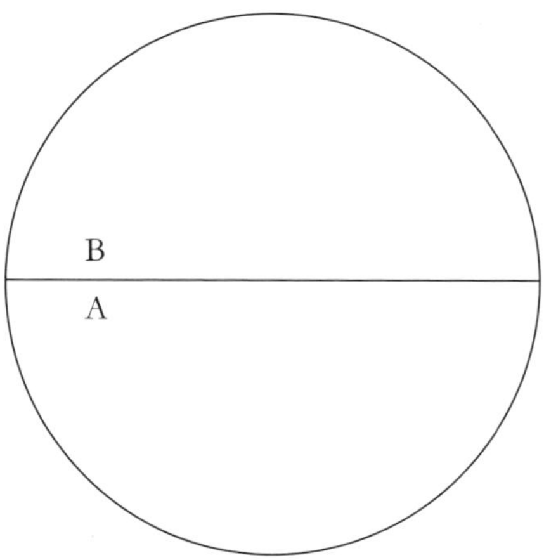

2. In die obere Hälfte, neben das »B«, schreiben Sie alle positiven Charaktereigenschaften Ihrer Mutter, Ihres Vaters und der Personen, die Sie beeinflußt haben, als Sie jung waren.

3. Fassen Sie diese Merkmale zusammen, ohne sie bestimmten Personen zuzuordnen. Die Reihenfolge ergibt sich aus Ihren Kindheitserinnerungen. Beschreiben Sie nicht die Eigenschaften, die diese Menschen heute haben. Benutzen Sie einfache Adjektive, wie »lieb«, »warmherzig«, »freundlich«, »intelligent«, »religiös«, »geduldig«, »kreativ«, »immer verfügbar«, »enthusiastisch«, »zuverlässig« usw.

4. In die untere Hälfte, neben das »A«, schreiben Sie nach dem gleichen Muster die negativen Eigenschaften auf. Diese Liste positiver und negativer Charaktereigenschaften macht Ihre Imago aus!
   Umkreisen Sie die positiven und negativen Eigenschaften, die Ihnen am wichtigsten sind.

5. Unter den Kreis schreiben Sie ein »C« und vervollständigen Sie den Satz: »Was ich mir als Kind am meisten gewünscht habe und nie bekam ...«

6. Schreiben Sie jetzt noch ein großes »D« und vervollständigen Sie den Satz: »Als Kind hatte ich immer negative Gefühle, wenn ...«

(Die Bedeutung der Buchstaben wird in späteren Übungen erläutert - jetzt ignorieren Sie sie bitte einfach!)

Übung 4

Kindheitsfrustrationen

(siehe Kapitel 2)

Dauer: ungefähr 30 - 45 Minuten

Ziel: Bei dieser Übung werden Sie Ihre grundlegenden Frustrationen kennenlernen zusammen mit den Verhaltensweisen, die Sie als Reaktion ausgebildet haben.

Bemerkung: Diese Übung können Sie auch alleine durchführen.

Anweisung:

1. Nehmen Sie ein neues Blatt Papier und listen Sie nach dem unten ausgeführten Muster sich wiederholende Frustrationen ihrer Kindheit auf.

2. Schreiben Sie nun Ihre typischen Reaktionen auf. (Vielleicht gab es unterschiedliche Verhaltensweisen; versuchen Sie möglichst alle aufzuzählen.) Schreiben Sie bitte »E« über Ihre Reaktionen.

Beispiel: Matts Zusammenstellung

	E
Frustrationen	*Reaktionen*
Mein älterer Bruder ignorierte mich.	Versuchte, ihn zu ärgern. Versuchte, seine Aufmerksamkeit auf mich zu lenken.
Vater war oft nicht da.	Reagierte manchmal wütend. Meistens versuchte ich jedoch, ihm zu gefallen.
Fühlte mich älterem Bruder unterlegen.	Fügte mich in Minderwertigkeit, vermied direkte Konkurrenz.
Vater trank zuviel.	Versuchte, es zu ignorieren. Manchmal bekam ich Magenschmerzen
Mutter war überfürsorglich.	Ich war verschlossen. Manchmal war ich trotzig.

Übung 5

Partner-Profil

(siehe Kapitel 3)

Dauer: ungefähr 30 - 45 Minuten

Ziel: Das Partnerprofil wird Ihnen dabei helfen, die Eigenschaften Ihres Partners, die Sie mögen und die Sie ablehnen, genauer zu definieren und das Ergebnis mit Ihrer Imago zu vergleichen.

Bemerkung: Führen Sie diese Übung bitte alleine durch. Teilen Sie die Ergebnisse noch nicht mit! Mit Hilfe der Stretching-Übung von Seite 236 werden Sie diese Informationen angemessen verwerten können.

Anweisung:

1. Nehmen Sie bitte ein Blatt Papier und zeichnen einen großen Kreis hinein, das untere Drittel des Blattes bleibt wieder frei. Wie in Übung 3 teilen Sie den Kreis in zwei gleiche Hälften. In die obere schreiben Sie »F«, in die untere »G«, siehe Zeichnung Seite 219.

2. In die obere Hälfte, neben das linksstehende »F«, schreiben Sie die positiven Charaktereigenschaften Ihres Partners. Berücksichtigen Sie bitte auch die Eigenschaften, die Sie zu Beginn Ihrer Beziehung besonders attraktiv fanden.

3. Schreiben Sie die negativen Charaktereigenschaften neben das linksstehende »G« in die untere Hälfte des Kreises.

4. Umranden Sie die positiven und negativen Eigenschaften, die Sie am stärksten berühren.

5. Vergleichen Sie jetzt Ihre Imago-Merkmale in Übung 2 mit diesem Partnerprofil. Unterstreichen Sie die Ähnlichkeiten.
6. Schreiben Sie in den Freiraum unterhalb des Kreises ein »H«, und vervollständigen Sie den Satz: »Was mir an meinem Partner am besten gefällt, ist ...«

7. Schreiben Sie darunter den Buchstaben »I«, und vervollständigen Sie den Satz: »Was ich mir von meinem Partner wünsche und nicht bekomme, ist ...«

Übung 6

Unerledigtes

(siehe Kapitel 2)

Dauer: ungefähr 15 - 20 Minuten

Ziel: Hiermit werden die Ergebnisse der Übungen 2 - 5 zusammengefaßt und die geheime Handlungssteuerung sichtbar, die Sie mit in Ihre Beziehung brachten.

Bemerkung: Führen Sie diese Übung bitte getrennt durch.

Anweisung:

Schreiben Sie die nachfolgenden Sätze ab, und vervollständigen Sie sie laut Anweisung in den Klammern.

Ich habe ein Leben lang einen Menschen mit diesen Charaktereigenschaften gesucht. (Die Eigenschaften einfügen, die Sie in der Übung 3 unter »A« und »B« unterstrichen haben):

Bin ich mit so einem Menschen zusammen, stören mich diese Eigenschaften ... (Fügen Sie hier bitte die Eigenschaften ein, die Sie in Übung 3, Schritt 3, unter »A« unterstrichen haben.):

Ich wünschte mir, dieser Mensch würde mir geben ... (»C« der Übung 3, Schritt 5):

Werden meine Bedürfnisse nicht erfüllt, habe ich diese Gefühle ... (»D« der Übung 3, Schritt 6):

Sehr oft reagiere ich folgendermaßen ... (»E« der Übung 4):

Übung 6 bildet den Abschluß des ersten Trainingsabschnitts. Sie haben jetzt eine Beziehungs-Vision in der Hand; eine Beschreibung Ihrer Imago; eine Auflistung Ihrer früheren Frustrationen und der entsprechenden Reaktionen; eine Aufzählung der Eigenschaften, die Ihnen an Ihrem Partner mißfallen und derjenigen, die Ihnen gefallen, sowie eine Beschreibung Ihrer geheimen Handlungssteuerung, die Sie mit in diese Beziehung brachten.

Übung 7
Der Partnerdialog
(siehe Kapitel 9)

Dauer: ungefähr 45 - 60 Minuten

Ziel: Diese Übung wird Ihnen dabei helfen, Ihrem Partner sehr genau zuzuhören, seine Aussage »wertzuschätzen« und sich um Empathie für seinen Standpunkt zu bemühen.

Bemerkung: Diese Übung immer wieder durchführen. Dieser Partnerdialog ist ein sehr wirkungsvolles Instrument für eine verbesserte Kommunikation, gegenseitiges »Heilen« sowie eine ganz tiefe Verbindung. Es ist der entscheidende Schritt im therapeutischen Imago-Beziehungs-Prozeß. Immer, wenn Sie bei den anderen Übungen Ihrem Partner etwas mitteilen sollen, verwenden Sie bitte diese drei Schritte der Kommunikation.

Anweisung:

Schritt 1 - Spiegeln

1. Legen Sie fest, wer Sender, wer Empfänger sein will. Derjenige, der der Sender ist, beginnt den Dialog mit: »Ich würde gerne den Partnerdialog durchführen. Paßt es dir jetzt?« Wenn Sie diesen Dialog auch in Ihren Alltag integrieren wollen, nicht nur als Übung, ist es wichtig, daß der andere schnell reagiert. Wenn es nicht gleich geht, dann legen Sie bitte den nächstmöglichen Zeitpunkt verbindlich fest. Als Zeichen für den Beginn sollte ein Satz wie: »Jetzt bin ich dazu bereit!« vereinbart werden.

2. Jetzt spricht der Sender einige Minuten lang und sagt alles, was er den anderen wissen lassen möchte. Jede Äußerung sollte mit »Ich« beginnen und genau beschreiben, was der Sender denkt oder fühlt. Zur Übung sollte der Sachverhalt einfach und neutral sein. Ein Beispiel: »Heute früh bin ich mit Halsschmerzen aufgewacht und fühlte mich nicht gesund genug fürs Büro. Ich bleibe vielleicht heute besser hier.« Dann spiegelt der Empfänger dies mit folgenden, verbindlichen Satzteilen: »**Wenn ich dich richtig verstanden habe**, bist du heute mit Halsschmerzen aufgewacht, und da du dich nicht wohl fühlst, denkst du daran, heute hier zu bleiben. **Habe ich dich richtig verstanden?**« Signalisiert der Sender, daß er richtig verstanden worden ist, sagt der Empfänger: »**Willst du mir noch etwas dazu sagen?**« Will der Sender noch etwas sagen, wird es hinzugefügt. Das wird wiederum vom Empfänger gespiegelt und gefragt: »Gibt es noch etwas dazu zu sagen?« Solange, bis der Sender alles vorgebracht hat. (Die Frage, ob es noch etwas zu sagen gibt, ist entscheidend. Dem Sender wird es so leichter fallen, alle

seine Gedanken und Gefühle in Worte zu fassen und gleichzeitig wird so verhindert, daß der Empfänger vorzeitig auf eine unvollständige Aussage reagiert. Durch die Begrenzung - noch etwas dazu - wird dem Sender erleichtert beim jetzt anstehenden Thema zu bleiben.)

3. Hat der Sender seine Botschaft formuliert, faßt der Empfänger mit folgender, verbindlicher Formulierung dessen Aussagen zusammen: »**Laß mal sehen, ob ich alles verstanden habe ...**« Hat der Empfänger die Zusammenfassung abgeschlossen, sollte noch einmal nachgefragt werden: »**Habe ich alles verstanden?**« (Diese Zusammenfassung ist besonders wichtig, weil der Empfänger so erst verstehen wird, was den Sender eigentlich bewegt, dessen Sicht der Dinge. Dies erleichtert den nächsten Schritt, die Wertschätzung.) Hat der Sender signalisiert, daß alles richtig verstanden worden ist, geht es weiter mit dem nächsten Schritt - der Wertschätzung.

Schritt 2 - Wertschätzung

4. Jetzt wird die Aussage des Senders »wertgeschätzt«, und zwar mit folgender Formulierung: »**Das kann ich nachvollziehen, weil ...**« oder »**Das leuchtet mir ein, weil ich weiß, daß ...**« oder »**Ich weiß, was du sagen willst ...**« (Beispiel) »...wenn du Halsschmerzen hast, willst du lieber nicht ins Büro.« (Diese Antwort zeigt, daß der Empfänger die innere Logik der Aussage des Senders nachvollziehen kann. Es ist die persönliche »Wahrheit« des Senders. Der Empfänger muß sie nicht zu seiner Wahrheit machen, doch es ist entscheidend, daß der Empfänger diese persönliche Sichtweise des anderen nachvollzieht. Da jeder somit »Sinn macht«, legt die Verwendung des Begriffs »das macht Sinn« nahe, der Empfänger kann die Aussage nachvollziehen und der Sender ist nicht verrückt.) Der Empfänger sollte sich immer wieder vergewissern, daß sich der Sender respektiert fühlt. Damit wird der nächste Schritt erreicht: die Empathie.

Schritt 3 - Empathie

5. Empathie läßt sich mit folgender Formulierung ausdrücken: »**Ich kann mir vorstellen,** wie (Beispiel) ... frustriert du bist, weil du einen Arbeitstag versäumst.« Hat der Sender etwas aus der Vergangenheit erzählt: »**Ich kann mir vorstellen, wie du dich damals gefühlt hast...**« Dieser Satzanfang ist besonders gut geeignet, hat der Sender seine Gefühle nicht offen gelegt. Hat er dies dagegen, kann der Empfänger sagen: »**Ich kann nachvollziehen, warum du dich ...**« (Gefühle lassen sich am besten beschreiben mit Worten wie ärgerlich, traurig, glücklich usw. Wenn mehr als ein Wort benützt wird, wird vermutlich eher ein Gedanke beschrieben.) Da man nie genau weiß, was ein anderer Mensch fühlt, ist es wichtig, noch einmal genau diese Gefühle zu überprüfen. »**Bist du wirklich ...**«(traurig, ärgerlich usw.). »**Habe ich dein Gefühl wirklich genau be-**

schrieben?« Hat der Empfänger die Gefühle nicht genau erfaßt, dann sollte der Sender sie noch einmal genauer beschreiben. Auch dann, wenn der Sender noch auf Gefühle hinweist, die der Empfänger nicht erfaßt hat, sollte der Empfänger auf jeden Fall diese Aussage wieder »spiegeln«. »**Gibt es zu diesem Gefühl noch etwas hinzuzufügen?**«

6. Hat der Empfänger alle drei Teile durchgearbeitet - Spiegeln, Wertschätzen, Empathie - sagt er: »**Jetzt möchte ich darauf eingehen.**« Dann wird der Empfänger der Sender. Der Sender (vorher Empfänger) kann sich nun auf die einzelnen Aussagen beziehen oder seine eigenen Gefühle äußern oder seine Erfahrungen einbringen.

7. Diese Übung wirkt leicht künstlich und wie eine sehr schleppende Art der Unterhaltung, ist jedoch ein sicherer Weg erfolgreich zu kommunizieren. Wie bei jeder neuen Fertigkeit fühlt man sich zu Beginn eher unbeholfen, doch mit der Zeit und mehr Übung wird die Geschicklichkeit zunehmen. Ist die Struktur erst einmal geläufig, werden Sie entdecken, daß Sie nicht immer so sprechen müssen. Der verbesserte dialogische Charakter Ihrer Gespräche wird Sie weiter motivieren. Das genaue Festhalten an allen drei Schritten ist in erster Linie wichtig bei sehr emotionalen Themen oder wenn die Kommunikation gestört ist. Mit der Zeit werden Sie erleben, wie viel entspannter und sicherer und verbundener sich beide fühlen werden.

8. Verwenden Sie diese Drei-Schritte-Übung schon in der nächsten Übung - der Phantasiereise. Wenn Sie an der Reihe sind zuzuhören, seien Sie Ihrem Partner gegenüber sehr aufmerksam. Spiegeln Sie ihn genau, bis Sie alles verstanden haben. Dann teilen Sie ihm mit, daß Sie seinen Standpunkt nachvollziehen können und seien Sie ihm oder ihr gegenüber empathisch. Sie können auch noch weitere Fragen stellen, oder Ihren Ärger äußern, sogar Kritik. Doch während Sie zuhören, versuchen Sie sich die Kindheitswunden Ihres Partners vorzustellen.

Übung 8

Die Entscheidung: Keine Fluchtwege mehr

(siehe Kapitel 7)

Dauer: ungefähr 60 - 90 Minuten

Ziel: Diese Übung dient einem doppelten Zweck:

1. Sie stellt sicher, daß Ihre Ehe für die Dauer dieses Trainings programms nicht aufgelöst wird.
2. Sie erhöht Ihr Intimitätspotential.

Bemerkung: Bitte führen Sie diese Übung gemeinsam durch.

Anweisung:

1. Stellen Sie sich Ihre Beziehung als Rechteck mit perforierten Seitenlinien vor. Die kleinen Öffnungen sind Ihre verschiedenen »Fluchtwege«, alle diese kleinen Angewohnheiten, derer Sie sich bedienen, um sich in Ihrer Beziehung sicherer und zufriedener zu fühlen, die Ihrer Partnerschaft jedoch zunehmend die Energie entziehen. Jede der Ecken des Rechtecks repräsentiert einen katastrophalen Fluchtweg - Selbstmord, Scheidung, Mord und Geisteskrankheit. Überprüfen Sie sorgfältig Ihre Gefühle im Hinblick auf diese vier Möglichkeiten. Sollten Sie empfinden, daß einer dieser »Katastrophen-Fluchtwege« auch für Sie eine Gefahr darstellen könnte, schließen Sie ihn dringend für die Dauer dieses Trainingsprogramms.

2. Nehmen Sie jetzt jeder zwei Blatt Papier. Schreiben Sie auf das erste Ihre alltäglichen Fluchtwege. Darunter verstehe ich: zuviel essen, zu lange im Büro bleiben, sich zuviel mit den Kindern beschäftigen - alles, was Sie unternehmen, um Ihren Partner zu meiden.

3. Auf das zweite Blatt Papier schreiben Sie die von Ihnen wahrgenommenen Fluchtwege Ihres Partners.

4. Benutzen Sie bitte die Spiegeln-Technik, wie in Übung 7 beschrieben, um sich Ihre Ergebnisse mitzuteilen. Beide Partner können sich gegenseitig auf weitere Fluchtwege hinweisen.

Partner A: Ich glaube, einer der Gründe, warum du am Wochenende immer Arbeit mitbringst, ist, daß du vermeiden willst, mit mir zusammenzusein.
Partner B: Du glaubst, ich würde am Wochenende immer Arbeit mitbringen, um nicht mit dir zusammensein zu müssen. Habe ich dich richtig verstanden?
Partner A: Nicht ganz. Ich sagte, einer der Gründe, warum du am Wochenende immer zu Hause arbeitest, ist, daß du keine Lust hast, etwas mit mir zusammen zu machen. Ich weiß, daß du auch andere Gründe hast.
Partner B: Gut, du wolltest sagen, deiner Meinung nach ist einer der Gründe, warum ich am Wochenende meine Akten mit hierher bringe, daß ich nicht mit dir zusammensein möchte. Habe ich dich richtig verstanden?
Partner A: Ja, jetzt hast du mich richtig verstanden!

5. Ergänzen Sie Ihre eigene Aufzählung der Fluchtwege um die Anregungen Ihres Partners.

6. Markieren Sie auf Ihrer Liste die Fluchtwege, die Sie kurzfristig aufgeben könnten. Kennzeichnen Sie die mit »X«, deren Aufgabe Ihnen schwierig zu sein scheint.

7. Schreiben Sie folgende Vereinbarung auf ein Blatt Papier: »Mit Beginn der Woche (Datum einfügen) erkläre ich mich einverstanden, mehr Zeit und Energie in unsere Beziehung zu investieren. Besonders verpflichte ich mich, ...«

Beispiel: Bills Fluchtwege
- Abendliche Geschäftstelefonate
- Sportschau im Fernsehen am Wochenende
- Spätprogramm im Fernsehen
- Verabredungen ohne die Ehefrau
- Später aufstehen als die Ehefrau
- Nicht zuhören, wenn sie spricht
- Später als sie ins Bett gehen
- Zu spät zum Essen kommen

Bills Vereinbarung
Mit Beginn dieser Woche, 21. - 28. September, werde ich abends keine geschäftlichen Telefonate mehr führen. Ruft mich jemand an, bitte ich ihn, am nächsten Tag im Büro anzurufen. Ich werde vor 23.00 Uhr schlafen gehen und an den

Wochentagen um 6.30 Uhr aufstehen.

8. Zu Beginn Ihrer wöchentlichen Trainingsstunde sollten Sie sich jedes Mal etwas Zeit nehmen, um mit Ihrem Partner zu besprechen, wie Ihr gemeinsames Zeitbudget als Ehepaar aussieht und ob nicht noch der eine oder andere Fluchtweg geschlossen werden könnte. (Bei Meinungsverschiedenheiten greifen Sie bitte auf die Technik des Spiegelns zurück.) Sollten Sie zu der Entscheidung kommen, daß mehr gemeinsame Zeit förderlich für Ihre Ehe sei, fragen Sie sich selbst, ob Sie bereit sind, die eine oder andere Ihrer Aktivitäten aufzugeben. Schreiben Sie dann wieder eine entsprechende Erklärung, wie oben erläutert.

Übung 9

Wiederverlieben

(siehe Kapitel 8)

Dauer:	ungefähr 60 Minuten
Ziel:	Durch die gegenseitige Information, wie Sie sich Freude bereiten können, und durch die regelmäßigen, liebevollen Gesten werden Sie Ihre Beziehung in eine Sicherheitszone verwandeln können.
Bemerkung:	Die Phasen 1 - 3 können Sie auch für sich üben. Die restliche Übung sollten Sie jedoch zusammen durchführen.

Anweisung:

1. Der erste Schritt dieser Übung besteht in der Auflistung der gegenwärtigen liebevollen Gesten, die Ihr Partner Ihnen gewährt. Schreiben Sie den folgenden Satz auf ein Blatt Papier, und ergänzen Sie ihn möglichst vielfältig, indem Sie typische positive Gesten auflisten, die Ihr Partner mit einer gewissen Regelmäßigkeit zeigt:

   »Ich fühle mich geliebt und umsorgt, wenn du ...«

   Beispiele:
   - meine Kaffeetasse nachfüllst;
   - mir zuerst die erste Seite der Zeitung gibst;
   - mich küßt, bevor du das Haus verläßt;
   - mich tagsüber einfach einmal anrufst;
   - mir wichtige Dinge erzählst;
   - meinen Rücken massierst;
   - mir sagst, daß du mich liebst;
   - mich fragst, ob du etwas einkaufen kannst;
   - mir eine Überraschung mitbringst;
   - ganz eng bei mir sitzt, wenn wir fernsehen;
   - mir zuhörst, wenn ich traurig bin;
   - zuerst mit mir sprichst, bevor du Pläne machst;
   - mit mir betest;
   - besondere Sonntagessen zubereitest;
   - mich lieben willst;
   - mir sagst, wie gut ich aussehe.

2. Erinnern Sie sich bitte an die romantische Anfangsphase Ihrer Beziehung. Gibt es bestimmte liebevolle Gesten, die inzwischen einfach fortgefallen sind? Nehmen Sie ein neues Blatt, und vervollständigen Sie folgenden Satz:

   »Ich fühlte mich geliebt und umsorgt, wenn du ...«

Beispiele: - mir Liebesbriefe geschrieben hast;
- mir Blumen mitgebracht hast;
- meine Hand beim Spaziergang genommen hast;
- mir liebevolle Dinge ins Ohr geflüstert hast;
- mich angerufen hast, um mir zu sagen, wie sehr du mich liebst;
- lange aufbleiben wolltest, um miteinander zu reden und uns zu lieben;
- und wir uns mehr als einmal täglich liebten.

3. Denken Sie jetzt bitte an liebevolle Gesten, die Sie sich immer gewünscht haben, ohne je gewagt zu haben, danach zu fragen. Vielleicht sind sie in Ihrer Partner-Vision enthalten, oder Sie kennen sie aus früheren Erfahrungen. (Bitte keine aktuellen Konfliktpunkte auswählen!) Es können ganz private Phantasien sein. Versuchen Sie, Ihre Wünsche zu »quantifizieren«. Vervollständigen Sie den Satz:

»Ich hätte gerne, daß du ...«
Beispiele: - mir den Rücken dreißig Minuten lang massierst;
- zusammen mit mir duschst;
- mir überraschend Schmuck kaufst;
- im Sommer dreimal mit mir zelten gehst;
- nackt schläfst;
- einmal im Monat mit mir essen gehst;
- mir über Weihnachten ein Buch vorliest.

4. Kombinieren Sie jetzt diese drei Listen, und versehen Sie jeden einzelnen Punkt nach dem Grad seiner Wichtigkeit mit einer Zahl zwischen 1 und 5. (1 bedeutet »sehr wichtig«, bis hin zu 5 »nicht so wichtig«.)

5. Tauschen Sie Ihre Listen aus, und setzen Sie ein »X« neben die Wünsche, die Sie noch nicht erfüllen wollen oder können. Alle übrigen Punkte sollten konfliktfrei sein.

6. Vom nächsten Tag an zeigen Sie zumindest zwei dieser nicht-konflikthaften Gesten an jedem Tag der nächsten zwei Monate. Beginnen Sie mit denen, die Ihnen am leichtesten zu sein scheinen. Fügen Sie noch andere liebevolle Gesten hinzu, wenn Sie möchten. Bedanken Sie sich bei Ihrem Partner, wenn er etwas Liebevolles für Sie tut. Denken Sie daran (s. Kapitel 8), daß diese Gesten Geschenke sind, keine Verpflichtungen. Gleichgültig, wie Sie sich momentan Ihrem Partner gegenüber fühlen, halten Sie an dieser Übung fest, ohne Gegenrechnungen aufzumachen.

Sollten Sie oder Ihr Partner Widerstände entwickeln, halten Sie diese Übung bitte durch, bis der Widerstand überwunden worden ist (s. S. 120 - die Angst vor der Freude).

Übung 10

Die Überraschungs-Liste

(siehe Seite 118)

Dauer: ungefähr 15 - 20 Minuten

Ziel: Bei dieser Übung soll das liebevolle Verhalten aus Übung 9 noch verstärkt werden, damit Sie sich noch sicherer und besser umsorgt fühlen.

Bemerkung: Diese Übung darf nur alleine durchgeführt werden. Ihr Partner darf die Ergebnisse nicht kennenlernen.

Anweisung:

1. Stellen Sie bitte eine Liste zusammen, wie Sie Ihren Partner überraschen könnten. Bitte nicht raten. Setzen Sie aus der Erinnerung eine Liste der Dinge auf, die Ihrem Partner schon einmal große Freude bereitet haben. Achten Sie auch auf kleine Hinweise oder Bemerkungen, die Ihr Partner macht. Werden Sie zum Detektiv für seine/ihre verborgenen Wünsche. Zeigen Sie ihm Ihre Liste auf gar keinen Fall.

2. Wählen Sie für diese Woche eine Überraschung aus. Achten Sie darauf, daß Sie zumindest einmal pro Woche so eine Überraschung vorbereiten, jedoch ohne Regelmäßigkeit, damit Ihr Partner sich nicht darauf einstellen kann.

3. Notieren Sie sich das Datum jeder Überraschung.

4. Schreiben Sie, ebenfalls mit Datum, auf ein anderes Blatt die Überraschungen, die Ihnen Ihr Partner bereitet hat. Danken Sie ihm dafür.

Übung 11

Die Spaß-Liste

(siehe Seite 119)

Dauer:	ungefähr 20 - 30 Minuten
Ziel:	Diese Übung ist dazu geeignet, Ihre emotionale Bindung an Ihren Partner zu festigen und Ihr Gefühl für Sicherheit und Freude zu verstärken.
Bemerkung:	Diese Übung bitte gemeinsam durchführen.

Anweisung:

1. Stellen Sie zuerst getrennte Listen von Aktivitäten auf, die Ihnen viel Spaß machen und die Sie gerne einmal zusammen mit Ihrem Partner durchführen würden. Dabei sollte besonders viel Gelegenheit zu direktem körperlichen Kontakt gegeben sein. Beispiel: Tennis, Ringen, Tanzen, gemeinsames Duschen, Sex, Massage, Kitzeln, Seilspringen, Radfahren.

2. Zeigen Sie sich gegenseitig Ihre Listen, und stellen Sie gemeinsam eine kombinierte Aufzählung zusammen.

3. Wählen Sie jede Woche eine dieser Aktivitäten, und führen Sie sie aus.

4. Vielleicht empfinden Sie zuerst einen gewissen Widerstand gegen diese überschwenglichen, kindlichen Verhaltensweisen - besonders bei einer konflikthaften Beziehung. Doch es ist sehr wichtig, daß Sie diese Übung trotzdem zusammen durchführen. Überwinden Sie Ihren spontanen Widerstand, und experimentieren Sie mit diesem kurzen Ausflug in Ihre Kindheit.

Übung 12

Stretching

(siehe Kapitel 10)

Dauer: ungefähr 60 - 90 Minuten

Ziel: Diese Übung wird Ihnen ermöglichen, die tiefsten Bedürfnisse Ihres Partners wahrnehmen zu können und Ihr eigenes Verhalten so zu verändern, daß Sie angemessen darauf reagieren können. Überwinden Sie Ihren ursprünglichen Widerstand, wird Ihr Partner geheilt und Sie selbst zu einer liebevolleren, ganzheitlicheren Persönlichkeit werden können.

Bemerkung: Da diese Übung sehr wichtig ist, empfehle ich Ihnen, sie mit größter Priorität zu behandeln.

Anweisung:

1. Zuerst einmal sollten Sie die Wünsche ermitteln, die jeweils hinter Ihren Frustrationen verborgen sind. Schreiben Sie auf ein Blatt Papier die Verhaltensweisen, die Sie bei Ihrem Partner stören. Wann fühlen Sie sich durch sein Verhalten geärgert, gereizt, ängstlich, mißtrauisch, verbittert, verletzt oder wütend?

   Beispiel: Jennys Aufzählung
   Ich mag es nicht, wenn du ...
   - zu schnell fährst.
   - das Haus verläßt, ohne mir zu sagen, wohin du gehst.
   - mich vor den Kindern kritisierst.
   - meine Autorität bei den Kindern untergräbst.
   - während des Essens Zeitung liest.
   - mich vor deinen Freunden lächerlich machst.
   - dich abwendest, wenn ich traurig bin.
   - mich kritisierst, weil ich mich oft nicht entscheiden kann.
   - mich als schlechte Hausfrau hinstellst.
   - immer wieder darauf hinweist, daß du mehr Geld verdienst als ich.
   - nicht darauf achtest, was ich sage.

2. Nehmen Sie ein weiteres Blatt Papier, und schreiben Sie Punkt für Punkt jeweils den Wunsch auf, der sich hinter den eben aufgelisteten Frustrationen verbirgt. Lassen Sie immer einige Reihen zwischen den einzelnen Wünschen frei. Schreiben Sie jetzt nicht die Frustration, sondern nur den Wunsch auf. (Das ist besonders wichtig, da Sie dieses Blatt Ihrem Partner zeigen werden.)
   Beispiel: *Wunsch* (korrespondiert zur ersten Frustration der obigen Liste): Ich

möchte mich sicher und entspannt fühlen, wenn du Auto fährst.

3. Schreiben Sie hinter jeden Wunsch eine besondere Bitte, die diesen Wunsch befriedigen hilft. Es ist wichtig, daß diese Bitten positiv formuliert werden und ein bestimmtes Verhalten beschreiben.
   Beispiel: *Wunsch:* Ich möchte mich sicher und entspannt fühlen, wenn du Auto fährst.
   Bitte: Ich möchte, daß du dich an die Geschwindigkeitsbegrenzung hältst. Ist die Straße besonders schlecht, möchte ich, daß du langsam fährst.

   Wunsch: Ich möchte, daß du mich tröstest, wenn ich traurig bin.
   Bitte: Wenn ich sage, daß ich traurig bin, möchte ich, daß du die Arme um mich legst und dich mir zuwendest.

   Achten Sie bitte darauf, daß Ihre Bitten positiv und spezifisch formuliert werden. Hier ein schlecht formuliertes Beispiel:
   Vage Bitte: Ich möchte, daß du aufmerksamer bist.
   Umgeschrieben könnte es lauten:
   Spezifische Bitte: Ich möchte, daß du mich in den Arm nimmst, sobald du nach Hause kommst.

   Im nächsten Beispiel ist die Formulierung negativ, daher nicht geeignet:
   Negative Bitte: Ich möchte, daß du mich nicht mehr anschreist, wenn du dich ärgerst.
   Umgeschrieben könnte es heißen:
   Positive Bitte: Wenn du auf mich wütend bist, möchte ich, daß du in normalem Ton mit mir sprichst.

4. Zeigen Sie sich gegenseitig Ihre zweiten Aufzählungen (die mit den Wünschen und Bitten, *nicht* die mit den Frustrationen). Setzen Sie Ihre inzwischen erworbenen Kommunikationsfähigkeiten ein, um jeden dieser Wünsche und Bitten abzuklären, damit sie klar verstanden sind. Fragen Sie nach, bis Sie sicher sind, alles erfaßt zu haben. Schreiben Sie, falls erforderlich, die Bitte noch einmal um, damit Ihr Partner genau weiß, wie er sich verhalten soll.

5. Nehmen Sie jetzt Ihre eigene Aufzählung wieder an sich, und setzen Sie links neben Ihre einzelnen Bitten Zahlen zwischen 1 und 5 als Ausdruck der von Ihnen empfundenen Wichtigkeit dieser Bitten (von 1 »sehr wichtig« bis zu 5 »nicht so wichtig«).

6. Tauschen Sie die Listen wieder aus, und setzen Sie jetzt rechts neben die Bitten Ihres Partners wieder Zahlen zwischen 1 und 5, diesmal jedoch als Ausdruck der von Ihnen empfundenen Schwierigkeit, diese Bitten zu erfüllen (von 1 »sehr schwierig« bis 5 »nicht so schwierig«).

7. Behalten Sie die Liste Ihres Partners. Von heute ab können Sie Ihrem Partner 3 - 4 der leichteren Wünsche jede Woche erfüllen. Denken Sie bitte daran, daß es sich hier um Geschenke handelt. Gleichgültig, wie Sie sich jetzt Ihrem Partner gegenüber fühlen und wieviel er Ihnen zugesteht, halten Sie an Ihrem Plan von mindestens 3 - 4 Verhaltensänderungen pro Woche fest. (Sie können diese Liste im Laufe der Zeit auch noch ergänzen.)

Übung 13

Wut-Auffang-Übung

(siehe Kapitel 11)

Dauer:	ungefähr 30 Minuten
Ziel:	Diese Übung hilft Ihnen, Ihre Wut in einem sicheren und konstruktiven Milieu auszudrücken.
Bemerkung:	Vielleicht wird diese Form der Wutbearbeitung zu Ihrer Standard-Methode. Es ist sehr wichtig, daß beide Partner diese Technik beherrschen, auch wenn es dem einen sehr viel leichter fallen mag als dem anderen.

Anweisung:

1. Empfindet einer von Ihnen gerade ein starkes Wutgefühl, warnen Sie Ihren Partner vor: »Ich bin wütend. Willst du mir zuhören?« Sagen Sie es bitte jetzt gleich.

2. Derjenige, der die Wut »auffängt«, nimmt zwei bis drei tiefe Atemzüge, versucht sein Gegenüber als verletztes Kind wahrzunehmen und signalisiert seine Bereitschaft zum Zuhören. Ist der aufnehmende Partner gerade beschäftigt, bemüht er sich, so bald als möglich zur Verfügung zu stehen, möglichst innerhalb der nächsten fünf bis zehn Minuten.

3. Sind beide bereit, erläutert der expressive Partner kurz den Anlaß für seine Wut. Für den Wütenden gelten folgende Regeln: Sie dürfen Verhalten beschreiben, das Sie aufregt, aber Sie dürfen Ihren Partner weder beschimpfen noch seinen Charakter insgesamt kritisieren. (Beispiel: Sie können sagen: »Ich bin wütend, weil du den Scheck nicht zur Post gebracht hast!« Aber nicht: »Du bist immer so verantwortungslos!«) Sie dürfen Ihre Wut verbalisieren, aber nicht Ihren Partner tätlich angreifen oder Gegenstände zerstören.
   Üben Sie jetzt sofort, Ihren Ärger auszudrücken. Erfinden Sie einen Anlaß oder nehmen folgenden: »Ich war so wütend, als du mir gestern einfach ins Wort gefallen bist. Ich hatte das Gefühl, dich interessiert überhaupt nicht, was ich zu sagen habe!«

4. Ist die Wut erst einmal ausgedrückt, paraphrasiert der andere noch einmal diese Aussage, ohne selbst zu reagieren, wie in der Spiegeln-Übung: »Ich habe verstanden, daß du sehr wütend wurdest, weil ich dich gestern nicht habe ausreden lassen. Du fühltest dich von mir nicht wahrgenommen.« So wird das Recht, wütend zu sein, bestätigt, ohne daß der Aussage zugestimmt werden müßte.

5. Nach diesem Schritt kann der Wütende seine Frustration in eine konkrete Bitte umformulieren und sie ggfs. seiner Liste hinzufügen.

Übung 14

Wut-Auffang-Tage

(siehe Kapitel 11)

Dauer: ungefähr 15 Minuten für die Anweisungen

Ziel: Diese Übung dehnt den Heilungseffekt von Übung 13 auf einen längeren Zeitraum aus, so daß tieferliegende Gefühle an die Oberfläche dringen und beide Partner die Angst vor Wut abbauen können.

Bemerkung: Diese Übung ist freiwillig.

Anweisung:

1. Die Übung besteht nur aus der zeitlichen Verlängerung der Wut-Auffang-Übung. Am ersten Tag übernimmt der eine Partner die Rolle des Auffangenden, der andere den expressiven Part. Sind Sie der »Wütende«, können Sie Ihren Zorn, Ärger und Ihre Wut zu jeder Zeit äußern, ohne Sanktionen befürchten zu müssen. Ihr Partner hört Ihnen zu, darf jedoch weder aggressiv noch abwehrend reagieren.

2. Am nächsten Tag werden die Rollen getauscht. Dieser Wechsel ist besonders wichtig, da jeder Partner beide Seiten der Übung erleben sollte.

3. Die Regeln von Übung 13 gelten auch hier: keine Beleidigungen, kein Sach- oder Personenschaden.

4. Auch hier können die Frustrationen später in Verhaltensänderungen umgewandelt werden.

Übung 15

Selbst-Integration

(siehe Kapitel 2)

Dauer: ungefähr 15 - 30 Minuten

Ziel: Mit dieser Übung können Sie Teile Ihres Verleugneten Ichs, Ihres Falschen und Ihres Verlorenen Ichs reintegrieren und so Ihrer ursprünglichen Ganzheit bewußter werden.

Bemerkung: Haben Sie die vorstehenden Aufgaben im Laufe der vorangegangenen Wochen sorgfältig durchgeführt, werden Sie inzwischen ein sehr viel besseres Verständnis für Ihre Gesamtpersönlichkeit bekommen haben. Sie werden Ihr Falsches Ich zum Teil schon abgebaut haben, Ihr Verleugnetes Ich anerkannt und Ihr Verlorenes Ich wiedergefunden haben. Mit dieser Übung können Sie sich diese Veränderungen noch einmal besonders bewußt machen. Sie können diese Übung allein oder zusammen durchführen.

Anweisung:

1. Nehmen Sie ein Blatt Papier und teilen es durch eine vertikale Linie in zwei Hälften.

2. Ziehen Sie jetzt zwei horizontale Linien, so daß das Blatt dreigeteilt ist. Sie sollten jetzt sechs gleich große Kästchen erhalten haben, wie in der folgenden Abbildung zu sehen ist:

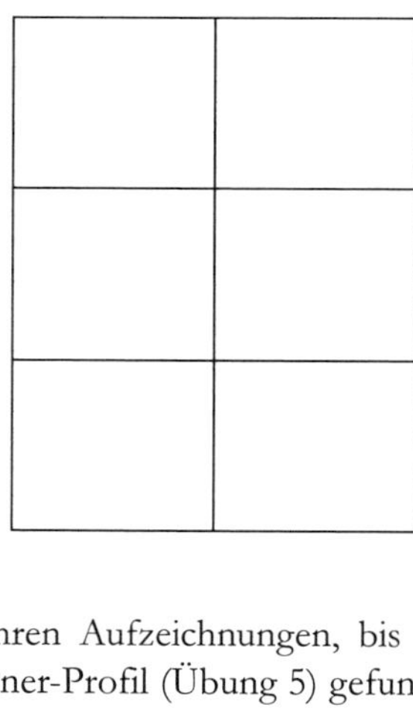

3. Blättern Sie bitte in Ihren Aufzeichnungen, bis Sie Ihre Imago-Ausarbeitung (Übung 3) und Ihr Partner-Profil (Übung 5) gefunden haben. In das erste Käst-

chen oben links auf Ihrem Blatt Papier notieren Sie die negativen Eigenschaften Ihrer Bezugspersonen und Ihres Partners. Überschreiben Sie sie mit »Mein Verleugnetes Ich«. Denken Sie einmal darüber nach, inwieweit diese Eigenschaften auch auf Sie zutreffen. Hat irgend jemand, insbesondere Ihr Partner, Sie schon einmal darauf hingewiesen? Nehmen Sie für einen Augenblick an, daß diese Kritik auf Sie zutrifft. Wie würden Sie sein oder wie würden Sie sich verhalten, hätten Sie diese Eigenschaften *nicht?* Schreiben Sie in das obere rechte Kästchen, was für ein Mensch Sie ohne diese Merkmale wären. Verwenden Sie kurze, positive Aussagen, und beginnen Sie mit dem Wort »Ich«. Beispiel: »Ich bin warmherzig«, »Ich bin fürsorglich«, »Ich bin verantwortungsbewußt«.

4. In das linke, mittlere Kästchen notieren Sie die positiven Eigenschaften Ihrer Bezugspersonen und Ihres Partners. Es könnte sein, daß es sich hierbei um Anteile Ihres Verlorenen Ichs handelt, die Eigenschaften, die Sie im Laufe Ihres Erwachsenwerdens aufgeben mußten. Überschreiben Sie bitte dieses Kästchen mit »Mein Verlorenes Ich«. Fragen Sie sich, ob Sie schon einmal, vielleicht von Ihrem Partner, aufgefordert wurden, diese Eigenschaften zu entwickeln. Wie würden Sie sich verhalten, könnten Sie ab sofort über diese Fähigkeiten verfügen? Schreiben Sie Ihre Antwort in das rechte, mittlere Kästchen des Blattes. Verwenden Sie wieder nur eindeutige, positive Aussagen im Präsens: »Ich bin künstlerisch«, »Ich bin spirituell«, »Ich bin gewissenhaft«, »Ich bin kreativ«.

5. Denken Sie an die Eigenschaften, die Sie entwickeln mußten, um sich der Liebe Ihrer Eltern zu vergewissern, und denken Sie einmal daran, was Sie heute für Anstrengungen unternehmen, damit andere Menschen Sie mögen. Schreiben Sie diese Eigenschaften in das linke, untere Kästchen. (Beispiele: »Ich versuche, perfekt zu sein«, »Ich bin super-verantwortlich«, »Ich versuche immer, anderen zu gefallen«, »Ich drücke meine Wut nicht aus«.)
   Überschreiben Sie dieses Kästchen mit »Mein Falsches Ich«. Überlegen Sie jetzt, was Sie für ein Mensch wären, würden Sie sich von diesen falschen Eigenschaften befreien können. Schreiben Sie diese Veränderungen in das untere, rechte Kästchen in Form von einfachen, positiven Feststellungen: »Ich bin selbstbewußt«, »Ich kann meinen Zorn ausdrücken«, »Ich kann mich entspannen und muß nicht immer perfekt sein«.

6. Über die rechten drei Kästchen schreiben Sie als gemeinsame Überschrift »Mein Wirkliches Ich«. Diese drei Kästchen auf der rechten Seite beschreiben Ihr wahres Potential. Lesen Sie diese Zusammenfassung einmal pro Woche aufmerksam durch. Notieren Sie beim Lesen, wo Ihre derzeitige Realität davon abweicht. Auf diese Weise visualisieren Sie, wie Sie eine Realitätsangleichung erreichen.

Übung 16

Visualisierung der Liebe

Dauer:	Dreimal täglich eine Minute.
Ziel:	Durch die positiv verstärkende Kraft der Visualisierung werden die Veränderungen in Ihrer Beziehung verstärkt.
Bemerkung:	Diese Übung sollte zu einer täglichen Meditation werden.

Anweisung:

1. Schließen Sie bitte (3 x täglich) Ihre Augen, atmen Sie mehrmals tief durch, und stellen Sie sich Ihren Partner vor. Graduell verfeinern Sie diese Bildeinstellung, bis Sie Ihren Partner als vollständiges, menschliches Wesen sehen können, das auf eine Ihnen bekannte Art und Weise verletzt worden ist. Halten Sie dieses Bild in Ihrer Vorstellung fest, und stellen Sie sich vor, wie Ihre Liebe seine Verletzungen heilt.

2. Nun stellen Sie sich vor, wie diese Liebe zu Ihnen zurückkommt und *Ihre eigenen* Verletzungen heilen hilft. Visualisieren Sie, wie diese Energie hin und her fließt, in einer kontinuierlichen Oszillation. Öffnen Sie nach einer Minute wieder die Augen, und gehen Sie Ihren anderen Beschäftigungen nach.

Professionelle Hilfe

Vielleicht ist bei dem einen oder anderen der Wunsch entstanden, durch die Zusammenarbeit mit einem ausgebildeten Ehetherapeuten mehr über die Beziehungsstruktur einer Ehe lernen zu wollen oder sogar zusätzliche Beziehungsfertigkeiten erwerben zu wollen. Glücklicherweise hat diese Form der Therapie heute ihr früheres Stigma verloren. Damals wandten sich nur die Menschen an einen Therapeuten, die einen erheblichen Leidensdruck empfanden oder aber besonders mutig waren. Heute entscheiden sich mehr und mehr Ehepaare, frühzeitig um Hilfe nachzusuchen, bevor irreparable Schäden in ihrer Beziehung eingetreten sind. Sie möchten in erster Linie ihre Lebensqualität steigern und haben verstanden, daß nichts wichtiger ist als ihre ursprüngliche Liebesbeziehung. Sie vertreten die gesunde Einstellung, daß die Entscheidung, einen Therapeuten aufzusuchen, sich kaum von der unterscheidet, sich für das Erlernen einer Fremdsprache einem qualifizierten Lehrer anzuvertrauen: Das Lernen fällt viel leichter, weist der Lehrer selbst einen hohen, professionellen Standard auf.

Einer der wesentlichen Vorteile, sollten Sie sich entscheiden, mit einem professionellen Therapeuten zusammenzuarbeiten, liegt darin, daß der gesamte Prozeß deutlich beschleunigt wird und das unbewußte Material sehr viel schneller integriert werden kann. Ein erfahrener Therapeut wird Ihnen dabei helfen können, auch Ihre blinden Stellen zu entdecken und unbewußtes Material zu sammeln, was sonst Monate oder Jahre in Anspruch nehmen würde. So werden Sie weniger Zeit damit verbringen, sich im Kreis zu bewegen.

Gleichzeitig versichern Sie sich durch professionelle Hilfe einer weiteren, stützenden Kraft, und Sie werden so Ihr Sicherheitsgefühl erhöhen können. Sollten Sie sich mit neuen Erkenntnissen konfrontiert sehen, wird der Therapeut Ihnen helfen können, diese Ängste zu verstehen. Durch Bestätigung und Interpretationen wird es Ihnen leichterfallen, weiter nach vorne zu gehen. In problematischen Situationen werden Sie nicht so schnell versucht sein, wieder den vermeintlich sicheren Boden Ihrer alten Erfahrungen aufzusuchen. Besonders für die Ehepaare, die sehr viel Problem- und Konfliktstoff angesammelt haben, dürfte hierin eine große Erleichterung liegen.

Schließlich stellt die professionelle, therapeutische Situation auch eine gut strukturierte Umgebung für Ihre ganz persönliche Weiterentwicklung dar. Fällt Ihnen die Disziplin oder die Motivation manchmal schwer, die wöchentliche Trainingsstunde einzuhalten, wird die Tatsache, daß Sie dem Therapeuten sehr viel Geld bezahlen, zusätzlich stimulierend auf Sie wirken.

Sollten Sie sich entschließen, mit einem Ehetherapeuten arbeiten zu wollen, möchte ich Ihnen hier noch einige allgemeine Empfehlungen geben. Ich denke, Sie sollten wirklich einen Therapeuten aufsuchen, der sich auf Eheprobleme spezialisiert hat und der nicht nur auf Einzeltherapien ausgerichtet ist, damit sichergestellt wird, daß die komplexere Struktur der Paarbeziehung angemessen bearbeitet werden kann. Weiterhin denke ich, Sie sollten darauf bestehen, daß der Therapeut mit Ihnen beiden gemeinsam arbeitet. Gehen Sie zu verschiedenen Therapeuten oder zum gleichen Therapeuten zu unterschiedlichen Zeiten, so könnten Sie sich unabsichtlich auf Themen konzentrieren, die Ihnen helfen, autonomer zu leben, aber nicht, harmonischer als Paar zusammenzuleben. Die Auseinandersetzung mit Themen, die nicht direkt mit Ihrer Ehe zusammenhängen, mag hilfreich sein, Ihre eigene Persönlichkeit weiterentwickeln zu können, doch es gibt bisher keinerlei Beweis, daß sich so die Situation in Ihrer Ehe verbessern wird. Durch die gemeinsame Arbeit bei einem Therapeuten werden Sie erkennen, wie Ihre individuellen Probleme auch Ihre Ehe beeinflussen, und beide Themenkreise können zusammen bearbeitet werden.

Wie wählt man nun den für sich geeigneten Therapeuten aus? Vielleicht ist es ein Vertreter der Kirche, ein Sozialarbeiter, ein Psychologe, ein Psychiater, ein Pädagoge oder in manchen Fällen sogar nur jemand, der besonders dezidierte Auffassungen über die Ehe entwickelt hat, der sich Ihnen als Berater anbietet. Die Ausbildung kann sehr unterschiedlich sein - von sehr vielen Jahren Universitätsstudium und anschließender therapeutischer Ausbildung bis hin zu gar keinem Training. Aus diesem Grunde möchte ich Ihnen raten, sich nur an empfohlene Therapeuten zu wenden. Ansonsten hilft auch noch der Blick ins Telefonbuch unter den eingetragenen Organisationen und Verbänden.

Haben Sie nun den Namen eines Therapeuten erhalten, sollten Sie noch auf bestimmte Einzelheiten achten. Zuerst sollten Sie sich vergewissern, daß es sich um einen von den einschlägigen Berufsorganisationen anerkannten Therapeuten handelt. Anschließend sollten Sie ein Probegespräch vereinbaren, um feststellen zu können, ob Sie harmonieren und gut zusammenarbeiten werden können. (Manche Therapeuten verzichten auf eine Gebühr für das Erstgespräch.) Fragen Sie den Therapeuten bitte auch nach seiner Einstellung zu der Ehetherapie. Doch in erster Linie sollten Sie sich auf Ihr Gefühl verlassen. Sie suchen einen Therapeuten, der eine warme Ausstrahlung besitzt, fürsorglich und sensibel ist und der Ihnen ein Gefühl von Sicherheit und Vertrauen vermitteln kann. Selbst wenn Ihnen der erste Therapeut schon zusagt, sollten Sie noch mit anderen sprechen, einfach um Vergleichsmöglichkeiten zu haben.

Sollten Sie speziell an der Imago-Therapie interessiert sein, wenden Sie sich an:

IMAGO RELATIONSHIPS INTERNATIONAL
160 Broadway, East Building, Suite 1001 New York,
NY 10038 U. S. A.
phone: +1-800-729-1121
www.imagorelationships.org

Imago

IGÖ - Imago Gesellschaft Österreich

»Wir helfen Ihnen, die Beziehung Ihrer Träume zu entdecken - mit Ihrem eigenen Partner«

Die Imago Gesellschaft Österreich besteht seit 1999 als Vereinigung der Imago-Therapeuten und -Therapeutinnen in Österreich. Alle Mitglieder sind entweder PsychologInnen oder PsychotherapeutInnen, mit einer spezialisierten Ausbildung in Imago Paartherapie.
Unser Ziel ist:

1. Die Verbreitung der Inhalte und Methoden der Imago-Beziehungsarbeit, der Imago-Paartherapie und der Imago-Konfliktlösung.
2. Die Information über die Imago-Beziehungsarbeit bei einzelnen Personen, Paaren und Familien, um ihre Konfliktfähigkeit zu stärken und ihre Fähigkeit zu erweitern, stabilere und zufriedenere Beziehungen zu führen und damit Trennungen und Scheidungen zu verhindern.
3. Die Information zur Ausbildung in Imago-Paartherapie.

Alles Wissenswerte über die IGÖ, über Imago-Paartherapie, Imago-Paarworkshops »Soviel Liebe wie Du brauchst«, die Imago Ausbildung und eine Liste der Adressen aller Imago-Therapeuten und -Therapeutinnen in Österreich finden Sie unter

www.imagoaustria.at

Bitte kontaktieren Sie uns, wenn Sie Fragen haben.

Harville Hendrix, Ph.D.

Ohne Wenn und Aber

Vom Single zur Liebe fürs Leben

Ihr Traum, einen liebevollen und wirklich zu Ihnen passenden Partner zu finden, entspringt einem gesunden und zutiefst menschlichen Aspekt Ihrer Natur - und die Erfüllung Ihres Traumes ist tatsächlich erreichbar!
Wie auch immer Ihre Beziehungen in der Vergangenheit verlaufen sind - als Single sind Sie in der idealen Position zu lernen, was Sie wissen müssen und was Sie tun können, um Ihre Chancen zu verbessern. Nützen Sie diese Zeit zur Vorbereitung auf eine geglückte Liebesbeziehung.
Der bekannte Beziehungstherapeut und Bestsellerautor Dr. Harville Hendrix zeigt in *Ohne Wenn und Aber* mit Wärme, Weisheit und Professionalität positive Veränderungen auf, die Ihnen helfen, eine neue, reife und nährende Beziehung einzugehen und eine dauerhafte Liebe zu genießen!

320 Seiten, Paperback
Renate Götz Verlag, Oktober 2007
ISBN 978-3-902625-00-7

Edwin A. Abbott

Flächenland

Ein mehrdimensionaler Roman

Dieses Buch ist einKlassiker der Science-Fiction-Literatur. Ein altes Quadrat erzählt uns vom Leben im Flächenland und seinen Ausflügen in das Raumland und das Linienland. Dabei erfahren wir nicht nur Interessantes über andere Dimensionen, sondern auch über Auswirkungen riskanten Denkens in einer Welt, in der das Mögliche mehr Rechte hat als das Wirkliche.

Edwin A. Abbot hat diesen Roman 1884 das erste Mal veröffentlicht. Er läßt seine Geschichte 115 Jahre später spielen, sie beginnt am vorletzten Tag des Jahres 1999.

96 Seiten, gebunden
ISBN 3-9501011-0-1

Maria Montessori

Entwicklungsmaterialien

in der Schule des Kindes

Dieser zweite Teil der »Schule des Kindes« ist mit dieser Ausgabe erstmals in deutscher Sprache erschienen.

Das Buch führt die LeserInnen in die Materialien und Techniken Frau Dr. Montessoris ein, gedacht für LehrerInnen von Kindern ab dem Grundschulalter und alle an Montessori-Pädagogik Interessierten. In sieben Teilen erklärt sie ihr einzigartiges Material für den Sprachunterricht, die Mathematik, Kunst und Musik. Das Buch zeigt, wie die Materialien - so etwa die geometrischen Körper, die Grammatikkästen, usw. - die Neugierde der Kinder wecken und sie zum selsttätigen Lernen führen.

304 Seiten, 16 Seiten mit farbigen Abbildungen, Paperback
ISBN 3-9501011-7-9

Notizen

Notizen